供应链管理

在服务运营管理领域的
理论与实践

黄逸珺 著

人民邮电出版社

北 京

图书在版编目（ＣＩＰ）数据

供应链管理 ：在服务运营管理领域的理论与实践 /
黄逸珺著. -- 北京 ：人民邮电出版社，2015.10
ISBN 978-7-115-40392-6

Ⅰ．①供… Ⅱ．①黄… Ⅲ．①供应链管理 Ⅳ.
①F252

中国版本图书馆CIP数据核字(2015)第210244号

内 容 提 要

本书共分 7 章，主要论述了供应链绩效评价所有指标的梳理与归集，绩效评价的两
个实例应用，供应商选择与评价的方法总结及实例应用，供应链牛鞭效应的量化及应对
策略实例分析，供应链采购决策感知风险的影响因素实证研究，用风险度量方法来衡量
供应链采购全成本等。本书适合电信运营企业管理及供应链相关工作人员使用。

◆ 著　　　　黄逸珺

　　责任编辑　李　静

　　责任印制　彭志环

◆ 人民邮电出版社出版发行　　北京市丰台区成寿寺路 11 号
　　邮编　100164　电子邮件　315@ptpress.com.cn
　　网址　http://www.ptpress.com.cn
　　北京隆昌伟业印刷有限公司印刷

◆ 开本：700×1000　1/16
　　印张：25　　　　　　　　　　2015 年 10 月第 1 版
　　字数：380 千字　　　　　　　2015 年 10 月北京第 1 次印刷

定价：59.00 元

读者服务热线：**(010)81055488**　印装质量热线：**(010)81055316**
反盗版热线：**(010)81055315**

　　当今的世界正在发生着巨大的变化，互联网及其相关技术的高速发展使人类社会进入了共享经济时代。社会的各个组成部分越来越相互依存、相互促进，变成了命运的共同体。生产方式改变了，商业模式改变了，人们的生活方式改变了，进而思想观念也发生了巨大变化。"随时使用，何必拥有"的价值观正在被世人接受，然而支撑这一观念变化的是在信息、能源、物质领域的完美传送——这就是新型的"供应链"。这种新兴的供应链包含了三个方面：信息的完美传输、能源的完美传送、物质的完美送达，三者相互作用进而综合成为一个广义的供应链，随时满足人们的各种需求。

　　无论是中国的"互联网+"，还是中国制造2025，乃至德国的"工业4.0"都不能缺少先进的供应链支撑，只不过人们往往把这一共性、核心问题掩盖在其他口号之中了。当人们注重新的概念时，专注研究一些共性的核心问题尤为必要。本著作正是抓住了核心问题从而深入研究的成果汇总。作者及其研究团队在数年的科研和解决实际问题的合作项目中，反复求证，建立了新的模型，对解决长期困扰供应链研究和实际决策中的"牛鞭效应"给出了新的思路和解决方法。

　　该书的可读之处还在于：第一，对供应商的选择方法进行了不同角度的归纳总结，方便读者选用，同时进行了供应商分类及选择评价的实例分析供企业界参考；第二，针对新形势下采购决策风险越来越高的情形，构建了采购人风险感知影响因素结构方程模型并进行实证，以期对实践者和后续研究奠定一定的基础；第三，指出采购应关注全生命周期的成本而不仅仅是商务价格，分析

1

了全成本（包括确定成本及非确定性风险成本）的构成及测量方法，特别是创新性地找到了可以同时测量隐性成本与显性成本的方法，并应用到企业实例中。作者这一深入浅出的写作方法将一些难懂的问题尽可能简化，做到了雅俗共赏，便于阅读。

正如作者在前言中所说，该书限于篇幅和有诸多问题尚未触及，尤其是从人类共享经济前景出发、归于整个社会向零边际成本方向迈进的过程中，如何组织好供应链的宏观问题都是值得今后深入探讨的。

江山代有才人出，愿有志者共同奋斗！

舒华英 教授

20世纪中期以来,世界经济结构发生了深刻变革,服务业对经济的拉动作用日益明显,全球经济呈现出服务化特征。作为信息技术的代表性产业,电信业对国民经济的拉动作用和大众生活的影响作用明显。以我国为例,中国电信行业无论在网络基础设施建设还是民众普及程度都得到了快速提升。与此同时,伴随而来的诸如产业协作、运营模式、服务创新以及行业监管等问题也成为我国政府、企业界和学术界高度关注的问题。

本书以我国电信业为研究对象,从供应链管理角度对中国电信行业的运营实践进行了深入剖析,研究了当前我国电信运营领域存在的若干重要问题,比如,供应链绩效评估、供应商选择与评价、供应链信息共享以及供应链采购决策与全成本测度等。本书的内容是黄逸珺博士在十几年电信行业理论与实践成果基础上的高度凝练与深度总结。本书的研究方法既有供应链模型的构建,亦有基于问卷的实证分析;本书的研究成果既是对供应链管理理论的丰富与延伸;亦是对供应链管理实践的检验与提升。相信,本书的出版可以为供应链管理、电信运营以及企业管理等众多相关领域的学者和研究人员提供丰富多彩的内容。

恰逸珺博士即将出版其数十年之成果,邀作序。然吾才疏学浅,诚然不敢;感其诚,乃勉为一序,为珺喜,为自勉。

吴军教授

中国的"互联网+"时代和以德国为代表的"工业4.0"时代的来临，无不意味着企业通过网络、通过大数据打破企业疆界，在一个合作共赢的平台上打造智能产业已成为必然趋势；也意味着资本深化过程与知识深化过程整合升级，促进新的经济增长已成为亮点。要让这一切成为现实的基础是企业与企业之间在生产运营过程中实现高效的协同运作，信息化自然是不可缺少的技术支撑手段，但更为重要也更难的是思想、管理及流程层面的协同，这也正是供应链管理的精髓。

从20世纪60年代物料需求计划（MRP）开始发展，供应链管理理论与实践已经走过50余年历程，国际上丰田、GE、IBM、沃尔玛、苹果，以及国内华为、联想、中兴、小米、海尔等公司都是供应链管理的优秀实践者；在学术领域，运筹学、计算机科学、决策论和信息系统与信息管理的发展，都极大地丰富和推进了供应链管理的研究，使其成为一套成熟的理论与应用体系，与实际结合相当紧密。

本人在近30年的工作中，都没有离开企业的运营管理，尤其经历了电信产业的快速成长、蓬勃发展直至当前受到互联网冲击面临转型困境的全过程，深刻体会到稳健的供应链是产业良性持续发展的基础，只关注企业自身强大而忽视上、下游关联利益团体，只追求局部最优而无视全局最优的企业，无法在激烈的市场竞争中保持长期优势、实现快速转型。以电信运营为核心的电信运营企业，多年来供应链管理思想一直比较薄弱，短视行为较多。也正是因为这个原因，本人有较多兴趣和机会来从事与供应链管理相关的理论与实践研究，逐

渐积累了一些研究成果。

对供应链绩效的认识是我遭遇较多的问题。企业经常因各种内外部环境的变化来改变或调整供应链管理的模式，几乎成为一种常态。因此，最直接的困惑是：这种调整对绩效的影响如何？有哪些明显的不足需要进一步改进？我的第一个反应是，绝不能仅从企业自身出发来看绩效！供应链管理中关于绩效管理的理论研究成果非常丰富，要确定合理的绩效衡量标准，首先需要全面梳理供应链绩效评价相关指标体系，包括不同的绩效体系结构、指标全集、指标分类、应用场景等，这样无论环境如何变化，都可以在此体系下进行调整，不会有方向上的偏差。本书在此方面做了一些基础工作，并从供应链采购绩效和某电信增值业务角度用不同方法进行了实例研究。

集中采购模式的引进带来的供应链管理新问题、新矛盾最普遍。这些年集团式企业都试图把"降本增效"作为应对市场竞争态势的重要手段之一，集中采购成为比较流行的做法，在这个过程中，如何保证采购的合规合法、如何在压价后还要保证质量等成了焦点问题。在这些问题的背后，需要解决一系列的基础课题研究。本书主要内容：第一，对供应商的选择方法进行了不同角度的归纳总结，方便读者选用，同时进行了供应商分类及选择评价的实例分析供企业参考；第二，针对新形势下采购决策风险越来越高的情形，构建了采购风险感知影响因素结构方程模型并进行实证，以期对实践者和后续研究奠定一定的基础；第三，指出采购应关注全生命周期的成本而不仅仅是商务价格，分析了全成本（包括确定成本及非确定性风险成本）的构成及测量方法，特别是创新性地找到了可以同时测量隐性成本与显性成本的方法，并应用到企业实例中。

"牛鞭效应"（需求放大）可以说是供应链管理中永恒的课题。这些年我一直在关注这个课题，却很难找到操作性比较强的方法。此次尝试寻求减少牛鞭效应的对策，从信息共享角度进行牛鞭效应值的衡量，以企业实例进行了分析，找到了需求预测最不准确的节点，从而辅助运营优化决策。希望这部分的研究能够对企业提高供应链运营效率、降低仓储物流成本有些启发和帮助。

在本书成稿过程中，还有一些新课题不断涌现。如电子商务平台中生产运营的信息化大大节约了供应链运营成本，提高了效率；供应链管理的重点也在转移，比如供应商的寻源与认证和传统企业很不相同。对供应商的评价指标也会有较大差异，而物流企业在这个平台上成为重要的角色，他们的绩效对供应链绩效的影响程度明显提升……我想会有更多的学者和我一同关注这些问题，为供应链的运营管理优化做出力所能及的贡献。

这些年，我的学生们投入了大量的精力和我一起进行讨论和研究，每周一次的学习讨论例会让我们共同快乐地学习与成长，他们也把这些成果体现到了自己的本科或硕士论文中。与本书研究内容相关的主要参与者有：刘琛，第2章；孙晋炜，第4章第4.1节；顾夏云，第3章第3.1～3.3节、第6章；白东宾，第3章第3.4～3.6节；连细妹，第5章；凌芳，第7章。此外，杨春、焦慧萱协助我做了最基础的文稿整理工作。在此一并表示衷心的感谢，没有你们就没有我今天的成果。

我尊敬的恩师舒华英教授始终是我学习的榜样，他睿智的思想、好学的精神、宽博的学识以及无声的人格魅力总是鞭策着我不断前行，是我想整理这本书稿的精神源泉。他的硕士生张阳参与了第4章第4.2节的研究，在此表示感谢。

北京化工大学的吴军教授给予我全程指导，没有他的鼓励，我很难坚持到最后，非常感谢吴军教授的无私帮助。他严谨谦虚的学术作风、精深广博的专业学识感染和激励着我，很幸运我有这样一位曾经的同事。他的MBA学生张立高参与了第3章、第4章的研究。谢谢！

由于时间仓促，编辑水平有限，本书难免存在错漏或不足之处，敬请各位读者批评指正。

目录
CONTENTS

第 4 章　供应商选择评价方法综述及在电信运营企业中的实例应用分析　//145

第 1 章

导　论

| 1.1　本书导读 |

随着全球化的市场和信息网络的形成，加之技术变革不断加速，围绕新产品的市场竞争更加复杂和激烈，表现在：节奏更快、市场格局立体化、产品种类多且生命周期变短、客户需求多样化个性化。这些变化无疑对企业的组织能力、生产能力的要求越来越高，既要能做出快速反应，更要尽可能满足变化和多元的需求，以此占领市场并赢得竞争优势。一方面，企业必须缩短决策时间，简化企业结构，保证快速应对；另一方面，大量的新技术和新产品在带来新机遇的同时也伴随着较高的投资风险。这些挑战都要求企业能够有足够的储备和适应能力，单纯依靠企业个体资源已经很难适应这些要求，只有把在同一条供应链上的企业用共同的目标联合起来，建立联盟关系，才能获得更稳健强大的生命力。

供应链管理理论经过了 50 年的发展，在互联网 +、工业 4.0、大数据应用的

磁场越来越强大的当下，一个紧密、高效的产业供应链是所有企业都追求的目标，所以它仍然是学术界的热点研究对象，包括供应链结构、供应链建模、供应商管理、供应链绩效、供应链集成、供应链需求计划，等等。作者这些年一直在关注供应链领域的研究进展，并将一些研究成果应用于电信运营行业，初步形成如下 5 个方面的研究成果，希望与读者分享。

第一，供应链绩效评价。企业对供应链绩效的管理与评判，需要一套完整且符合行业情况的绩效指标体系，在实际应用中，往往需要以理论和以前的指标体系为基础，对实际指标进行合理的添加、调整。供应链绩效体系是如何构建的？指标如何分类？这些指标又如何被应用在哪些行业或场景下？本书第 2 章对这些问题进行了综述性研究总结，采用元分析方法对供应链绩效指标体系进行了全面梳理；第 3 章分别基于层次分析法和系统动力学，对电信运营企业的供应链采购绩效和电信增值业务的供应链绩效进行了两个实例分析，为后续学者的相关研究和类似企业供应链管理的实践提供参考和借鉴。

第二，供应商选择与评价。作为供应链管理的核心内容之一，供应商选择与评价是建立供应链上下游关系的基础环节，也是影响供应链绩效水平的关键，这方面的文献研究较多，涉及多种方法及应用领域。本书第 4 章首先尝试对各种方法进行整理归纳，之后引用两个企业的实例分析描述了供应商的分类及选择评价的实际应用。

第三，供应链牛鞭效应（需求放大效应）。这是供应链生产过程中普遍存在的现象，也是学术界、企业界持续关注的关键和难点问题之一。牛鞭效应会提高企业产品的库存水平，导致服务水平下降及供应链的总成本过高，从而降低供应链中企业的整体竞争力，最终使每一个供应链的成员蒙受损失。本书第 5 章从降低牛鞭效应的目标出发，用扎根理论围绕"信息共享"展开研究，并进行了电信运营企业的实例分析，探索有效衡量和降低牛鞭效应的方法。

第四，供应链的采购感知风险。随着集中式采购及其他采购模式的发展，采购在供应链管理中的战略地位越来越突出，采购决策人也要承担更多的责任与风险，并需在决策过程中更多地评估上游企业提供产品的质量、供货能力、价格等，也要评估企业采购流程、企业文化对采购决策后果的影响，不确定因素越多，决策人感知到的采购决策风险就越高，决策效率及准确性可能就会受到干扰。到底哪些因素影响了采购决策，又有哪些因素带来的采购风险比较高？本书第 6 章探索性地研究了采购感知风险与行为决策的关系，将感知风险研究与采购决策相结合，建立了结构方程假设模型并通过对 108 个企业的问卷调查进行了实证。

第五，供应链的采购总拥有成本（TCO）。传统采购往往更多关注产品价格，对后期运行成本和其他隐性成本的关注较少且关注难度较大。事实上，管理者都很清楚采购应追求产品在供应链的全生命周期的成本最低，即充分考虑采购管理的长期效应，但采购总拥有成本中的间接成本是 TCO 研究中一个突出的瓶颈，其衡量及数据获取都比较困难，很难定量计算，特别是在相关历史数据质量不足的情况下显得尤为困难。本书第 7 章尝试将间接成本、不确定成本与风险研究方法相结合，构建采购总拥有成本的 RMB-TCO 测量模型，并进行了电信运营企业的实例分析。

基于上述研究内容，本书结构及主要研究方法如图 1-1 所示。

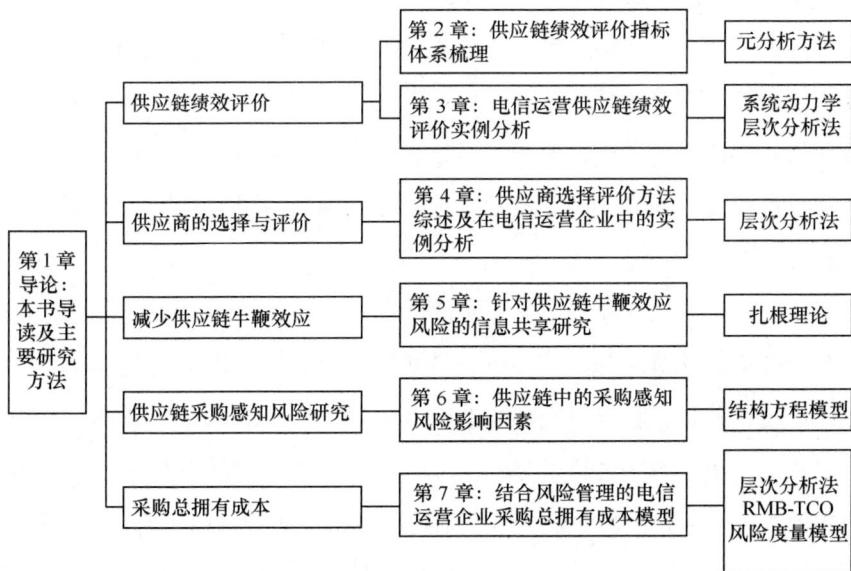

图 1-1　本书结构及主要研究方法

| 1.2 主要研究方法概述 |

1.2.1 元分析方法

元（Meta），是"位于……之后"的意思。

元分析（Meta-analysis）概念是美国学者格拉斯于 1976 年提出的，指的是分析的分析，意即对大量个体研究结果的集合进行统计分析，目的是对研究发现进行整合。面对不断增多的研究文献，元分析用更加严格的分析方法取代了原来较为随意的描述 [1]。元分析方法是对传统综述的一种改进，能够定量和定性分析以往的研究成果。利用元分析方法能够对不同时期的资料进行全面系统的分析。最初元分析方法只用于实验研究，现在已经用于非实验研究 [2]。

定量元分析方法主要包括 4 个步骤：文献选取、定义变量以及对变量编码和研究数据的录入、方法分析。其研究目的是对多篇研究相同变量及其关系的实证文献进行定量统计分析，证实变量之间的影响关系，消除单个实证研究的不确定性。用该方法进行研究的文献数量相对于用定性的元分析方法进行研究的文献数量较多。该方法以变量及变量间影响关系为研究重点，适用于涉及变量及其关系的文献分析。

定性元分析方法主要包括三个步骤：全面的文献检索、搭建系统的研究框架以及相关信息的归纳总结。其研究目的是对多篇具有相同研究主题的文献进行定性的统计分析，找出文献样本在所需分析类别中的共性和差异，总结现有研究的特征。用该方法进行研究的文献数量相对于用定量的元分析方法进行研究的文献数量较少；该方法以文献样本在所分析类别的共性和差异为研究重点，适用于有大量文献积累，不一定涉及变量关系的研究领域。

本书第 2 章的供应链绩效评价指标的梳理主要使用了定性的元分析方法。

1.2.2 系统动力学

系统动力学（System Dynamics，SD）出现于 1956 年，创始人为美国麻省理工学院（MIT）的福瑞斯特（J.W.Forrester）教授。1961 年，福瑞斯特出版的《工业动力学》（*Industrial Dynamics*）成为经典著作。随后，系统动力学应用范围日益扩大，几乎遍及各个领域，逐渐形成了比较成熟的新学科——系统动力学。系统动力学对问题的理解是基于系统行为与内在机制间的相互紧密的依赖关系，并且通过数学模型的建立与仿真操作的过程而获得的，逐步发掘出产生变化形态的因果关系，有以下两个技术特征：

1）提出因果关系及流位流率系的反馈结构建模方法；

2）有专用的便于参数调试的系统动力学仿真语言。

系统动力学强调整体地考察系统，了解系统的组成及各部分的交互作用，并能对系统进行动态仿真实验，观察系统在不同参数或不同策略因素输入时的动态变化行为和趋势，使决策者可尝试各种情境下采取不同措施的模拟结果，打破了从事社会科学实验必须付出高成本的条件限制。系统动力学模型是一种因果机理性模型，强调系统行为主要是由系统内部的机制决定的，擅长处理长期性和周期性的问题；在数据不足及某些参量难以量化时，以反馈环为基础依然可以做一些研究；擅长处理高阶次、非线性、时变的复杂问题。系统动力学在研究复杂的非线性系统方面具有无可比拟的优势，已经广泛应用于社会、经济、管理、资源环境等诸多领域。

本书第 3 章实例分析二（供应链绩效评价）中运用了系统动力学的仿真分析方法。

1.2.3 层次分析法

层次分析法（Analytic Hierarchy Process，AHP）是美国运筹学家、匹兹堡大学数学家 T. L. Satty 于 20 世纪 70 年代中期提出来的一种实用多目标决策分析方法。它将定性和定量指标统一在一个模型中，既能进行定量分析，又能进行定性的功能评价。这种方法是根据问题的性质和达到的总目标，将复杂问题分

解成按支配关系分组的有序递阶层次结构中的不同因素，由人们通过两两比较的方式确定层次结构中各因素的相对重要性，然后用综合比较判断的结果来确定各个因素相对重要性的总顺序，其中最关键的问题是如何得到影响因素的权值和各候选方案在每个影响因素下的权值。其模型框架如图 1-2 所示。

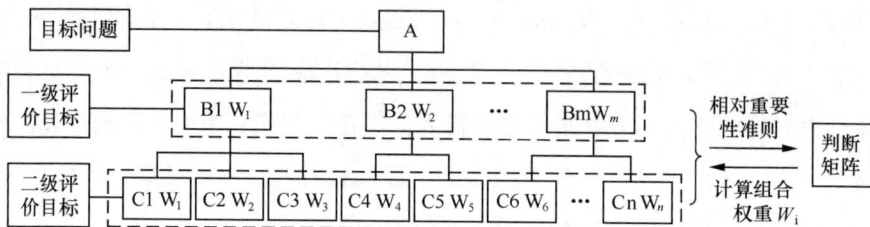

图 1-2　层次分析法（AHP）模型框架 [3]

本书第 3 章、第 4 章和第 7 章的实例分析均用到了层次分析法。

1.2.4　扎根理论

扎根理论（Grounded Theory）由社会学者格拉斯和斯特劳斯在 1976 年提出，是一种运用系统化的程序，针对某一现象来发展并归纳式地引导出扎根于实际资料的理论的一种新颖的定性研究方法。其流程如图 1-3 所示。

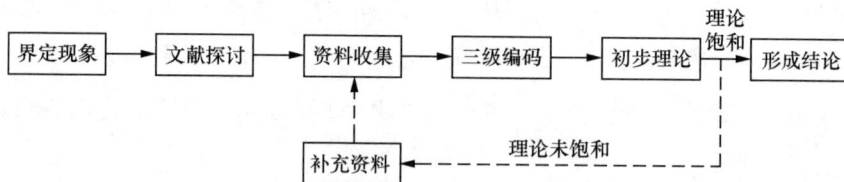

图 1-3　扎根理论流程

扎根理论的资料三级编码过程分三个环节：开放性编码、主轴性编码、选择性编码。

1．开放性编码

是将分析资料记录逐步概念化和范畴化的过程，将大量资料加以逐级缩编，用概念和范畴来正确反映资料内容，并把资料记录以及抽象出来的概念打破揉碎并重新综合。

2. 主轴性编码

是指构建范畴模型，将上一步译码中归纳出的范畴联系在一起的过程，首要任务是连接范畴和其所从属的副范畴，将材料重新整合。

3. 选择性编码

是将凝炼出的主范畴和其他范畴进行逻辑串联，验证它们之间存在的关系，明确整个故事线并补充完整。

本书第5章运用扎根理论来筛选供应链管理信息共享的内容。

1.2.5 结构方程模型

结构方程模型（Structural Equation Modeling，SEM）是一种非常通用的、主要的线性统计建模技术。Ullman（1996）定义结构方程模型为"一种验证一个或多个自变量与一个或多个因变量之间一组相互关系的多元分析程式，其中自变量和因变量既可是连续的，也可是离散的"，突出其验证多个自变量与多个因变量之间关系的特点。

结构方程模型假定一组隐变量之间存在因果关系，隐变量可以分别用一组显变量表示，是某几个显变量中的线性组合。通过验证显变量之间的协方差，可以估计出线性回归模型的系数，从而在统计上检验所假设的模型对所研究的过程是否合适，如果证实所假设的模型合适，就可以说假设隐变量之间的关系是合理的。关于模型的总体拟合程度有许多测量指标和标准，最常用的拟合指标是拟合优度的卡方检验。

该模型的主要优势：可以同时考虑和处理多个因变量；容许自变量及因变量含有测量误差；与因子分析相似，容许潜在变量由多个观察指标构成，并且可以同时估计指标的信度及效度；可采用比传统方法更有弹性的测量模型，如某一指标变量或项目从属于两个潜在变量；研究者可以设计出潜在变量之间的关系，并估计整个模型与数据拟合的程度。

本书第6章在研究供应链采购感知风险时建立了结构方程模型，提出假设

并进行实证检验。

1.2.6　RMB-TCO模型

与不确定因素有关的成本测量比较困难，可以将其转换为风险因素进行衡量，已有不少国外学者在成本研究中利用风险管理方法来衡量不确定成本因素，引入风险识别、风险评价以及风险管理，并考虑决策者风险偏好、风险表现水平等影响，建立基于风险管理的全成本模型（Risk Management Based TCO Model，RMB-TCO 模型）。该模型包括两个主要部分：成本衡量模型及风险衡量模型。在实际应用中，将每个拟测量的成本对象通过 RMB-TCO 模型分解成可测量的成本值和风险值两个部分，对两者进行标准化处理之后，能够得到该对象所包含的所有成本风险值的大小，并可进行差异比较，从而提供决策支持。

RMB-TCO 模型评价过程如图 1-4 所示。

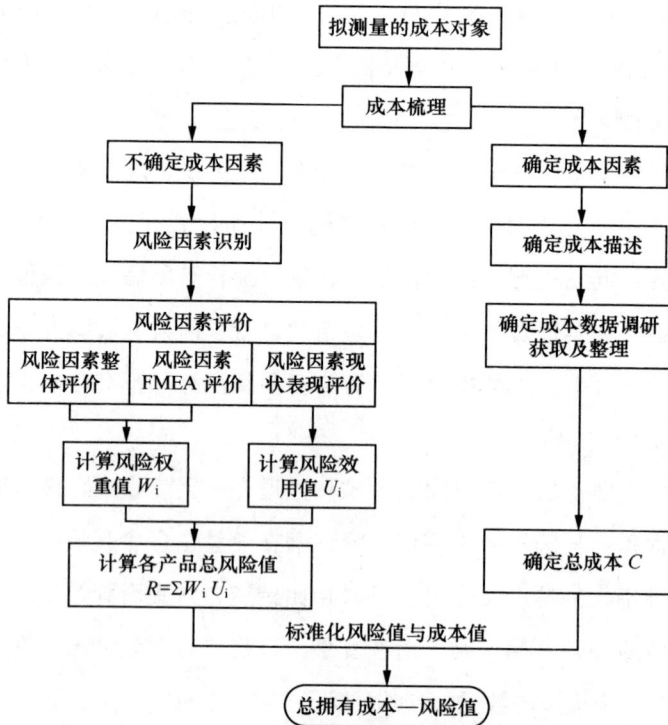

图 1-4　RMB-TCO 模型评价过程

本书第 7 章建立了 RMB-TCO 模型并进行了实例应用。

| 参考文献 |

[1] Glass Gene V. Primary, Secondary, and Meta-Analysis of Research[J]. Educational Researcher, 1976, 5(10), 11: 3-8.

[2] 夏凌翔. 元分析方法的几个基本问题[J]. 山西师大学报（社会科学版），2005, 32(3), 5: 34-38.

[3] 胡群. 基于层次分析法的SWOT方法改进与实例分析[J]. 情报理论与实践，2009, 3.

第 2 章

供应链绩效评价指标
体系梳理

基于全面的文献基础，本章利用元分析方法得到供应链绩效评价指标全集，同时归纳指标的分类方法和指标的应用场景，以及指标与分类方法和应用场景之间的对应关系，并总结了分类方法和应用场景的指标包含度、文献年代分布情况等。以指标名称为索引，可以得到每一指标的定义、计算方法、指标的具体方法分类和应用情况；从不同的指标分类方法与应用场景的对应关系中，可以得到不同的指标分类方法在不同应用场景中的使用情况；在分类与场景的指标包含度列表中，可以看出近些年来应用各分类方法和不同应用场景的指标数量情况；在分类与场景的文献年代分布列表中，可以看到近些年来方法选取与场景应用的文献数量情况。

| 2.1 供应链绩效评价指标研究概述 |

2.1.1 供应链绩效评价指标体系梳理的意义与目标

在中国学术文献网络出版总库中以"供应链绩效评价"为关键词在主题中进行检索，截至检索时间 2011 年 11 月，共得到 541 篇相关文献。面对众多的检索结果，

仅从题目入手，难以对目前已有的供应链绩效评价指标的相关研究主题有宏观层面的清晰认知，更不用说每篇文献具体使用了哪些绩效评价指标；具体到某一应用领域，譬如某一行业，也难以快速找到包含供应链绩效评价指标的核心参考文献和适用的供应链绩效评价指标体系。本综述通过对以往供应链绩效评价综述性文献进行研究，并借鉴前人已有的对供应链绩效评价文献的相关总结，解决上述困惑。

通过对国内外供应链绩效评价综述性文献进行检索和分析，国外供应链绩效评价综述性文献共有 4 篇，国内供应链绩效评价综述性文献共有 5 篇。

在国外供应链绩效评价综述性研究文献中，2005 年之前的供应链绩效评价指标的有关文献已经有了较为全面的归纳总结，而 2005 年之后的文献则缺乏全面详尽的分析。

Gunasekaran 和 Kobu（2007）[1] 对 1995 年至 2004 年研究物流和供应链绩效评价方法的文章以研究和应用为目的进行了回顾。作者指出，在新的企业环境下经理人所面临的现实挑战是制定合理的供应链绩效评价体系和方法，以帮助组织在竞争层面作出正确的决策。考虑到无形指标和非财务指标的重要意义，作者在该篇文章中基于对供应链绩效评价指标的详细梳理，得出了关键的供应链绩效评价指标和方法。对于绩效指标的分类标准，作者进行了详细的论述，共总结出了 7 个分类标准：平衡计分卡角度、绩效评价方法组成角度（如时间、资源利用、输出和灵活性）、供应链业务流程角度（如计划与产品设计、供应、制造、运输和客户）、决策层级角度（如战略层、策略层和操作层）、财务角度（如财务指标和非财务指标）、测量角度（如定性指标和定量指标）、传统视角或现代视角（如基于功能进行评价和基于价值进行评价）。

Shepherd Craig 和 Gunter Hannes（2006）[2] 对当前供应链绩效评价研究的主题和未来研究的趋势进行了论述。通过回顾当前的文献和对供应链绩效评价体系的严谨评估，作者得出了绩效评价体系的分类，并且指出，尽管近些年来相关文献研究也取得了长足进步，但是研究绩效评价体系层面的文章仍相当匮乏。作者通过对 42 篇与绩效评价体系相关的期刊文章和 5 篇与对标分析相关的文章进行研究，重点得出了当前研究的薄弱环节以及存在的问题，比如影响到供应链绩效评价体系成功实施的因素、促进变革的动因以及维持原状的问题，并指出这些很重要的问题仍然没有得到应有的重视，是未来研究的一个方向。

Ramaa(2009)[3] 对研究供应链网络绩效评价的文献进行了总结，认为供应链绩效评价体系共分为如下 7 类：基于功能的评价体系（Function based measurement system，FBMS）、基于维度的评价体系（Dimension based measurement system，DBMS）、SCOR 模型、平衡计分卡 BSC、基于层级的评价体系（Hierarchical based measurement system，HBMS）、基于接口的评价体系（Interface based measurement system，IBMS）和基于视角的评价体系（Perspective based measurement system，PBMS）。该研究只是对提出供应链绩效评价框架的原始文献进行介绍，并没有指出利用这些框架设计绩效评价方法的具体研究实例和指标应用情况。作者以文献为单位，按照质量（Quality）、成本（Cost）、交货（Delivery）、柔性（Flexibility）、敏捷性（Agility）、响应性（Responsiveness）、非财务（Nonfinancial）、定性（Qualitative）和定量（Quantitative）进行分类，但细致程度不足。

Akyuz 和 Erkan（2010）[4] 所作综述的目的在于发现基本的研究方法、问题领域以及供应链的新研究领域的绩效管理需求。作者的研究覆盖了与供应链绩效评价主题相关的主流杂志，包括了分类研究和细节研究，例如方法论、具体方法和前人的研究结论。在文献内容上，作者选择了包括供应链、信息技术、绩效评价和业务流程管理等主题的文献，再从中选择出聚焦供应链绩效评价的文献。作者通过对供应链、IT、绩效、评价和业务流程管理等关键词进行检索，对 42 篇文献进行了研究。研究表明，在新的供应链时代，绩效评价仍有许多研究尚未开展，下一步的研究可以从框架扩展、实证性的跨行业研究，以及新环境下绩效评价体系的接受程度等方面开展，包括伙伴关系的发展、合作、敏捷性、灵活性、信息生产力和卓越经营的方法。该研究的主要贡献在于对研究分类、细节描述和方法论的论述，但对供应链绩效评价直接相关的文献研究较少，绩效评价只是作者研究内容的一个组成部分。

国内供应链绩效评价综述性文献仅限于对供应链绩效评价指标体系、供应链绩效评价方法、供应链绩效评价对象、结论和建议等方面的概括性描述，论述内容大多相似，且未涉及具体的指标分析。

刘晋和洪伟民（2006）[5] 对供应链绩效评价研究现状、供应链绩效评价存在

的主要问题、未来供应链绩效评价研究展望进行了论述。雷勋平和龚月琴（2006）[6]对供应链绩效评价体系研究现状、存在的问题、结论及未来发展趋势进行了阐述，对供应链绩效评价现状的研究分析主要是从供应链绩效评价指标、方法和模型的选取展开，分析了国内外研究现状。于晓胜（2007）[7]对供应链绩效评价内涵、供应链绩效评价指标体系、供应链绩效评价方法、供应链绩效评价对象、结论和建议进行论述。金宏亮和荣桂范（2011）[8]对供应链绩效评价指标体系、供应链绩效评价方法、供应链绩效评价对象、结论和建议进行了阐述。夏文汇和何玉影（2011）[9]对供应链绩效评价体系国内外研究现状、供应链绩效评价新方法、供应链绩效评价对象、研究不足和发展趋势进行了阐述。

在上述 9 篇综述性文献中，只有 Gunasekaran 和 Kobu（2007）[1]写作的综述性文献对 2005 年之前有关供应链绩效评价指标的文献进行了归纳总结，2005 年之后包含供应链绩效评价指标的文献则没有综述性文献对其进行全面详尽的分析；国内文献仅限于对供应链绩效评价指标体系、供应链绩效评价方法、供应链绩效评价对象、结论和建议等方面的概括性描述，没有具体的文献实例支撑，也不涉及具体的指标分析。

通过对已有的供应链绩效评价综述性文献进行学习，归纳出以下不足之处。

1）对 2005 年之后的供应链绩效评价指标相关研究主题仍缺乏宏观层面的清晰认知。

2）不能详尽地了解文献实例中绩效评价指标的选择和应用。

3）不能快速识别包含供应链绩效评价指标的核心参考文献和适用的供应链绩效评价指标。

4）对供应链绩效评价指标最新的研究现状和研究聚焦点没有明确和清晰的认知。

以上正是本研究希望解决的问题。

2.1.2　选择元分析方法进行指标体系梳理

通过对目前经济管理领域的元分析相关文献进行全面检索，学习相关的问题定义、研究目标、实施步骤和结论得出，归纳总结定量方法和定性方法在适用范围、研究路径和问题解决方面的不同之处，为后续方法的选择和研究目标的实现奠定基础。

已有的采用元分析方法开展研究的文献，可分为定量和定性两类。

1. 定量元分析法

采用定量的元分析方法开展研究的文献均为国外研究者所写，研究领域覆盖产品、服务和市场等方面，研究主题十分广泛。

Lenny H.P., Ernst V. 和 Harry R.C. [10] 利用定量的元分析方法研究了有关新产品项目绩效不断增加的知识体系。作者基于新产品项目绩效的研究成果，通过定量的元分析方法检验了绩效预测关系的强度和稳定性，表明了 22 个变量对产品项目绩效有显著的影响关系。

François A.C., Fernando J. 和 Jay P.M. [11] 利用定量的元分析方法研究了 SERVQUAL 和 SERVPERF 对服务质量的预测效度。作者对 17 个研究中包含 42 个 SERVQUAL 或 SERVPERF 与全面服务质量的关系的数据进行了定量的元分析，得出了 SERVQUAL 和 SERVPERF 对于全面服务质量具有同等效度的结论。

Amir G.[12] 利用定量的元分析方法，综合了前人关于市场导向与学习、创新、企业家和雇员导向关系的实证研究。作者的研究表明市场导向与学习、企业家和雇员导向之间有很大程度的正相关关系，与创新导向有中等程度的正相关关系。

Rahat H.B.[13] 利用定量的元分析方法研究了系统使用和用户满意度的关系。通过研究，表明系统使用和用户满意度之间存在显著但不强的相关关系。

Faqin L.[14] 通过对研究移民的贸易创造网络的 24 篇文献的 184 个估计值进行定量的元分析，对前人研究结论进行了归纳总结。

Victoria J.M. 和 Steven J.B. [15] 基于可得的定量数据，对 80 个成功实施 TOC 的案例进行了定量的元分析研究。研究表明，实施 TOC 会带来财务绩效的显著提升。

Keith T. 和 Stephen A. [16] 通过对组织学习和学习型组织相关文献进行定量的元分析，得出了流程和结构属性的多层次框架，反映了学习和变革的关系和属性。

Carol D. 和 Richard G.S. [17] 通过定量的元分析，研究了多个变量对于专业会

计人员的个性、工作满意度和离职意向的影响。

Alice F.S., Treena L.G. 和 Matthew V.C. [18] 对谈判中时间压力产生的影响进行了定量的元分析，研究了不同形式的时间压力对谈判战略和陷入僵局概率的影响效果。

Ryan D.Z. 和 Todd C.D. [19] 通过定量的元分析估计了工作绩效和离职意愿的关系强度，识别了关系中的调节变量，计算出工作绩效与离职意愿和离职结果的直接和间接效果。

Hichem K. 和 Mohsen S. [20] 研究了公司披露的决定因素，对 1997 年到 2006 年之间发表的 16 篇文献进行了定量的元分析，通过研究表明了公司披露与审计公司规模之间的显著关系。

Shumaila Y.Y., Gordon R.F. 和 John G.P. [21] 对 95 篇 TAM 研究中的 569 个研究结果进行了定量的元分析，对 TAM 中的变量关系进行了检验。

Dorien K. 等人 [22] 对年龄相关要素和工作动机之间的关系进行了定量的元分析，研究结果表明大多数与年龄相关的变量对年龄偏大的人的持续工作动机存在负面影响。

Aviv S., Gregory M.R. 和 Fredric K. [23] 使用定量的元分析方法研究了市场导向对公司绩效的影响。研究结果表明市场导向对公司绩效的直接、间接和总体影响都很显著。

Serkan Y. 等人 [24] 通过定量的元分析方法研究了管理培训的有效性。文章通过对 1952 年至 2002 年之间的 85 篇文献进行分析，研究结果表明管理培训的有效性在 1952 年至 2002 年之间并没有显著的提升，效应值维持在一般水平。

Sebastian D., Anita P. 和 Adelien D. [25] 对 20 年来的使命陈述价值进行了定量的元分析，研究结果表明使命陈述对组织财务绩效评价存在较弱的正向关系。

Svanhild A. [26] 对 38 家图书馆的评估案例进行了定量的元分析，研究了投资回报率的相关问题。

Satish M. 和 Sampath R. [27] 对全面质量管理与顾客满意度之间的关系进行了定量的元分析，研究了全面质量管理产生的影响。研究结果表明在不同的行业和文化背景中，全面质量管理均增加了客户的满意度。

通过对以上采用定量元分析方法的文献研究，可以归纳出定量元分析方法的研究步骤，分为如下四步，以作者是 Amir G. 的 "The Relationships Between Market Orientation and Alternative Strategic Orientations: A meta-analysis" [12] 这篇文献为例进行说明。

（1）文献选取

作者希望借助元分析方法对样本和测量误差进行全面的分析，分析内容包括变量之间的相关系数、样本大小以及各个变量的信度。作者同时使用计算机和人工的方法，对文献进行了全面的检索，包括有关市场营销方向的核心数据库 ABI/Inform、Emerald、Kluwer 及 JSTOR，涵盖了诸如管理、组织、战略、创新、企业家以及政策等与市场导向相关的出版领域。检索的关键词包括市场导向、市场驱动和客户导向等所有与市场导向相关的同义词或同类词，以便检索结果的全面性。接下来对找出的文献进行认真的筛选，剔除与研究市场导向和其他战略导向不相关的文献，最终从 70 个研究中获得了 135 个效应值和 77 个独立样本。因为异常值问题的存在，很多大样本研究结果可能会干扰元分析的研究过程，所以在选择要纳入元分析的文献样本时，作者没有排除大样本的研究文献，而是把元分析过程拆分为两部分，包含大样本数据的研究文献和不包括大样本数据的研究文献，使大样本研究文献的异常值问题对研究结果的干扰最小。

（2）定义变量以及对变量编码

作者对市场导向、创新导向、企业家导向和雇员导向等变量进行了明确的定义，然后对每个研究中的战略导向信息进行编码，包含了对样本量和研究方法的描述。例如创新导向包含了 49 个效应值，并与新产品绩效和创新两个变量相关；学习导向包含了 9 个效应值；企业家导向包含了 14 个效应值；雇员导向包含了 37 个效应值。

（3）统计方法分析

最后一步是得出各变量之间的关系强弱。元分析过程中，首先为各个研究赋权，修正样本偏差之后计算出平均效应值大小。这样，大样本研究能够获得更高的权重，因为大样本数据研究的结果会更有说服力。然后修正那些降低变量信度的偏差，这一过程包括将平均效应值除以各信度平方根的乘积。在处理缺失信度时，作者以使用其余研究的样本量加权计算出的信度作为信度的估计

值，然后对修正信度的关系系数进行转换。随后，作者计算了观察方差和样本偏差方差，得出平均效应值的边界和 95% 的置信区间。最后用两变量法分析了变量之间的关系，如图 2-1 所示。

Hypotheses	The relationships between market orientation and alternative strategic orientations	No. of effects	Total sample size	Mean effect size corrected for measurement error	−95% LCL	+95% UCL	Empirical conclusions
H1	Market orientation-innovation orientation	49	10 496	0.397	0.343	0.452	Supported
H2	Market orientation-learning orientation	9	3 174	0.635	0.591	0.678	Supported
H3	Market orientation-entrepreneurial orientation	14	3 996	0.633	0.541	0.725	Supported
H4	Market orientation-employee orientation	37	10 408	0.522	0.465	0.580	Supported

图 2-1　定量元分析方法研究结果示例

2. 定性元分析法

采用定性元分析方法进行研究的文献相对于定量元分析方法要少，国内也有一些利用定性元分析方法开展研究的文献，与国外采用定性的元分析方法开展研究的文献数量相当，研究的主题仍十分广泛。

Jane 和 James(2008)[28] 对公共部门提供的公共会计服务 20 年来相关研究进行了定性的元分析。作者通过对研究主题、研究方法进行描述性统计分类，对该研究领域进行了趋势预测。

Bengt，Bjarne 和 Rickard(2008)[29] 利用定性的元分析方法对质量管理的研究趋势、不明确性、实施终止的原因和质量管理的范围进行了研究。

Evangelos 和 Christos(2009)[30] 对实施 ISO 9001：2000 标准的公司案例进行了定性的元分析，从认证动机、实施这项标准的益处、这项标准实施过程中遇到的问题、实施这项标准的方法及产生的影响、这一标准作为走向全面质量管理的第一步五个方面开展研究。

Ruggero(2010)[31] 对宾馆绩效的文献进行了定性的元分析。尽管作者选取的是具有定量研究的文献样本，但是采用的是定性方法进行的元分析。作者选取的元分析角度有数据库来源、期刊类型、自变量、因变量、研究设计和研究模式几个方面。

Wilfred 和 Andre（2009）[32] 对当前全球化、失业、不平等和贫穷相关研究文献进行了定性的元分析，对相关文献按照全球化、失业、不平等和贫穷问题进行了分类整理。

Keyong 和 Ying（2010）[33] 对中国的跨文化管理研究进行了定性的元分析，以此说明对系统化的概念模型进行发展和对重点研究主题进行归纳的重要性。作者按照关键词、研究主题和出现频率对相关文献进行了归类，并对关键变量进行了重点说明。

Paul（2011）c[34] 对决策制定的相关文献进行了定性的元分析，按照分析的单位和水平、框架困境、描述冲突、概念化决策制定、权变理论、决策结果、关系探讨和方法论进行了研究，为将来的研究提供建议。

肖剑科和赵曙明（2008）[35] 对国内开展胜任特征的研究进行了定性的元分析，总结了国内开展胜任特征的研究成果，以及下一步研究开展时应注意的问题。

宋娟（2008）[36] 对知识管理相关文献进行了定性的元分析，按照文献分布、研究主题、参考学科、研究方法和分析层次进行了分类统计，对以往的研究成果在上述方面进行了系统的归纳总结。

田宇力（2008）[37] 对中国科学院研究成果及其作者进行了定性的元分析，对著作、期刊论文及其作者进行了统计归类，分别在上述方面对以往的研究成果进行了总结归纳。

仲秋雁、宋娟和曲刚（2009）[38] 利用定性的元分析方法对国际知识管理相关研究的特征进行了研究。作者从研究主题、参考学科、研究方法和分析层次四个维度，利用元分析方法，对国外 425 篇于 1990 年至 2007 年间发表在 20 种管理学科领域核心期刊上的论文进行了总结分析。

高良谋和高静美（2009）[39] 对国内有关购并失败问题的研究进行了定性的元分析，按照五个维度对以往的研究成果进行了归纳总结。

通过对以上定性元分析方法文献的研究，可以归纳出定性元分析方法的研究步骤，以作者为宋娟的《基于作者共被引和元分析的知识管理流派研究》[36]

这篇文献为例进行说明。

（1）全面的文献检索

在文献检索过程中，首先划定文献的来源范围，制定出要进行研究的国内外学术期刊列表。然后根据划定的时间范围，全文下载这些国内外学术期刊中与研究主题知识管理相关的论文全文。作者收集了从 1999 年至 2006 年的 361 篇外文文献和 467 篇中文文献。

（2）搭建系统的研究框架

作者的研究框架包括研究主题、参考学科、研究方法和分析层次四个方面，其下还有二级或三级维度。从作者的分类细致程度看，利用定性元分析方法，搭建系统的分析框架是关键的一步。

（3）相关信息的归纳总结

在研究过程中，按照上述方法建立的知识管理研究框架，将研究文献按照研究主题、参考学科、研究方法和分析层次四个维度抽取相关的信息进行归纳概括，最终形成元分析分类结果（如图 2-2 所示）。

研究方法	1999	2000	2001	2002	2003	2004	2005	2006	总计	百分比(%)
观点（纯粹观点或用事例支持）	10	17	22	24	32	25	19	18	167	35.8
概念模型	0	3	3	12	14	19	28	19	98	21.0
工具、技术、方法或模型应用	1	1	3	8	11	13	7	4	48	10.3
观点、理论、思想等概念综述	2	1	4	4	3	5	2	5	26	5.6
知识管理框架	1	2	0	0	1	2	9	4	19	4.1
概念框架及其应用	0	0	0	1	4	4	4	4	17	3.6
理论阐述	0	0	2	3	3	1	4	3	16	3.4
观点（用个人经验支持）	0	2	0	0	0	1	3	4	10	2.1
非实证研究	14	26	34	52	68	70	76	61	401	85.9
百分比(%)	93.3	92.9	87.2	92.9	89.5	89.7	80.9	75.3	85.9	
调查研究	0	1	0	2	3	2	13	7	28	6.0
案例研究	1	1	4	2	2	4	1	6	21	4.5
二手数据分析	0	0	1	0	1	1	0	4	7	1.5
KM 测量工具开发	0	0	0	0	0	0	2	2	4	0.9
对 KM 产品／技术／系统的描述	0	0	0	0	2	1	0	0	3	0.6
现场研究	0	0	0	0	0	0	1	1	2	0.4
实验室实验	0	0	0	0	0	1	0	0	1	0.2
现场实验	0	0	0	0	0	0	0	0	0	0.0
事后描述	0	0	0	0	0	0	0	0	0	0.0
对 KMS 应用／安装／程序的描述	0	0	0	0	0	0	0	0	0	0.0
实证研究	1	2	5	4	8	9	18	20	66	14.1
百分比(%)	16.7	7.1	12.8	7.1	10.5	10.3	19.1	24.7	14.1	

图 2-2　定性元分析方法研究结果示例 [36]

3. 两种方法比较

通过对定量的元分析方法文献和定性的元分析方法文献进行研究，可以总结出定量的元分析方法和定性的元分析方法的不同之处，如表 2-1 所示。

表 2-1 定量元分析方法与定性元分析方法的比较

对比项	定量的元分析方法	定性的元分析方法
研究目的	对多篇研究相同变量及其关系的实证文献进行定量的统计分析，证实变量之间的影响关系，消除单个实证研究的不确定性	对多篇具有相同研究主题的文献进行定性的统计分析，找出文献样本在所需分析类别中的共性和差异，总结现有研究的特征
研究重点	变量及变量间影响关系	所需分析共性和差异的研究点
研究数量	采用该方法进行研究的文献数量较多	采用该方法进行研究的文献数量较少
适用范围	可用于研究包含变量及其关系的文献	有大量文献积累，不一定涉及变量关系的研究领域

定量的元分析方法的研究目的是对多篇研究相同变量及其关系的实证文献进行定量统计分析，证实变量之间的影响关系，消除单个实证研究的不确定性；以变量及变量间影响关系为研究重点；用该方法进行研究的文献数量相对于用定性的元分析方法进行研究的文献数量较多；适用于涉及变量及其关系的文献分析。定性的元分析方法的研究目的是对多篇具有相同研究主题的文献进行定性的统计分析，找出文献样本在所需分析类别中的共性和差异，总结现有研究的特征；以文献样本在所分析类别的共性和差异为研究重点；用该方法进行研究的文献数量相对于用定量的元分析方法进行研究的文献数量较少；适用于有大量文献积累，不一定涉及变量关系的研究领域。

由于本研究的目标是对供应链绩效评价指标进行归纳总结，不涉及变量及其关系的研究，因此适用于定性的元分析方法，需要通过对文献对象进行选取，找到多篇具有相同研究主题的文献进行定性的统计分析。根据分类定义，从文献对象中抽取相应的信息进行归纳总结，找出文献样本在所需分析类别中的共性和差异，分析得出目前研究的特征。

本研究的可行性分析论证有三点。

（1）分析方法的创新性

运用元分析方法研究供应链绩效评价尚属空白，且目前对供应链绩效评价进行研究的综述性文献的全面性尚有进一步提升的空间。可以借助元分析方法对供应链绩效评价的文献进行各层面系统的归纳总结，得出目前研究的现状，为今后合理地选择供应链绩效评价指标提供依据。

（2）分析方法的适用性

在数据库中以"供应链绩效评价"为关键词进行检索，所获得的众多检索结果，以及供应链绩效评价指标在数量、所属体系和应用领域的广泛性方面，使研究者难以很快地对目前的研究现状形成清晰的认知。定性的元分析方法的操作步骤本质决定其具有系统拆分、化整为零并逐层归纳的优势，适用于打破现象看本质，帮助研究者从各个层面对供应链绩效评价体系有从微观到宏观的系统认知，进而识别出当前研究的重点和焦点。

（3）分析结果的科学性

利用定性的元分析方法，通过搭建结构化的分析框架，能够对前人的研究进行全面的总结，使分析结果更加系统化；通过全面的数据库选择，对待检索关键词进行等义相近变换，在文献标题、摘要或关键词等位置进行细致的检索，确保文献检索结果的全面性，进而保证研究内容范围的完整性。

2.1.3　文献来源

从目前已有的国外供应链绩效评价指标研究综述中，已经能得出对 2005 年之前供应链绩效评价指标的研究总结。因此，本文选取 2005 年之后国外供应链绩效评价指标研究的相关文献进行研究，对已有的研究框架进行补充完善，使 2005 年之后的新的研究特征被纳入进来，同时补充了近些年来的研究实例，全面覆盖了国外供应链绩效评价研究相关文献。所以本文的文献研究对象选取的是 2005 年之后国外涉及供应链绩效评价指标的文献。

文献检索情况如下。

1）检索时间范围：2005 年 1 月 1 日至检索日期 2012 年 3 月 5 日。

2）以 supply chain，performance，measurement 等为检索词在国家图书馆英文数据库中进行检索，限定学术期刊和学位论文，根据数据库搜索设置的不同以及检索结果的数量在题名、关键词和摘要中进行调整。对相关文献较多的数据库，选用多种检索条件确保检索结果的全面性。

3）检索得到 354 篇文献，结果如表 2-2 所示。其中未检索到相关文献的英文数据库没有在表 2-2 中列出。从表中可以看出 Emerald、ScienceDirect、Taylor & Francis 和 Wiley 数据库中所含文献较多，其中 Emerald 数据库相关文献达到百余篇；其余数据库所含文献较少，有的仅为个位数。

表 2-2　文献检索结果

数据库名称	文献数目	数据库名称	文献数目
ScienceDirect	42	Business Source Complete（EBSCO）	11
Springerlink	2	ARL学术研究图书馆	4
Taylor & Francis	59	OA（Open Access）	1
SpecialSci	5	ECO-OCLC	6
Gale Virtual Reference Library	1	Wiley	34
Emerald	173	Highwire Press	1
ABIINFORM Archive Complete	15	—	—

对上一步选出的文献通过阅读再进行筛选，找出可以用于供应链绩效评价指标研究的文献，共 117 篇，并可分为如下两类（见表 2-3）。

表 2-3　被筛选出的用于元分析的两类文献

文献类型	第一类：包含明显的绩效评价指标体系	第二类：不明显的绩效评价指标体系
文献特点	对已有指标体系的完善，或结合具体实例进行应用	研究变量之间的相互关系，绩效是其中的一个变量
选择原因	文献中提出的绩效评价指标体系可直接用于分析	测量绩效的题项同为绩效指标，与绩效组成小规模的绩效评价体系，属于本研究的范畴

2.1.4　指标体系梳理思路

Cuthbertson R. 和 Piotrowicz W.（ 2011 ）[40] 对供应链绩效评价按照三个模块进行了研究，分别是内容、过程和场景（见图2-3），其中的内容模块分为指标层和指标分类两个维度。本研究不涉及"过程"，故可以选取"内容"和"场景"两个模块。此外，该作者对"场景"模块中供应链要素与组织要素的下属维度的分析存在交叉，本研究要参考其他文献对其维度进行完善。

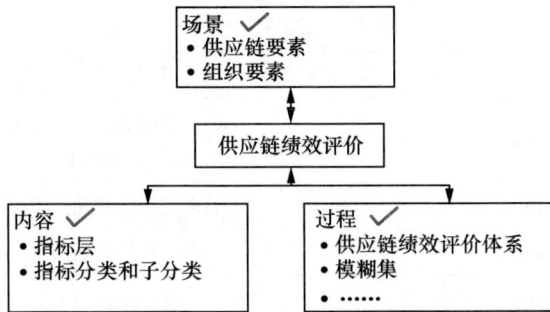

图 2-3　Cuthbertson R. 和 Piotrowicz W. 的研究框架示例

Neely 等人于 1995 年、2000 年和 2005 年的三篇研究文献 [41][42][43] 中，均提到绩效评价体系可以从三个不同的层面（ Level ）进行研究：1）个体绩效指标；2）指标集和体系；3）绩效评价体系与应用环境的关系。作者还提到，绩效评价体系与其应用环境的关系，可以分为内部环境与外部环境进行研究。因此，参考 Neely 等定义的前两个层面，可以将内容（ Content ）进一步拆分为指标和分类两个模块，便于研究的细化。同时，绩效评价体系与其应用环境的关系，与前一篇文献的场景（ Context ）模块相对应。另外，参考绩效评价体系与其应用环境的关系，将场景模块的下属维度按照内部环境与外部环境进行细分，可以完善前一篇文献中对于场景下属维度的分类。

Gunasekaran A. 和 Kobu B.（ 2007 ）[1] 发表的研究论文中对 1995 年至 2004 年研究供应链绩效评价指标的文献作了总结。作者在文中给出了绩效评价体系的 7 种分类，可以在前两篇的基础上对分类的维度进行完善。作者还提出指标的研究包括指标定义与计算方法，可以对指标的维度进行完善。

综上所述，可以提出本研究的指标梳理研究框架。

第一步，根据 Cuthbertson 和 Piotrowicz 的研究，选出内容和场景模块，如图 2-4 所示。

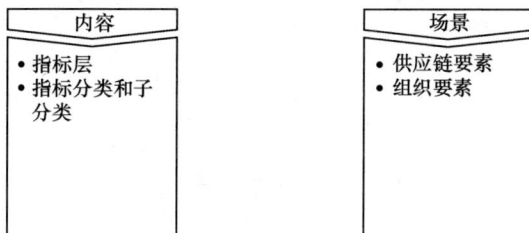

图 2-4　框架提出第一步

第二步，结合 Neely 等提出研究绩效评价体系的三个层次，便于研究细化，把内容的下属维度拆分为指标和分类两个单独的模块，划分为指标、分类和场景，如图 2-5 所示。

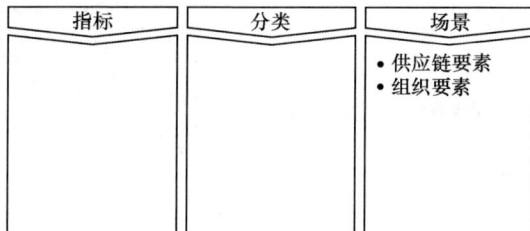

图 2-5　框架提出第二步

第三步，根据 Neely 等对供应链绩效评价体系与其应用环境的关系，场景模块分为内部环境和外部环境两个维度，完善场景下属维度的分类，如图 2-6 所示。

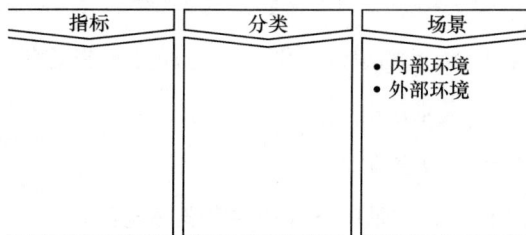

图 2-6　框架提出第三步

第四步，根据 Gunesekaran 和 Kobu 的研究对指标和分类模块中的下属维度进行完善，如图 2-7 所示。

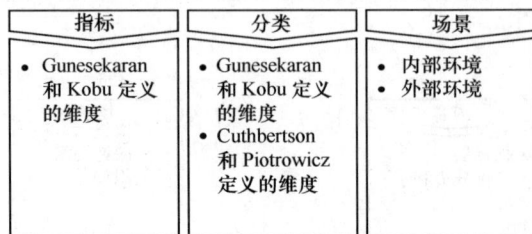

图 2-7　框架提出第四步

第五步，得到的研究框架如图 2-8 所示，分为指标、分类和场景三个维度展开，其中每一维度下又有子维度的细分。

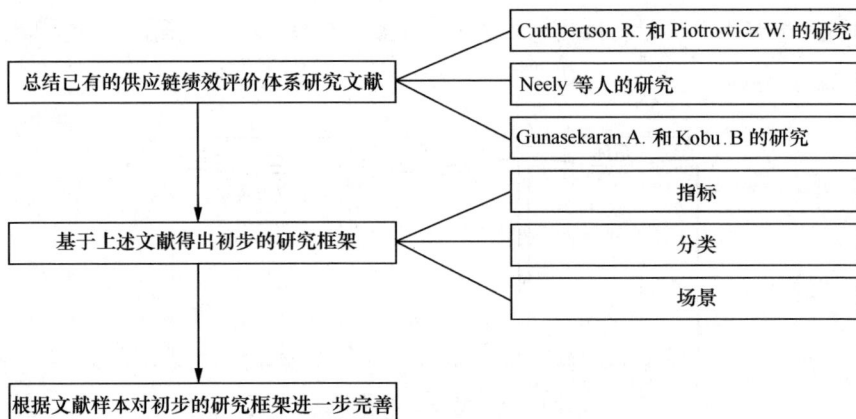

图 2-8　指标体系梳理的研究框架

指标：对指标的描述。

分类：记录是由哪一种分类方法得到的该条指标，即指标的得出方法分类。包括平衡计分卡、绩效指标的组成、绩效指标所处的供应链环节等二级维度。每个二级维度之下由三级维度进一步细分，例如平衡计分卡之下的三级维度有财务、内部流程、创新与改进等。

场景：记录该指标来源文献所研究的供应链环境背景。

以下章节将描述和总结这三大模块下的具体指标。

|2.2　供应链绩效评价指标全集梳理|

第一步，从已经被筛选过的 117 篇文献中提取 1677 个指标。

第二步，经过重新整理后得到 749 个指标，分为共性指标和个性指标两部分。个性指标是指只出现一次的指标，共有 477 个；其余指标归为共性指标，经合并整理共有 272 个（见表 2-4）。因个性指标只出现一次不具有普适性，因此后文中指标与分类的对应和指标与场景的对应均以这 272 个共性指标为基础展开。

表 2-4　供应链绩效评价共性指标全集整理结果

编号	指标名称	指标含义	指标解释或备注	文献来源
1	预测准确性	预期销售额与实际销售额之差。要考虑到季节性因素和促销对于销售额的影响	预测准确性可以通过最小量（销售额、预测金额）/最大量（销售额、预测金额）来计算每个销售人员、每家子公司、每种产品和每个产品的类别	[44]
2	预测错误	平均绝对百分比误差	高 MAPE 值意味着预测值与实际销售的偏差大。平均绝对百分误差（Mean Absolute Percentage Error）是用百分数表示的预测误差指标，它等于实际值与预测值离差除以实际值比值的绝对数的平均数	[45]
3	预测技术准确性			[46]
4	主生产计划的有效性			[46]
5	配送计划有效性			[46]
6	坚持计划			[47]

（续表）

编号	指标名称	指标含义	指标解释或备注	文献来源
7	计划变动	单位：百分比	每年变动的计划数	[45]
8	预算偏离度			[48]
9	供应商应对质量问题的能力			[45]
10	供应商在解决技术问题上提供的帮助			[45]
11	供应商节省成本的主动性			[45]
12	供应商交货绩效			[48]
13	供应质量			[45]
14	供应满足率	测量供应商供应的可靠性		[49]
15	供应商准时交货率			[50]
16	原料供应	有库存的百分比	（最大原材料供应－最小原材料供应）/平均原材料供应	[51]
17	生产率		根据这家公司自己特定的计算标准	[52]
18	产能利用率	如进料水平（单位：单位）、在制品（单位：单位）、报废水平（单位：单位）、在途制成品（单位：单位）	生产率/生产能力	[52]
19	日生产能力	单位：单位/天		[52]
20	安全生产能力	保有的额外生产能力，例如为防止突发事件保有的产能利用率		[53]
21	生产一致性			[54]
22	拒绝水平，报废和返工			[55]
23	缺陷百分比	每月总体故障率	每次机会观察到的缺陷数；观察到的缺陷数/（产品单位中的缺陷机会数×产品样本大小）	[48]

（续表）

编号	指标名称	指标含义	指标解释或备注	文献来源
24	装运错误	运输错误；装运错误数；产品装运错误	装运错误百分比	[45]
25	平均每船运入货物数	单位：单位/月		[45]
26	一定时期内接收总数			[56]
27	日均接收数			[56]
28	收货量与出货量的匹配度			[56]
29	吞吐量			[50]
30	平均每船运出货物数	单位：单位/月		[45]
31	一定时期内运出总数			[56]
32	日均运出数			[56]
33	准时交货率	在既定时间前交货的订单百分比	订单在截止日期前准时交货的百分比	[52]
34	完善的订单履行	满足交货要求，完整、准确，没有收到损坏的订单百分比		[57]
35	交货绩效			[58]
36	交货时间		没有在客户规定的时间内交货视为不合格	[59]
37	交货频率			[46]
38	交货速度			[54]
39	交货延迟	承诺交货日期与实际交货日期之间的时长；交货日期减去既定日期	实际交货日期减去既定交货日期	[60]
40	交付数量	确保交货数量精准		[61][62]
41	交货可靠性	按照统一标准满足既定交货日期和数量的能力		[63]
42	交货准确率	准确交货百分比	交货准确率	[64]

（续表）

编号	指标名称	指标含义	指标解释或备注	文献来源
43	所交货物质量			[48]
44	破损率			[63]
45	紧急交货响应性			[45]
46	总周期时间			[48]
47	计划周期时间		由召开销售与经营计划会议的时间周期决定	[49]
48	平均采购周期	从采购申请到确认收到供应商的采购订单的时间		[65]
49	平均订单周期时间			[65]
50	平均订单处理周期时间			[65]
51	产品交货周期			[65]
52	总供应链周期时间	原材料订购至渠道终端产品交付之间的天数	天数	[64]
53	总的供应链响应时间			[63]
54	产品开发周期时间			[63]
55	产品设计变化响应时间			[67]
56	物料通过时间	（经过供应链业务流程所需的时间）流量被定义为单位时间内的部分进入或离开生产线的平均数		[63]
57	（理论）生产周期时间	单位：分钟		[45]
58	提前期	收到订单到交货的时间间隔		[61]
59	订货提前期	单位：周		[45]
60	生产提前期	生产特定产品或批次所需时间		[68]
61	供应商订货提前期	单位：天		[45]
62	采购提前期	从采购申请到接收材料所需时间		[69]

（续表）

编号	指标名称	指标含义	指标解释或备注	文献来源
63	欠交订单率	t时期内欠交订单百分比	t时间内欠交的库存单位数量/t时间内订购的库存单位；缺货订单数占总订单数的比例	[70]
64	欠货订单数			[71]
65	平均欠货水平	延期交货项目数除以项目总数		[71]
66	订货满足率	可被立即满足的订单百分比；按照统一的标准提供所需数量的能力	可以被立即满足的订单比率；实际订货满足率与目标订货满足率相比较；现有存货占一个给定订单全部订货数量的百分比	[45]
67	目标订货满足率	目标订单满足率完成的程度		[72]
68	平均产品满足率	平均订单满足率除以产品总数		[72]
69	订单准确率			[65]
70	订单录入方法			[46]
71	库存水平	单位时间单位库存单位的库存水平	单位时期总库存/库存单位	[44]
72	平均库存	单位：单位/月		[43]
73	当前平均库存			[56]
74	日库存数			[56]
75	过剩库存水平			[50]
76	产成品库存水平			[49]
77	在制品库存水平			[50]
78	进料库存水平			[50]
79	库存控制			[73]
80	库存准确性			[65]
81	期望库存可满足性（可由库存满足的订单程度）			[53]
82	在制品			[74]

（续表）

编号	指标名称	指标含义	指标解释或备注	文献来源
83	在途产成品百分比			[50]
84	库存能力	公司的仓储能力		[75]
85	库存周转率		销售额/库存价值（库存周转率）；一定时期内售出产品成本除以平均库存投资	[63]
86	产成品库存周转率			[50]
87	原材料库存周转率			[50]
88	库存天数			[63]
89	产成品库存天数			[50]
90	过时库存率	过时库存指的是超过一定天数的库存		[45]
91	平均安全库存			[45]
92	原材料的安全库存	由于供应、需求和提前期为防止材料短缺保持的库存		[53]
93	产成品的安全库存	为防止材料短缺所保有的库存		[53]
94	库存不足		缺货的项目数。t时刻缺货量=缺货函数在t_0至t时间的积分+t_0时刻的缺货量，缺货函数=0，当零售商库存大于等于客户需求；缺货函数=客户需求−零售商库存，当零售商库存小于客户需求	[48]
95	库存不足率	t时期内导致库存不足的订单百分比	t时间内导致的库存不足库存单位数量/t时间内订购的库存单位	[70]
96	缺货可能性			[71]
97	脱销时间			[45]
98	产成品的稳定供应	有库存的百分比；一年内一种产品在零售店可买到的时间	天数	[76]

（续表）

编号	指标名称	指标含义	指标解释或备注	文献来源
99	储存和运输条件	为保证产品品质最优所要求的标准的储存和运输条件；公司的仓储质量	符合标准规定的温度和湿度的测量	[60]
100	组合柔性	提供不同类型物资的能力		[45]
101	产品柔性	产品和服务范围；满足客户特定需求的产品和服务的能力；处理困难的、非标准化的订单以满足特殊客户的需求和生产多种特性、大小或颜色产品的能力；通过定制使产品差异化		[77]
102	新产品柔性	发布新产品或修正已有产品的能力		[45]
103	业务关系范围			[45]
104	生产数量柔性	调整生产能力满足客户不同需求量的能力		[45]
105	生产批量改变能力			[55]
106	交货柔性	改变计划交货日期的能力；为特定客户协调交货时间的能力	（最迟交货日期-最早交货日期）/（最迟交货日期-当前日期）	[45]
107	出货柔性	有能力向最终客户交付小批量和规格包装尺寸；有能力向最终客户交付可频繁改变大小的出货量		[61][62]
108	需求柔性	应对需求变化的能力，例如季节因素		[68]
109	服务系统满足客户需求的柔性			[48]
110	紧急订单			[53]
111	关键客户特殊需求的响应			[78]
112	生产柔性	处理不同生产流程的能力；满足客户对不同种类不同产量产品需求的能力		[45]

（续表）

编号	指标名称	指标含义	指标解释或备注	文献来源
113	生产能力柔性			[45]
114	高峰供应链弹性	实现计划外生产数量可持续增长20%所需的天数		[57]
115	高峰供应链适应性	在30天内生产数量可以增加的百分比		[57]
116	低峰供应链适应性	在没有库存或支付缺货损失费的情况下在交货前30天可承受的订购数量的减少		[57]
117	订单柔性	物流过程中修改订单大小、体积和组合的能力		[45]
118	供应柔性	应对供应商出现问题的能力		[68]
119	客户服务	为了提升顾客购买价值以及导致购买行为而投入的劳动力和其他资源，主动有效地满足客户需求	为提高销售额而提升产品服务所投入的资源占比	[60]
120	客户服务水平		服务水平=满足的客户需求/客户总需求	[79]
121	生产服务水平	单位：百分比		[45]
122	售后服务效率		已服务的客户数/寻求服务的客户总数	[80]
123	客户响应	有能力快速响应和解决最终客户的问题；响应关键客户需求的能力		[61][62]
124	客户响应时间	客户响应时间；从订购到响应交货的时间；订单下达至交货的时间	接到订单到相应交货的时间；订单下达时间与交货时间之差	[64]
125	客户满意度	客户对产品或服务满意的程度	满意客户与不满意客户的比例	[52]
126	客户不满意度		登记的客户投诉数	[64]
127	客户投诉数	登记的客户投诉数		[52]
128	退货率			[65]
129	保留客户数			[81]

（续表）

编号	指标名称	指标含义	指标解释或备注	文献来源
130	客户感知价值			[46]
131	客户价值比率			[82]
132	合作关系	具备使各种关系更有效率的能力；供应商和客户通过电子手段合作的程度	联网的供应商或客户的百分比	[83]
133	买方与供应商合作关系等级			[63]
134	供应商关系满意度			[45]
135	努力解决问题的互助程度			[45]
136	为了提高质量相互规划协商的程度			[45]
137	团队参与程度		打分	[82]
138	信息共享水平			[46]
139	订单信息共享	订单信息共享		[77]
140	库存信息共享	存货信息共享		[77]
141	信息交流的频率和渠道			[51]
142	供应商与客户之间的物流信息交换频率和质量			[45]
143	信息交流满意度			[63]
144	销量		t时刻的销量=销售函数在t_0至t时间的积分+t_0时刻的销量，销售函数=客户需求，当客户需求小于零售商库存；销售函数=零售商库存，当客户需求大于等于零售商库存	[84]
145	平均进货价格			[45]

（续表）

编号	指标名称	指标含义	指标解释或备注	文献来源
146	原材料价格	在过去一年中的价格变化	年内价格的标准偏差或年内价格的变动范围，与年内平均价格相比	[76]
147	销售价格			[85]
148	销售额	销售额		[68]
149	销售额增长			[86]
150	新产品销售额占比			[50]
151	总收入		单价×销量	[66]
152	总利润	投资或经营的正向收益减去所有费用	总收益-总成本	[60]
153	利润增长率			[52]
154	净利润			[87]
155	净利率			[63]
156	边际利润率			[45]
157	销售净利率			[88]
158	利润率			[52]
159	净收益			[72]
160	现金流周期时间	一项投资的现金流从购买原材料到流回公司所需时间	库存天数+应收账款天数-应付账款天数	[57]
161	投资回报率	公司盈利能力的一个测量指标，并衡量公司如何利用其资本产生利润	净利润/总资产	[68]
162	投资回报率增长			[88]
163	资产收益率	利息开支前的收入除以平均总资产的比率		[89]
164	净资产收益率			[90]
165	固定资产收益率	固定资产投入回报率		[57]
166	销售回报率			[91]
167	应收账款周转天数	单位：天		[45]
168	应付账款周转天数	单位：天		[45]

（续表）

编号	指标名称	指标含义	指标解释或备注	文献来源
169	总成本		总成本=持有成本+罚金+订货成本；可变成本+固定成本，可变成本=单位可变成本×总产量+维修成本	[66]
170	改善成本结构	对总成本、单位生产成本、存货持有成本和运输成本有更好的规划		[77]
171	成本降低			[81]
172	原材料成本			[50]
173	产品成本	包括购买原材料和生产出产成品的成本；包含直接成本（劳动力、原材料）和间接成本（管理费用）		[61][62]
174	新产品开发成本			[92]
175	出口成本	出口成本		[75]
176	装运成本			[93]
177	报废/返工成本			[80]
178	缺货成本			[94]
179	供应链成本	与计划、供应、交货、返回流程相关成本的总和	包含存货持有成本、短缺成本和订货成本	[57]
180	供应链管理成本			[95]
181	供应链成本节约			[96]
182	供应链目标成本实现百分比			[97]
183	采购成本			[65]
184	单位采购成本			[50]
185	订货成本			[98]
186	运营成本	对运营成本更好地控制，降低运营成本	（销售,总的管理费+售出产品成本)/总销售额	[99]
187	单位小时运营成本			[50]

（续表）

编号	指标名称	指标含义	指标解释或备注	文献来源
188	管理费用		销售，总的管理费/总销售额	[71]
189	与关键客户相关的管理成本			[100]
190	信息成本			[63]
191	信息处理成本			[48]
192	信息持有成本			[46]
193	信息管理成本			[95]
194	配送总成本	配送总成本，包括运输和装卸；在产品制造和配送过程中的原材料和劳动力成本，包括运输和装卸成本	运输、装卸和安全库存费用	[68]
195	运输总成本	在利益时间跨度内单位库存的平均材料运输成本	t时间内设施间运输成本/t时间内运输的库存单位	[76]
196	平均运入成本	单位：元/年		[45]
197	平均每船运入成本	单位：元		[45]
198	平均运出成本	单位：元/年		[45]
199	平均每船运出成本	单位：元		[45]
200	制造总成本	总制造成本，包括劳动力、维修和返工成本	劳工、维修、切割工具、报废、返工成本	[68]
201	单位生产成本			[101]
202	单位生产时间的成本	空间和劳动利用率		[48]
203	单位产品生命周期生产成本			[101]
204	设施成本			[65]
205	安装/转换成本			[50]
206	库存持有成本	原材料成本百分比；库存相关成本；一个公司尚未出售的商品、原材料、成品和半成品	产品的仓储费用，以及与库存管理和保险相关的资金和存储费用	[90]

（续表）

编号	指标名称	指标含义	指标解释或备注	文献来源
207	仓储费用			[90]
208	库存成本		在制品和产成品库存	[92]
209	存货投资	存货的投资价值		[71]
210	仓储成本			[50]
211	单位数量仓储成本	单位：元/单位体积		[45]
212	平均劳动力成本			[50]
213	每万资本的雇员使用人数			[82]
214	保修/退货处理成本			[63]
215	订单处理成本			[65]
216	交易成本	在产品或服务交易过程中除货币价格之外的成本，如搜寻成本、谈判成本和执行成本	搜寻成本（有关交易机会信息的定位成本）、谈判成本（交易条款的谈判成本）和执行成本（合同执行的成本）的总和	[60]
217	技术的使用	IT投入占收入的百分比；使用信息技术的员工数	使用信息技术的雇员百分比	[76]
218	信息系统支持	更好的信息共享和调度；信息系统向运营经理提供及时有效的信息来进行物流管理的能力		[77]
219	运输技术	公司在运输中使用的技术和自动化水平		[75]
220	跟踪客户投诉/反馈系统是否足够			[101]
221	订单跟踪性能	信息系统支持，先进的出货通知		[50]
222	数据传输速度	它表示数据从源头后端系统到接收系统的数据传输时间		[69]
223	可追溯性	可追溯性是指使用记录跟踪产品历史、应用或位置的能力	信息的可用性，使用条码，质量体系的标准化	[60]

（续表）

编号	指标名称	指标含义	指标解释或备注	文献来源
224	近实时数据的全局可视性	公司通过其组织的内联网/外联网与供应链其他成员共享信息，使交易数据可视化（例如货物流动状态）。这项指标反映因为交易产生变化所需的时间，包括捕获数据的时间、核实数据的时间、批文时间和核实数据库的时间		[69]
225	系统响应时间	这项指标表示用户在系统中检索信息所需时间。系统响应时间给出了从查询开始到最终给出所需信息花费的平均时间。焦点小组成员建议5～10秒作为目标系统响应时间		[69]
226	数据安全	它表示最终用户访问任何数据/信息所需的核查步骤。验证步骤的数目越多，系统被认为越安全。安全步骤确保数据被合适的人接收和使用		[69]
227	网页和网站流量	这个指标表明用户获取所需信息需要"点击"的数量或花费的时间。用户可以快速容易地获取信息，不需要经过访问太多网页或网站		[69]
228	交易错误率	电子供应链能够通过数据库的更新处理错误交易。系统应拒绝交易错误破坏数据库，并能够发出纠正信息	这个指标由每次数据传输的交易错误平均数计算	[69]
229	用户利用率	测量供应链合作伙伴对应用的利用率和最常使用的信息种类。这项指标由在系统中检索/下载信息的访问量决定		[69]
230	修复ERP接口问题的时间	测量ERP或其他应用接口问题的时间		[69]

（续表）

编号	指标名称	指标含义	指标解释或备注	文献来源
231	（节约的）管理时间和成本	由于自动化节省的管理时间和成本		[69]
232	采购周期的步骤数	电子供应链实施前后采购周期步骤数		[69]
233	邮件服务可靠性	除升级和维修外在工作时间邮箱服务停用的时间	单位为每月小时数或每年小时数	[69]
234	触发提示的响应时间	从系统触发提示到接收器确认交易的时间		[69]
235	发票出示过程的步骤数	发票出示过程中的步骤数		[69]
236	解决纠纷的时间	解决任何出现的纠纷需要的时间		[69]
237	付款与检查时间	支付过程中出现的纠纷和解后电子支付的时间		[69]
238	文档精确性	由于电子数据与文档之间的不一致性而导致无法结束的交易的百分比		[69]
239	客户查询时间			[46]
240	信息获取的准确性和及时性			[63]
241	充分使用客户数据			[102]
242	碳减排承诺排名			[103]
243	环境政策			[103]
244	回收率		根据公司自己特定的计算标准	[52]
245	回收时间的降低			[104]
246	绿色原材料的采购成本			[105]
247	绿色材料使用成本			[104]
248	绿色产品收入			[80]
249	更洁净的供应链	有能力减少整个供应链各种类型的排放		[103]

（续表）

编号	指标名称	指标含义	指标解释或备注	文献来源
250	废物排放比率			[96]
251	固体废弃物排放			[105]
252	废水排放			[105]
253	废物减少			[81]
254	碳交易	包含限额和惩罚。单位：货币单位		[103]
255	废气排放			[105]
256	碳排放率			[103]
257	资源使用总成本			[71]
258	能源使用量	生产过程中使用的能源量	每平方米温室排放的气体体积	[60]
259	有毒物质消耗			[105]
260	农药的使用	生产过程中允许使用的农药量	符合标准规范的农药使用量和频次	[60]
261	市场份额	每年的市场份额变动	百分比	[89]
262	产品质量	我们的产品和服务质量优于竞争者；符合产品说明书的规范	成品质量	[99]
263	质量管理提升	质量管理和控制提升；改进的质量管理和质量控制		[77]
264	上市时间		等于信息延迟+产品开始生产到产品在零售商库存中可得的时间	[106]
265	产品可得性	描述产品是否在卖场货架上可得		[44]
266	发票错误			[50]
267	市场竞争力	在市场中更有竞争力		[83]
268	竞争地位			[107]
269	雇员建议数			[74]
270	雇员满意度	每月雇员反馈问卷总体评分		[52]
271	每年投入的员工培训费			[81]
272	培训和知识	是否有对员工的培训	打分	[75]

|2.3　供应链绩效评价指标的分类梳理|

2.3.1　指标研究的分类角度整理

　　Gunasekaran 和 Kobu[1] 给出的分类是最全面的，因此在其基础上基于所读文献进行进一步的补充和优化。文中对 1995 年至 2004 年研究供应链绩效评价指标的文献作了总结，并给出了绩效评价体系的 7 个不同角度分类（classification），本文研究补充了后续文献的改进及优化内容，一并总结如表 2-5 所示。

表 2-5　基于 Gunasekaran 和 Kobu 七种分类的补充优化结果

指标的分类方法	指标子类	优化内容	文献依据
平衡计分卡	财务		
	内部流程		
	创新与改进		
	顾客		
		环境	[103]
绩效指标的组成	时间		
	资源利用		
	输出		
	灵活性		
		成本	[65]
		可靠性	[65]
		效力	[52]
		效率	[52]
		生产率	[52]
		质量	[52]
		响应性	[60]
		资产	[57]

（续表）

指标的分类方法	指标子类	优化内容	文献依据
绩效指标所处的 供应链环节	计划与产品设计		
	供应		
	生产		
	交付	运输及交付	[45]
	客户	设施	[45]
		库存	[45]
		补给	[45]
		信息	[45]
		定价	[45]
决策层级	战略层		
	策略层		
	操作层		
财务基础	财务指标		
	非财务指标		
测量基础	定量		
	非定量		
传统和现代	基于功能		
	基于价值		

2.3.2　不同分类在不同年代的文献分布

各分类的文献年代分布见表 2-6。

表 2-6　各分类的文献年代分布

指标的分类方法	指标的分类	2005	2006	2007	2008	2009	2010	2011	2012	合计
平衡计分卡	财务		1	1		1	4			7
	内部流程		1	1		2	5			9
	创新与改进		1	1	1	2	4			9
	顾客		1	2	1	4	5	1	1	15
	环境	1		1			1	1		4

（续表）

指标的分类方法	指标的分类	2005	2006	2007	2008	2009	2010	2011	2012	合计
绩效指标的组成	时间						2	1		3
	资源利用				2	2	2			6
	输出				2	2	3			7
	灵活性	1	2	2	6	2	4	1	1	19
	成本	1	2	2	2	3	4	2		16
	可靠性			1	1		1	2		5
	效力				1					1
	效率			1	2			2		5
	生产率				1		1			2
	质量	1	2	2	3		2	3	1	14
	响应性			1	2			1	1	5
	资产				2	1	1	1		5
绩效指标所处的供应链环节	计划				1	2		1		4
	供应				1	2	2			5
	生产				1	2		1		4
	运输及交付	1	2	1	2	1	1			8
	设施						1			1
	库存						1			1
	补给						2			2
	信息						1			1
	定价						1			1
决策层级	战略层	1	1	2		1				5
	策略层	1		2		1				4
	操作层	1	2	3	1	5	5	4		21
财务基础	财务指标	2	3	1	2	4	3	2		17
	非财务指标	1				2	1	1		5
测量基础	定量				1					1
	非定量				1					1
传统和现代	基于功能							1	1	2
	基于价值								1	1

平衡计分卡中创新与改进和顾客角度，绩效指标的组成中灵活性、成本和质量角度，绩效指标所处的供应链环节中运输及交付角度，决策层级中的操作层角度以及财务基础中的财务指标角度，使用这些分类方法得出供应链绩效评价指标的文献较多，最多的达到 21 篇。

绩效指标所处的供应链环节中的设施、库存、补给、信息和定价角度，测量基础的定量和非定量角度以及传统和现代中的基于功能和基于价值角度，使用这些分类方法得出供应链绩效评价指标的文献较少，仅为一到两篇。

2.3.3 指标全集与七个分类研究的匹配情况

按共性指标全集（272 个），不同程度匹配了 7 种不同的指标研究分类体系，匹配情况分别见表 2-7 至表 2-10。

表 2-7 共性指标与平衡计分卡的对应关系（仅示例前 5 条，下同）

编号	名称	平衡计分卡角度				
		财务	内部流程	创新和改进	顾客	环境
1	预测准确性		√			
2	预测错误					
3	预测技术准确性		√			
4	主生产计划的有效性		√			
5	配送计划有效性				√	

表 2-8 共性指标与绩效指标组成的对应关系

编号	名称	时间	资源利用	输出	灵活性	成本	可靠性	效力	效率	生产率	质量	响应性	资产
1	预测准确性						√						
2	预测错误												
3	预测技术准确性												
4	主生产计划的有效性												
5	配送计划有效性												

表 2-9　共性指标与绩效指标所处的供应链环节的对应关系

编号	名称	绩效指标所处的供应链环节								
		计划	供应	生产	运输及交付	设施	库存	补给	信息	定价
1	预测准确性	√								
2	预测错误									
3	预测技术准确性									
4	主生产计划的有效性									
5	配送计划有效性									

表 2-10　共性指标与其他角度的对应关系

编号	名称	决策层级			财务基础		测量基础		传统现代	
		战略层	策略层	操作层	财务指标	非财务指标	定量	非定量	基于功能	基于价值
1	预测准确性		√			√				
2	预测错误									
3	预测技术准确性		√			√				
4	主生产计划的有效性					√				
5	配送计划有效性					√				

各分类方法所包含指标的数量情况（即包含度）如表 2-11 所示。各指标分类中部分子类指标包含度较高，即在研究应用中被使用的频次较高（超过 20 次），这些指标包括：平衡计分卡分类中的财务、内部流程、创新与改进、顾客；绩效指标组成分类中的输出、灵活性、成本、质量；绩效指标所处的供应链环节分类中的计划、运输、交付；决策层级分类中的战略层、策略层、操作层；财务基础分类中的财务指标以及非财务指标；测量基础分类中的定量角度；传统和现代分类中的基于功能的指标。相对使用频次较少的指标有：平衡计分卡分类中的环境、绩效指标组成分类中的效力、生产率以及资产，绩效指标所处的供应链环节分类中的设施、库存、补给、信息以及定价，测量基础分类中的非定量以及传统与现代分类中的基于价值。

表 2-11 不同分类的指标包含度

分类	子类	指标包含度（次）
平衡计分卡	财务	25
	内部流程	40
	创新与改进	20
	顾客	32
	环境	6
绩效指标的组成	时间	12
	资源利用	16
	输出	26
	灵活性	26
	成本	30
	可靠性	16
	效力	3
	效率	19
	生产率	3
	质量	24
	响应性	18
	资产	4
绩效指标所处的供应链环节	计划	21
	供应	18
	生产	10
	运输及交付	24
	设施	6
	库存	5
	补给	2
	信息	1
	定价	2
决策层级	战略层	22
	策略层	20
	操作层	66

（续表）

分类	子类	指标包含度（次）
财务基础	财务指标	33
	非财务指标	38
测量基础	定量	28
	非定量	9
传统和现代	基于功能	21
	基于价值	4

|2.4　供应链绩效评价指标的应用场景梳理|

2.4.1　场景类别划分

根据对文献的总结整理，得到如表 2-12 所示的绩效评价指标应用场景分类。

表 2-12　供应链绩效评价指标的应用场景分类

		一般供应链	——
内部	供应链属性	供应链结构	联体供应链
			闭环供应链
		供应链战略	敏捷供应链
			精益供应链
			协同供应链
		其他	需求链
			绿色供应链
	产品属性	产品供应链	——
		服务供应链	——

（续表）

外部	行业	医疗	—
		石油	—
		物流	—
		纺织	—
		电信	—
		公益	—
		包装	—
		工程	—
		零售	—
		食品	—
		制造	—
	结合其他管理实践	战略管理	—
		环境管理	—
		质量管理	—
		价值分析	—
		对标	—
		SWOT	—
		中小企业	—
		RFID	—
		信息技术	—
		信息系统	—
		电子商务	—
		权变理论	—
		CPFR（协同规划、预测与补给）	—

总体上分为内部与外部两个角度。

在内部场景的供应链属性中，联体供应链来自于 Beamon 和 Chen 的观点[70]，常见于农业、商业和网络零售业，是指收敛结构和发散结构的结合体，其中每一个组成部分（收敛结构和发散结构）按次序形成单一的、联结的结构；闭环供应链则包括前向供应链和逆向供应链[108]，该分类角度来自于 Mondragon 等人的观点[56]；Qi 和 Boyer[94] 提出了敏捷供应链和精益供应链，其中敏捷供应链是指在迅速变化的环境中为保持竞争优势，快速提供满足市场需求的以客户为导向的产品，精益供应链是指对组织内外流程进行精简以提升效率；协同供应链主要来自于 Papakiriakopoulos 和 Pramatari[44] 提出的供应链协同（Supply Chain Collaboration，SCC）和 Ramanathan 等 [54] 的协同供应链（Collaborative Supply Chain），同时将 Iyer 等 [109] 提出的供应链整合（Supply Chain Integration），一并归为协同供应链，它是指供应链的各个组成如供应商、制造商、分销商和零售商等相互合作以提升经营绩效、降低成本、提高利润和增强预测准确性等 [51]；需求链来自于 Iyer[55]，是把客户的实际需求放在更重要位置的一种供应链 [110]；绿色供应链来自于 Shaw 等 [103]，是指在传统供应链的基础上，将资源使用效率和对环境的影响纳入考虑范围中 [111]。

内部场景的产品属性中，服务供应链来自于 Zelbst 等人 [61]，是指位于服务业或位于服务部门的供应链 [112]；产品供应链是指制造业或制造部门的供应链，由本研究补充。

外部场景中，各行业均来自于文献研究对象所在实际行业。医疗行业如 Lee 等 [113]，石油行业如 Varma 等 [76]，物流行业如 Chia 等 [81]，纺织行业如 Ndez-Espallardo 等 [83]，电信行业如 Mondragon 等 [56]，公益行业如 Beamon 等 [71]，包装行业如 Hofmann 和 Locker[114]，工程行业如 Vereecke 和 Muylle[115]，零售行业如 Cho 等 [116]。此外，食品行业为普通食品产业、猪肉加工工业、大枣出口行业和农产品行业的汇总。普通食品产业来自于 Bigliardi 和 Bottani[46]，猪肉加工工业来自于 Han 等 [84]，大枣出口行业来自于 Mbaga 等 [75]，农产品行业来自于 Aramyan 等 [60]。制造业由一般制造业、特种化学品制造业、木制品制造业、电子元件制造业、半导体设备制造业、汽车制造业、计算机和电子产品制造业汇总得到，分别来自于 Sezen[68]、Acar 等 [93]、Espinoza 等 [117]、Sambasivan 等 [69]、Ip 等 [52]、Wiengarten 等 [98] 和 Hadaya[118]。

外部场景中结合其他实践的分类，战略管理是指包含了对企业战略的分析和设计等过程，最终落实到实施和控制环节 [119]，该特征来自于 Defee 和 Stank [89]；环境管理来自于 Shaw 等 [103]，与绿色供应链相关，是指企业在日常经营活动中将资源利用和对环境的影响纳入考虑范围中 [120]；质量管理 [121] 来自于 Han 等 [84]，是指与质量方面相关的一系列管理活动；价值分析、对标与 SWOT 来自于 Soni

和 Kodali[45]，价值管理是基于企业可持续发展和股东财务最大化的发展目标，对企业价值进行的管理[122]，对标管理是以行业内的优秀企业为标杆，将自己的经营管理环节及产品产出与之相较，提升自身运营管理和提高效益的过程[123]，SWOT 分析是研究企业的优势方面（Strengths）、弱势方面（Weaknesses）、机会方面（Opportunities）和威胁方面（Threats），分析各种因素的相互关系，进而为管理决策提供依据[124]；权变理论来自于 Hadaya[118]，是指管理决策要根据不同的环境情况而制定的理论；CPFR（协同规划、预测与补给）来自于 Chen 等[125]，是指以提升供应链效率为目标，利用信息共享改善供应链各环节的合作，提高需求预测的准确度的过程[125]；中小企业特征来自于 Banomyong 和 Supatn[65]；RFID 来自于 Zelbst 等[62]；信息技术来自于 Vijayasarathy[127] 和 Zhang 等[78]；信息系统特征来自于 Wang 等[97]；电子商务特征来自于 Sambasivan 等[69]。

2.4.2　各场景的文献年代分布

各场景的文献年代分布见表 2-13。

表 2-13　各场景的文献年代分布

场景维度1	场景维度2	场景维度3	场景维度4	2005	2006	2007	2008	2009	2010	2011	2012
内部	供应链属性	供应链结构	一般供应链	—			1		1		
			联体供应链						1		
			闭环供应链							1	1
		供应链战略	敏捷供应链					2	2		
			精益供应链					1			
			协同供应链		2		1		3	2	
		其他	需求链							1	
			绿色供应链	1		1			1	1	1
	产品属性	产品供应链	—				1				
		服务供应链	—					1			

（续表）

场景维度1	场景维度2	场景维度3	场景维度4	2005	2006	2007	2008	2009	2010	2011	2012
外部	行业	医疗	—	1							
		石油	—		1			1			
		物流	—					1	1		
		纺织	—	1	1			1			
		电信	—							1	
		公益	—				1				
		包装	—					1			
		工程	—		2						
		零售	—					1	1		
		食品	—				1	1	2	2	1
		制造	—	3	3	3	4	10	9	6	1
	结合其他管理实践	战略管理	—	1							
		环境管理	—						1		
		质量管理	—					1			
		价值分析	—						1		
		对标	—					1	2	3	
		SWOT	—						1		
		中小企业	—					3	1	1	
		RFID	—					1	2		
		信息技术	—					2			
		信息系统	—			1					
		电子商务	—					2		1	
		权变理论	—					1			
		CPFR（协同规划、预测与补给）	—			1					

从表 2-13 中可以看出，制造行业和食品行业是供应链绩效评价指标应用较多的行业，说明供应链绩效评价指标相关研究文献仍主要从这两个行业展开。

与制造行业有关的包含供应链绩效评价指标的文献，从 2005 年至 2009 年逐年递增，其后呈递减趋势，表明对制造行业应用场景的研究热度稍微减退。从文献年代分布来看，供应链绩效评价指标在其他行业的应用相对分散。

供应链绩效评价指标与其他管理实践相结合，从文献年代分布来看，研究主题较为分散，并且这些研究文献多出现在 2009 年之后，说明在 2009 年之后供应链绩效评价指标相关研究文献逐渐注重与其他管理实践相结合。

2.4.3 指标与场景的对应

272 个共性指标在各场景应用的情况，根据文献内容进行对应，分别见表 2-14、表 2-15 和表 2-16。

表 2-14 共性指标与内部场景的对应关系（仅示例前 5 条，下同）

编号	名称	供应链属性									产品属性	
		一般供应链	供应链结构			供应链战略			需求链	绿色供应链	产品供应链	服务供应链
			联体供应链	闭环供应链		敏捷供应链	精益供应链	协同供应链				
				总	前向	逆向							
1	预测准确性												
2	预测错误											✓	
3	预测技术准确性												
4	主生产计划的有效性												
5	配送计划有效性												

表 2-15 共性指标与外部环境中行业的对应关系

编号	名称	食品	制造	医疗	石油	物流	纺织	电信	公益	包装	工程	零售
1	预测准确性		✓	✓		✓						
2	预测错误		✓							✓		
3	预测技术准确性	✓										
4	主生产计划的有效性	✓	✓									
5	配送计划有效性	✓	✓									

表 2-16 共性指标与其他管理实践的对应关系

编号	名称	战略管理	环境管理	质量管理	价值分析	对标	SWOT	中小企业 SME	RFID	信息技术	信息系统	电子商务	权变理论	协同规划预测与补给
1	预测准确性						√	√						
2	预测错误				√	√	√							
3	预测技术准确性													
4	主生产计划的有效性													
5	配送计划有效性													

各场景中指标的包含度如表 2-17 所示。内部场景的供应链属性中，一般供应链的指标包含度最高，为 63，其余均在 50 以下。内部场景中的产品属性中，产品供应链的指标包含度远大于服务供应链的指标包含度。外部场景中的各个行业，制造行业的指标包含度最高，为 198；其次为食品行业，为 82；物流行业指标包含度为 41，排名第三；其他行业的指标包含度均在 20 以下。外部场景结合其他管理实践中，对标的指标包含度最高，为 93；价值分析、中小企业以及 SWOT 的指标包含度均在 40 以上；战略管理、环境管理、质量管理和 CPFR 的指标包含度较低，仅为个位数。

表 2-17 各场景的指标包含度

场景维度1	场景维度2	场景维度3	场景维度4	指标包含度
内部	供应链属性	一般供应链	——	63
		供应链结构	联体供应链	5
			闭环供应链	33
		供应链战略	敏捷供应链	22
			精益供应链	16
			协同供应链	43
		其他	需求链	5
			绿色供应链	49
	产品属性	产品供应链	——	81
		服务供应链	——	13

（续表）

场景维度1	场景维度2	场景维度3	场景维度4	指标包含度
外部	行业	医疗	——	15
		石油	——	12
		物流	——	41
		纺织	——	11
		电信	——	10
		公益	——	15
		包装	——	7
		工程	——	13
		零售	——	4
		食品	——	82
		制造	——	198
	结合其他管理实践	战略管理	——	6
		环境管理	——	5
		质量管理	——	4
		价值分析	——	45
		对标	——	93
		SWOT	——	46
		中小企业	——	67
		RFID	——	22
		信息技术	——	22
		信息系统	——	5
		电子商务	——	41
		权变理论	——	14
		CPFR	——	4

2.4.4 指标分类与场景的对应

指标分类与内部场景的对应如表 2-18 所示。在内部场景中，联体供应链以及逆向供应链中只有个别的分类方法与之对应，说明各分类方法在联体供应链以及逆向供应链方面应用有限。其他的内部场景中各分类方法与之对应较为普遍，说明各分类方法在其他内部场景的应用较为广泛。

表 2-18　指标分类与内部场景的对应关系

指标分类		供应链属性										产品属性	
		一般供应链	供应链结构				供应链战略			需求链	绿色供应链	产品供应链	服务供应链
			联体供应链	闭环供应链			敏捷供应链	精益供应链	协同供应链				
				总	前向	逆向							
平衡计分卡角度	财务	√	√	√	√		√	√	√		√	√	√
	内部流程	√	√	√	√	√	√	√	√	√	√	√	√
	创新	√		√	√		√	√	√			√	
	顾客	√		√	√		√	√	√	√	√	√	√
	环境			√		√					√	√	
绩效指标的组成	时间	√		√	√		√	√	√		√	√	√
	资源利用	√	√	√	√		√	√	√		√	√	
	输出	√		√	√		√	√	√		√	√	
	灵活性	√	√	√	√		√	√	√		√	√	√
	成本	√	√	√	√		√	√	√		√	√	√
	可靠性	√	√	√	√		√	√	√		√	√	√
	效力	√		√	√				√			√	√
	效率	√		√	√		√	√	√		√	√	√
	生产率	√		√	√		√	√	√			√	
	质量	√		√	√	√	√	√	√		√	√	√
	响应性	√		√	√		√	√	√		√	√	√
	资产	√											
绩效指标所处的供应链环节	计划	√		√	√		√	√	√	√	√	√	√
	供应	√		√	√		√	√	√	√	√	√	√
	生产	√		√	√		√	√	√	√	√	√	
	运输及交付	√		√	√		√	√	√	√	√	√	√
	设施	√	√	√	√		√	√	√	√	√	√	
	库存	√		√	√		√	√	√	√	√	√	
	补给	√		√	√		√	√	√	√	√	√	
	信息	√										√	
	定价	√					√		√			√	

（续表）

指标分类		供应链属性										产品属性	
		一般供应链	供应链结构				供应链战略			需求链	绿色供应链	产品供应链	服务供应链
			联体供应链	闭环供应链			敏捷供应链	精益供应链	协同供应链				
				总	前向	逆向							
决策层级	战略层	✓	✓	✓	✓		✓	✓	✓	✓	✓	✓	✓
	策略层	✓	✓	✓	✓		✓	✓	✓	✓	✓	✓	✓
	操作层	✓											
财务基础	财务指标	✓	✓	✓	✓		✓	✓	✓	✓	✓	✓	✓
	非财务指标	✓	✓	✓	✓		✓	✓	✓	✓	✓	✓	✓
测量基础	定量	✓	✓	✓	✓		✓	✓	✓	✓	✓	✓	✓
	非定量	✓	✓	✓	✓		✓	✓	✓	✓	✓	✓	✓
传统和现代	基于功能	✓	✓	✓	✓		✓	✓	✓	✓	✓	✓	✓
	基于价值	✓							✓				

指标分类与外部环境中行业的对应如表 2-19 所示。食品、制造与物流行业中基本与各个分类方法都有对应关系，说明各分类方法在食品、制造与物流行业的应用十分广泛。电信、包装与零售行业与各个分类方法只有个别的有对应关系，说明各分类方法在电信、包装与零售行业的应用比较有限。

表 2-19　指标分类与外部环境中行业的对应关系

指标分类		食品	制造	医疗	石油	物流	纺织	电信	公益	包装	工程	零售
平衡计分卡角度	财务	✓	✓	✓	✓	✓	✓		✓	✓		✓
	内部流程	✓	✓	✓	✓	✓	✓	✓	✓	✓	✓	
	创新	✓	✓								✓	✓
	顾客	✓	✓	✓	✓	✓			✓		✓	✓
	环境	✓	✓			✓	✓					

（续表）

指标分类		食品	制造	医疗	石油	物流	纺织	电信	公益	包装	工程	零售
绩效指标的组成	时间	√	√	√		√	√			√	√	
	资源利用	√	√	√	√	√	√			√	√	
	输出	√	√	√		√		√	√			√
	灵活性	√	√	√	√	√	√	√	√	√	√	√
	成本	√	√	√	√					√	√	
	可靠性	√	√			√				√		
	效力	√	√			√						√
	效率	√	√	√	√	√	√			√	√	√
	生产率	√	√									
	质量	√	√	√		√		√			√	√
	响应性	√	√	√		√		√		√	√	
	资产	√	√	√		√					√	
绩效指标所处的供应链环节	计划	√	√	√		√	√	√	√		√	
	供应	√	√	√		√				√		
	生产	√	√	√		√				√		
	运输及交付	√	√	√		√	√				√	√
	设施	√	√									
	库存	√	√	√		√				√		
	补给		√	√								
	信息		√			√						
	定价		√				√					
决策层级	战略层	√	√	√	√	√	√		√	√	√	√
	策略层	√	√	√		√				√	√	
	操作层	√	√	√	√	√	√	√	√	√	√	√
财务基础	财务指标	√	√	√							√	√
	非财务指标	√	√	√	√		√			√	√	
测量基础	定量	√	√	√			√				√	
	非定量	√	√	√		√					√	√
传统和现代	基于功能	√	√	√	√		√			√	√	
	基于价值	√	√			√						

指标分类与其他管理实践的对应关系如表 2-20 所示。价值、对标和 SWOT

与各个分类方法基本都有对应关系，说明各分类方法在价值、对标和 SWOT 这些管理实践方面的应用比较广泛。环境、质量和信息系统与各个分类方法只有个别的有对应关系，说明各分类方法在环境、质量和信息系统这些管理实践方面的应用比较有限。

表 2-20　分类方法与管理实践的对应关系

指标分类		战略	环境	质量	价值	对标	SWOT	中小企业	RFID	信息技术	信息系统	电商	权变	CPFR
平衡计分卡角度	财务	✓	✓	✓	✓	✓	✓	✓	✓	✓	✓	✓	✓	✓
	内部流程	✓	✓		✓	✓	✓	✓	✓	✓		✓		
	创新	✓	✓	✓	✓	✓	✓	✓	✓	✓		✓		
	顾客	✓	✓		✓	✓	✓	✓	✓	✓		✓		
	环境													
绩效指标的组成	时间				✓	✓	✓	✓	✓	✓		✓	✓	✓
	资源利用	✓												
	输出	✓		✓	✓	✓	✓	✓	✓	✓				✓
	灵活性	✓			✓	✓	✓	✓	✓	✓				✓
	成本	✓			✓	✓	✓	✓	✓	✓				✓
	可靠性				✓	✓	✓	✓	✓	✓	✓	✓		
	效力	✓		✓	✓	✓	✓	✓	✓			✓		
	效率	✓				✓	✓	✓	✓	✓		✓		
	生产率	✓			✓	✓	✓	✓						✓
	质量	✓		✓	✓	✓	✓	✓	✓	✓	✓	✓		
	响应性				✓	✓	✓	✓	✓	✓	✓	✓		
	资产				✓	✓	✓	✓	✓	✓	✓	✓		
绩效指标所处的供应链环节	计划	✓			✓	✓	✓	✓	✓	✓				✓
	供应				✓	✓	✓	✓	✓	✓				
	生产				✓	✓	✓	✓	✓	✓				
	运输及交付	✓			✓	✓	✓	✓	✓	✓				
	设施				✓	✓	✓	✓		✓				
	库存				✓	✓	✓	✓	✓	✓				✓
	补给				✓	✓	✓	✓	✓	✓		✓	✓	
	信息				✓	✓	✓							
	定价				✓	✓	✓				✓			

（续表）

指标分类		战略	环境	质量	价值	对标	SWOT	中小企业	RFID	信息技术	信息系统	电商	权变	CPFR
决策层级	战略层	√		√	√	√	√	√	√	√	√	√	√	√
	策略层	√		√	√	√	√	√	√	√	√	√	√	
	操作层	√		√	√	√	√	√	√	√	√	√	√	√
财务基础	财务指标	√		√	√	√	√	√	√	√	√	√	√	
	非财务指标	√		√	√	√	√	√	√	√		√	√	√
测量基础	定量	√		√	√	√	√	√	√	√	√	√	√	
	非定量	√		√	√	√	√		√			√	√	
传统和现代	基于功能			√	√	√	√	√	√		√	√	√	√
	基于价值													

| 参考文献 |

[1] Gunasekaran Angappa, Kobu Bulent. Performance Measures and Metrics in Logistics and Supply Chain Management: A Review of Recent Literature （1995–2004) for Research and Applications[J]. International Journal of Production Research, 2007, 12(45): 2819-2840.

[2] Shepherd Craig, Gunter Hannes. Measuring Supply Chain Performance: Current Research and Future Directions[J]. International Journal of Productivity and Performance Management, 2006, 55(3/4): 242-258.

[3] A Ramaa., Subramanya K. N.. A Review of Literature on Performance Measurement of Supply Chain Network.In Emerging Trends in Engineering and Technology, Nagpur, 2009, 802-807.

[4] Akyuz Arzu, Erkan Erman. Supply Chain Performance Measurement: A Literature Review[J]. International Journal of Production Research, 2010, 17(48): 5137-5155.

[5] 刘晋，洪伟民. 供应链绩效评价研究综述[J]. 商业研究, 2006, 8: 17-21.

[6] 雷勋平，龚月琴. 供应链绩效评价现状研究综述[J]. 冶金经济与管理，2006，6:41-44.

[7] 于晓胜. 供应链绩效评价研究综述[J]. 河南商业高等专科学校学报，2007，20(6):38-42.

[8] 金宏亮，荣桂范. 供应链管理绩效评价的文献综述[J]. 中国乡镇企业会计，2011, (5):103-107.

[9] 夏文汇，何玉影. 供应链绩效评价体系、方法、对象研究综述[J]. 物流技术，2011, 30(9): 14-16.

[10] Lenny H. P., Ernst V., Harry R. C.. Understanding New Product Project Performance[J]. European Journal of Marketing, 2006, 40(11):1178-1193.

[11] François A. C., Fernando J., Jay P. M.. The Validity of the Servqual and Servperf Scales: A Meta-Analytic View of 17 Years of Research Across Five Continents[J]. International Journal of Service Industry Management, 2007, 18(5):472-490.

[12] Amir G.. The Relationships Between Market Orientation and Alternative Strategic Orientations: A Meta-Analysis[J]. European Journal of Marketing, 2008, 42(1):115-134.

[13] Rahat H. B.. The Relationship Between System Usage and User Satisfaction: A Meta-Analysis. Journal of Enterprise Information Management[J]. Journal of Enterprise Information Management, 2005, 18(2):211-234.

[14] Faqin L.. The Pro-Trade Impacts of Immigrants: A Meta-Analysis of Network Effects[J]. Journal of Chinese Economic and Foreign Trade Studies, 2011, 4(1):17-27.

[15] Victoria J. M., Steven J. B.. The Performance of the Theory of Constraints Methodology: Analysis and Discussion of Successful Toc Applications[J]. International Journal of Operations & Production Management, 2003, 23(6):568-595.

[16] Keith T., Stephen A.. The Learning Organisation: A Meta-Analysis of Themes in

Literature[J]. Learning Organization, 2005, 13(2):123-139.

[17] Carol D., Richard G. S.. The Impact of Various Factors on the Personality, Job Satisfaction and Turnover Intentions of Professional Accountants[J]. Managerial Auditing Journal, 2001, 16(4): 234-245.

[18] Alice F. S., Treena L. G., Matthew V. C.. The Impact of Time Pressure in Negotiation:A Meta-Analysis[J]. International Journal of Conflict Management, 1993, 9(2):97-116.

[19] Ryan D. Z., Todd C. D.. The Impact of Job Performance on Employee Turnover Intentions and the Voluntary Turnover Process:A Meta-Analysis and Path Model[J]. Personnel Review, 2009, 38(2):142-158.

[20] Hichem K., Mohsen S.. The Determinants of Corporate Disclosure:A Meta-Analysis[J]. International Journal of Accounting and Information Management, 2010, 18(3):198-219.

[21] Shumaila Y. Y., Gordon R. F., John G. P.. Technology Acceptance:A Meta-Analysis of the Tam:Part 2[J]. Journal of Modelling in Management, 2007, 2(3):281-304.

[22] Dorien K.. Older Workers' Motivation to Continue to Work:Five Meanings of Age:A Conceptual Review[J]. Journal of Managerial Psychology, 2008, 23(4):364-394.

[23] Aviv S., Gregory M. R., Fredric K.. Market Orientation and Performance:A Meta-Analysis[J]. Marketing Intelligence & Planning, 2005, 23(5):435-454.

[24] K. S. P., Serkan Y.. Managerial Training Effectiveness:A Meta-Analysis 1952-2002[J]. Personnel Review, 2010, 39(2):227-241.

[25] Sebastian D., Anita P., Adelien D.. Looking for the Value of Mission Statements: A Meta-Analysis of 20 Years of Research[J]. Management Decision, 2011, 49(3): 468-483.

[26] Svanhild A.. Libraries and Return on Investment (Roi):A Meta-Analysis[J]. New Library World, 2009, 110(7):311-324.

[27] Satish M., Sampath R.. Implementing Total Quality Management with a Focus on Enhancing Customer Satisfaction[J]. International Journal of Quality & Reliability Management, 2008, 25(9):913-927.

[28] Jane B., James G.. Public Sector to Public Services:20 Years of "Contextual" Accounting Research[J]. Accounting, Auditing & Accountability Journal, 2008, 21(2):129-169.

[29] Bengt K., Bjarne B., Rickard G.. Quality Management and Business Excellence, Customers and Stakeholders:Do We Agree on What We Are Talking About, and Does It Matter? [J]. The TQM Journal, 2008, 20(2):120-129.

[30] Evangelos L. P., Christos V. F.. A Meta Analysis of ISO 9001:2000 Research – Findings and Future Research Proposals[J]. International Journal of Quality and Service Sciences, 2009, 1(2):128-144.

[31] Ruggero S.. A Meta-Analysis of Hotel Performance. Continental or Worldwide Style? [J]. Tourism Review, 2010, 65(3):46-69.

[32] Wilfred I. U., Andre D. S.. A Relationship Between Current Globalisation, Unemployment, Inequality and Poverty[J]. International Journal of Social Economics, 2009, 36(1):37-46.

[33] Keyong D., Ying L.. Cross-Cultural Management in China[J]. Cross Cultural Management:An International Journal, 2011, 34(1):223-243.

[34] Paul C. N.. Making Decision-Making Research Matter:Some Issues and Remedies[J]. Management Research Review, 2011, 34(1):5-16.

[35] 肖剑科，赵曙明. 国内胜任特征研究之元分析[J]. 经济管理，2008, 30(10): 73-78.

[36] 宋娟. 基于作者共被引和元分析的知识管理流派研究[D]. 大连：大连理工大学，2008.

[37] 田宇力. 中国科学院研究成果及作者的统计分析[D]. 大连：大连理工大学，2008.

[38] 仲秋雁，宋娟，曲刚. 基于元分析的国际知识管理研究特征分析[J]. 管理学

报，2009, 6(1):36-44.

[39] 高良谋，高静美. 企业购并失败的元分析[J]. 经济管理，2009, 31(1):173-179.

[40] Cuthbertson R., Piotrowicz W.. Performance Measurement Systems in Supply Chains：a Framework for Contextual Analysis[J]. International Journal of Productivity and Performance Management, 2011, 60(6):583-602.

[41] Neely A., Gregory M., Platts K.. Performance Measurement System Design: a Literature Review and Research Agenda[J]. International Journal of Operations & Production Management, 1995, 15(4):80-116.

[42] Neely A., Bourne M., Kennerley M.. Performance Measurement System Design: Developing and Testing a Process-Based Approach[J]. International Journal of Operations & Production Management, 2000, 20(10):1119-1145.

[43] Neely A., Gregory M., Platts K.. Performance Measurement System Design: a Literature Review and Research Agenda[J]. International Journal of Operations & Production Management, 2005, 25(12):1228-1263.

[44] Papakiriakopoulos Dimitris, Pramatari Katerina. Collaborative Performance Measurement in Supply Chain[J]. Industrial Management & Data Systems, 2010, 110(9):1297-1318.

[45] Soni Gunjan, Kodali Rambabu. Internal Benchmarking for Assessment of Supply Chain Performance[J]. Benchmarking:An International Journal, 2010, 17(1):44-76.

[46] Bigliardi Barbara, Bottani Eleonora. Performance Measurement in the Food Supply Chain: A Balanced Scorecard Approach[J]. Facilities, 2010, 28:249-260.

[47] Mccormack Kevin, Ladeira Marcelo Bronzo, de Oliveira Marcos Paulo Valadares. Supply Chain Maturity and Performance in Brazil[J]. Supply Chain Management: An International Journal, 2008, 13(4):272-282.

[48] Thakkar Jitesh, Kanda Arun, Deshmukh S. G.. Supply Chain Performance Measurement Framework for Small and Medium Scale Enterprises[J].

Benchmarking:An International Journal, 2009, 16(5):702-723.

[49] Chae Bongsug Kevin. Developing Key Performance Indicators for Supply Chain: An Industry Perspective[J]. Supply Chain Management:An International Journal, 2009, 14(6):422-428.

[50] Sambasivan Murali, Nandan Tamizarasu, Mohamed Zainal Abidin. Consolidation of Performance Measures in a Supply Chain Environment[J]. Journal of Enterprise Information Management, 2009, 22(6):660-689.

[51] Ramanathan Usha, Gunasekaran Angappa, Subramanian Nachiappan. Supply Chain Collaboration Performance Metrics:A Conceptual Framework[J]. Benchmarking:An International Journal, 2011, 18(6):856-872.

[52] Ip W. H., Chan S. L., Lam C. Y.. Modeling Supply Chain Performance and Stability[J]. Industrial Management & Data Systems, 2011, 111(8):1332-1354.

[53] Forslund Helena, Jonsson Patrik. The Impact of Forecast Information Quality on Supply Chain Performance[J]. International Journal of Operations & Production Management, 2007, 27(1):90-107.

[54] Silveira Giovani J. C. Da, Cagliano Raffaella. The Relationship Between Interorganizational Information Systems and Operations Performance[J]. International Journal of Operations & Production Management, 2006, 26(3):232-253.

[55] Iyer Karthik N. S.. Demand Chain Collaboration and Operational Performance: Role of It Analytic Capability and Environmental Uncertainty[J]. Journal of Business & Industrial Marketing, 2011, 26(2):81-91.

[56] Mondragon Adrian E. Coronado, Lalwani Chandra, Mondragon Christian E. Coronado. Measures for Auditing Performance and Integration in Closed-Loop Supply Chains[J]. Supply Chain Management:An International Journal, 2011, 16(1):43-56.

[57] Theeranuphattana Adisak, Tang John C. S.. A Conceptual Model of Performance

Measurement for Supply Chains: Alternative Considerations[J]. Journal of Manufacturing Technology Management, 2008, 19(1):125-148.

[58] Srinivasan Mahesh, Mukherjee Debmalya, Gaur Ajai S.. Buyer-Supplier Partnership Quality and Supply Chain Performance:Moderating Role of Risks, and Environmental Uncertainty[J]. European Management Journal, 2011, 29: 260-271.

[59] Nakano Mikihisa. Collaborative Forecasting and Planning in Supply Chains: the Impact On Performance in Japanese Manufacturers[J]. International Journal of Physical Distribution & Logistics Management, 2009, 39(2):84-105.

[60] Aramyan Lusine H., Lansink Alfons G. J. M., Lansink Alfons G. J. M., et al. Performance Measurement in Agri-Food Supply Chains:A Case Study[J]. Supply Chain Management:An International Journal, 2007, 12(4):304-315.

[61] Zelbst Pamela J., Jr Kenneth W. Green, Sower Victor E.. Impact of Supply Chain Linkages on Supply Chain Performance[J]. Industrial Management & Data Systems, 2009, 109(5):665-682.

[62] Zelbst Pamela J., Jr Kenneth W. Green, Sower Victor E.. Rfid Utilization and Information Sharing:the Impact on Supply Chain Performance[J]. Journal of Business & Industrial Marketing, 2010, 25(8):582-589.

[63] Trienekens Jacques, van Uffelen Ruud, Debaire Jeremy. Assessment of Innovation and Performance in the Fruit Chain：the Innovation-Performance Matrix[J]. British Food Journal, 2008, 110(1):98-127.

[64] El-Baz M. Adel. Fuzzy Performance Measurement of A Supply Chain in Manufacturing Companies[J]. Expert Systems with Applications, 2011, 38:6681-6688.

[65] Banomyong Ruth, Supatn Nucharee. Developing A Supply Chain Performance Tool for Smes in Thailand[J]. Supply Chain Management:An International Journal, 2011, 16(1):20-31.

[66] Kim Soo Wook. Effects of Supply Chain Management Practices, Integration and Competition Capability on Performance[J]. Supply Chain Management:An

International Journal, 2006, 11(3):241-248.

[67] Sezen Bulent. Relative Effects of Design, Integration and Information Sharing on Supply Chain Performance[J]. Supply Chain Management:An International Journal, 2008, 13(3):233-240.

[68] Sambasivan Murali, Mohamed Zainal Abidin, Nandan Tamizarasu. Performance Measures and Metrics for E-Supply Chains[J]. Journal of Enterprise Information Management, 2009, 22(3):346-360.

[69] Beamon B. M., Chen V. C. P.. Performance Analysis of Conjoined Supply Chains[J]. International Journal of Production Research, 2010, 39(14):3195-3218.

[70] Beamon Benita M., Balcik Burcu. Performance Measurement in Humanitarian Relief Chains[J]. International Journal of Public Sector Management, 2008, 21(1):4-25.

[71] Collins Jamie D., Worthington William J., Reyes Pedro M.. Knowledge Management, Supply Chain Technologies, and Firm Performance[J]. Management Research Review, 2010, 33(10):947-960.

[72] Ranganathan C., Teo Thompson S. H., Dhaliwal Jasbir.. Web-Enabled Supply Chain Management:Key Antecedents and Performance Impacts[J]. International Journal of Information Management, 2011, 31:533-545.

[73] Bullinger Hans-Jörg, Kühner Michael, Van Hoof Antonius. Analysing Supply Chain Performance Using a Balanced Measurement Method[J]. International Journal of Production Research, 2010, 40(15):3533-3543.

[74] Mbaga Msafiri, Al-Shabibi Mohammed Suleiman Rashid, Boughanmi Houcine. A Comparative Study of Dates Export Supply Chain Performance:The Case of Oman and Tunisia[J]. Benchmarking:An International Journal, 2011, 18(3):386-408.

[75] Varma Siddharth, Wadhwa Subhash, Deshmukh S. G.. Evaluating Petroleum Supply Chain Performance Application of Analytical Hierarchy Process to

Balanced Scorecard[J]. Asia Pacific Journal of Marketing and Logistics, 2006, 20(3):343-356.

[76] Yang Chyan, Su Yi-Fen. The Relationship Between Benefits of Erp Systems Implementation and Its Impacts on Firm Performance of Scm[J]. Journal of Enterprise Information Management, 2009, 22(6):722-752.

[77] Zhang Xuan, van Donk Dirk Pieter, van der Vaart Taco. The Different Impact of Inter-Organizational and Intra-Organizational Ict on Supply Chain Performance. In The Proceedings of the 16th International Annual EurOMA Conference, Göteborg, Sweden,2009.

[78] K Arif Khan, Pillania Rajesh K. Strategic Sourcing for Supply Chain Agility and Firms' Performance:A Study of Indian Manufacturing Sector[J]. Management Decision, 2008, 46(10):1508-1530.

[79] Azevedo Susana G., Carvalho Helena, Machado V.. Cruz. The Influence of Green Practices on Supply Chain Performance:A Case Study Approach [J]. Transportation Research Part E, 2011, 47:850-871.

[80] Chia Adrien, Goh Mark, Hum Sin-Hoon. Performance Measurement in Supply Chain Entities:Balanced Scorecard Perspective[J]. Benchmarking:An International Journal, 2009, 16(5):605-620.

[81] Yang Jianhua. Integrative Performance Evaluation for Supply Chain System Based on Logarithm Triangular Fuzzy Number-Ahp Method[J]. Kybernetes, 2009, 36(10):1760-1770.

[82] Ndez-Espallardo Miguel Herna, Guez-Orejuela Augusto Rodrı, Rez Manuel Sa Nchez-Pe. Inter-Organizational Governance, Learning and Performance in Supply Chains[J]. Supply Chain Management:An International Journal, 2010, 15(2):101-114.

[83] Han Jiqin, Trienekens Jacques H., Omta S. W. F. Onno. Integrated Information and Logistics Management, Quality Management and Firm Performance of Pork Processing Industry in China[J]. British Food Journal, 2009, 111(1):9-25.

[84] Hsu Chin-Chun, Kannan Vijay R., Tan Keah-Choon. Information Sharing,Buyer-Supplier Relationships,and Firm Performance a Multi-Region Analysis[J]. International Journal of Physical Distribution & Logistics Management, 2008, 38(4):296-310.

[85] Sundram Veera Pandiyan Kaliani, Ibrahim Abdul Razak, Govindaraju V. G. R.. Chandran. Supply Chain Management Practices in the Electronics Industry in Malaysia: Consequences for Supply Chain Performance[J]. Benchmarking:An International Journal, 2011, 18(6):834-855.

[86] Fantazy Kamel Aissa, Kumar Vinod, Kumar Uma. An Empirical Study of the Relationships Among Strategy, Flexibility, and Performance in the Supply Chain Context[J]. Supply Chain Management:An International Journal, 2009, 14(3):177-188.

[87] Cao Mei, Zhang Qingyu, Vonderembse Mark A. Achieving Collaborative Advantage and Firm Performance through Supply Chain Collaboration.In 2851-2856.

[88] Defee C. Clifford, Stank Theodore P.. Applying the Strategy-Structure-Performance Paradigm to the Supply Chain Environment[J]. The International Journal of Logistics Management, 2005, 16(1):28-50.

[89] Lee Chang Won, Kwon Ik-Whan G., Severance Dennis. Relationship Between Supply Chain Performance and Degree of Linkage Among Supplier, Internal Integration, and Customer[J]. Supply Chain Management:An International Journal, 2007, 12(6):444-452.

[90] Jin Byoungho. Performance Implications of Information Technology Implementation in an Apparel Supply Chain[J]. Supply Chain Management:An International Journal, 2006, 11(4):309-316.

[91] Fawcett Stanley E., Osterhaus Paul, Magnan Gregory M.. Information Sharing and Supply Chain Performance:The Role of Connectivity[J]. Supply Chain Management:An International Journal, 2007, 12(5):358-368.

[92] Acar Yavuz, Kadipasaoglu Sukran, Schipperijn Peter. A Decision Support

Framework for Global Supply Chain Modelling:An Assessment of the Impact of Demand, Supply and Lead-Time Uncertainties on Performance[J]. International Journal of Production Research, 2009, 48(11):3245-3268.

[93] Qi Yinan, Boyer Kenneth K., Zhao Xiande. Supply Chain Strategy, Product Characteristics, and Performance Impact:Evidence From Chinese Manufacturers[J]. Decision Sciences, 2009, 40(4):667-695.

[94] Cai Jian, Liu Xiangdong, Xiao Zhihui. Improving Supply Chain Performance Management:A Systematic Approach to Analyzing Iterative Kpi Accomplishment[J]. Decision Support Systems, 2009, 46:512-521.

[95] Langfield-Smith Kim, Smith David. Performance Measures in Supply Chains[J]. Austka1, Ian Accounting Review, 2005, 15(1):39-51.

[96] Wang Jau-Wen, Huang Chien-Chih, Chen Yenming J. The Impact of Alignment Between Supply Chain Strategy and Is Strategy on Scm Performance.

[97] Wiengarten Frank, Fynes Brian, Mckittrick Alan. Collaborative Supply Chain Practices and Performance:Exploring the Key Role of Information Quality[J]. Supply Chain Management:An International Journal, 2010, 15(6):463-473.

[98] Cook Lori S., Heiser Daniel R., Sengupta Kaushik. The Moderating Effect of Supply Chain Role on the Relationship Between Supply Chain Practices and Performance: an Empirical Analysis[J]. International Journal of Physical Distribution & Logistics Management, 2001, 41(2):104-134.

[99] Nauta Laurens, van Donk Dirk Pieter, Oosterhuis Marian. Ict and Supply Chain Performance:A Resource Based View.

[100] Fynes Brian, Voss Chris, de Burca Sean. The Impact of Supply Chain Relationship Dynamics on Manufacturing Performance[J]. International Journal of Operations & Production Management, 2005, 25(1):6-19.

[101] Bendoly Elliot, Rosenzweig Eve D., Stratman Jeff K.. Performance Metric Portfolios:A Framework and Empirical Analysis[J]. Production and Operations Management Society, 2007, 16(2):257-276.

[102] Shaw Sarah, Grant David B., Mangan John. Developing Environmental Supply Chain Performance Measures[J]. Benchmarking:An International Journal, 2010, 17(3):320-339.

[103] Olugu Ezutah Udoncy, Wong Kuan Yew. An Expert Fuzzy Rule-Based System for Closed-Loop Supply Chain Performance Assessment in the Automotive Industry[J]. Expert Systems with Applications, 2012, 39:375-384.

[104] Zhu Qinghua, Sarkis Joseph, Geng Yong. Green Supply Chain Management in China:Pressures, Practices and Performance[J]. International Journal of Operations & Production Management, 2005, 25(5):449-468.

[105] K Arif Khan, Bakkappa B., Metri Bhimaraya A.. Impact of Agile Supply Chains' Delivery Practices on Firms' Performance:Cluster Analysis and Validation[J]. Supply Chain Management:An International Journal, 2009, 14(1):41-48.

[106] Tan Keah Choon, Kannan Vijay R., Hsu Chin-Chun. Supply Chain Information and Relational Alignments:Mediators of Edi on Firm Performance[J]. International Journal of Physical Distribution & Logistics Management, 2010, 40(5):377-394.

[107] 邱若臻，黄小原. 具有产品回收的闭环供应链协调模型[J]. 东北大学学报（自然科学版），2006, 28(6):883-886.

[108] Iyer Karthik N. S., Germain Richard, Claycomb Cindy. B2B E-Commerce Supply Chain Integration and Performance:A Contingency Fit Perspective on the Role of Environment[J]. Information & Management, 2009, 46:313-322.

[109] 吴刚，陈兰芳. 需求链管理研究综述[J]. 科技进步对策, 2009, 26(6):71-76.

[110] 但斌，刘飞. 绿色供应链及其体系结构研究[J]. 中国机械工程, 2011, 11(11):1232-1234.

[111] 于亢亢. 服务供应链的模型与构建[J]. 现代商业, 2007, (21):156-158.

[112] Lee Sang M., Lee Donhee, Schniederjans Marc J. Supply Chain Innovation and

Organizational Performance in the Healthcare Industry[J]. International Journal of Operations & Production Management, 2011, 31(11):1193-1214.

[113] Hofmann E., Locker A.. Value-Based Performance Measurement in Supply Chains:A Case Study From the Packaging Industry[J]. Production Planning & Control, 2009, 21(1):68-81.

[114] Vereecke Ann, Muylle Steve. Performance Improvement through Supply Chain Collaboration in Europe[J]. International Journal of Operations & Production Management, 2006, 26(11):1176-1198.

[115] Cho Jay Joong-Kun, Ozment John, Sink Harry. Logistics Capability, Logistics Outsourcing and Firm Performance in an E-Commerce Market[J]. International Journal of Physical Distribution & Logistics Management, 2008, 38(5):336-359.

[116] Espinoza Omar, Bond Brian H., Kline Earl. Supply Chain Measures of Performance for Wood Products Manufacturing[J]. Forest Products Journal, 2010, 60(7/8):700-708.

[117] Hadaya Pierre. Benchmarking Firms' Operational Performance According to their Use of Internet-Based[J]. Benchmarking:An International Journal, 2009, 16(5):621-639.

[118] 刘娜. 企业战略管理中企业社会责任融入问题研究[D]. 吉林大学，2010.

[119] 范阳东. 企业环境管理自组织机制培育的理论与实证研究[D]. 暨南大学，2010.

[120] 钱莹. 基于SCOR的供应链协同质量管理研究[D]. 河海大学，2007.

[121] 李明. EVA与企业价值管理融合的研究[D]. 北京：财政部财政科学研究所，2011.

[122] 李耀暄. 发电集团生产运营对标管理模式研究[D]. 华北电力大学（北京），2011.

[123] 陈佳佳. 基于SWOT分析的地质类高校发展对策研究[D]. 天津大学，2011.

[124] Chen Mu-Chen, Yang Taho, Li Hsin-Chia. Evaluating the Supply Chain Performance of It-Based Inter-Enterprise Collaboration[J]. Information &

Management,2007.

[125] 石彩云. 基于CPFR的M公司补货模式优化研究[D]. 山东大学，2 010.

[126] Vijayasarathy Leo R.. An Investigation of Moderators of the Link Between Technology Use in the Supply Chain and Supply Chain Performance[J]. Information & Management, 2010, 47:364-371.

第 3 章

电信运营供应链绩效
评价实例分析

本章选取了两个电信运营业绩效评价的应用实例。一个是电信运营企业采购绩效的评价：通过分析采购管理及绩效管理的发展历程，发现平衡计分卡得到广泛运用，因此结合电信运营商自身的采购特点，将平衡计分卡导入采购绩效评价指标体系，并更多地关注了采购对企业战略的影响，从财务、客户、内部经营、学习与创新 4 个维度构建了电信运营企业供应链采购综合绩效评价指标体系，采用层次分析法对 4 个维度的权重进行定量计算，分析并评价了 × 公司某年的采购绩效，较为详细地展示了采购绩效的测评过程，为电信运营企业及其他服务运营企业的采购管理工作优化与提升提供一定的借鉴。另一个是基于系统动力学的电信增值业务供应链绩效评价：结合生命周期理论、平衡计分卡、系统动力学三种理论方法提出绩效评价模型，其中评价指标选取以平衡计分卡法为基础，考虑研究对象所处生命周期各阶段特征；在供应链建模过程中运用系统动力学，建立评价指标间动态影响关系流图；结合实证数据，对增值业务供应链进行了评价，动态分析影响供应链绩效的敏感及短板指标，进而为供应链优化提供建议。

实例分析一：供应链采购绩效评价

| 3.1 电信运营企业供应链采购绩效评价现状 |

3.1.1 电信运营企业采购管理发展现状

按照运营商企业增长方式、供应市场特征、运营商谈判能力这三方面的特征分析，国内电信运营商从改革开放至今，其采购供应链管理发展历程主要可分为以下三个阶段。

第一阶段（20世纪80年代至90年代中后期），被动式分散采购阶段。本阶段的主要特征是：电信运营市场基本没有竞争，运营商处于粗放式增长时期；电信行业采供市场呈现完全卖方市场，国外生产厂商控制市场，国内厂商刚刚开始发展；运营商缺乏价格谈判力，在采购过程中关注物资的可获得性，采购价格高。运营商实行被动式分散采购模式。

第二阶段（20世纪90年代末至21世纪初），主动式分散采购阶段。本阶段的主要特征是：电信运营市场进入竞争时期，运营商从粗放式增长向集约化增长转型，逐步关注采购成本；电信行业采供市场发生逆转，国外厂商控制设备供应市场的格局被打破，设备商竞争供货；运营商具有一定的价格谈判力，设备价格不断降低，但交易成本较高。运营商实行主动式分散采购模式。

第三阶段（21世纪初至今），集中采购阶段。本阶段的主要特征是：电信运营市场进入激烈竞争时期，运营商朝集约化增长模式发展，强调企业整体运作成本的降低，高度关注采购成本；电信行业采供市场处于买方市场，设备商之间不断并购整合，形成大规模集团之间的竞争；运营商推行集中采购模式，具有绝对价格谈判力，与供应商强调合作共赢，实现供应链整体成本的降低。

　　电信企业属于资金密集型企业，其采购成本常常达到企业全部经营成本的 50 % 以上 [1]。电信企业的采购有别于一般的制造企业，其采购的产品直接为企业的生产运营服务，企业需要不断从采购活动中挖掘利润，以保障公司在激烈竞争的形势下获得更大的成功。我国的电信运营企业作为国家基础性产业，具有规模巨大、组织机构复杂等特点，在电信集团下有各个省级公司，各个省级公司下有市级公司，市级公司下还有县级公司，采购管理具有一定的难度。近年来电信运营企业加强了对采购管理的关注，在采购供应链管理方面的成效显著，但总体上看，企业对采购绩效管理缺乏研究，采购供应链绩效评价体系不健全。早期的绩效评价以考核为主，从少量的物资考核指标如供应及时率、到货准确率、质量合格率、成本节约率等扩展到订单接收及时性、定期盘点、招标报备及时率、合同签署及时率及反向后评估等指标，但是体系化不足，难以全方位地评价采购供应链工作的绩效。此外，埃森哲公司在为客户提供供应链咨询服务的过程中和对《财富》500 强企业的调查中，发现采购绩效优异的公司都会建立统一的考核体系。因此很有必要构建一套适合电信企业运用的采购绩效评价指标体系。

3.1.2　电信运营企业采购的内容及类型

　　采购内容可分为两类：传统物资采购和新业务新产品。

　　传统物资采购产品的数量规模大，规模效益明显，采购的需求不确定性相对较小，采购专业部门对采购产品比较了解，大致包括以下几类 [2]。

　　1）工程项目物资，主要用于基站建设，工程物资主要为主设备、配套设备和工程材料。

　　2）备品备件，用于网络质量维护。

　　3）市场销售物资，包括营销用品和卡类，如移动通信积分礼品等。

　　4）办公用品。

新业务新产品类主要指集团客户类、媒体类或者 IT 软件类的产品或服务，这类采购具备一定的个性化和专业需求特点，采购部门需要更加注重与供应商的关系。

采购行为一般从以下三个角度进行划分。

1）按照采购资金源的计划属性，分为预算内采购和预算外采购两种形式。

预算内采购：指在已获得批准的年度投资计划中计列的投资项目和财务成本预算中预安排的成本费用包含的采购内容。

预算外采购：指需要采购的内容未在获得批准的年度投资计划和财务成本预算中计列，后需经单独立项审批流程后新确定的投资项目和成本预算项目所包含的采购内容。

2）按照采购对象归集的方式，分为集中采购和分散采购两种采购模式。

集中采购模式通常包括集团公司、省公司两级集中采购方式，即集团公司一级集中采购、省公司二级集中采购。集中采购是指上级公司建立专门的采购机构，统一组织企业所需物品的采购业务，其最大优势体现在能够利用集中采购获得规模采购效益，降低进货成本和物流成本；其最大的劣势在于不能充分满足下属各企业的多样化需求。因此，该采购模式适合通用化产品的采购。

分散采购模式是指由上级公司下属各单位（如子公司、分公司等）实施满足自身经营需要的采购，其最大的优势在于其对利润中心直接负责，使采购的产品更容易满足成员企业自身需要；其最大劣势在于缺乏集中采购的规模效应。因此，该采购模式适合差异化产品的采购。

3）按照采购的组织形式，采购一般分为公开招标、邀请招标、比选招标、竞争性谈判、单一来源采购、询价、简易采购、国家认可的其他采购方式。

3.1.3　电信运营企业采购组织机构设置及流程

电信运营企业各分公司的组织设置情况有所不同，随着采购地位的上升，不少公司开始单独成立采购管理部门负责公司的采购管理与执行事宜，采购管理部门基本体现了采购、物流、综合业务支撑三大职能模块，且由不同室、组承担；对分公司的垂直管理是通过与省公司对口的分公司机构实现，根据分公司规模大小，主要有单设的采购物流部门或综合部门下设的机构、专岗。

一般的电信运营企业采购管理部门的职责包括：

1）根据公司总体战略目标，完成部门关键绩效指标及工作目标；

2）贯彻执行国家有关招投标的政策、法律、法规，制定、修改公司采购管理的相关规定；

3）负责物资供应的职能管理；

4）负责制定并更新公司集中采购的产品目录清单，并对物资供应进行管理和分工；

5）负责物资采购的供应商管理工作；

6）负责组织物资供应采购工作，组织采购决策汇报、记录及存档；

7）代表公司签订采购合同；

8）负责公司采购招投标操作归口管理，负责招投标专职人员及招投标专家库管理；

9）承担由公司发展而新增的相应职责以及公司领导交办的其他工作；

10）其他。

电信运营企业的集团公司、省公司以及市级县级公司的采购流程会有所不同，一般都会包括以下几个步骤：

1）采购准备——前期调研及技术论证；

2）采购启动——请购方案审批；

3）采购实施——发布招标公告、组织谈判与评审；

4）采购决策——确定采购结果及签约供应商；

5）合同签订——合同签署及订单录入；

6）合同履行——收货、验收及付款；

7）采购收尾——采购资料及合同归档；

8）供应商管理——供应商的准入、使用及考核评估。

总体来看，电信运营商已经开始重视采购管理并且取得了一定的成果，但

绩效评价存在以下几个问题：

1）管理者和业界对采购绩效评价重视不够；

2）评价的指标主要针对成本、时间和质量等，没有全面考虑其可持续性的战略作用；

3）没有科学、统一的评价指标体系；

4）缺乏科学合理的评价标准，考核指标不够透明。

|3.2 电信运营企业采购绩效评价指标体系建立|

3.2.1 理论基础

采购绩效评价是绩效管理的一部分，并随着绩效管理理论的发展而发展。

1. 采购的概念及发展历程

（1）采购的概念界定

采购可作为一个职能部门，一个过程，供应链或价值链的一个环节，一种关系，一门学科和一种职业 [4]。采购代表人类文明发展的一个阶段，它使人们通过贸易交换而不是征服、掠夺或占据的方式来获得想要的东西。

采购的经典定义是这样的：从合适的货源那里，以合适的价格，获得合适数量和合适质量的物资，并在合适的时间，递送到合适的收货地点。该定义隐含着采购是被动的，是去购买指示要买的东西，而不是主动去帮助决定采购方针政策的业务活动。Dobler and Burt(1996)、Van Weele （2000)、Scheuing(1989)等都认为采购的共同特点就是"获取外部产品或服务"（ Knudsen，1999 ）。Kenneth Lysons 在《采购与供应链管理》一书中综合多个专家的观点，总结了对采购的定义：采购是一个组织机构的单位实施的过程，不论是作为一种职能还是作为集成供应链的一部分，它既负责以最有效的方式在合适的时间采办或协助用户采办合适的质量、数量和价格的货物，又负责管理供应商，并由此对企业的竞争优势和企业共同的战略目标做出贡献。

（2）采购的发展历程

在研究采购发展历史的时候，国际上一般是把采购发展与采购知识体系的建设与发展联系在一起，因此通常会把采购发展的起点定在 19 世纪末，标志性的事件是在当时有若干以采购为主题的论著问世，其中 1887 年马歇尔·柯克曼出版的《铁路用品的解决对策——采购与处置》一书被专家确定为"第一本采购专著"。但是直到第一次世界大战结束前后，采购还只是企业内一种不甚被重视的职能，采购知识体系也只是以采购文书的管理为主要内容，发展缓慢。随着经济与技术的不断发展，人们对于采购的理解也经历了不同的阶段。表 3-1 是 Stannack 和 Jones 列举的采购演变的 4 个阶段。

表 3-1　采购演变的 4 个阶段

阶　　段	特　　征
第一阶段 以采购产品为中心的采购	强调产品本身。只强调具体产品的采购及其结果的重要性
第二阶段 以运作过程为中心的采购	强调产品本身。从只注重结果提升了一步，开始衡量形成结果的过程
第三阶段 以采购关系为中心的采购	强调过程和关系。加入了供需方的关系以及如何利用这层关系来加强供方的质量管理和类型管理
第四阶段 以采购绩效为中心的采购	强调最佳产品管理方法。采用综合管理的方法来处理关系、运作和结果，并与供方联合采用这一方法论

传统的采购模式的主要特点表现在如下几个方面：第一，重视多个供应商之间价格的比较，从供应商中选择价格最低者；第二，采购过程是典型的非信息对称博弈过程；第三，验收检查是采购部门的一个重要的事后把关工作，质量控制难度大；第四，供应与需求之间的关系是临时性的，或者短时性的合作，而且竞争多于合作；第五，响应用户需求能力迟钝。

总而言之，采购的变化是从被动采购到主动采购、从战术性采购到战略性采购的发展过程。过去在规模化生产时依据"二八法则"专注大宗物资的采购的采购价格曾经是行之有效的，但现在已经不能满足要求了，因为要考虑的因

素越来越多，不仅包括采购品种，还有物流方式、结算方式等。采购"总成本"的概念开始形成，采购全方位的绩效评估成为一个重要内容，采购管理的核心价值演化为提升采购的综合性价比。如今采购的策略已完全与企业整体战略接轨，因此采购绩效也是以对企业成功的贡献来衡量的。

2. 绩效的概念界定及绩效评价方法概述

（1）绩效的概念界定

绩效（performance）在英文中是一个相当宽泛的名词，原意为"履行""表现""执行"等，现在也可引申为"性能""成绩""成果"等。从不同的学科领域出发来认识绩效，所得到的结果也会有所不同。从管理学角度看，绩效是组织期望的结果，是组织为实现其目标而展现在不同层面上的有效输出，它包括个人绩效和组织绩效两个方面；从经济学角度看，绩效与薪酬是员工和组织之间的对等承诺关系，绩效是员工对组织的承诺，薪酬是组织对员工所做出的承诺；从社会学角度上看，绩效意味着每一个社会成员按照社会分工所确定的角色承担他的那一份责任。正如 Bates 和 Holton（1995）所说，"绩效是一个多维建构，观察和测量的角度不同，其结果也会不同"。管理大师彼得德鲁克认为"所有组织都必须思考'绩效'为何物？这在以前简单明了，现在却不复如是。策略的拟定越来越需要绩效的新定义。"因此，测量和评估绩效，必须先对其界定，弄清楚它的确切内涵。

目前对绩效的界定主要有以下三种观点 [3]。

1）绩效是结果。Bemadin 等（1995）认为："绩效应该定义为工作的结果，因为这些工作结果与组织的战略目标、顾客满意度及所投资金的关系最为密切。"Kane（1996）认为"绩效是一个人留下的东西，这种东西与目的相对独立存在"。从这些定义可以看出，"绩效是结果"的观点认为绩效是工作所达到的结果。

由于工作结果不一定是行为产生的，会有许多其他因素在起作用，如不同区域的营销人员业绩会有所不同。而且过分地追求结果，很有可能会导致不当的行为，例如为了追求短期利益，不顾组织整体利益，等等。因此产生了"绩效行为说"。

2）绩效是行为。Murphy（1990）认为，绩效是与一个人在其中工作的组织或组织单元的目标有关的一组行为。持有这一观点的还有 Campbell，他认为"绩效是行为，应该与结果区分开，因为结果会受系统因素的影响"。他在 1993 年给绩效下的定义是："绩效是行为的同义词，它是人们实际的行为表现，而且是能观察得到的。"就定义而言，它只包括与组织目标有关的行动或行为，能够用个人的熟练程度（即贡献水平）来评定等级（测量）。

由于这种观点的适用范围狭窄以及它的操作性欠缺，因而大多数情况下对于"绩效即行为"的观点在实践中还是难以执行。

3）绩效是能力。

正是基于前两种观点的缺陷，著名的咨询公司 McBer 及其总裁 Spencer 等人提出"绩效即能力"的观点。当然，这种观点同样也存在缺陷，因为能力只有在有效发挥其作用时才能产生效果。

绩效实质上是一个多维的概念，不能简单等同于某一个方面，绩效的概念存在于不同层次之上，如 Spangenberg 指出了绩效的三个层次：组织，过程、职能及团队、个人。因此，本研究认为绩效首先是一种结果，即"做了正确的事"，其次是行为，即"正确地做事"，整个指标体系的建立就是为了评价组织、职能及团队有效率地做正确的事情的能力。

（2）国内外绩效评价的研究现状

纵观国内外关于绩效评价的研究理论，绩效评价方面研究较为全面的是在企业绩效评价方面。一方面，对组织与个人来说，只有对绩效做出客观的鉴定和评估，才能充分调动人员的积极性，为实现组织的目标服务；另一方面，准确的绩效评估可以发现员工的能力是否胜任岗位要求，以及了解员工的发展潜力。国际上最早的、比较系统的、正式的绩效体系可追溯到 14 世纪复式记账的产生 （Kenenth，2007）[4]。19 世纪工业革命之后，企业规模日趋扩大，产权关系日渐复杂，绩效评价的必要性开始显现。传统的企业绩效评估以 1915 ~ 1918 年，杜邦公司的 F. 唐纳德桑·布朗首创的"资本报酬率"指标以及"杜邦财务分析体系"为代表。绩效评估的方法也随着时代发展不断涌现。其中 Satty（1973）首先提出对非定量事件进行评价的 AHP 方法，Chames，

Cooper 和 Rhodes（1978）（简称 CCR 模型）提出 DEA 评价方法，使得企业绩效评价的非财务指标和财务指标结合起来。另外，在整个 20 世纪 80 年代到 90 年代初，许多学者也提出绩效评估框架模型，如 Lynch 等人（1991）提出的绩效金字塔、Keeganetal 等人（1989）提出的绩效评估矩阵以及 Kaplan 和 Norton 教授在 1992 年提出的平衡计分卡（Balanced Scorecard），该计分卡由财务、顾客、内部运营、学习和成长四个方面组成[5]。另外在绩效评估方面还有关键绩效指标法（KPI）、绩效目标考评法、模糊 AHP 法、AFT 法、关键事件法以及 360 度考评法。有关研究数据表明，各国关于绩效评估的文献数量非常庞大，而其中平衡计分卡的次数最多，该方法是由哈佛大学教授 Robert Kaplan 与 Norton 研究院的执行院长 David Norton 提出的[6]，研究表明 30% 到 60% 的公司都采用了平衡计分卡（Rigby, 2001；Silk,1998; Williams, 2001; Speckbacheretal, 2003, Marretal, 2004）[7]。

3. 采购绩效评价概述

（1）采购绩效评价的定义

企业采购绩效评价应围绕企业采购活动过程和相关主体来进行，由于企业对采购绩效评价的重视相对较晚，采购绩效评价的概念还没有严格的界定。Kenneth 等将采购绩效评价定义为：在给定时间内，从数量上和质量上来评估与采购经济性、效率和有效性有关的企业目标或运作达到的程度及完成情况。本研究中对采购绩效评价的理解基本是从这个层面出发，即考虑是否在"正确地做事"，也要考虑是否"做了正确的事"。

（2）采购绩效评价的发展过程

对采购绩效进行评价的标准会随着采购活动重心的改变而改变。以 Peter 和 Van Weel（1985）的研究为基础，概括了 5 个发展阶段，见表 3-2。

表 3-2　采购绩效评价发展的 5 个阶段

采购阶段	采购绩效的指标	工作重点
采购主要由各职能部门完成，采购显得杂乱无章；采购部门很小，处理一些行政工作	几乎没有，保持在批准的预算内（预算导向）	购进货物

（续表）

采购阶段	采购绩效的指标	工作重点
建立了采购部门，主要处理行政工作；其他部门依然参与采购工作	主要对部门人员的办公效率进行评估，如未处理的订单数及请购单数等（办公效率导向）	办公效率
商业性采购部门	采购工作中的办公效率，如节省费用、降低成本、提高谈判效率（成本导向）	采购工作中的办公效率
商业性采购部门，但增加了一些战略性采购活动	同上，增加了供应商开发及组织内部关系的发展（合作导向）	同上，开始对长期采购有效性进行全面评估
采购成为一种战略性商业活动	同上，但开始关注准时制等战略性采购活动的开发；对"供应总成本"进行评估（战略导向）	战略有效性

职能部门需要有个健全的绩效评价体系，从而展示出绩效管理作为一种战略资源是如何为组织增值的。通过阅读国内外的文献，发现目前国内大部分的采购绩效考核的指标选择还处于成本导向型向合作导向型过渡，而成功的采购需要站在战略的角度，因此本研究在选择电信运营企业采购绩效评价指标时是基于战略导向型的。

（3）国内外采购绩效评价的研究现状

企业采购绩效评价是从量化的角度对采购活动过程进行控制和持续改进，具有重要的现实意义。对于企业采购绩效评价的研究，现有文献主要涉及其定义、内容、指标体系确定原则、指标的确定和评价方法等五个方面[8]。而在这五个方面，相关指标的确定最为基础和关键。Kenneth 等将采购绩效评价定义为：在给定时间内，从数量上和质量上来评估与采购经济性、效率和有效性有关的企业目标或运作达到的程度及完成情况。这个定义强调数量和质量评价的综合运用，在时间上明确了评价的进程，确定了企业目标与采购效率和效益的结合，具有很强的代表性。房庆辉等认为，采购绩效评价是对采购业务发生过程的具体反馈，通过各类绩效评估指标把采购过程发生的数据收集整理出来，进而对

结果做出一个评价，用实际数据说话，而不是像传统方法一样通过人的主观感觉意识来对其进行评价。

对于采购绩效评价内容，大多数学者认为应该从关注企业采购活动的全过程出发，根据企业采购活动的效率和效益来研究采购绩效评价，可以包括多个角度和尺度的内容。Neely 认为采购绩效评价体系是由一套能够量化企业采购活动效率和效益的绩效度量指标所组成的，他认为企业的采购目标就是以更好的效率（efficiency）和效益（effectiveness）满足客户，在竞争中获胜[9]。Bryan 等用"效率（efficiency）"和"效益（effitiveness）"来评价企业采购的目标成果。Arun Kumar 认为采购绩效评价必须涉及供应链中有关采购的三个部分：内部客户、采购部门和供应商[10]。Peter 等认为企业采购绩效评价的内容包括：业务采购、与其他部门的协作关系、采购组织和采购系统、预算的执行情况、创造性业绩、政策的制定、计划和预测[11]。胡军等认为企业采购绩效评价的内容包括：采购效果和采购效率、采购价格/成本尺度、采购产品/质量尺度、采购物流尺度、采购组织尺度[12]。张士彬认为电信企业采购绩效评价内容包括：采购组织、财务情况、供应商情况以及客户反馈情况。

在评价指标体系选择原则上，西方较为典型的是政府采购绩效评价的"3E"原则：经济性原则（Economy）、效率性原则（Efficiency）和有效性原则（Effectiveness），涉及政府采购的成本、投入、产出、效果四个方面。另外SMART 原则也广为运用，包括明确性（Specific）、可测量性（Measurable）、可接受性（Attainable）、现实可行性（Realistic）和时间性（Time-bound）。国内许多专家在确定企业采购绩效指标体系时也根据实际情况提出不同的选择原则，例如王炼等提出了 ERP 环境下采购绩效评价体系构建的六条原则，包括战略性原则、综合性原则、系统性原则、重要性原则、采购平衡计分卡应具有可比性和普遍的适用性和可操作性[13]；张敏等提出了装备采购绩效指标评价体系构建的六条原则，包括全面性原则、系统性原则、客观性原则、协调性原则、相关性原则以及可操作性原则[14]。

对于不同企业，不同行业，评价指标的选择差异很大。与文中综述的采购绩效评价内容类似，国外较为常用的是从效率和效益两个方面选择指标，主要考虑成本、质量、时间以及灵活性。Kenneth 在《Purchasing and Supply Chain Management》一书中提出采购绩效评价指标选择的六个方面，包括价格与成本、操作过程和管理、采购的人事方面、内部和外部客户对采购服务的满意度、供应商评价以及综合评价。国内现在比较常用的是利用平衡计分卡的四个方面来进行采购绩效评价，王炼、张敏等都是从财务评价指标、客户服务评价指标、内部流程评价指标以及学习与发展评价指标四个层面上设计评价指标体系的。

在采购绩效评价方法上，Kenneth 总结得十分到位，他认为评价采购绩效效率和有效性的方法主要包括四个方面：1）财会方法，即利润管理中心、基于业务活动的成本法、标准成本法和预算控制、财务审计；2）比较对比法，即水准基点法、比率法；3）采购管理审计法；4）目标管理（MBO）法及其他方法，如 SERVQUAL 法和六西格玛法等。

综上所述，构建具有可持续战略意义的评价体系，较为普遍适用的方法是平衡计分卡法，即从财务、客户、内部运营及学习与发展四个方面进行评价。

3.2.2　电信运营企业采购绩效评价指标体系

1. 电信运营企业采购绩效评价指标设计原则

电信运营企业的最终目标是要低成本地高效运营，并达到顾客满意的结果。绩效评价的目的就是引导、帮助电信运营企业实现其战略目标以及检验其目标实现的程度。因此分解到平衡计分卡的各个层面的发展目标为以下几方面。

1）财务层面，以降低采购成本为主要目标，即节约采购资金，降低采购费用，合理周转材料。

2）客户层面，以内部客户满意为最基本的工作目标，即要求到货及时、质量合格。

3）内部运营层面，以提高组织运作效率为主要目标，并且要求有效地管理供应商。

4）学习与发展层面，以提高员工的专业技能、建立合理的规章制度、利用先进技术等为目标。

本书建立的指标体系主要是要全面反映电信运营企业采购的综合绩效，评价指标体系的设计就需要建立在系统分析基础上，并遵循以下原则。

1）全面性原则。企业采购绩效评价指标体系必须全面和系统地反映企业的采购绩效。它应该包括影响企业采购各个方面因素的指标，这些指标能在不同的层面反映出企业的采购绩效，而且各个层面的指标具有因果关系，能全面系统地对企业采购绩效做出评价。另外，由于本书提出的指标体系也是为以后电信企业运用的时候作为参考，各个公司的实际情况不同，影响采购绩效的层面会有所不同，因此本书要求指标能够全面，要求指标体系不遗漏任何一项重要指标。

2）相关性原则。要把每一个重要要素放在采购绩效这个系统结构之中，赋予各个主要要素以合理的地位，确保绩效评价指标的正确导向性、整体统一性。设定和选择绩效评价指标时，应从电信运营企业的战略目标出发，根据战略目标来选择指标。

3）经济性原则。有些指标的数据收集成本太大，而重要性相对较小，一般应该选择能够替代它的成本较低的指标。

4）层次性原则。选取指标要有层次性，企业采购绩效评价是一个复杂的过程，需要选取的指标是很多的，而且各个评价指标对绩效评价的贡献程度是不同的，各层次的指标应给予合适的权重。

5）可测性原则。评价指标应考虑数据的可获得性和指标的量化的难易程度。对于一些难以量化，但其影响意义重大的指标，也可以用定性指标来描述。但是需要用调研或访谈的方式对定性指标给予评分。

6）适用性原则。评价指标应考虑是否符合企业的实际运营情况，为以后电信运营企业建立考核体系时提供一定的参考。

2. 基于平衡计分卡法的企业采购战略绩效规划

（1）采购绩效评价方法的确立——平衡计分卡法

由于平衡计分法所具有的强有力的理论基础和便于操作的特点，自20世纪90年代初一经提出，便迅速在美国，然后是整个发达国家的企业和政府应用。

根据 Gartner Group 的调查表明，在 2000 年以前，《财富》杂志公布的世界前 1000 位公司中有 40% 的公司采用了平衡计分法 [7]。

1）平衡计分卡与绩效管理。

学者杨秦勇（2005）认为平衡计分卡与绩效管理的互动性体现在绩效管理流程四个不断循环的环节上。一是编制绩效计划环节。平衡计分卡首先要连接战略，将企业战略目标转化为可考核的指标、指标值，还要分解指标和指标值，落实行动计划。二是绩效指标与反馈环节。当平衡计分卡的目标确定后，下一步要做的就是真正落实完成平衡计分卡与绩效计划上的目标。三是绩效考核环节。就是按照规定的程序和方法，对被考核对象在一定期限内实现绩效的情况进行定量计算和定性评价。四是实施绩效的回报。真正目的就是实现对员工有效的激励。

2）采购绩效评价引入平衡计分卡的可行性。

从原理上讲，平衡计分卡适用于企业的部门、政府或非营利组织及个人。平衡计分卡体系基于平衡理念，强调组织绩效的高低和优劣并不直接取决于组织的"财务状况"，而应更加注重组织自身持续发展能力和潜在价值创造能力。对于采购绩效评价而言，绩效指标的设计也应强调"平衡""统筹"的理念。要考虑采购成本与质量的平衡，采购过去绩效、现实状况和未来发展的平衡，采购短期目标与长远目标的平衡等。以战略发展为中心平衡计分卡体系把发展置于中心地位，将组织战略目标转换成绩效评价指标，然后将组织及其成员的行为与这些目标联系起来，从而实现组织的战略目标，提高组织绩效。

3）平衡计分卡在采购绩效评价中调整的必要性。

平衡计分卡体系最初起源并应用于企业绩效管理，但并不是适用于所有企业的标准模式。采购绩效评价与企业绩效评价存在着本质的差别。采购绩效评价的核心是对组织、团队或个人的业绩、能力的认定和评判。作为一项服务性工作，采购绩效的产出内容是服务而非物质性内容。企业采购的过程也不是完全市场化的。因此在运用平衡计分卡建立电信运营企业采购绩效评价指标体系时，必须依照电信企业采购的特点、企业采购战略，并吸收平衡计分卡的基本思想，对平衡计分卡的基本结构进行调整。在选择量化指标的时候，也与企业绩效评价有本质区别，图 3-1 所示为调整后的平衡计分卡在采购绩效评价中的运用。

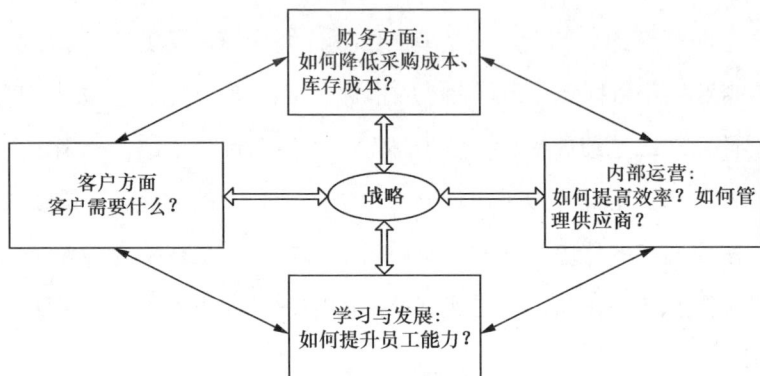

图 3-1　调整后的平衡计分卡

首先是财务层面，如何降低采购成本以及库存成本？因此，这一层次的绩效评价指标要考虑成本及库存周转因素，与公司的战略发展目标相关。

其次是客户层面，内部客户需要什么？如何与供应商共赢？采购部门的客户就是内部需求单位和供应商，需求单位一般在时间和质量上有一定要求，因此该层面的绩效评价指标与时间、质量以及满意度有关。

再次是内部运营层面，如何优化流程和提高效率？是否有效管理供应商？因此该层面的绩效评价指标与效率及供应商有关。

最后是学习和创新层面，如何持续地提高员工的能力和确保组织的稳定？因此该层面的绩效评价指标要从采购部门人员以及组织运行情况等方面进行评价。

（2）企业采购绩效战略规划

战略性是平衡计分卡绩效评价体系的主要特点，所以建立平衡计分卡绩效评价体系的首要任务是要有明确的公司发展战略。目前电信运营企业的愿景之一就是实现低成本高效运行。

图 3-2 所示是根据电信运营企业的战略目标分解到各个层次的战略规划。

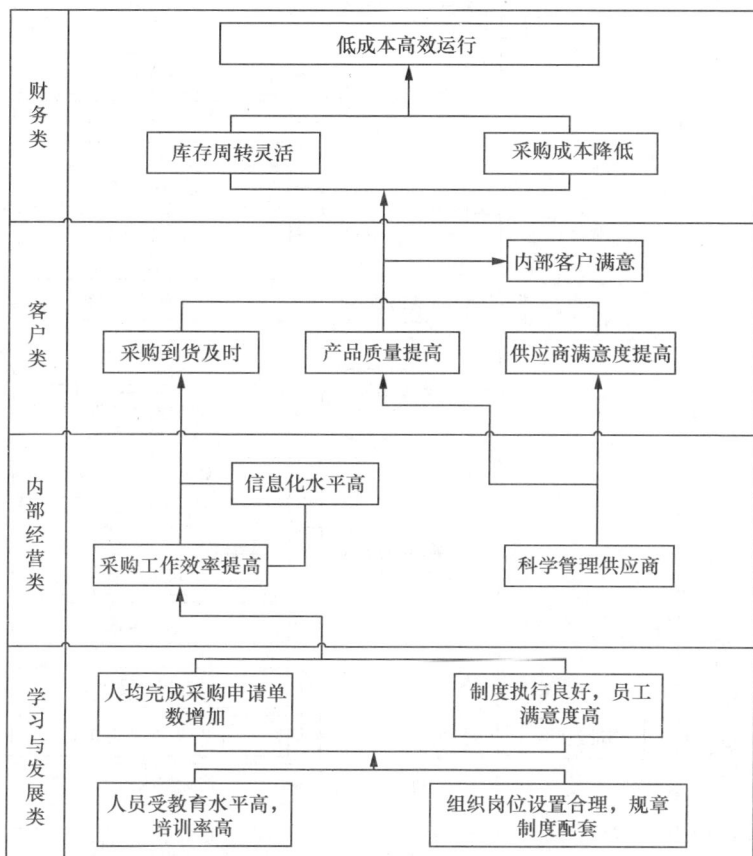

图 3-2　电信运营企业采购绩效战略规划

3. 建立电信运营企业采购绩效评价指标体系

遵循上述原则，根据战略规划图并主要参考张士彬（2004）[1]、Arun Kumar
（2005）[10]、张敏（2007）[14]、雷战波（2007）[15]以及朱平檬（2007）[16]等有关
于采购绩效评价的文献，构建如图 3-3 所示的电信运营企业采购绩效评价指标
体系。（由于电信运营商的信息化水平也是非常重要的指标，而且在运营商各分
公司也会有相应的排名，因此结合电信运营商自身的特点，加入信息化相关指标，
分为采购人员信息化操作水平和信息化排名两个指标。）

```
                                              ┌─────────────────┐
                           ┌──成本指标──┤   采购费用率      │
                           │          └─────────────────┘
                   ┌──财务──┤          ┌─────────────────┐
                   │        └──周转指标──┤   资金节约率      │
                   │                   └─────────────────┘
                                       ┌─────────────────┐
                                       │   库存周转率      │
                                       └─────────────────┘
                                       ┌─────────────────┐
                                       │平均付款天数实现率 │
                                       └─────────────────┘
```

图中为树状结构图，具体节点如下：

- **财务**
  - 成本指标：采购费用率、资金节约率
  - 周转指标：库存周转率、平均付款天数实现率
- **客户**
  - 时间指标：采购提前期、到货及时率
  - 质量指标：到货质量合格率
  - 满意度指标：物资供应满意度、供应商满意度
- **内部经营**
  - 效率指标：采购计划完成率、人均采购额、缺货频率、采购柔性
  - 供应商指标：供应商流动比率、供应商准时交货率、达标供应商比率
  - 信息化指标：采购人员信息化操作水平、信息化排名
- **学习与成长**
  - 人员指标：员工平均受教育程度、员工满意度、人均完成采购申请单数增长率、人均完成采购金额增长率
  - 组织指标：岗位设置合理度、规章制度配套程度、制度执行情况、人员培训率

总节点：电信运营企业采购绩效评价指标体系

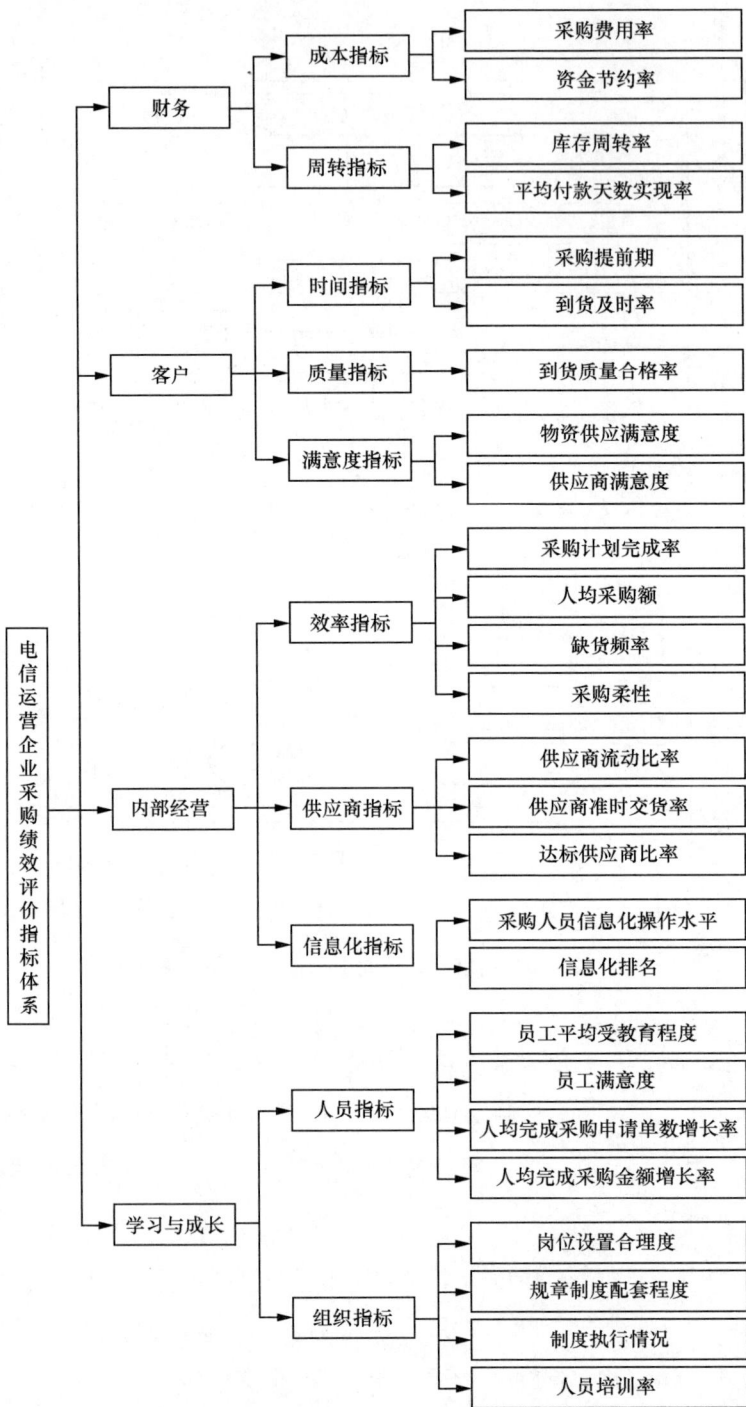

图 3-3 电信运营企业采购绩效评价指标体系

各指标的含义如下。

（1）财务评价指标

1）采购费用率是指考核期采购费用占采购总金额的百分率，主要考核完成工作的成本。其中采购费用包括材料的运输费、装卸费、保险费、包装费、仓储费，以及运输途中的合理损耗和入库前的整理挑选费等。

采购费用率 = 采购费用 ÷ 采购总金额 ×100%

2）采购资金节约率是指与采购物资的市场价值相比，采购在考核期内完成采购任务时实际支出的采购资金的节约情况。

采购资金节约率 = 采购的资金节约额 ÷ 采购预算总金额 ×100%

3）库存周转率对于企业库存管理非常重要，周转的速度也能反映采购需求计划准确性等。

库存周转率 = 考核期出库总金额 ×2÷（期初库存金额 + 期末库存金额）×100%

4）平均付款天数实现率 = 实际付款平均天数 ÷ 计划付款平均天数 ×100％

（2）客户评价指标

1）采购提前期指采购批量订单下达后到批量交付到位的时间，评价时采集实际数据。

2）采购到货及时率是指在规定采购时限内完成采购任务的采购申请单数占总采购申请单数的百分率。

采购到货及时率 = 在规定采购时限内完成采购任务的采购申请单数 ÷ 总采购申请单数 ×100%

3）到货质量合格率是指在考核期内采购合格品金额占采购总金额的百分率。

到货质量合格率 = 采购合格品金额 ÷ 采购总金额 ×100%

4）物资供应满意度（内部客户满意度）是指内部需求部门对采购部门的满意度，通过问卷进行评分。

5）供应商满意度是指外部供应商对采购部门的满意度，目前已经有反向后评估的数据，实际采集即可。

（3）内部经营评价指标

1）采购计划完成率是指考核期采购总金额占考核期计划采购金额的百分率。

采购计划完成率＝考核期采购总金额 ÷ 考核期计划采购金额 ×100%

2）人均采购额是指考核期内平均每个采购人员的采购金额。

人均采购额＝考核期采购总金额 ÷ 采购人员数

3）缺货频率是指由于需求设计不合理导致缺货的概率。

4）采购柔性是反映公司采购活动对生产经营活动的适应性程度的一个指标，反映对采购需求的响应能力。

采购柔性 =[1-（| 生产高峰供应及时率 – 生产低峰供应及时率 |）÷ 平均供应及时率]×100%

5）供应商流动比率是每年流入企业的供应商数占流出供应商数的百分率。

供应商流动比率＝每年流入企业的供应商数 ÷ 流出供应商数 ×100%

6）供应商准时交货率是指考核期内准时交货次数占总交货次数的百分率。

供应商准时交货率＝考核期内准时交货次数 ÷ 总交货次数 ×100%

7）达标供应商比例是指年度达标的供应商数量占总供应商数量的百分比。

达标供应商比例＝年度达标的供应商数量 ÷ 总供应商数量 ×100%

8）采购人员信息化操作水平是指采购人员对信息系统的熟悉程度以及操作的水平，该指标为定性指标，可通过调研评分量化。

9）信息化排名即本公司的信息化在全国同行业中的排名。

（4）学习与发展评价指标

1）员工教育水平是指采购部门及相关人员的教育水平，量化时可与省平均教育水平进行比较。

2）员工满意度是指采购部门人员的满意度，通过问卷进行评分。

3）人均完成采购申请单数增长率是指考核期内人均完成申请单数与上个考核期人均完成采购单数的百分比。

人均完成采购申请单数增长率＝考核期内人均完成申请单数 ÷ 上个考核期人均完成采购单数 ×100%

4）人均完成采购金额增长率是指考核期内人均完成采购额与上个考核期内人均采购额的百分比。

人均完成采购额增长率 ＝ 考核期内人均完成采购额 ÷ 上个考核期人均完成采购额 ×100%

5）岗位设置合理度是指采购相关岗位的设置是否合理，该指标为定性指标，可通过调研评分量化。

6）规章制度配套程度是指采购活动或采购人员的相关规章制度的配套程度，如采购流程手册等，该指标为定性指标，可通过调研评分量化。

7）制度执行情况是指采购人员对公司制度的执行情况，该指标为定性指标，可通过调研评分量化。

8）人员培训率是指采购相关人员中接受过专业培训的人员数占采购总人员的百分比。

人员培训率 ＝ 接受过专业培训的人员数 ÷ 采购总人员 ×100%

3.2.3　采购绩效评价指标体系评价实施设计

1. 各绩效指标权重的确定

绩效指标的权重反映了各个绩效指标对整体绩效的影响程度，同时，在一定程度上也反映了绩效考核者对各指标重要性的偏好。通常推动一项绩效结果的因素有很多，而这些因素对该绩效结果所产生的作用是存在差异的，同时这种差异性也是随着时间和空间的变化而不断变化的。对于电信运营企业各分公司，不同的采购特点，驱动采购绩效的因素有所不同，某些公司对财务指标非常看重，而某些公司对客户服务指标十分关注。

关于权重的赋予目前有多种方法，常用的是专家德尔菲法和层次分析法。

2. 电信运营企业采购绩效评价标准的确定

评价标准是衡量绩效好坏的来源和依据。管理者可以通过评价标准和绩效评价结果，对采购绩效进行分析，从而找出差距和原因。有效的评价标准应具备以下要点：

- 标准应该具有挑战性；
- 标准经过努力应该可以实现；

- 标准应透明且广为人知；

- 标准能量化，实在不能量化的则须具体明确。

在对不同的采购绩效指标进行评估时，采用的评估标准主要有历史绩效、标准绩效、行业平均绩效、目标绩效等定量标准和若干定性的标准。针对电信运营企业采购的特点，在对采购绩效进行评估时，对不同的绩效指标都给出具体的评价标准。

评价标准一般来源于以下几个方面。

- 企业内部，即根据企业过去的历史资料，制定采购的绩效标准。将现在的采购绩效与历史业绩相比。

- 企业外部，因为本论文构建的指标体系及其实施过程是一个创新性过程，在企业内部很难找出可类比的同期的历史数据来作为采购绩效评价的依据。因此，更多的是依赖于外部标准，即从同行业中或同性质的行业中挑选标杆企业。

- 专家德尔菲法，通过问卷调研的方式。

- 期望值法，即根据采购相关人员的经验设定期望值作为标准值。

3. 指标值的标准化处理

在所有指标中，有定性指标和定量指标之分。由于不同的指标从不同侧面反映企业采购绩效，指标之间又由于量纲不同，所以无法进行比较。因此，为了便于最终评价值的确定，需要对各指标进行无量纲化处理，即对评价指标做标准化、正规化处理，以便消除指标量纲的影响。

（1）定性指标

定性指标包括物资供应满意度、采购人员信息化操作水平、员工满意度、员工受教育水平、岗位设置合理度、规章制度配套程度及制度执行情况等。这些指标的评价值采用问卷调研、直接令被调研者进行评分等方式进行。

（2）正向定量指标

是指标值越大越好的指标，包括：资金节约率、原材料库存周转率、平均付款天数、采购提前期、到货及时率、到货质量合格率、供应商满意度、采购计划完成率、人均采购额、采购柔性、供应商准时交货率、达标供应商比例、系统故障解决及时率、人均完成采购申请单数增长率、人均完成采购金额增长率、人员培训率等。因这类指标越大越好，故选用评价标准值为理想值 X^*，进行无量纲化处理。公式如下：

$$D_i = \frac{X_i}{X^*} \times 5 \tag{3-1}$$

（3）负向定量指标

是指其值越小越好的指标，包括采购费用率、缺货频率等。这类指标越小越好，因此，选取评价标准值为理想值 X^*，并进行无量纲化处理。公式如下：

$$D_i = \frac{X^*}{X_i} \times 5 \tag{3-2}$$

4. 综合计算评价指标

本文指标体系实施时满分为 5 分，定量指标通过公式直接计算得分，定性指标通过调研问卷进行打分，最高分为 5 分。本文采用指标评分法评价模型，就是以加权平均为基础，将评价体系中的多个指标用加权平均的方法计算成为一个综合的评价值。即：

设所选的 M 个指标的评分为 $D=(D_1, D_2, \cdots, D_n)$ 并对各个指标赋予的权数分别为 $W_1, W_2, \cdots, W_n$，则综合评价指数为 $I=\sum D_i * W_i$，式中，$0 \leqslant W_i \leqslant 1$ 且满足 $\sum W_i = 1$。

5. 采购绩效评价指标体系的实施流程

采购绩效评价指标体系的实施流程如图 3-4 所示。

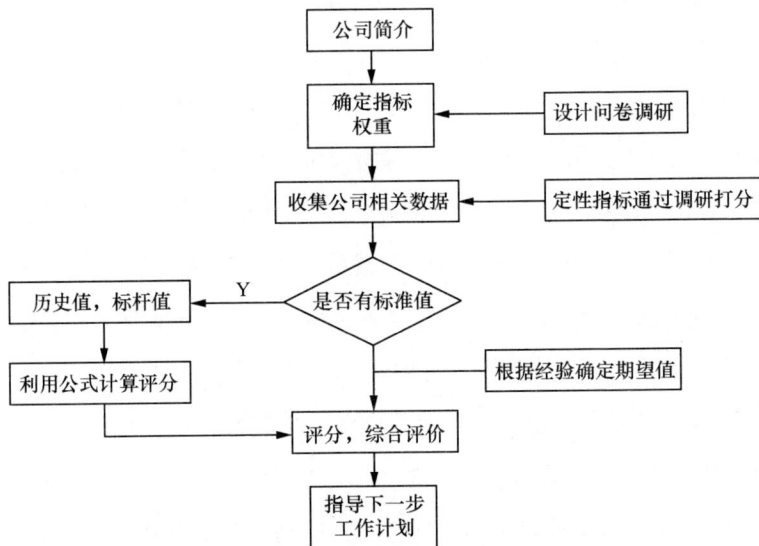

图 3-4　采购绩效评价指标体系的实施流程

|3.3 ×公司具体采购绩效评价实例|

3.3.1 ×公司简介

　　× 公司是某通信有限公司在某省设立的全资子公司，在全省拥有 16 个分公司和 128 个县级分公司，网络已实现全省高速公路、国家级风景区、乡镇 100%的信号覆盖和行政村 93.27% 的信号覆盖，客户规模已超过 1000 万户。× 公司有完善的客户服务系统和先进的信息技术系统，拥有规模庞大的热线服务中心和遍布全省各州市县服务厅、专业的客户经理队伍、客户自助服务网站。× 公司经历了一条从无到有的发展之路，1999 年电信体制改革，× 公司成立，拥有用户 56 万户。2004 年公司完成改制，年底客户达到 552 万户。从 2005 年 6 月起，× 公司致力于构建以客户为中心的品牌、服务营销，管理流程和资源配置三大体系，打造以岗位专家为核心的员工队伍，培育优秀企业文化，实现以变带变、主控市场、和谐发展，成为该省通信市场中的领军企业。

　　集团公司的战略是构建低成本高效供应链，即总成本最优，效率最高，质量合格，合法规范。× 公司 2010 年对采购的要求为优化集中采购流程，提高整体采购效率；认真落实采购责任，把好验货质量关等。目前 × 公司设采购管理中心，建立了省市两级统一管理、权责清晰、考核到人、有效监督的采购物流组织体系。× 公司坚持优化低成本运作模式，统筹兼顾效率和效益，在巩固集采成果、提高采购效益、全面保障公司物资需求、深化供应商合作与管理方面有较大贡献。

　　× 公司在采购管理方面的不足主要体现在以下几个方面：1）突发的需求影响供货及时率，突发需求频发不但使工作量成倍增加，而且影响及时供货；2）采购需求集中度高、供货矛盾突出；3）供发货精细化程度不到位，缺乏相关部门的交底工作机制；4）策略采购、科学分析的精细化采购水平有待提高。总体来说，对采购工作缺少战略高度的要求，公司对采购工作的考核是分解的部分

KPI 指标，没有形成一整套指标体系，难以在现代企业管理制度的指导下全方位地评价采购工作的绩效，也难以促进公司的采购工作不断提升和优化。

由于平衡计分卡法在绩效评价方面所具有的先进性和科学性，将 × 公司的采购工作作为一个个案，把平衡计分卡法的先进管理模式引入 × 公司的采购工作绩效评价的实际应用之中。

3.3.2　计算各项指标权重

根据 × 公司的实际情况，运用层次分析法与专家德尔菲法的结合对该评价体系的各指标赋予相应的权重。A 层指标的权重运用层次分析法，首先，通过专家对 A 层各维度的相对重要性进行判断，再运用数学的方法，确定权重。C 层的权重直接通过专家德尔菲法对各指标的重要性进行量化描述。

1. A 层维度权重计算

第一步，建立判断矩阵。

该判断矩阵是 A 层次的每个因素对指标体系的相对重要性的两两比较。判断矩阵采用九级分制法，判断矩阵标度及其含义见表 3-3。

表 3-3　判断矩阵说明

标　　度	含　　义
1	两元素对本评价指标体系同等重要
3	一元素比另一元素稍微重要
5	一元素比另一元素明显重要
7	一元素比另一元素强烈重要
9	一元素比另一元素极端重要
2，4，6，8	介于相邻两标度的中间
倒数	相应两因素交换次序比较的重要性

我们分别向采购方面的专家及企业中采购相关人员发放调查问卷 15 份（见表 3-15），两类人员在各指标当中各占 50% 的权重，计算平均值得出 A 层指标的判断矩阵（见表 3-3）及 C 层指标的重要性（见表 3-4）。

表 3-4　×公司 A 层次判断矩阵

维度	财务指标	客户指标	内部运营指标	学习与发展指标
财务指标	1	2	3	4
客户指标	1/2	1	2	3
内部运营指标	1/3	1/3	1	2
学习与发展指标	1/4	1/3	1/2	1

第二步，采用方根法求矩阵的特征向量 W。

$$W=(0.4603，0.3029，0.1428，0.0940)^T$$

第三步，对权重做一致性检验。

$$\lambda_{max}=4.0812$$

计算随机一致性比率 CR，检验判断思维的一致性。$CR=CI/RI$（其中：CI 是判断矩阵的一致性指标、RI 是同阶平均随机一致性指标，$CI=(\lambda_{max}-n)/(n-1)$，$RI$ 值可根据对比判断的指标个数查表 3-5。

表 3-5　同阶平均随机一致性指标对照

指标	1	2	3	4	5	6	7	8	9
RI	0	0	0.58	0.9	1.12	1.24	1.32	1.41	1.45

若 $CR < 0.1$，则该判断矩阵具有一致性。

$$CI=(\lambda_{max}-4)/(4-1)=0.0271$$

当 $n=4$ 时，$RI=0.9$

$CR=CI/RI=0.0301<0.1$，说明该判断矩阵具有一致性，财务指标、客户指标、内部经营指标、学习与成长指标的权重分别为 0.4603、0.3029、0.1428、0.0940。

2. C 层指标权重计算

结合专家调研的 C 层指标的重要性（问卷见表 3-15），重要性分为 1 ~ 5 分，设该维度有 N 个指标，第 i 个指标的重要性评分为 M，则该指标的权重为：

$$W_i = \frac{M}{5 \times N} \tag{3-3}$$

根据公式得到 × 公司平衡计分卡的采购绩效评价指标体系权重表（见表 3-6）。

表 3-6　×公司采购绩效评价指标体系的权重

A层		C层	
指标	权重	指标	权重
财务指标	0.4603	采购费用率	30%
		资金节约率	30%
		库存周转率	25%
		平均付款天数实现率	15%
客户指标	0.3029	采购提前期	20%
		到货及时率	25%
		到货质量合格率	20%
		物资供应满意度	20%
		供应商满意度	15%
内部运营指标	0.1428	采购计划完成率	20%
		人均采购额	5%
		缺货频率	10%
		采购柔性	10%
		供应商流动比率	5%
		供应商准时交货率	20%
		达标供应商比例	10%
		采购人员信息化操作水平	10%
		信息化排名	10%
学习与发展指标	0.0940	员工平均受教育水平	10%
		员工满意度	20%
		人均完成采购申请单数增长率	10%
		人均完成采购金额增长率	10%
		岗位设置合理度	20%
		规章制度配套程度	10%
		制度执行情况	10%
		人员培训率	10%

3.3.3　201×年×公司采购工作绩效评价结果

采集×公司201×年采购工作各项指标数据，定性指标直接通过调研打分

量化，由于获取各指标的标准值有一定困难，因此通过问卷方式（问卷见表 3-16）对 × 公司采购相关人员进行调研得出各指标的评分情况，得出以下采购的绩效评价表（见表 3-7）。

表 3-7 × 公司 201× 年采购工作绩效评价

维度	权重	指标	权重	10年各项指标数据	评分	该维度得分	总分
财务	0.4603	采购费用率	30%	19.0%	4.6	3.70	
		资金节约率	30%	14.6%	4.3		
		库存周转率	25%	47.2%。	2.5		
		平均付款天数实现率	15%	87%	2.7		
客户	0.3029	采购提前期	20%	10～15天	3	3.23	
		到货及时率	25%	70%	3.4		
		到货质量合格率	20%	82%	3.5		
		物资供应满意度	20%	3	3		
		供应商满意度	15%	3.2	3.2		
内部运营	0.1428	采购计划完成率	20%	100%	3.8	3.65	3.14
		人均采购额	5%	3亿	3.1		
		缺货频率	10%	40%	3.2		
		采购柔性	10%	75%	3.4		
		供应商流动比率	5%	90%	3.4		
		供应商准时交货率	20%	85%	3.2		
		达标供应商比例	10%	4.5	4.5		
		信息化操作水平	10%	3.7	3.7		
		信息化排名	10%	6	4.4		
学习与发展	0.0940	员工平均受教育水平	10%	3.7	3.7	3.31	
		员工满意度	20%	3	3		
		人均采购申请单数增长率	10%	27%	3.8		
		人均采购金额增长率	10%	20%	3.7		
		岗位设置合理度	20%	2.5	2.5		
		规章制度配套程度	10%	3.7	3.7		
		制度执行情况	10%	3.2	3.2		
		人员培训率	10%	80%	4		

1. 财务层面的绩效评价（见图 3-5）

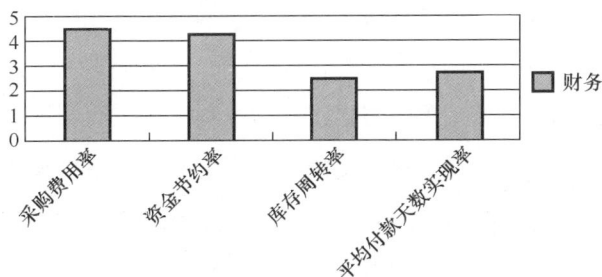

图 3-5　201× 年 × 公司财务层面绩效评价

201× 年 × 公司降低采购成本也是一项重要任务，随着集采范围和力度不断加大，纵向集中采购的深入推行，集采规模优势持续体现。一方面价格降低，同时通过谈判争取到供应商赠送产品和服务，采购成本持续降低，取得显著的经济效益；供备货通知确定明确了快速响应的发货和借货流程，严格的后评估执行规范了供应商的推荐，而合同签约及付款申请时限管理、付款审批精简环节、主配套验收分开、采购物流职责一体化等方面的不断完善进一步减少了工作的冗余环节和沟通成本（供应商关注的合同签署及付款审批周期平均提高到 7天和 15 天），提高了协同工作效率。

× 公司的仓储库存管理还没有得到完全的重视或者说管理还需要加强，建议一是完善仓储管理流程办法，二是推进信息化建设，使信息沟通快速流畅，帮助科学管理库存。

2. 客户层面的绩效评价

客户层面的绩效评价如图 3-6 所示。

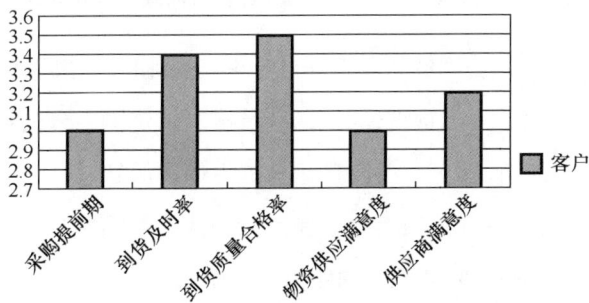

图 3-6　201× 年 × 公司客户层面绩效评价情况

201×年4月开始，×公司采购管理中心采用供应商管理的 VOI 备货机制（即供应商将常用设备备货至省公司仓库，收到需求后由采购中心统一组织配送），使平均到货时间得到提升，但由于采购集中需求度高，还是有部分设备无法及时到货。

×公司已经加大力度理顺质量监测体系的科学分工配合关系，配合全流程各环节各部门的常态化检测、日常反馈等工作，扩大产品和服务的质量监测范围，加强供应商的反向后评估，因此产品质量合格率明显提高。×公司在物资供应满意度方面还需做出努力，建议重视以下几方面的工作：（1）降低管理风险、实现采购物流工作可追可考；（2）简化流程，实现低成本高效运营；（3）全程可视可控，实现闭环管理；（4）提升精细化管理水平。

提高供应商满意度有利于提高双方的工作效率，需要继续提高合同结算、付款等工作的效率。

3. 内部运营层面的绩效评价

内部运营层面的绩效评价如图 3-7 所示。

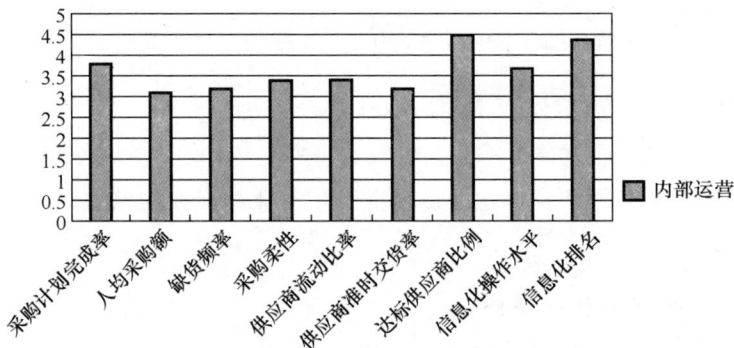

图 3-7 201×年×公司内部运营层面绩效评价情况

公司为快速满足分公司的采购需求，已将一级和二级集采中的零购固定资产、集团客户接入项目（市管市建类）、社区接入物资纳入分公司请购、采购管理中心直接受理的范围，为分公司生产运营提供优质保障，大大提高了采购效率。目前×公司需求管理更加规范有效，使需求确认更加顺畅，需求上报的及时性得以确保，采购部门应对紧急需求的能力也有所提升。

201×年，×公司一直继续运用信息化手段来开展科学和常态化的供应商评估工作，加强对供应商的分类分级管理，优化供应商分级准入与退出机制，不断聚焦优质供应商资源。为完善供应商管理机制，通过供应链系统中的后评估、质量投诉模块建立起对供应商的产品质量和日常服务表现做科学统计和常态考核的动态考评机制，信息化的手段极大改善了以往后评估的填报汇总量大、标准不一、未留下痕迹且结果不能及时反馈供应商等的情况，效率得到明显提高。结果显示，虽然部分供应商在供货中也出现了一些产品质量、服务与供货问题，但大多数合作供应商的产品及服务质量良好，双方合作运转呈健康良性状态。目前，×公司的供应商保持稳定，且整体水平较高。

×公司信息化总体排名第6(标书应答排第1，正拍排第7，反向拍卖排第6，招投标公告排名第11，B2B协同排名第5)，虽然信息化已经覆盖了采购全过程，但是还是有部分模块需要优化，并且采购相关人员的信息化操作水平也十分重要，需要加强培训。

4. 学习与发展层面的绩效评价

学习与发展层面的绩效评价如图3-8所示。

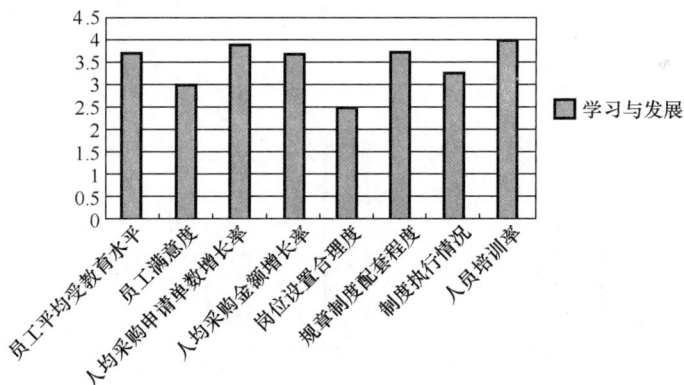

图 3-8　201×年×公司学习与发展层面绩效评价情况

×公司目前人员整体的素质水平较高，人员的操作效率提高，当然公司在培训的内容方面需要与时俱进，特别是对特殊流程及操作（如暂存匹配，报废入库、处置申请等）仍需加大培训、宣贯的频次和力度，加强针对性考核；工作的绩效除了要看员工的能力，还要看员工的"热情"，也就是员工愿意投入的精力，从图中显示员工满意度较低，调研中反映出的一个原因是岗位设置不合理，

因此建议管理者考虑员工的工作负荷量、工作时间等因素优化岗位设置。

在组织运行方面，首先是要继续完善规章制度。× 公司需要尽快建立配送商管理制度、存货类管理细则以及精细化考核办法等流程制度。201× 年 × 公司的制度执行情况不尽如人意，建议纳入公司考核范围，有利于组织的稳定可持续运行。

5.综合绩效评价

综合绩效评价如图 3-9 所示。

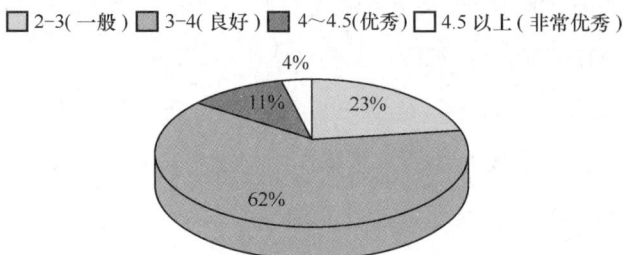

图 3-9　× 公司各指标评分占比情况

从图中看出 × 公司 201× 采购工作各方面绩效良好，但是达到优秀的指标也仅有 15%。而且采购工作各方面的重要性程度不同，公司采购管理是否抓住了重点，可以通过图 3-10 看出。

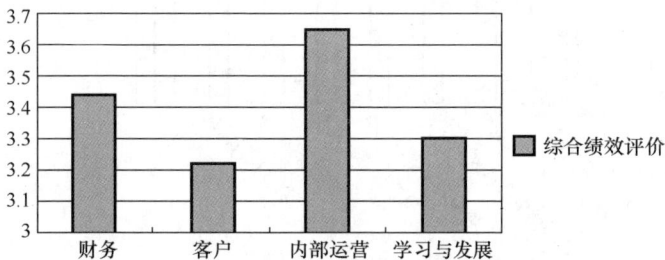

图 3-10　201× 年 × 公司综合绩效评价情况

从图中显而易见，× 公司的采购工作内部运营情况最好，客户层面的几个指标不容乐观，但是从专家以及企业采购人员调研得出的权重来看，对 × 公司来说，财务层面以及客户层面的指标占了大部分的比重，而这两个层面指标的评分只能达到一般或良好，因此建议 × 公司在新的一年要更加关注内部客户层面，注重产品的到货及时以及产品质量问题，采购部门需要经常与内部其他部门沟通了解需求以提高满意度。目前人员及组织情况良好，虽然学习与发展层面指标占的比重较少，但是只有做好制度及人员的支撑工作，才能使采购部门可持续性发展，最终达到公司低成本高效运营的战略目标。

实例分析二：基于系统动力学的增值业务供应链绩效评价

| 3.4　电信增值业务供应链概述 |

3.4.1　增值业务定义与分类

1. 增值业务的定义

电信增值业务是相对于基础电信业务而言的，在电信发展的早期阶段还没有基础电信业务和增值电信业务的划分，电信增值业务的出现是随着电信技术的发展而出现。越来越多的业务种类的出现，从而产生了基础电信业务和增值电信业务的划分。

1993 年 8 月国务院决定向社会开放经营部分电信业务（无线电寻呼业务、800MHz 集群电话业务、450MHz 无线电移动通信业务，国内 VSAT(甚小天线地球站) 通信业务、电话信息服务业务、计算机信息服务业务、电子邮件业务、电子数据交换业务以及可视图文业务等九种电信业务)；2000 年 9 月 25 日，国务院 291 号令颁布《中华人民共和国电信条例》，正式将电信业务分为基础电信业务和电信增值业务；2001 年，信息产业部（现工业与信息化部 ）又根据需要调整了《电信业务分类目录》，该目录中电信增值业务包括五大类十八种，由此电信增值业务的概念和类型划分有了明确的标准和定义。

关于电信增值业务的概念描述，不同国家的电信监管机构、电信运营商以及电信贸易谈判中都对其定义和范围界定在文字表述上略有不同，但基本内涵都是一致的。这里仍然引用 1994 年《关税与贸易总协定》乌拉圭回合对电信增值业务的定义：运营商通过交换用户信息的形式和内容从而增加了用户信息的价值的业务，如语音邮件、电子邮件、电子数据交换和在线数据传输等，比较而言，这与《中华人民共和国电信条例》中对增值业务的定义基本一致。

除国内外电信监管机构、电信运营商等之外，国内众多学者出于研究需要，也对电信增值业务进行定义：移动增值业务是由移动运营商（如中国移动）或业务提供商开发和维护的、能够出售给客户（如按月交费）的一种服务（王哲彬，2009)[17]；移动增值业务指由移动通信提供的移动数据通信、无线电数据通信、便携式数据通信等数据通信服务（魏金丽，2008)[18]；凭借公用电信网的资源和其他通信设备而开发的附加通信业务，其实现的价值使原有网路的经济效益或功能价值增高，故称之为电信增值业务（王瑜祺，2008)[19]。不难看出，上述定义更多的是从产品发起者以及内容角度来定义增值业务，更具针对性、清晰性，然而普遍性和概括性比起权威机构定义又略有不足。

汴伟（2006)[20] 在兼顾业务定义普遍性、概括性以及针对性的基础上，将电信增值业务定义为：电信增值业务，有时也称增值电信业务，指凭借公用电信网络资源及其相关技术设备而开发的附加通信业务，是对基础电信业务的延伸与开发，其实现的价值使原有网络的经济效益增加。

本研究借鉴汴伟的思路将增值业务定义为：

利用电信网络资源及其技术设备开发出来的附加通信业务，其区别于传统语音、公共数据传送等基础电信业务，是对基础电信业务的延伸，在原有网络资源的基础上带来附加效益。

2. 增值业务的分类

电信增值业务因分类原则、角度不同，分类结果多种多样。

信息产业部于 2003 年 2 月 21 日颁布了《关于重新调整〈电信业务分类目录〉的公告》，并自 2003 年 4 月 1 日起施行。在《电信业务的分类目录》中，将增值电信业务分为第一类增值业务和第二类增值业务两类。第一类增值电信业务主要是对市场影响较大的业务，对其经营者有一定的资质要求，主要包括：在线数据处理与交易处理业务、国内多方通信服务业务、国内因特网虚拟专用网业务、因特网数据中心业务。第二类增值电信业务对市场影响相对较小，其经营者数目和资质可不做过严的要求，主要包括：存储转发类业务、呼叫中心业务、因特网接入服务业务以及信息服务业务。

电信增值业务又分为基于固定电话网、移动网、卫星网、因特网以及其他数据传送网络等五类增值电信业务（廖雯雯，2008)[21]。

源于 3G 时代增值业务产品的独特性，这里对增值业务的分类援引于信息产业部电信研究院提出的四套较为完善的分类方案中的第三套分类方案。该方案按照业务使用者生活状态，将 3G 业务划分为五大类：通信类、消息类、交易类、娱乐类、效率应用类（汴伟，2006)[20]。

（1）通信类业务

通信类业务主要是即兴的业务。网上信息具有随意性和不确定性。该类业务的发展前景完全取决于社会的整体发展以及对相互通信的需求。

（2）内容类业务

内容类业务涉及的行业最广泛，也是电信行业外其他企业最容易介入移动增值业务领域的环节，参与者以现有的传统媒体和内容生产者为主，包括报纸杂志、电视电影、网站、教育机构等。该类业务的发展取决于这些行业的参与程度，因此在管制政策上最需要扶持和促进。

（3）交易类业务

交易类业务是与商务有关的业务，因此银行等金融行业、产品生产和销售行业的参与非常重要，该类业务发展的关键因素在于金融安全制度、信用制度等电子商务方面制度的建立健全要与国家电子商务的发展保持一致。

（4）娱乐类业务

娱乐类业务从用户个人的兴趣出发，涵盖了日常生活中能够从移动通信中获得的各种娱乐服务，如游戏、音乐、视频等。

（5）效率应用类业务

效率应用类业务指能够为个人在生活和工作的过程中，或者为企业在经营

运作中提高办事速度和工作效率的服务。

3.4.2　电信增值业务的发展

1. 我国增值业务发展历程

1993 年 8 月，国务院开放经营 9 项电信服务业务，从此我国增值业务产品走向市场，增值业务的发展也就此拉开大幕。

我国加入 WTO 以后，按照开放协议，对外资首先开放增值业务市场。2000年我国开放了电子邮件、语音信箱、互联网接入服务等 9 种增值业务，2001 年扩大到 20 种。2004 年我国电信增值市场向海外全面开放，允许一定比例的外商投资。自 2002 年 3 月 22 日第一家中外合资增值业务运营商开始经营以来，不断有国外企业介入中国增值业务市场，NTT DoCoMo、电讯盈科、德国电信、法国电信等均表现出了浓厚兴趣。但是，种种因素使得外资大规模进入中国增值业务市场的情况并没有出现，外国电信巨头们大多采取观望或谨慎进入的策略。然而，移动运营商敞开大门在国内吸引产生了大量的 SP，统计数据显示，国内 SP 当时有 4000 家左右，提供短信服务的 SP 也超过了 300 家。数量庞大的SP 为运营商聚拢了人气，带来了丰厚的利润。随后激烈的 SP 竞争以及高额的利润诱引使我国增值业务市场出现严重违规，各大运营商为挽回客户口碑，加大力度规范 SP 市场，SP 发展一度达到冰点。2009 年，我国电信运营商迎来电信重组和 3G 牌照发放元年，数据业务发展才再度迎来春天，传统、成熟的增值业务譬如彩铃、彩信等走向成熟，新兴的增值业务譬如手机阅读、移动社区开始映入用户眼帘。总之，用户需求开始呈现多样化，增值业务产品更具个性化、人性化。

经过一段曲折的路，一条崭新、健康的增值业务供应链正推动着整个产业的发展，电信增值业务的发展也为低迷的全球电信市场带来了新的生机。

2. 国内外电信增值业务发展特点

研究分析 3G 增值业务供应链的特性，对于 4G 的发展有一定的参考和借鉴意义。

伴随着我国第三次电信重组与 3G 牌照的发放，国内增值业务产业迎来新的春天，同时增值业务供应链相关研究再次成为热点。3G 技术特点引发的产业环境特征有三个方面：首先，产业经济呈现规模效应。通信网络建设成本和业务开发投入都是史无前例的，可以说，3G 时代电信运营商之间的博弈是巨人之间的游戏。庞大的网络建设和运营成本需要相当大数量的用户规模来平衡，高技术手段下增值业务的开发更需要宽广的用户基础。其次，产业价值具有整体性。商业价值更多存在于传统语音业务之外的范畴中，培育、营造和推动整个电信生态链的发展需要包括运营商在内的各环节共同努力。最后，产业环节的进一步细分和利益分配关系的重构。技术的发展为多种业务的创生和提供带来了可能性，也使价值创生和交付的分工进一步细化和专业化。在 2G 时代，运营商独自创生并独占绝大部分市场价值的模式被颠覆，运营商虽然依旧可以获得绝大部分的市场价值回报，但相当部分的利益被分配给内容开发商、业务提供商、销售渠道等环节。

国外 3G 运营开展得较早，从产业环境角度来看其运营有以下特点：第一，不同地位的运营商在产业链中的角色表现不一样。主导运营商产业合作的议价能力较强，在合作中也往往处于控制性的地位，这种主导地位可以理顺产业链内的合作环境，但并不能降低产业生态环境的系统风险，提升整个产业链的竞争力。新进入的运营商由于初期议价能力较弱，在与上游产业环节的合作中，往往采用伙伴式的关系，但对于下游环节则可能采用较强的控制手段。第二，在 3G 发展的不同阶段，产业合作的重心环节不同。初期阶段，网络覆盖和终端问题都是关键因素，在这两个环节加速建设与整合，实现产业协同是发展用户规模的关键。进入深度运营阶段后，丰富的内容，特别是多媒体内容的服务则是 3G 业务的特色吸引力，打通内容创生和内容提供的产业环节是提升每个用户的收入贡献（ARPU 值）和推进数据业务的必经之路。

3.4.3　电信增值业务供应链的构成

电信增值业务供应链的主要构成如图 3-11 所示。

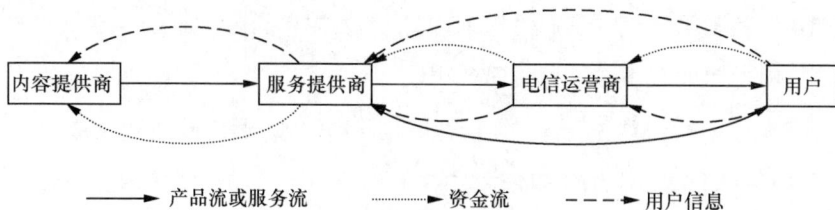

图 3-11　电信增值业务供应链构成

电信运营商为核心节点。电信运营商在国内主要指：中国移动、中国联通、中国电信等三家传统运营商和新兴的虚拟运营商。电信运营商有独立的计费平台，在客户接受增值业务服务时进行收费，实现电信增值业务供应链营收。电信运营商有独立的服务平台（网上营业厅）以及部分增值业务产品生产功能。

供应链上游节点。内容提供商（CP），负责产品的开发，是电信增值业务信息内容的来源；服务提供商（SP），在 CP 进行产品开发后，将产品交付服务提供商，借助服务提供商（SP）服务平台将产品交付客户。同时，较多 SP 具有CP 功能，兼顾产品开发，即集 CP、SP 于一体。

供应链下游节点为最终用户。用户是供应链的末梢节点，同时也是最关键节点，卖方市场向买方市场成功转型预示着用户将成为整个供应链最受关注的节点，用户满意度、用户忠诚度决定供应链的稳定与发展。无论 CP、SP、电信运营商都以用户为导向，同时客户信息在供应链中的不对称传递也是供应链发展的难点所在。

| 3.5　增值业务供应链绩效评价指标体系 |

3.5.1　指标体系的选取及评价

1. 指标体系的选取

目前国内外对供应链评价领域的研究已处于较为成熟阶段，主要研究方法有：平衡计分卡法（BSC）、数据包络分析法（DEA）、层次分析法（AHP）、生命周期研究法、标杆法、专家评价法、仿真绩效评价法等。

（1）指标选取方法

常见指标选取方法主要有以下三种。

1）平衡计分卡法（Balanced Score Card，BSC）。

以往许多学者提出的评价指标体系大多是以业务流程为核心进行设计，仅仅对企业物流进行绩效评价，并没有告诉企业隐藏在物流绩效背后的驱动因素有哪些，因而很难对管理者提高企业的物流绩效水平产生指导。为了解决这个问题，Brewer 和 Speh 将平衡计分卡的平衡设计思想引入到供应链绩效的评价中，并提出了基于供应链管理目标、客户收益、财务收益和供应链管理改善等四维度的供应链绩效评价体系。

经过多年应用与完善，平衡计分卡法已经成为较为成熟的评价指标选取方法。该方法从财务、顾客、内部业务流程、学习与发展这四个各有侧重又相互影响的维度综合评价企业战略管理绩效。

① 财务维度：显示企业的盈利水平，是企业追求的终极目标。

② 顾客维度：显示顾客对企业所提供的产品或服务的满意度，是企业未来获得收益的保障。

③ 内部业务流程维度：显示企业内部业务流程的运行状况，是企业满足顾客需求的途径。

④ 学习与发展维度：显示企业为提高未来绩效所做出的努力，是企业避免短期行为、追求持续发展的手段。

这四种维度兼顾到了长期、短期指标，财务、非财务指标，滞后、先行指标（见图 3-12）。

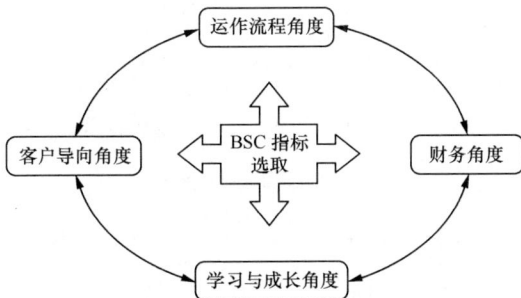

图 3-12　平衡计分卡法指标选取示意图

方法优点：可以针对评价对象全面地选择评价指标，防止指标遗漏。

方法缺点：一种静态指标选取方法，忽略了指标间相互影响作用。

2）SCOR 模型法（Supply-Chain Operations Reference-model，SCOR）。

SCOR 模型是一个公认的国际标准，它为企业供应链结构的构建提供了良好的指导作用。SCOR 主要运用于供应链建模过程中，关于 SCOR 的建模过程下文会有详细介绍。SCOR 模型法主要是以供应链建模过程为主体，从供应链运营成本、响应能力、柔性、可靠性、企业的运营绩效五个方面建立供应链绩效评价指标体系。

方法优点：全面梳理供应链流程，针对供应链进行指标选取相对于平衡计分卡法更具成熟性、可参考性。

方法缺点：研究对象局限为供应链，为静态指标选取方法，忽略了指标间的相互影响作用。

3）流程梳理法。

国外对供应链进行评价指标选取时，多采用流程梳理法，从 Plan → Source → Make/Assemble → Deliver 四个流程进行战略、战术、运作三个层面选取指标，A. Gunasekaran，C. Patel，Ronald E. McGaughey（2004）[22]，Milind Kumar Sharma，Rajat Bhagwat（2007）[23] 都对此方法进行了完整的阐述与使用。

优点：方法思路类似于 SCOR 法，针对供应链进行战略、战术、执行层指标选取，层层有指标选取依据，在国外应用成熟。

缺点：研究对象局限于供应链，且为动态联系基础上进行静态指标选取的方法。

（2）基于平衡计分卡法的指标体系

赵淑娟（2008）[24] 运用平衡计分卡法选取对电信服务产品供应链评价指标体系，并运用系统动力学进行模拟评价（见表 3-8）。

基于 SCM 理论建立电信运营企业经营绩效评价指标体系，能够更全面地从产业视角来评价电信运营企业的运营绩效。同时主要应遵循以下两个原则（黄逸珺，2004）[25]：指标体系要反映供应链的协同绩效和核心企业对供应链的管理绩效；指标体系要体现平衡计分卡法的核心思想。

表 3-8　电信服务产品供应链绩效指标体系 [24]

	评价维度	二维指标
电信服务产品供应链绩效	财务角度	用户数
		收入
	客户导向角度	服务质量
		感知和认知
		用户期望
		价格
	流程运作角度	供应链柔性
		产能利用率
		供应链产能
		供应链成本
	学习与成长角度	服务创新能力
		资源管理能力
		成长空间

　　"供应链的协同"指标在供应链研究中越来越被引起重视，甚至有学者认为"供应链协同"与"信息共享度"是阻碍供应链效益最大化的最大难题。同时，正如黄逸珺提到，电信运营商作为电信增值业务供应链中核心企业，其对供应链的管理程度是保证供应链稳定性及健康发展的重要指标。

　　本研究将在赵淑娟评价指标体系的基础上，引入"供应链协同""信息共享"和"运营商对供应链的控制"三类指标，并将其作为"内部控制流程"维度的一级评价指标。

　　A. Gunasekaran，C. Patel，Ronald E. McGaughey（2004）[22] 从供应链的运作流程角度（计划、订单发起、制造过程、装配和物流、顾客）梳理供应链，进而进行评价指标选取，在这种思路基础上，本研究结合赵淑娟、黄逸珺等研究基础重新梳理供应链评价指标体系，其中重点调整了运作流程角度、客户导向角度和财务角度的成本类指标（见图 3-13）。

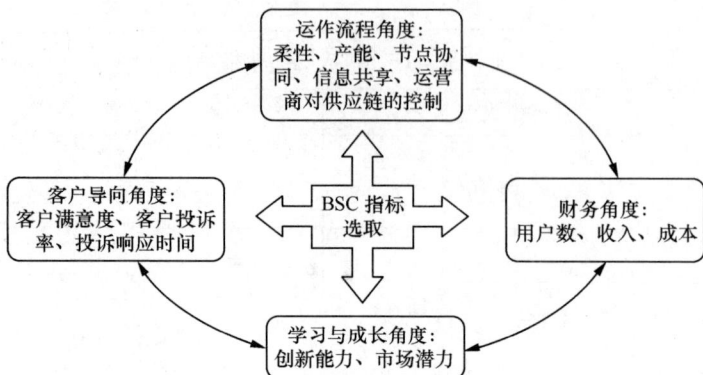

图 3-13　电信增值业务供应链指标选取示意图

1）在"运作流程角度"增添了"节点协同""信息共享""运营商对供应链的控制"三个一级评价指标。

"节点协同"可以细分为："长期合作关系比率""付款能力""利润分成模式吸引力"三个二级评价指标。

"信息共享"由"信息共享率"指标进行定性描述。

"运营商对供应链的控制"细分为："运营商协调的主动性""资源控制程度""定价控制程度""运行机制稳定系数"四个二级评价指标（黄逸珺，2004）[25]。

2）"客户导向角度"以"客户满意度"为核心，围绕"客户满意度"选取"客户投诉率""客户投诉响应时间"两个辅助一级评价指标。

服务质量（即客户满意度）通常被定义为消费者实际感知的服务与服务预期之间的差距，它取决于消费者对服务的预期（即预期服务质量）与其实际感知的服务（即体验的服务质量）的对比（文智，邵琦，2008）[26]。

服务质量是以消费者的预期而不是服务供应商的需要为基础，是消费者事后可感知的结果与事前的期望之间作比较后的一种差异。

依据消费者满意度模型（见图 3-14），将"客户满意度"指标细分为"产品质量期望""服务质量期望""价格期望""产品质量感知""服务质量感知""价格感知""产品与需求吻合度""渠道服务便捷度"八个二级评价指标。

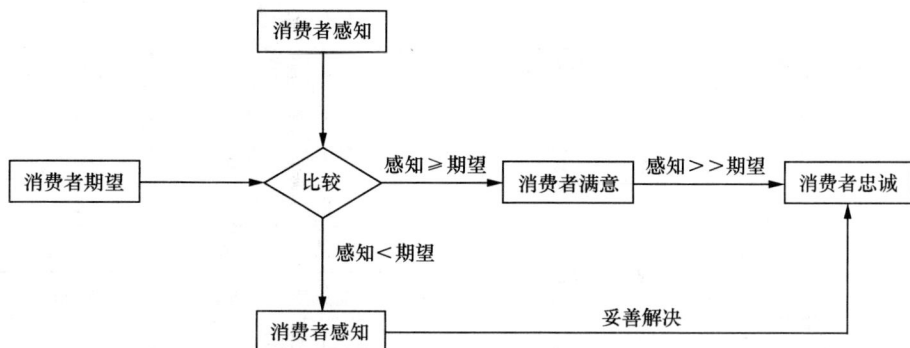

图 3-14　消费者满意度模型

3）"成本"指标可以在财务表报中进行统计，这里将其划归为财务指标维度。

按照流程划分，成本指标可以分为 CP 的"研发成本"、SP 和电信运营商的"营销成本"、SP 和电信运营商的"服务成本"以及"其他成本"四个二级评价指标。

表 3-9 对电信增值业务供应链评价指标体系进行展示，并根据指标数据获取方式，将三级指标作了"定性"与"定量"区分。

表 3-9　电信增值业务考核指标体系

一级指标	二级指标	三级指标	测量方法
财务指标	用户数	用户数	定量
	收入	收入	定量
	成本	研发成本	定量
		营销成本	定量
		服务成本	定量
		其他	定量
内部流程指标	供应链产能	产品种类数量	定量
	供应链柔性	时间柔性	定量
		数量柔性	定量
	节点协同	长期合作关系比率	定量
		付款能力	定性
		利益分成模式吸引力	定性
	信息共享	信息共享率	定性
	运营商对供应链的控制	协调主动性	定性
		资源控制程度	定性
		定价控制程度	定性
		运行机制稳定系数	定性

（续表）

一级指标	二级指标	三级指标	测量方法
客户指标	客户满意度	产品质量期望	定性
		服务质量期望	定性
		价格期望	定量
		产品质量感知	定性
		服务质量感知	定性
		价格感知	定量
		产品与需求吻合度	定性
		渠道服务便捷性	定性
	客户投诉率	客户投诉率	定量
	投诉响应时间	投诉响应时间	定量
学习与成长指标	创新能力	人员结构	定量
		员工建议接受率	定量
		员工满意度	定量
	市场潜力	市场潜力系数	定量

2. 绩效指标的评价

（1）评价方法综述

1）系统动力学仿真方法（System Dynamics，SD）。

SD 的评价步骤可以描述为：

第一步，明确建模目的，界定系统系统的结构及其边界，构建系统因果关系模型；

第二步，分析系统各要素之间的因果关系和反馈结构，构建 SD 仿真流图；

第三步，根据调研及数据资料，建立系统的各变量 SD 方程；

第四步，运行 SD 仿真模型，分析仿真结果并找出需要优化的节点，通过对关键变量的调整，得到较优的仿真模型。

通过动态因果关系建立系统模型，系统动力学可以作为一种动态绩效评价方法进行研究，如果借助 BSC 选取指标，再进行评价系统动力学的绩效评价有以下优势 [27]。

① SD 模型可以清楚地描述 BSC 中绩效指标间的逻辑关系和系统构造，并通过 SD 方程中的存量（Level）方程和流量（Rate）方程描述绩效指标间的延迟。

② SD 方程可以显示绩效指标间的计量关系，从而在 BSC 中添加相应的运行机制。

③ SD 方法能够反映绩效指标间的动态联系，擅长处理长周期性问题，能够较准确地预测周期性波动问题。

优点：动态性强、便于查找现象背后的原因，使得评价结果更具准确性、有效性。

缺点：需要借助指标选取方法进行；指标与因果关系难以建立，系统流图各因子数据获取、标准化处理较为复杂。

2）层次分析法（Analytic Hierarchy Process，AHP）。

层次分析法是将与决策有关的元素分解成目标、准则、方案等层次，在此基础之上进行定性和定量分析的决策方法。该方法是美国运筹学家匹茨堡大学教授萨蒂于 20 世纪 70 年代初，在为美国国防部研究"根据各个工业部门对国家福利的贡献大小而进行电力分配"课题时，应用网络系统理论和多目标综合评价方法，提出的一种层次权重决策分析方法。

其评价步骤为（Clemens Lohman,、Leonard Fortuin, Marc Wouters，2004）[28]：

第一步：确定研究对象；

第二步：对研究对象全面分析确定第一层评价维度（目标层）；

第三步：对评价维度展开为各个准则指标（准则层）；

第四步：根据需要将准则指标分解到最终可量化程度指标（方案层）；

第五步：从底层（方案层）开始对指标加权求值确定评价结果；

多目标选择评价时可延伸至以下两步：

第六步：根据目标确定行动矩阵；

第七步：将评价值置于行动矩阵选择行动策略。

优点：方法运用广泛，指标全面，评价结果详细，方法思路简单、明晰，且方便制定行动策略。

缺点：指标权重确定困难，且为静态指标评价方法。

3）数据包络分析法（Data Envelopment Analysis，DEA）。

1978 年著名的运筹学家 A.Charnes，W.W.Cooper 和 E.Rhodes 首先提出数据包络分析法，去评价部门间的相对有效性（因此被称为 DEA 有效），他们的第一个模型被命名为 CCR 模型。从生产函数角度看，这一模型是用来研究具有多个输入，特别是具有多个输出的"生产部门"同时为"规模有效"与"技术有效"的十分理想且卓有成效的方法。1984 年 R.D.Banker，A.Charnes 和 W.W.Cooper 给出了一个被称为 BCC 的模型。1985 年 Charnes，Cooper 和 B.Golany，L.Seiford，J.Stutz 给出了另一个模型（称为 CCGSS 模型），这两个模型均是用来研究生产部门之间的"技术有效"性。1986 年 Charnes，Cooper 和魏权龄为了进一步地估计"有效生产前沿面"，利用 Charnes，Cooper 和 K.Kortanek 于 1962 年首先提出的半无限规划理论，研究了具有无穷多个决策单元的情况，给出了一个新的数据包络模型——CCW 模型。1987 年 Charnes，Cooper，魏权龄和黄志民又得到了称为锥比率的数据包络模型——CCWH 模型。这一模型可以用来处理具有过多的输入及输出的情况，而且锥的选取可以体现决策者的"偏好"。灵活应用这一模型，可以将 CCR 模型中确定出的 DEA 有效决策单元进行分类或排队，等等。这些模型被不断地进行完善和进一步发展。

因此，DEA 是一种用于处理多输入、多输出的多目标决策问题方法，用于评价时的步骤如下：

第一步：确定研究对象、投入和产出；

第二步：选取投入产出指标；

第三步：区分选取决策单元；

第四步：模型计算，得出结果；

第五步：分析结果。

通过松弛变量的观察，可以得出各种资源的利用情况以及产品的增产潜力，从而通过观察各个研究对象资源利用情况，对其进行评价和寻找短板指标。

优点：只需对投入和产出指标进行评价，无需过多关注内部流程，使评价简单化、实用化。

缺点：投入产出指标选取要全面；决策单元归类要统一，投入产出不明显则转化困难。

4）神经网络法（Back Propagation，BP）。

人工神经网络是对生物神经网络的简化和模拟。通常可分为前向神经网络、反馈神经网络和自组织神经网络。BP 神经网络（Back propagation Neural Network）是单向传播的多层前向神经网络，网络可分为输入层、中间层（隐含层）和输出层，其中输入和输出都只有一层，中间层可有一层或多层。同层的网络结点之间没有连接。BP 人工神经网络的结构如图 3-15 所示。

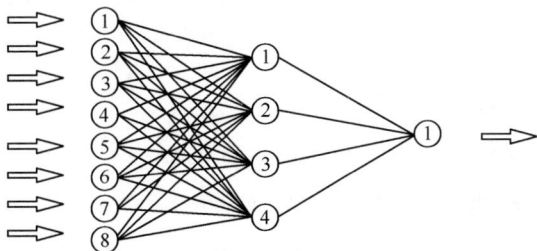

图 3-15　单中间层人工神经网络结构模型

人工神经网络在供应链绩效评价过程中应用步骤：

第一步，选取 n 条同行业优秀供应链，运用专家法分别评价绩效得分；

第二步，选取评价指标（层次分析法、平衡计分卡法等方法选择战略、战术、操作层指标）；

第三步，确定允许模拟结果与专家评价的误差范围；

第四步，使用工具 MATLAB 进行 BP 系统建模，并模拟运行，达到误差范围运行停止（系统随机生成值为 0 到 1 权值和阈值）；

第五步，选取模拟结果与专家评价误差最小的模型（系统调整权值和阈值）为学习网络；

第六步，输入自身企业所在供应链指标值进行模拟，得出最终输出的评价结果。

优点：指标间权重为随机数在优化过程中自动学习生成，故权重确定过程中减少了主观因素影响；在 MATLAB 上运行简单。

缺点：便于进行供应链评价，但不利于逆向供应链优化；缺少对各指标相互关系的动态描述；指标的选取需要借助其他方法（层次分析法或者平衡计分卡法等）。

5）标杆比较法。

标杆比较法，即 Benchmarking，作为管理学重要理论，是麦肯锡等管理咨询公司核心的"战略方法"。具体做法有两种：对比领先公司，反省企业不足之处，做出仿效改善；针对企业不足之处，列举业界先进做法，进行仿效学习。

标杆法作为一种重要的管理学理论，在绩效评价过程中也有应用，是"寻找标杆企业进行对比评价，从而发现薄弱环节，进行优化、完善"。

优点：操作简单。

缺点：主观性强。

当前被广泛运用的评价方法不仅仅停留在上述五种，运用方法亦是多种多样，如方法优化变形使用、多种方法组合应用等。因此，实证中针对研究对象特征对指标选取方法，评价方法进行选择、运用是评价有效与否的关键。

（2）SD 仿真方法的确定

系统动力学 SD 的核心思想为用因果关系图 （causal loop diagrams）来描述存在因果关系的系统，进而将因果关系图转化为含有存量或流量（物流、信息流、资金流）（stock-and- flow）的流图来形象地描述互相关联的动态系统。其中表示系统状态的变量为存量，存量在不同时间点随状态变化而发生变化；流图表示系统变量的活动，比如现金或者产品的流入流出（投入产出）等。

系统动力学的鼻祖 Forrester(1969)[29] 以及 senge(1994)[30] 对系统动力学的定义为：系统动力学是一门以系统反馈控制理论为基础，以计算机仿真技术为主要手段，定量地研究系统发展的动态行为的一门应用学科，属于系统科学的一个分支。

20 世纪 80 年代后期，随着信息技术的发展，系统动力学由于其动态分析优势在供应链管理中逐渐发挥出作用。至此，基于系统动力学的管理决策建模方法也逐渐成熟。它不仅综合了系统思考和学习型组织理论，而且融合了先进的计算机技术；这不仅主要表现在新的仿真软件具有友好的人机界面、灵活的输入输出形式和简单移动的操作等优点，还表现在新的仿真软件不需要使用者构造艰深的数学算法与方程式，也不需要编写大量复杂的仿真程序。所以基于系统动力学的管理决策建模方法受到越来越多的关注。目前应用较广的仿真软件有（方艳，2007）[31]：

用于企业管理决策和教学的软件，如 Powersim、STELLA/ithink、Vensim 和 Modus 等；

用于商业娱乐仿真的软件，如 SimCity 和 Okolopoly 等；

供少数学者和专家使用的面向研究的 prototyps 软件，如德国用于心理学研究的 Lohhausen 和 Tanalnd 等。

相对于其他建模方法，系统动力学有如下特点（赵淑娟，2008）[24]（见表 3-10）。因此，本研究也采用 SD 方法。

表 3-10　供应链建模方法比较 [24]

模型种类	线性、整数、混合整数规划	网络流模型	系统动力学仿真建模与分析
工具方法	非面向对象、数学等式	凸轮，可转为LP、IP模型	面向对象、时间或时间仿真
求解技术	矩阵算法、分支定界、启发算法	大量优化算法	统计比较方法
解析模式	静态	静态	静态、动态
优点	求解效率高	形象直观、易求解	建模容易、可有随机变量
缺点	问题的非线性、难定量化	近似模拟、非随机问题	求解速度低、非实时

3.5.2　指标选取

周红梅，李必强（2003）[32]、潘晔（2007）[33]、刘源（2008）[34] 提到，产品供应链与产品一样，具有其生命周期阶段特征，且其阶段划分等同于其核心产品所属生命周期阶段。不同产品在不同生命周期的供应链绩效评价标准是不同的。综合多数学者的定义：生命周期是指产品进入市场直至退出市场的过程，完整的产品生命周期过程包括形成期、成长期、成熟期、衰退期 4 个阶段。对于电信增值业务产品，其各生命周期阶段特征可以简述为：

形成期：获得营业执照、购取设备、开始研发产品；

发展期：进入扩张期、企业用户群体以及综合收益加速增长；

成熟期：占据稳定市场份额、达到规模效益；

衰退期：市场占有率降低、逐渐退出市场。

本研究选取"彩铃"业务为实例分析对象。

1. 形成期的绩效评价指标

电信增值业务供应链在形成期应侧重考核"供应链的可靠性"和"供应链的稳定性"。因此在考核过程中，加大对"供应链节点间付款能力""利润分成模式吸引力""运营商对资源和定价的控制程度""运营商协调的主动性""运行机制稳定系数"和"市场潜力系数"的考核权重（见表 3-11）。

表 3-11　彩铃业务形成期考核指标体系

第一维度	第二维度	末梢指标	形成阶段
财务指标	用户数	用户数	⊙
	收入	收入	⊙
	成本	研发成本	⊙
		营销成本	⊙
		服务成本	⊙
		其他	
内部流程指标	供应链产能	产品种类数量	⊙
	供应链柔性	时间柔性	⊙
		数量柔性	⊙
	节点协同	长期合作关系比率	×
		付款能力	★
		利益分成模式吸引力	★
	信息共享	信息共享率	⊙
	运营商对供应链的控制	协调主动性	★
		资源控制程度	★
		定价控制程度	★
		运行机制稳定系数	★

（续表）

第一维度	第二维度	末梢指标	形成阶段
客户指标	客户满意度	产品质量期望	○
		服务质量期望	○
		价格期望	○
		产品质量感知	○
		服务质量感知	○
		价格感知	○
		产品与需求吻合度	○
		渠道服务便捷性	○
	客户投诉率	客户投诉率	○
	投诉响应时间	投诉响应时间	○
学习与成长指标	创新能力	人员结构	○
		员工建议接受率	○
		员工满意度	○
	市场潜力	市场潜力系数	★

注：（×：无考核   ○：有考核   ★：重点考核）

2. 发展期的评价指标

电信增值业务供应链进入发展期，供应链逐步迈入正轨，此时，提高供应链的市场响应速度，快速、高质量地满足客户需求成为供应链发展的基础，同时有效地控制供应链成本是供应链完成快速发展的必要条件。

发展期应侧重"供应链间信息共享"与"成本"指标的考核（见表 3-12）。

表 3-12 彩铃业务发展期考核指标体系

第一维度	第二维度	末梢指标	发展阶段
财务指标	用户数	用户数	○
	收入	收入	○
	成本	研发成本	★
		营销成本	★
		服务成本	★
		其他	★

（续表）

第一维度	第二维度	末梢指标	发展阶段
内部流程指标	供应链产能	产品种类数量	⊙
	供应链柔性	时间柔性	⊙
		数量柔性	⊙
	节点协同	长期合作关系比率	⊙
		付款能力	⊙
		利益分成模式吸引力	⊙
	信息共享	信息共享率	★
	运营商对供应链的控制	协调主动性	⊙
		资源控制程度	⊙
		定价控制程度	⊙
		运行机制稳定系数	⊙
客户指标	客户满意度	产品质量期望	⊙
		服务质量期望	⊙
		价格期望	⊙
		产品质量感知	⊙
		服务质量感知	⊙
		价格感知	⊙
		产品与需求吻合度	⊙
		渠道服务便捷性	⊙
	客户投诉率	客户投诉率	⊙
	投诉响应时间	投诉响应时间	⊙
学习与成长指标	创新能力	人员结构	⊙
		员工建议接受率	⊙
		员工满意度	⊙
	市场潜力	市场潜力系数	★

注：（×：无考核　　⊙：有考核　　★：重点考核）

3. 成熟期的评价指标

当供应链进入成熟期，供应链则以收入最大化为目的，此时供应链的产出

数量、柔性、客户满意度以及资源利用程度等指标则上升为重点考核指标（见表 3-13）。

表 3-13　彩铃业务成熟期考核指标体系

第一维度	第二维度	末梢指标	成熟阶段
财务指标	用户数	用户数	★
	收入	收入	★
	成本	研发成本	★
		营销成本	★
		服务成本	★
		其他	★
内部流程指标	供应链产能	产品种类数量	⊙
	供应链柔性	时间柔性	★
		数量柔性	★
	节点协同	长期合作关系比率	⊙
		付款能力	⊙
		利益分成模式吸引力	⊙
	信息共享	信息共享率	★
	运营商对供应链的控制	协调主动性	⊙
		资源控制程度	⊙
		定价控制程度	⊙
		运行机制稳定系数	⊙
客户指标	客户满意度	产品质量期望	★
		服务质量期望	★
		价格期望	★
		产品质量感知	★
		服务质量感知	★
		价格感知	★
		产品与需求吻合度	★
		渠道服务便捷性	★
	客户投诉率	客户投诉率	★
	投诉响应时间	投诉响应时间	★

（续表）

第一维度	第二维度	末梢指标	成熟阶段
学习与成长指标	创新能力	人员结构	⊙
		员工建议接受率	⊙
		员工满意度	⊙
	市场潜力	市场潜力系数	⊙

注：（×：无考核　　　⊙：有考核　　　★：重点考核）

4. 衰退期的评价指标

伴随着供应链的核心产品的生命周期进入衰落期，以该类产品的研发设计、原料供应、制造、销售和回收为基础所形成的合作关系也相继解体，原有的供应链逐渐衰落消失。但是，这并不意味着供应链时代的终结，随着企业的技术升级、新产品的研发成功以及产业结构的调整，原有的供应链进行重组，企业内外部资源重新整合，为形成新的供应链奠定基础。此时，原有供应链系统的创新能力、产品柔性和重构性异常重要，这几方面是供应链获得新生的关键。其中，技术创新能力是供应链系统创新的核心，供应链的重构性反映了供应链系统对现有资源的整合能力，在供应链衰落阶段，资源的有效整合往往能产生一个更加有竞争力的新型供应链（刘源，2008）[34]。

因此，衰退期重点考核增值业务供应链的柔性指标及创新能力指标，进而促进电信增值业务供应链更好地发掘市场新热点，完成转型（见表 3-14）。

表 3-14　彩铃业务衰退期考核指标体系

第一维度	第二维度	末梢指标	衰退阶段
财务指标	用户数	用户数	⊙
	收入	收入	⊙
	成本	研发成本	⊙
		营销成本	⊙
		服务成本	⊙
		其他	⊙

（续表）

第一维度	第二维度	末梢指标	衰退阶段
内部流程指标	供应链产能	产品种类数量	⊙
	供应链柔性	时间柔性	★
		数量柔性	★
	节点协同	长期合作关系比率	★
		付款能力	⊙
		利益分成模式吸引力	⊙
	信息共享	信息共享率	⊙
	运营商对供应链的控制	协调主动性	⊙
		资源控制程度	⊙
		定价控制程度	⊙
		运行机制稳定系数	★
客户指标	客户满意度	产品质量期望	⊙
		服务质量期望	⊙
		价格期望	⊙
		产品质量感知	⊙
		服务质量感知	⊙
		价格感知	⊙
		产品与需求吻合度	⊙
		渠道服务便捷性	⊙
	客户投诉率	客户投诉率	⊙
	投诉响应时间	投诉响应时间	⊙
学习与成长指标	创新能力	人员结构	★
		员工建议接受率	★
		员工满意度	★
	市场潜力	市场潜力系数	×

注：（×：无考核　　⊙：有考核　　★：重点考核）

|3.6 增值业务供应链系统SD结构及实例仿真|

以生命周期理论和平衡计分卡法为基础选取的指标体系保证了指标选取的针对性和全面性却忽视了指标间的动态联系。在对评价结果进行优化时便于找到得分较低的"短板指标"，却难以发现造成指标得分较低的"根源"。SD 系统仿真法在评价模型中的应用有效解决了模型优化过程中存在的问题：利用表 3-9 形成的三级评价指标绘制指标间因果关系图，并在因果关系图的基础上绘制系统流图进行仿真不仅可以保证模型评价效果的针对性和全面性，而且在模型优化过程中易于寻找影响目标观测变量的"根源性"指标，为供应链优化提供建议。

3.6.1 SD建模

1. 建模原则

运用系统动力学建模过程中，将严格遵循以下原则。

（1）以电信增值业务产品为核心

模型以电信增值业务产品为主线，从产品制造商到产品服务提供商，再经过电信运营商将产品（服务）传递给最终用户。供应链评价指标的选取也根据其核心产品所处的生命周期阶段不同而有所区分。

（2）以信息流、物流、资金流为连接

供应链各个节点之间存在信息流、物流和资金流的传递，三者将供应链各个节点动态联系起来，形成电信增值业务供应链模型。将模型根据评价指标体系细化、拆分时，信息流、物流以及资金流再次发挥重要连接作用。物流、资金流作为实体流伴随供应链管理理论产生已广为人知，而随着供应链理论的发展，一条隐形的信息流越来越为众人所关注，供应链节点间信息共享问题也成为抑制供应链产能最大化的最大障碍。

（3）凸显电信运营商供应链核心节点作用

供应链各节点在贡献产能时角色不同，作用亦有分别。电信运营商作为电信增值业务供应链核心节点，除了完成产品的传递还承担供应链维稳、协同各个节点、定价控制、核心资源控制等任务。在供应链建模过程中，应突出电信运营商核心节点作用，更为准确、有效地进行仿真。

（4）以供应链产能为观测目标

供应链绩效最直观的表现是产出以及成本控制。

结合电信增值业务供应链绩效评价模型，以电信运营商彩铃业务为例进行实证，一来通过评价彩铃业务供应链绩效，为供应链长期稳定发展提供建议；二来读者可以通过彩铃业务供应链评价过程更为形象地认识评价模型。

2. 模型建立

企业最重要的功能为获得利润。因此，构建的系统动力学模型通过研究影响 SP 和运营商利润增长的因素，以及对运营商 SP 之间的合作关系进行探讨。通过收集的资料，目前，SP 和运营商之间存在以下三种合作关系（此处 SP 含 CP）。

1）普通型合作。

运营商定位：提供网络通道、业务管理平台，代计代收信息费服务，配合 SP 有偿提供客户服务。

SP 定位：提供业务内容，进行自主营销宣传，并负责提供全程客户服务。

结算模式：运营商与 SP 应收信息费结算比例为 15%∶85%，如有不均衡通信费产生，则 SP 向运营商支付不均衡通信费。运营商与 SP 实收信息费结算比例为 9%∶91%，如有不均衡通信费产生，则 SP 向运营商支付不均衡通信费。

2）半紧密型合作。

运营商定位：提供网络通道、业务管理平台，提供代计、代收信息费服务，负责客户服务。

SP 定位：提供业务内容，负责营销宣传，配合客服支撑。

结算模式：运营商与 SP 的信息费结算比例为 30%∶70%。如有不均衡通信费产生，则 SP 向运营商支付不均衡通信费。

3）紧密型合作。

运营商定位：提供网络通道、业务管理平台，提供代计、代收信息费，自

主进行业务营销宣传，提供全部的客户服务，并享有该业务的相应知识产权（包括但不限于商标、业务名称、业务标识、专利、商业模式）。

SP 定位：负责提供业务内容。

结算模式：运营商与 SP 的信息费结算比例为 50%∶50%，如有不均衡通信费产生，则 SP 向运营商支付不均衡通信费。

合作模式主要包括三个方面：第一，SP 和运营商业务维护投入；第二，运营商和 SP 的分成比例；第三，SP 和运营商的宣传推广投入。因此在我们构建系统动力学模型时考量的主要合作关系的内容即为这三个方面。同时，在 SP 与运营商的合作关系中，运营商的综合管控也是影响 SP 业务利润的一个重要因素，因此，在模型中引入了运营商的综合管控力度这一变量。通过对其他文献和资料的阅读，确立了最终影响 SP 和运营商利润的外生变量，确定了各变量之间的关系。建立系统动力学仿真模型，模型中将 SP 分解为提供内容的 CP 和提供服务的 SP。

（1）构建供应链系统模型

明确彩铃业务供应链参与主体以及主体间的关系后便可形成彩铃业务供应链系统模型。

电信运营商在增值业务供应链中扮演着极其重要的角色。

1）扮演计费、结算角色。

CP、SP 没有独立的收费平台，其在增值业务销售中获取的收入需要通过电信运营商收费平台进行结算，从而很大程度上在产品运作、销售过程中处于被动地位。

2）扮演 CP 角色。

电信运营商除了通过 CP 获取增值业务产品之外，自身也具有增值业务设计功能：数据业务中心可以根据战略思路进行产品的独立设计，从而使电信运营商在战略地位上处于主导。

3）扮演 SP 角色。

电信运营商有独立的服务提供平台：网上营业厅、实体渠道都可以较为便捷地为用户提供服务，然而，电信运营商网上营业厅访问量远小于几家大 SP（新浪、搜狐、网易等），短期内无法摆脱 SP 的束缚。同时，由于大 SP 掌握了大量用户使用信息，为了保证 SP 的行业话语权，用户信息难以透明地在供应链中进行传播，这也是抑制电信增值业务供应链发展的一大瓶颈。

4）强大的营销网。

电信运营商除了实体营业厅、电子渠道以外，还有强大的直销队伍，譬如集团客户经理开拓了大量的集团客户市场，形成了很好的规模效益，这是 SP 所无法媲美的。即使在面向个人散户的业务营销中，电信运营商也发挥着极其重要的作用。

CP 通过自身信息、SP 或者电信运营商需求获取产品需求信息，然后研发生产增值业务产品，产品制作完成以后交由 SP 或者电信运营商进行产品营销。

SP 与最终客户直接接触，可直接获取用户信息，并根据用户需求，委托 CP 进行产品设计；同时由于分成模式的差异，SP 多数情况下承担增值业务产品市场营销的职责，而 SP 提供的服务平台需要有系统维护部门进行维护运营，系统运营成本以及市场营销成本是 SP 成本的重要组成部分。

用户是供应链价值体现的关键环节。除了接受服务，用户还向市场"回馈"着大量的信息，这些信息又反过来影响整条供应链的发展。

因此，这里电信增值业务供应链系统结构模型重点围绕 CP、SP、电信运营商、最终用户进行展开，网络设备供应商、终端供应商等电信增值业务传输与使用的参与商不在模型中详细描述。

（2）供应链因果关系

增值业务供应链一级指标因果关系图（见图 3-16）是结合"电信增值业务供应链系统结构模型"（见图 3-17）以及平衡计分卡四维度间因果关系及表 3-9 的评价指标绘制而成的。

电信增值业务供应链是一个"增长上限"系统，因果关系结构主要由三个正环、一个负环构成：CP 投入增加提升增值业务质量及产能，通过提高客户满意度最终正向影响供应链收入，收入的提高是投入增加的基础；SP 投入增加提升增值业务质量及营销能力，通过提高客户满意度最终正向影响供应链收入，收入的提高是投入增加的基础；电信运营商投入增加提升增值业务营销能力及供应链稳定性和协同性，通过提高客户满意度最终正向影响供应链收入，收入的提高是投入增加的基础；随着 CP、SP、电信运营商投入增加，用户满意度得到提升，用户数随之上升，由于市场基数不变，市场潜力下降，从而减缓用户增长速度，抑制供应链总收入上升。

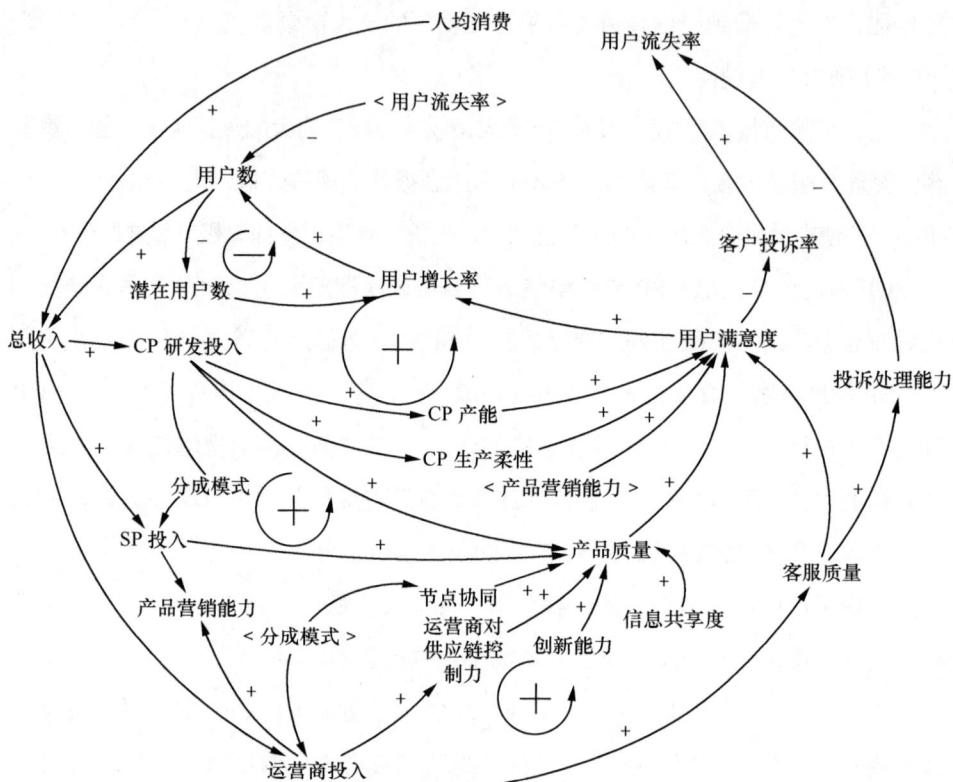

图 3-16　增值业务供应链一级指标因果关系

　　电信增值业务供应链在"成长的上限"模型中必然经历用户数增加、收入上升到用户数增加放缓、收入上升放缓的过程。最终伴随竞争对手的挖掘，供应链走向衰退。

　　本研究进行时期，彩铃业务用户基数大、收入稳定，彩铃业务供应链处于高收入、平稳发展的成熟期，因此供应链绩效评价采用产品成熟期的指标。彩铃业务供应链因果关系图详见图 3-18 "增值业务供应链整体评价指标因果关系"。

3.6.2　数据采集与处理

　　本研究仿真数据分为两部分：企业数据和用户数据。

　　企业数据包含用户数、投入成本、分成模式等，主要来源于企业内部调研、

第 3 章　电信运营供应链绩效评价实例分析

企业数据库以及企业年报（季报、月报），其中 SP、CP 的企业数据源自该运营商排名前十的彩铃服务提供商，数据包括：供应链平均每月信息费收入、CP 分成、SP 分成、运营商分成、平均每月用户数等。

用户数据包含用户满意度、用户忠诚度等，主要通过用户调查问卷获得。问卷设计共 19 题，1 ~ 4 为用户基础信息判断，5 ~ 17 为用户满意度调查，18 ~ 19 为用户忠诚度调查；共发放问卷 207 份，其中有效问卷 176 份。

为了避免调研对象相关认知水平参差不齐、问卷填写态度带来的问卷失效现象，需要使用 SPSS 软件测量调查对象答卷结果的一致性与有效性，即信度分析。总体 Alpha 值为 0.986，认为调查问卷效果不错。剔除任何一个变量（任何题目），整体 Alpha 值无明显变化，均为 0.984 左右，说明被调查对象对每道题目认知趋同，没有出现对某题目较大的认识分歧，数据可靠可用。

3.6.3　构建SD仿真流图

详见图 3-19 "电信运营商彩铃业务系统流示意"。

3.6.4　仿真结果分析

根据系统仿真结果，彩铃业务成熟期，若保持供应链各节点投入及其他控制变量不变，彩铃业务供应链总收入增长额、用户满意度、产品质量等观测变量在短期内有所增大，长期趋于稳定。

随增值业务产品生命周期阶段的变更，可选择"总收入增长额""用户满意度""产品质量"三个关键绩效指标观察。

1. 投入比例变化对供应链绩效的影响

（1）对收入绩效的影响

彩铃业务供应链收入对运营商投入敏感度最高，即对于彩铃业务供应链收入：敏感度$_{运营商}$ > 敏感度$_{CP}$ > 敏感度$_{SP}$。

CP、SP、运营商同时增加 10% 投入时，收入增长额有明显提升，即边际效

益增加，但收入增长速率逐渐放低，在连续增加投入（10%）五个月后，收入增长额趋于稳定。假设三个节点同时增加投入，供应链整体利润及各节点分摊利润显著增长；假设三节点中两节点投入增加，如 CP、SP 增大投入，而运营商投入不变，则相对于三节点同时增大投入 CP、SP 盈利降低，运营商由于投入较低，纯盈利增加。因此供应链在实际运营过程中三节点均希望低投入带来高收益，在投入力度上进行博弈，博弈均衡条件如何有待深入研究。

（2）对用户满意度和产品质量的影响

供应链用户满意度对运营商投入敏感度最高，其次为 CP，最后是 SP，即对于彩铃业务供应链用户满意度：敏感度 运营商 ＞ 敏感度 CP ＞ 敏感度 SP。

供应链产品质量对 CP 投入敏感度最高，其次为运营商，最后是 SP，即对于彩铃业务供应链产品质量：敏感度 CP ＞ 敏感度 运营商 ＞ 敏感度 SP。

2. 市场监管水平对供应链绩效的影响

加大市场监管力度，彩铃业务供应链总收入增长额降低。这是因为市场监管水平提升带来彩铃产品质量提升的同时，对彩铃类型数量带来反向影响，从而造成产品与需求吻合度的下降，且产品与需求吻合度下降幅度大于彩铃产品质量提升幅度。综上，在法规、舆论允许的范围内，适当放松市场监管，对供应链四节点（CP、SP、运营商、用户）皆有益处。

3. 信息共享度对供应链绩效的影响

信息共享度提升，供应链总收入伴随提升，同时通过"产品质量"→"用户质量感知"→"用户满意度"→"供应链总收入"的途径对其他绩效指标也是正向影响关系。

4. 主要分析结论

以提升供应链总收入为目标，可以从以下角度对供应链进行优化。

1）增加运营商、CP、SP 三节点投入力度，尤其是运营商在供应链节点协调、产品营销投入。供应链总收入伴随三节点投入增加有明显提升，且总收入增加幅度大于节点投入幅度。

2）提升市场监管水平提升产品质量的同时造成产品数量下降，反向影响产品与用户需求匹配度，综合两因素影响程度，总收入有所下降。因此，迫切希望提升供应链总收入时，在法律政策允许的范围内，适当放松市场监管水平不失为一种选择。

3）供应链节点间信息共享度对供应链收入有正向影响关系，且随时间变化，此正向关系放大趋势明显。

供应链长期发展角度，客户满意度、供应链稳定性为目标变量。以供应链长期发展为目标，可以对客户满意度、供应链稳定性等目标变量进行控制变量敏感度分析，进而为供应链长期发展与优化提供建议。

| 3.7　电信运营企业采购绩效评价指标体系研究调查表 |

采购绩效评价指标体系运用平衡计分卡方法，分别从财务、客户、内部运营及学习与成长 4 个维度构建相应指标。但各维度对绩效的影响是否有差异（见表 3-15）、其二级指标的重要性及在贵企业的应用情况如何（见表 3-16），还希望得到您的宝贵意见。

整个问卷约需要占用您 15 分钟的宝贵时间。非常感谢您给予的大力支持！

表 3-15　采购绩效评价指标重要性判断矩阵

（填写说明：下表是4个维度相对重要性的判断矩阵，请在相应的空格内打分，分值为1至9或其倒数，间隔1分，单元格表示行比列的重要性）。

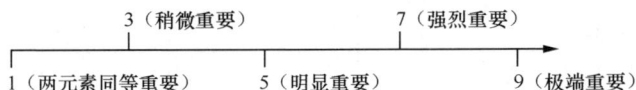

```
        3（稍微重要）              7（强烈重要）
    ┌──────────┬──────────┬──────────┬──────────►
    1（两元素同等重要）   5（明显重要）        9（极端重要）
```

维度	财务指标	客户指标	内部运营指标	学习与发展指标
财务指标	1			
客户指标		1		
内部运营指标			1	
学习与发展指标				1

表 3-16　根据采购绩效评价指标重要性及企业实际情况进行评分

（填写说明：表中是各指标对相应维度的重要性及各指标在企业中的实际绩效的判断，请在相应的分数上打"√"）

维度	指标	评分					评分				
		极端重要←→稍微重要					表现优秀←→表现较差				
		5	4	3	2	1	5	4	3	2	1
财务	采购费用率										
	资金节约率										
	库存周转率										
	平均付款天数实现率										
客户	采购提前期										
	到货及时率										
	到货质量合格率										
	物资供应满意度										
	供应商满意度										
内部运营	采购计划完成率										
	人均采购额										
	缺货频率										
	采购柔性										
	供应商流动比率										
	供应商准时交货率										
	达标供应商比例										
学习与发展	采购人员信息化操作水平										
	信息化排名										
	员工平均受教育水平										
	员工满意度										
	人均完成采购申请单数增长率										
	人均完成采购金额增长率										
	岗位设置合理度										
	规章制度配套程度										
	制度执行情况										
	人员培训率										

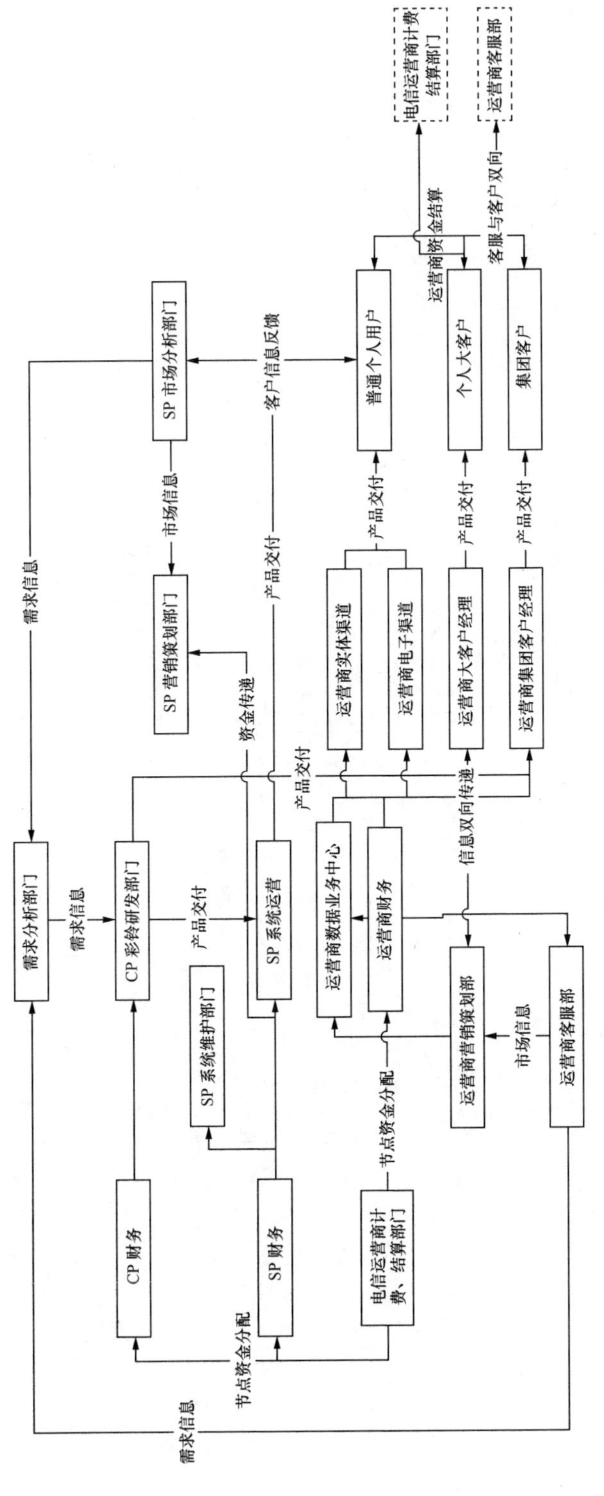

图 3-17　电信增值业务供应链系统结构模型

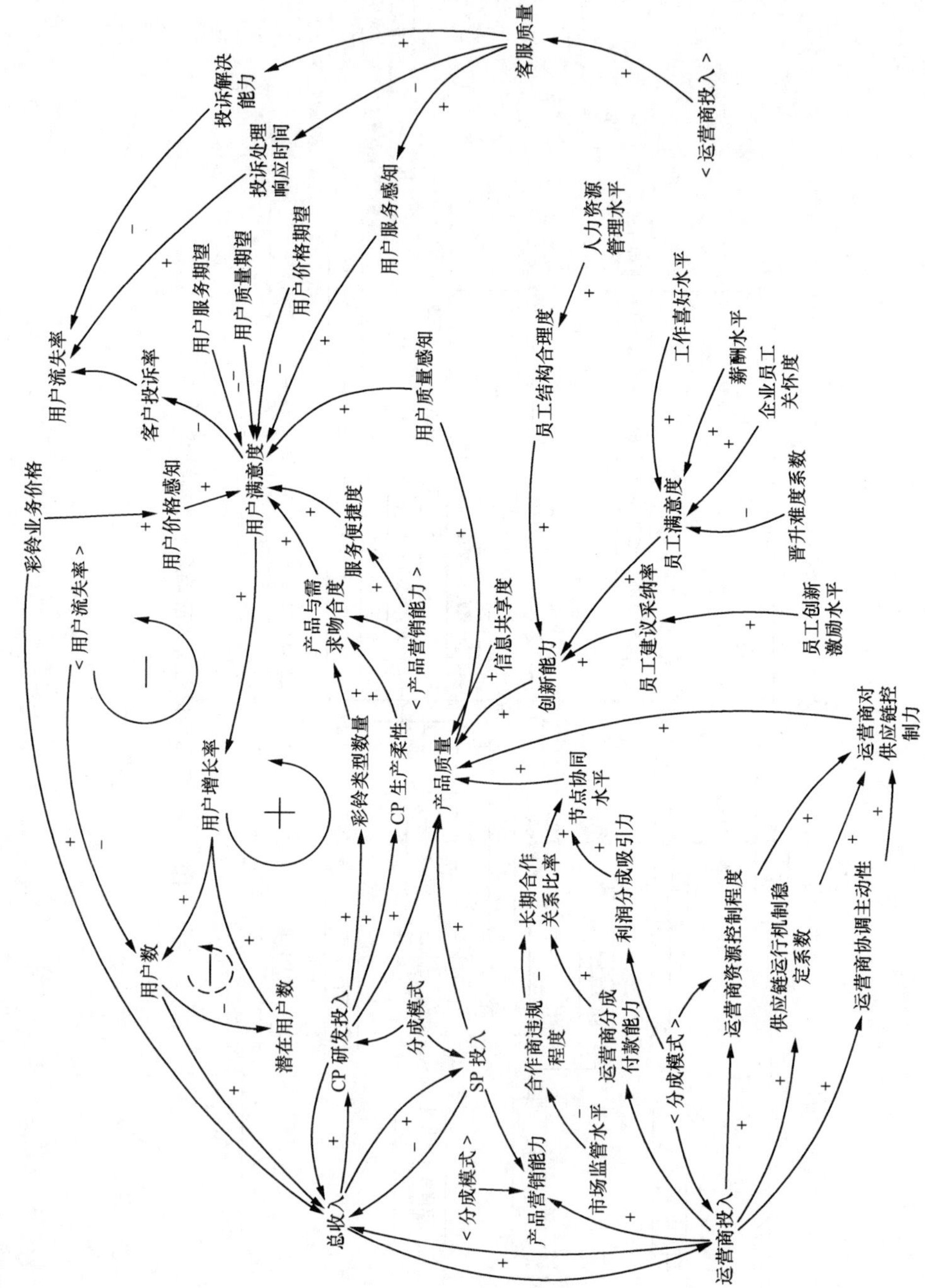

图 3-18 增值业务供应链整体评价指标因果关系

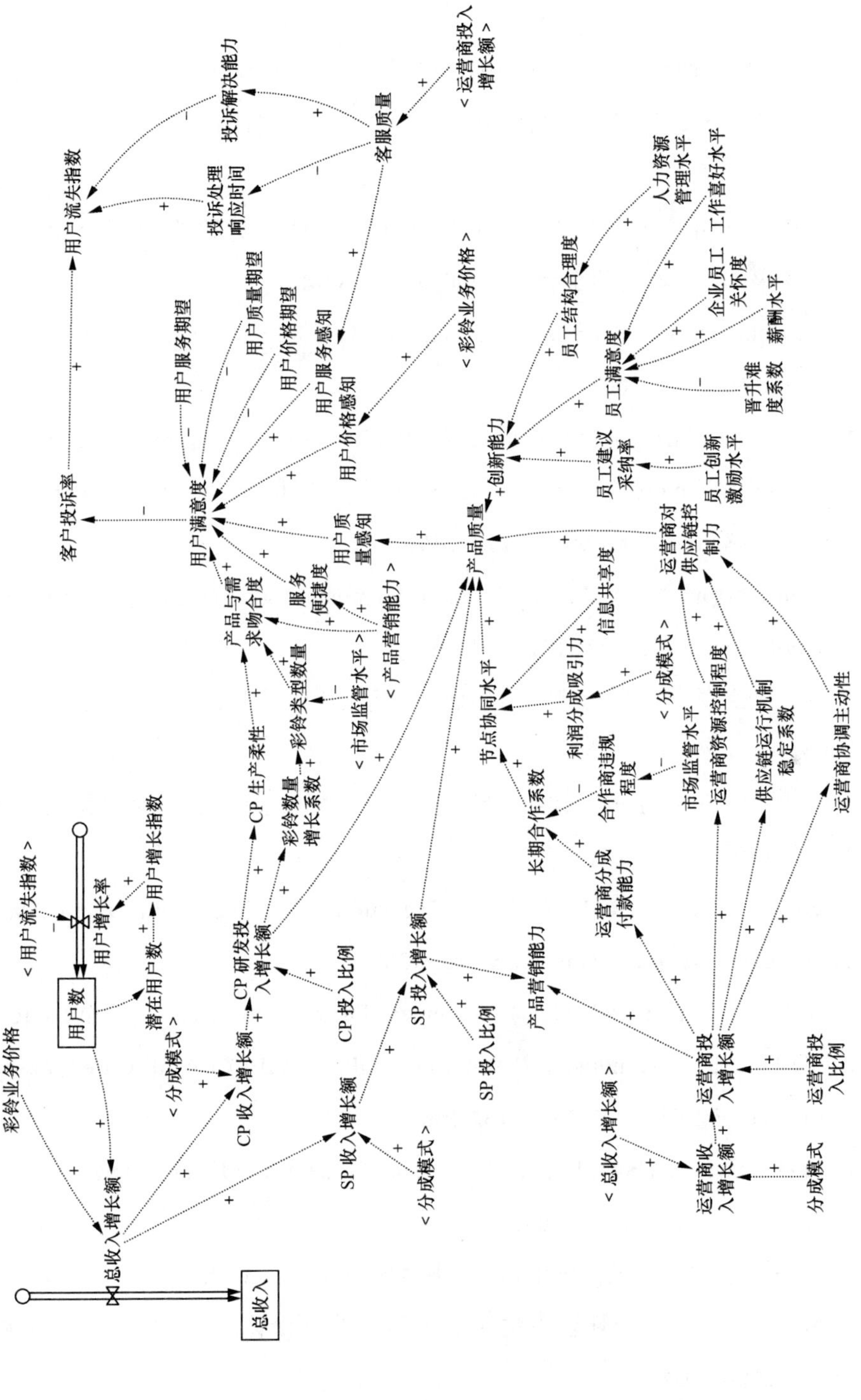

图 3-19　电信运营商彩铃业务系统流程示意

| 参考文献 |

[1] 李跃. 集中管理[M]. 北京：人民邮电出版社，2008:53-72.

[2] 孙炼，章建赛，江国强. 构建战略响应型采购供应链[J]. 通讯世界，2009, (3):34-35.

[3] 许为民，李稳博. 浅析绩效内涵的国内外发展历程及未来趋势[J]. 吉林师范大学学报（人文社会科学版），2009, 6(12):83-86.

[4] Kenneth L. Brian F.. Purchasing and Supply Chain Management(7e)[M]. 北京：电子工业出版社，2007.

[5] Neely A. D., Gregory M., Platts K.. Performance Measurement Systems Design: A Literature Review and Research Agenda [J]. International Journal of Operations&Production Management, 1995, 15:80-116.

[6] Kaplan Norton. The Balanced Scorecard-Translating Strategy into Action[J]. Harvard Business Review, 1996, 1:61-66.

[7] 卡普兰·诺顿. 平衡计分卡——化战略为行动[M]. 广州：广东经济出版社，2004.

[8] 刘永胜，唐波. 企业采购绩效评价研究现状与发展趋势[J]. 企业物流，2009, 11:177-179.

[9] Neely A. D.. Business Performance Measurement: Theory and Practice[M]. Cambridge: Cambridge University Press, 2002.

[10] Arun Kumar, Linet Ozdamar.. Procurement Performance Measurement System in the Health Care Industry[J]. International Journal of Health Care Quality Assurance, Vol. 18, 2005, No. 2:152-166.

[11] Peter B., David F., David J., e ta1. Purchasing Principles and Management(9e)[M]. 北京：电子工业出版社，2006.

[12] 胡军. 采购与供应概论[M]. 北京：中国物资出版社，2008.

[13] 王炼，王卫英. ERP环境下的企业采购绩效评价体系[J]. 财会月刊（综合），2006, 5:64-65.

[14] 张敏，刘沃野. 装备采购绩效评价指标体系设计[J]. 军事经济研究，2007, 9:36-37.

[15] 雷战波，周博宁. 基于平衡计分卡的政府采购绩效评价研究[J]. 工业技术经济，2007, 26(2):83-87.

[16] 朱平檬. 物资采购工作绩效评价体系研究[D]. 成都：电子科技大学，2007.

[17] 王哲彬. 中国移动增值业务营销策略研究[D]. 济南：山东大学，2009:15.

[18] 魏金丽. 铁岭联通公司增值业务营销策略研究[D]. 哈尔滨：哈尔滨工程大学，2008:18.

[19] 王瑜祺. 企业级电信增值业务的发展战略研究[D]. 上海：上海交通大学，2008:5.

[20] 汴伟. 3G技术环境下电信增值业务的商业模式研究[D]. 武汉：华中科技大学，2006:7.

[21] 廖雯雯. 电信增值业务市场营销战略研究——以GL通信公司为例[D]. 广州：暨南大学，2008:10.

[22] A. Gunasekaran, C. Patel, Ronald E. McGaughey.A framework for Supply Chain Performance Measurement[J]. International Journal of Production Economics, 2004:333-347.

[23] Milind Kumar Sharma, Rajat Bhagwat. An integrated BSC-AHP Approach for Supply Chain Management Evaluation [J].MEASURING BUSINESS EXCELLENCE, 2007, 11(3):57-68.

[24] 赵淑娟. 电信信息服务产品供应链绩效影响因素研究[D]. 北京：北京邮电大学，2008.

[25] 黄逸珺. 基于SCM建立经营绩效评价指标体系[J]. 通信企业管理，2004, 8:46-48.

[26] 文智，邵琦. 电信服务质量评价——指标体系与研究方法探索[J]. 世界标准化与质量管理，2008, 1(1):25-28.

[27] 苏春，卢山，许映秋. 基于BSC和SD仿真的供应链绩效评价[J]. 工业工程与管理，2007, 05.

[28] Clemens Lohman, Leonard Fortuin, Marc Wouters.Designing a performance measurement system: A case study[J]. European Journal of Operational Research, 2004:267-286.

[29] Foresster JW.. Urban Dynamics[M]. Cambridge MA, Productivity press, 1969.

[30] Peter Senge. 郭进隆、杨硕英译. 第五项修炼[M]. 上海：上海三联书店，1994.

[31] 方艳. 基于系统动力学的短生命周期产品供应链建模及仿真研究[D]. 长沙：中南大学，2007:7.

[32] 周红梅，李必强. 供应链的生命周期[J]. 工业工程与管理，2003, 4.

[33] 潘晔. 基于生命周期理论的高技术企业绩效评价[D]. 长春：东北师范大学，2007.

[34] 刘源. 基于生命周期的绿色供应链绩效评价指标体系[J]. 中国物流与采购，2008, 22.

第 4 章

供应商选择评价方法综述及在电信运营企业中的实例应用分析

本章共分三节。4.1 节整理总结了供应商选择评价方法，分别按照方法属性及方法的使用场景进行分类论述。按照方法的属性，将其分为定性、定量和定性与定量相结合三种方法，重点介绍每种方法的应用情况以及研究改进；按照使用的场景不同，分为不同采购环境、不同类型供应商、不同行业和不同供应商数目四种情况，重点介绍主流方法及研究成果。4.2 ~ 4.3 节结合基础理论，分别选取两个不同电信运营公司为实例，进行了供应商分类评价、供应商选择评价的实际应用分析。

| 4.1 供应商选择评价方法综述 |

4.1.1 供应商选择方法的分类

现有文献对于供应商选择的分类基本上没有统一的标准，最常用的是将方法分为定性方法、定量方法、定性和定量相结合的方法。

不同学者也提出其他的分类方法。

1. 按计算方法分类

线性加权方法、线性规划法、混合整数规划法、组合法、AHP、ANP、矩阵法、多目标规划法 MOP、DEA、博弈模型、统计 / 概率方法，等等[1]。

2. 按模型运用复杂程度，分为单个模型方法和联合方法

其中单个模型方法又从数学方法、统计方法和人工智能方法三个角度进行了区分。

（1）数学方法：层次分析法、线性规划、多目标规划、总体拥有成本（TCO）、目标规划、数据包络分析（DEA）、系统仿真、搜索法。

（2）统计方法：聚类分析、多重回归、辨别分析、多元分析、主成分分析。

（3）人工智能：神经网络、软件代理人、案例式推理、专家系统、模糊集理论（FST）。

联合方法主要指：层次分析法 AHP 与其他方法的结合，包括 AHP+ 遗传算法 GP、AHP+FST、AHP+DEA、AHP+MOP 等。

3. 按数学相关学科方法分类[2]

（1）运筹学类方法：线性和混合整数规划、数据包络分析等，运筹学方法主要解决在一系列静态约束条件的限定下，如何最优地分配有限的资源的问题。实际是为交易行为的分析过程设定了固定结构，目标是让决策流程高效和标准化。

（2）模糊集方法：供应商绩效是从数量和质量上来评价供应商达到的规定目标的程度，数量上的评价是客观上可以评价的，而质量上的评价是主观和直觉估计的，能够处理多种模糊语义属性的模糊集方法，为同时处理数量和质量指标提供了有效的解决方案。

（3）专家系统与数据挖掘：供应商评价涉及的因素非常广泛，复杂性也非常高，因此需要集成的信息处理工具来处理评价的过程，有文献提出通过构建原型专家系统和模糊专家系统来综合解决供应商评价问题。

4. 按决策方法分为五大类[3]

传统的多指标决策问题、数学规划、人工智能、专家系统、多元统计分析。

可见，上面四种方法更多强调定量方法，学者们大多基于研究需要进行选择。为了保证完备性，采取最常见的即基于方法属性的分类方法进行归纳和总结：定性方法、定量方法、定性与定量相结合三种。这种分类可以包含上述不同分类中涉及的所有方法。

（1）定性方法：直观判断法、招标法、协商选择法、德尔菲法、标杆法，等等。

（2）定量方法：成本法、数据包络分析法、数学规划方法、逼近理想解法、主成分分析法、粗糙集理论，等等。

（3）定性与定量相结合的方法：线性加权法、人工神经网络算法、灰色系统理论、模糊评价法，等等。

此外，不用的方法有不同的适用性，因此，不同环境下应该选用不同的方法，本研究从不同采购环境、不同类型供应商、不同行业供应商和不同供应商数目等四个场景角度分别总结不同的选择方法。

4.1.2　基于方法属性的供应商选择方法综述

供应链管理的萌芽时期，供应商的选择也比较简单，企业只运用一些定性的方法，主要是根据过往的经验和双方之间的关系，做一些主观的评判；后来决策者开始关注供应商产品的价格，选择方面也开始有了一些定量的对比。自1915 年美国的电气工程师 Harris 首先提出经济批量（Economic Order Quantity，EOQ）模型后，随后也产生了各种扩展模型，学者们开始了定性与定量相结合的方法的研究。

1. 定性方法

定性方法一般是依靠评价人员的经验和感观，以及以往跟供应商的合作经历来进行决策，这类方法的特点是它能够很好地发挥决策者的主观能动性，但是它对评价人员的经验要求较高，过分依赖主观判断，不太适合复杂环境的供应商选择。

（1）直观判断法

直观判断法是根据征询和调查所得的资料并结合人的分析判断，对合作伙

伴进行分析、评价的一种方法。这种方法主要是倾听和采纳有经验的采购人员意见，或者直接由采购人员凭经验做出判断。这种方法比较直观，简单易行。但是，主观随意性较大，选择的结果缺乏科学性，不适合选择企业的战略供应商，在企业要求不高的情况下，可以用来选择普通或次要的供应商。

（2）招标法

招标法是企业常用的操作性较强的方法，招标的公司首先提出要求，由投标的供应商根据条件进行竞标，由招标公司组织的招标专家小组根据要求综合考虑后做出决策，与提出条件最有利的供应商签订合同或者相关的协议。招标分为公开招标和指定竞标（即邀请招标），公开招标对投标者的资格没有限制，公开面向社会选择供应商。指定招标是企业针对预先选择的若干个有过合作经历或口碑较好的企业邀标，然后进行竞标和决标，招标的范围仅限于选中的这几个企业。

当订购数量大、供应商竞争激烈时，可采用招标法来选择适当的供应商[4]。招标方法竞争性强，当公司进行公开招标时，能在更广泛的范围内选择适当的供应商，以获得对供应条件有利的、便宜而适用的物资。公开招标法虽然能为企业找到对自己最有利的供应商，但是招标主要是基于价格上的，并不能保证供应物质的质量，企业与供应商的关系往往是通过合同来制约的，这就不适应企业建立长期的供应商合作伙伴关系。有时招标法手续较繁杂，时间长，不能适应紧急订购的需要；订购机动性差，订购者对投标者了解不够，双方未能充分协商，造成货不对路或不能按时到货，不适用于选择战略供应商。而指定招标，则可以把邀标的范围控制在一定的范围内，邀请有合作经历较为熟悉的或者口碑较好的大众供应商，这样可以减少招投标的时间，简化招标流程。但是这种招标法比较中庸，不利于发展更好的供应商，有一定的局限性。

（3）协商选择法

在供货方较多，企业难以抉择时，也可以采用协商选择的方法，即由企业先选出供应条件较为有利的几个合作伙伴，同他们分别进行协商，再确定适当的合作伙伴。与招标法相比，协商方法由于供需双方能充分协商，在物资质量、交货日期和售后服务等方面较有保证。当采购时间紧迫、投标单位少、订购物资规格和技术条件复杂时，协商选择法比招标法更为合适[2]。

（4）德尔菲法

德尔菲法的使用特别广泛，在供应商的选择上也得到了广泛的使用。例如，在选择某些原材料的供应商时，可以邀请相关部门的专家，分发相应的指标调查表到企业的设计部门、生产计划部门、采购部门、质监部门、财务部门等，请各个部门的专家对指标进行打分，最后根据专家的意见综合评定指标权重的分配系数。打分指标的确立是根据供应商的供货水平和能力相关的因素，以及当时的采购需求来设定，可能包括产品的质量、价格、交货及时率和准确率、售后服务水平等。在确立指标之后，需要向打分的专家解释指标的具体含义及打分的注意事项。然后邀请专家进行第一轮打分，结束之后，综合分析打分情况。然后把综合的意见反馈给每个专家，他们可以根据综合意见进行重新考虑和相互借鉴启发。如此过程循环往复，直到所有的专家都不再改变自己的结果，最后进行汇总和确定。

然而，在实际操作过程中也会存在一些困难，例如选择合适的专家方面较为困难，征询意见的时间也相对较长，并且可能会对各专家的主观性设立权重提出质疑，尽管这样的权重是根据多个专家的多次背对背修改后制定的，但仍是主观的产物，而依据主观判断做出决策正是供应商选择中要尽量避免的敏感问题。

因此这种方法，一方面来说简便易行，具有一定的实用性和科学性，能够充分发挥领域专家的作用，集思广益，取长补短，并能使大家的意见得到较快的收敛，参与者易于接受结论，具有一定的综合性和客观性。另一方面也会有一些问题，例如合适的专家不太容易确定，而且会受到专家个人的主观因素和认真程度等影响，得到的结果也是专家们的集体主观判断。在生产型行业的企业中，这种方法较为常见。

（5）标杆方法

标杆方法起源于施乐公司在复印机市场上失去其领导地位后，采取的针对制造活动进行产品质量及特性的改进计划。该方法以行业内一企业的最佳实践

为基准，将各个供应商的实际情况与这些基准进行定量化评价和比较，从中选择出符合企业要求的供应商。该方法的优点是能够充分利用同行业先进水平作为企业评价的标准，衡量出该供应商与最高水平供应商之间的差距。缺点在于只能对同一环节上的供应商进行评价选择，无法进行整个企业外部的供应商评价选择，而且应注意同行业最高水平的供应商或最接近最高水平的供应商不一定是最适合自己企业的供应商 [3]。

2. 定量方法

（1）成本法

成本法是集中在对价格的控制和考核方面，基于成本计算的供应商选择方法有很多，主要是：采购成本比较法、成本比率法、作业成本法和总成本法。

1）采购成本比较法。

采购成本比较法是成本法中最简单的一种方法，它是通过计算不同供应商的采购成本来确定成本较低的供应商的一种办法。一般是在质量和交货期都能满足企业需求的条件下，单纯地去比较采购成本的一种方法。采购成本一般是产品的价格，后来的发展中，企业还会注意到采购的费用、运输的费用，等等。

优点：这种方法比较简单，操作性强，只需要去比较各个供应商的报价就可以进行决策。适用于批量的常规产品且有很多供货商的情况，能够节省采购决策的时间，应对市场快速做出反应，保证产品的生产。一般用于不太重要的产品和服务的采购。

缺点：这种方法考虑比较片面，只是单纯地去追求经济等直接的成本，而忽视了很多其他的因素，存在较大的风险。供应商可能为了入围而提供较低的价格，但是不能保证供货的质量和时间，还有可能给企业带来很多影响。因此，这种方法必须得在确定了供应商能够满足基本要求的基础上使用，而对于复杂情况的判断，一般不建议使用。

2）成本比率法。

成本比率法（The Cost Ratio）首先是由 Timmerman 在采购成本比较法的基础上提出的。它除了计算相关的成本，还计算了与成本相关的运输、服务等方面的成本在总成本中所占的比例 [5]，能够让企业很好地分析各种成本所占的百分比，便于采取相应的措施对成本进行控制。

这种方法与采购成本法类似，其中一个优点就是便于企业对各项成本进行剥离和控制。例如，某一供应商的产品价格较低，但是运输成本相对较高，那么为了进一步获得利润，企业可以对运输进行剥离，另外去寻找价格更合理的物流供应商承运。

3）作业成本法。

作业成本法又称为作业成本分析法（Activity Based Costing，ABC），是由库珀（Robin cooper）等在借鉴前人成果和自己多年研究经验的基础上，于 1988 年首次提出的。作业成本法主要用于对现有流程的描述和成本分析，将企业现有的各项业务进行分析，找出基本活动，着重分析各个活动的成本，特别是活动中所消耗的人工、资源等 [6]。随着企业的发展壮大，直接成本在总成本中所占的比例有较大的下降，相反，间接费用成为不可忽视的部分，其成本动因也各不相同。在这种情况下，如果继续使用传统的成本法就会扭曲成本信息，引起决策的失误，造成损失。因此，需要一种更加全面的方法来综合考虑，而且随着计算机和网络技术的发展，为作业成本法提供了很好的计算环境。作业成本法在出现后不久已经成为一种比较流行决策支持方法，广泛用在如价格决策、利润分析、内部绩效评价和成本管理。菲利普·鲁德霍夫等在考虑到之前一些成本法的缺陷和作业成本法的优点之后，把作业成本法引入到供应商选择领域。

采用作业成本法选择供应商，对供应商、企业及双方之间的关系建立都有很多好处。

对于采购企业来说，作业成本法可以量化出由于供应商产生的内部产品问题，从而能够客观地评价那些非财务指标。另外，它为多目标最优化问题提供了一个解决方法 [4]，将产品价格最低、运输时间最短、质量最好和售后服务最好等作为目标，并比较绝对成本数值。对于供应商来说，作业成本法评价体系能够帮助供应商识别采购企业更注重哪些方面的价值，如何提高顾客满意度，并能知道各个评价因素之间的相对重要性。通过分析顾客的反馈，供应商可能需要动态地去调整自身的生产策略，甚至重新审视自己的战略部署，有利于供应商的进一步发展。对于双方的合作关系来说，现代的生产哲学提倡在采购企业和几个可靠的供应商之间形成更加紧密的合作关系。了解企业的评价要素及其相对重要性，能够提高供应商减少成本的动力。这种方法有利于使双方具有同一的目的，形成良好的协同效应。

其缺点是只着重于供应商对采购商自身成本的影响，没有对供应商做出系统全面的评价。而且，采购企业自身需要建立广泛的管理会计系统来捕获供应商活动和采购项目的相关成本。

在实证研究方面，Monczka（1988）[6]，Smytka（1993）[7] 和 Filip（1996）[8]、王刊良（2001）[9] 使用作业成本法，对供应商选择问题中产生的直接和间接成本进行分析，最后选择出总成本最低的供应商。

另外，还有学者提出了作业成本法与其他方法混合的供应商选择模型，如王建峰（2007）[1] 将作业成本法与混合整数规划相结合，而李楠（2007）[10] 将作业成本法和 DEA/AHP 及线性规划法相结合。

4）其他。

Ellram（1995）[11] 介绍了采购中的总成本分析法；各种经济批量（Economic Order Quantity，EOQ）模型及数量打折方面的研究大多都是基于成本的模型和方法，做得比较好的是 Benton（1996）[12]，文中分析了 81 篇文献，从四个角度系统地总结了基于成本的模型，并且包含了各种情况的采购批量模型的总结。后来，随着物流活动的发展，除了根据采购数量的折扣，研究者还加入了物流运输的折扣，这些 EOQ 及打折模型能够更好地协调双方的利益 [13][14]。

（2）数据包络分析法

数据包络分析法（Data Envelopment Analysis，DEA），是著名运筹学家查恩斯（A.Chames）、库伯（W.W.Cooper）及罗兹等人在 1978 年提出的，它是以相对有效性概念为基础发展起来的一种效率分析的方法，这是首次出现的能够处理多输入、多输出决策问题的非参数理想方法，最终结果是评价对象的相对效率即有效性。数据包络分析法中，每个决策单元（Decision Making Unit，DMU）表示一个评价单位，各个决策单元具有相同的输入和输出，众多的决策单元组构成评价体系。该方法用数学规划模型比较决策单元之间的相对效率，进行投入产出比分析，得到每个决策单元效率的量化数值，从而对相对效率高低进行排序。同时，该方法还可以指出非 DEA 有效或者弱 DEA 有效情况下，DMU 的原因以及可以如何改进。数据包络法在实践中一般采用对偶形式的模型，利用数据包络法的特点是，如果供应商被评价为相对无效，则可以有力地说明该供应商在各个指标上都处于劣势。

1）DEA 法在供应商选择中的应用。

1996 年，Weber 和 Desai 提出数据包络分析法来评价供应商 [15]。在选择供应商的时候，需要先把确定的选择标准划分为输入和输出变量，然后建立起数据包络分析的模型，最后才能根绝数据包络的计算法则计算，找出合适的供应商。Weber 等（2000)[16] 提出了数据包络分析的方法来选择供应商，并且确定每个供应商的配额分配。

优点：数据包络分析法是建立在相对效率评价概念上的系统分析方法。它适用于多投入多产出的决策问题，能够考察较多的指标。而且，该方法是一种非参数统计方法，它不需要预先估计参数，能够有效地避免主观因素，同时简化运算，减少误差。如果某一个供应商在少数几个重要的指标方面表现较好，而在多数指标上表现不好，那么他能成为相对有效的供应商。然而，如果某个供应商是相对无效的，则能充分说明它在各个指标上都表现较差。

缺点：在一般的 DEA 模型中，都假设输入单元和输出单元有相同的重要性，具体的权重由决策单元按照对自己最有利的方向来选择。换句话说，针对供应商选择这个问题来说，输入和输出的指标权重对评价结果的影响等同，然而，这与实际情况并不符合。

2）DEA 法在供应商选择中的改进。

传统的 DEA 法在应用过程中有两个缺陷：其一，评价指标的权重设计不科学；其二，评价结果只能显示有效和非有效排序，没有全排序。在实际应用过程中得到了改进。图 4-1 是数据包络分析法在供应商选择问题中的应用框架。

```
                        ┌─────────────┐
                        │数据包络分析法│
                        └──────┬──────┘
                        ┌──────┴──────┐
                        │ 恩斯等 (1978)│
                        ├─────────────┤
                        │  提出方法   │
                        └──────┬──────┘
                        ┌──────┴──────┐
                        │Weber 和 Desai│
                        │   (1996)    │
                        ├─────────────┤
                        │ 用来评价供应商│
                        └──────┬──────┘
```

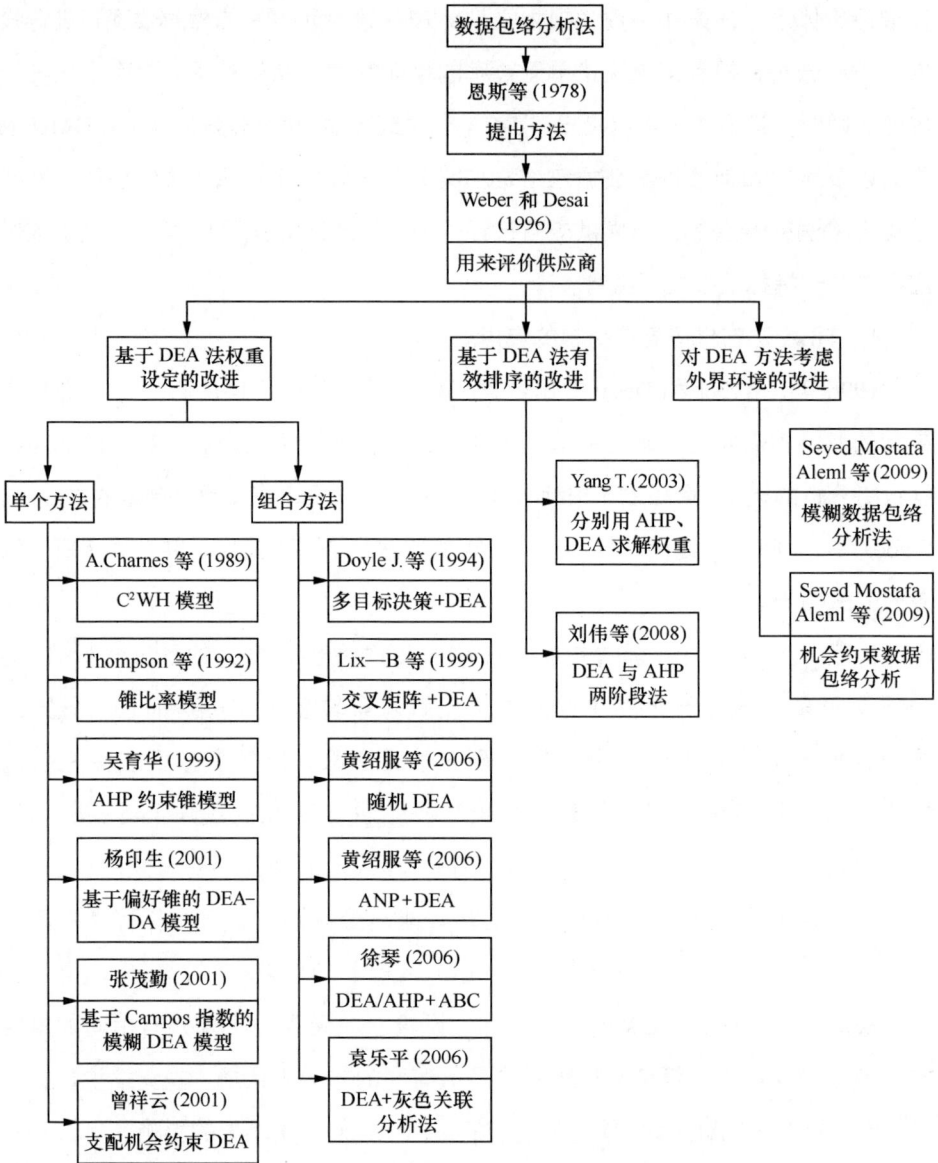

图 4-1 数据包络方法在供应商选择问题中的应用发展框架

改进一：权重设定的改进。主要分为两类：一是对 DEA 单个方法的改进，通过各种算法对指标权重赋值进行约束，较为常见的是增加一些约束锥，决策者可以根据自己的偏好选择不同的锥，也可以通过选取不同的锥，对供应商进行比较分析，但是对 DEA 方法本身的客观性会有些影响。这类方法包括 C^2WH

模型，由 A. Charnes 等 1989 年提出，可以通过调整指标权重锥比率来反映评价者偏好和意志，而侯彦斌（2005）[17] 利用锥比率 C^2WH 模型，给出了不需要预先给定权重但可以体现决策者偏好的供应商选择方法，并应用这种方法对某型号零件的供应商的选择问题进行了研究；比锥比率模型，简称 DEA/AR，是范围更广的保证域分析法，是由 R. G. Thompson 和 R. M. Thrall 在 1992 提出的；AHP 约束锥模型，是吴育华在 1999 年结合 AHP 方法来反映决策者的权重偏好；支配机会约束 DEA 模型，2001 年由曾祥云针对随机数据包络法提出；基于偏好锥的 DEA-DA 模型，2001 年由杨印生提出；张茂勤 2001 年提出基于 Campos 指数的模糊 DEA[16]。二是利用组合方法进行赋权。组合方法中，比较早的研究是利用一些评价相对有效决策单元优劣性的方法，比如用多目标决策 [18] 和交叉效率矩阵 [11] 来设定权重。还有一种随机 DEA 方法，考虑到输入的指标之间互不相同，它们可能存在一个比例值，而这个值不一定是个确切的数字，为了更科学地进行描述，把这个比例值用具有一定方差的随机变量来表示，其分布函数可以由一定的统计实验方法估计得到 [19]；将 DEA/AHP 和 ABC 方法结合，利用 DEA/AHP 给出一个供应商的评价指标中的属性指标的分数，而将成本相关指标采用 ABC 方法算出一个成本评价分数，最后给出最佳供应商和具体的订货量 [20]；袁乐平（2006）[14] 提出了将灰色关联分析用于 DEA 模型权重约束的方法，后来学者把这种方法引入供应商选择中来，构建灰色关联约束锥 DEA 供应商选择模型，这样在保证 DEA 客观性的基础上，解决了指标的相对重要性问题。

　　改进二：基于 DEA 法有效排序的改进。DEA 方法本身具有良好的客观性，但只能给出有效和非有效排序，不能给出全排序，也就是说，用 DEA 方法进行选择和评价不能给出供应的全部先后顺序。可以利用组合 DEA 和 AHP 方法在保证评价指标客观性的基础上，实现供应商的全排序问题。刘伟（2008）[22] 将该方法应用于某核心大型机器制造企业的供应商选择中，得到了被选供应商的全排序，为建立牢固的供应链奠定了良好的基础；后来由于随机 DEA 方法的出现，出现了结合将 AHP 与随机 DEA 的方法来评价供应商，这种组合方法采用了将指标的权重的处理变为随机变量处理的方法，降低了选择供应商过程中的主观性，可以更准确地评价供应商。

改进三：DEA 方法自身发展改进。一是模糊数据包络分析（Fuzzy Data Envelopment Analysis，FDEA），可以在不确定环境下选择供应商，使用三角模糊数字代表评价指标的不确定，并作为模型的输入和输出项。这样一来在模糊数据包络分析法中，相关的 DMUs 效率数值都是区间形式。在对模糊效率比值进行排序的时候，有很多方法，如最优程度、海明距离、α-切割、比较函数、模糊均值和蔓延、理想的比例等，最基本的是使用交替的 α-切割方法把模糊 CCR 模型转换为一个纯粹的线性规划模型问题。FDEA 模型中，在五个不同层次 α 中，使用了 α-切割方法，使模糊 DEA 方法转换成区间编程。二是机会约束数据包络分析（Chance Constraint Data Envelopment Analysis，CCDEA），模型分成两个层次的概率模型，它假设输入是随机变量。在这个假设之下，决策单元（DMUs）的效率值也是随机变量，从每个模型中能够得到的结果是：DMUs 效率的平均值，效率得分的方差和 95% 置信区间的均值。结果会从三个模型中进行比较，这样的模型能够允许决策者分析输入的因素，比如价格、可以接受的质量水平和及时供货。数据在收集之后，可通过检查 β 值来判断数据是否为精确数值，如果数据是精确的，并且 $\beta=1$，就用 DEA 方法；如果数据是精确的，但 $\beta \neq 1$，就用 CCDEA 方法；如果数据不是精确的，就用 FDEA 法。并且，通过系统仿真得出，DEA 模型中的 DUMs 的范围与 FDEA 模型中 $\alpha=0.5$ 或者 CCDEA 模型 $\beta=0.75$ 时，高度一致。这两种数据包络分析方法都是通过改变输入输出项对原方法进行改进：DEA 方法用于输入输出值确定的情况下，FDEA 用在输入输出模糊值的情况下，CCDEA 则适用于输入输出值都随机的情况下。

（3）数学规划方法

数学规划方法是一种较为常见的数学方法，它是解决单资源和多资源优化问题的一种非常重要的方法，主要包括了线性模型（Linear Programming）、混合整数规划（Mixed Integer Programming）、目标规划（Goal Programming）、多目标规划（Multi-objective Programming）和非线性规划（Non-Linear Programming）等。一般来说这些方法有两个分类维度：按照目标的数量，可以为单目标数学规划和多目标数学规划；按照是否为线性分为线性规划和非线性规划。

1）数学规划方法在供应商选择问题中的应用。

一般来说，单目标规划如线性规划和混合整数规划，是将一个评价准则作为目标函数，然后把其他准则作为约束条件。针对供应商选择，早期采用单目标规划，主要以产品价格为目标函数，将其他目标作为约束条件，这种方法比较简单。1974 年，Gaballa 最早将单目标规划方法用于供应商选择问题，其模型以澳大利亚邮局的多项目采购成本为目标，以需求和供应商的供货能力及全额数量打折为约束，建立了一个混合整数规划模型。多目标规划则是由多个不同的评价准则构成的目标函数，并在多个目标之间分配权重，最终得出非劣解或次优解。Weber and Current（1993）[4] 首次提出了使用多目标规划方法在决策支持系统中选择供应商，将价格、质量、交货作为目标，供应商能力、需求、政策、资金、供应商数量作为约束，通过改变不同标准的权重对供应商进行选择并分配定货数量。近期有 Weber、Current 和 Desai 等采用 MOP 对单层供应商进行了选择 [15]。在供应商选择问题中，多目标模型的各个目标之间有可能是相互冲突的，不能有一个同时满足的最优解，因此多目标决策一般只能获得非劣解或者次优解。一般来说有两种处理方法，一种是加权方法，根据决策者的偏好或者采购的要求，对每个目标赋权，这种方法的主观权重依赖性较强；另一种是约束法，就是通常使用的将多目标中的其中一个目标作为优化目标，而将其他目标作为约束条件，化为单目标规划进行求解。

在非线性规划模型中的非线性有两种情况：一种是目标由非线性函数描述，另一种是约束条件由非线性函数或关系描述。由于对社会、生产和经济系统的复杂性和非确定性，缺少足够的理论支持和足够的历史数据等，导致许多问题无法抽象出清晰的数学模型和精确的数学方法求解。同时，在问题较大且复杂的情况下很难得到精确的解析解，因此，Hong 和 Hayya（1992）[24] 把供应商选择问题归结为一个非线性规划问题。

2）数学规划方法在供应商选择问题中的改进。

目标规划模型一般只能考察定量指标，给出量化的判断，但是对于一些复杂的定性指标，却不能用精确的数字来量化评价。同时，如果定量数据较多时，还可能增加求解过程的复杂程度，在实际应用中也会存在一些问题。针对这些

不足，学者们对规划模型进行了改进。

改进一：针对指标确定的改进。一类是模糊多目标规划的方法（Fuzzy Multi-Objective Programming，FMOP），Kumar 等（2004）[25] 指出可以将模糊目标规划模型的方法用在解决供应商选择决策中信息不确定性的影响中；Desheng Dash Wua 等（2010）[26] 则建立了一个 FMOP 模型。这个方法用概率的同时考虑了供应商选择问题的不确定性和风险，模型中的定量因素由历史数据或分布等概率方法来计算，定性因素则用模糊方法来表示。该方法可应用于全球供应商的选择。也有些模型应用到了概率方法同时考虑了不确定的因素，但是一般都只会考虑一个目标，可能会引出次级目标最优化问题[27]。另一类是层次分析法与数学规划方法结合，即模型层次多目标规划，如 Ghodsypour 和 O'Brien（1998）[28] 提出综合层次分析法和线性规划的决策支持模型，一起来解决风险衡量问题，并同时考虑到产品的生命周期，但文中未考虑供应商选择问题中的信息模糊性的研究。Kull 和 Talluri（2008）[29] 用这个方法来帮助下游公司选择薄膜晶体管液晶显示器的供应商合作伙伴。首先用模糊层次分析法（FAHP）应用于分析专家意见的多个因素的相对重要性，这些因素包括了价格、供应商的生产数量等，并将其作为约束条件；接着用多重选择目标规划来考虑不同资源的有限性，并表示出这些制约因素。这个模型不但能够考虑多重选择目标、决策制定行为和资源的有限性，而且能够在选中的供应商中分配订货份额。另外，也有一些基于仿真的最优化模型，能提供一个可行方法来解决供应链风险和不确定性问题，但是这种模型的前提是要获得大量的历史数据。

改进二：针对供应链环境下供应商选择区间数型决策问题。首先按照主客观组合赋权法的要求，给出基于群决策的主观权重计算方法、基于相离度的多目标非线性数学规划客观权重计算方法；然后提出基于理想点的多目标数学规划组合权重计算方法；最后提出基于正负相离度的优属度值计算及排序方法。也有学者针对随机需求与价格折扣并存条件下多产品采购供应商选择和订货量分配的优化决策问题进行了研究，首先根据决策问题的多目标性以及随机需求和价格折扣并存的假设条件，建立基于随机需求的多目标混合整数随机规划模型；然后采用等价类方法将其转化为确定约束多目标混合整数规划模型；最后针对决策目标的模糊性和人们对各个目标的偏好，给出加权模糊多目标混合整数规划模型及其最大满意度求解方法，并且用实例进行了分析。

改进三：将产品的市场需求看成是服从正态分布的随机变量，在对需求风险进行度量的基础上，建立多供应商多厂址的采购数量分配的多目标规划模型，在考虑采购数量分配决策中综合考虑了供应风险、合作风险和需求风险。

3）数学规划方法在供应商选择中的实证应用（见表 4-1）。

表 4-1 数学规划方法在供应商选择中的应用

作者	年份	目标	约束条件	是否有公式	备注
Moore和Fearon[29]	1972			否	明确提出能用规划方法解决供应选择问题
Gaballa[27]	1974	澳大利亚邮局的多项目采购成本最低	需求和供应商的供货能力及全额数量打折	是	
Anthony和Buffa[30]	1977	采购和存储双重成本最小化		是	
Buffa and Jachson[31]	1983	价格、质量和运输		是	
Bendor等[32]	1985	采购、运输、存储的费用最小化		无	提出一混合线性规划模型
Pan[33]	1989	合计成本最小	产品质量、服务水平和交货期限	是	计算出供应商的配额
Sharma等[34]	1989	价格、质量和交货期	需求和预算的	是	
Ghodsypour和O'Brien[35]	2001	全成本、质量、服务	考虑预算	是	混合整数非线性规划
Gao and Tang[36]	2003	成本、质量	大批量	是	多目标线性规划
程海芳[37]	2004	年物流总成本最小	单产品、多货源、多阶段、无价格折扣	是	单目标非线性数学规划
Kawtumrnachai和Hop[38]	2005	成本最小化	供应商的服务水平	是	同时考虑了采购量的分配

（4）逼近理想解法

TOPSIS 法（Technique for Order Preference by Similarity to an Ideal Solution）是 C.L.Hwang 和 K.Yoon 在 1981 年首次提出来的，它是一种比较简单易行的多指标评价方法。它先在评价问题中找出各个指标虚拟的理想解和负理想解，然后将实际备选方案与虚拟值比较，距离理想解最近并同时距离负理想解最远的，就是最好的方案。由于它有很好的逻辑，同时考虑了理想值和负理想值的距离，并且有方便的计算程序 [39]，因此也得到较为广泛的应用。

TOPSIS 法由于评价指标的权重问题，在实际应用中受到限制，因此学者们对这个方法进行了改进。

改进一：对指标进行分类归一化处理。在供应商选择中，各种影响因素和评价指标可能存在一些不可共度性和矛盾性，为了便于比较，需要对原始指标进行属性值无量纲化处理，使得各个指标有共同的比较平台，保证结果的合理、真实和客观性。周文坤，蒋文春（2005）[40] 将指标分成效益型指标和成本型指标两类。效益型指标的分值越高越好，而成本型指标值则是越低越好，文中利用偏差函数、非线性规划、构造 Lagrange 函数，以及求导等方法得到了多指标群体决策的客观权重向量，并用实例对方法进行了验证，计算结果大致与传统的 TOPSIS 模型相同，但是其供应商的排序不太相同，但改进的 TOPSIS 方法更加清楚、简单，并且有很强的操作性。

改进二：指标权重确定。在使用 TOPSIS 方法中，各层评价指标的权重确定都有一些主观性，为了让评价结果更加客观符合实际，学者们采用多种方法对它的指标和权重确立进行了探索。

1）模糊 TOPSIS 方法：利用模糊数字来表示评价指标，使得结果更加精确 [41]。

2）基于熵权的 TOPSIS 供应商选择模型：在使用 TOPSIS 进行供应商选择的过程中，采用熵权的概念来确定评价指标的权重。信息熵原本是信息无序程度的一种度量，变化的可能性越大，熵值越小，标明其信息量越大。用在供应商评价指标中，熵则是表示某项指标值变化程度的大小，当指标的变化程度越大时，说明它越无序，那么它的熵值越小，相应的对整个指标体系的影响越大，赋予它的权重应该越大。杨玉中等（2006）[42]构建了一个基于熵权的 TOPSIS 供应商选择模型，模型首先解出输出熵，求解指标的差异程度，并计算出熵权。然后构造加权规范化矩阵，因为各个指标之间的重要性不同，通过计算熵权，将规范化数据加权，构成矩阵。最后确定评价对象的正负理想解，并计算出相对距离，从而得到最优的供应商排序。

3）基于多指标直觉模糊集的 TOPSIS 供应商选择模型：即 TOPSIS 与直觉模糊集相结合，在群决策环境中选择合适的供应商。用直觉模糊集来解决模糊评价指标和权重的确定问题，最后再用直觉模糊加权平均数，集合各个决策者的观点，对指标和备选供应商的重要性进行等级评价。直觉模糊集是由 Atanassov[44]提出的，已经用在了很多方面，例如：医学诊断、决策制定问题和模式识别等；Chen 等 [43]延伸了 TOPSIS 方法在模糊环境下选择供应商的概念；Fatih Emre Boran(2009) 等 [45]将其应用于 TOPSIS 法的指标及权重确定，能够发挥方法的优势，弥补 TOPSIS 方法的不足。结合了直觉模糊集的 TOPSIS 方法非常擅长解决由模糊性的决策者观念带来的问题，因此，直觉模糊集可以用来解决在多指标决策问题中的不确定性问题，例如项目选择、制造系统、人事选择和其他决策管理问题。

4）综合网络层次分析法（ANP）和 TOPSIS 的供应商选择方法：Önüt，S.，Kara，S. S.，& Isık，E.(2009)[41]提出了将模糊 ANP 方法与 TOPSIS 方法结合来选择供应商的模型，其实它综合了三个方法：首先用 ANP 方法将决策者的语言评价转化为模糊三角数字，用这些模糊三角数字来建立 ANP 的两两比较矩阵，易于计算权重；其次利用模糊 TOPSIS 方法将备选商进行分组排序（TOPSIS 方法可减少 ANP 中两两比较的数量）；最后提出一个群决策制定系统，将不同专家的观点都考虑在内，并且结合了不同层次和具体的目标。

5）基于 TOPSIS 的混合型多维决策方法：考虑到客观评判事物的复杂性以及人类思维的特点，在评价过程中往往只能获得不确定的模糊信息，即不能用确切的数值表示指标。这个模型就是考虑评价指标权重存在多样性的情况下，用区间数赋权、模糊多属性方法来计算评价矩阵，以及用 TOPSIS 方法排序求解供应商选择的混合型多维决策模型；或在信息不完全条件下基于群决策方法区间数赋权、模糊多属性方法来计算评价矩阵计算，以及模糊优属度方法求解排序值的供应商选择混合型多维决策模型。

图 4-2 是逼近理想解法（TOPSIS 法）在供应商选择问题中的应用发展框架。

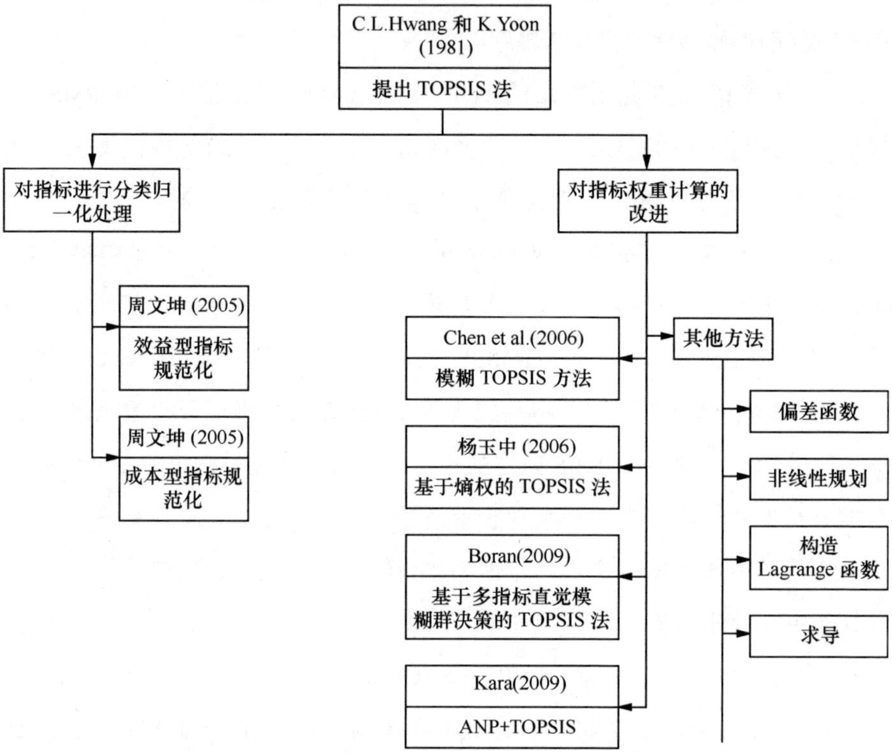

图 4-2　逼近理想解法在供应商选择问题中的应用发展框架

（5）主成分分析法

主成分分析法是将原来的指标重新分类组合，去除指标之间的关联性，并找出少量几个关键指标来反映原指标的一种统计类方法[46]。主成分分析法的一般数学模型，是通过几个变量的线性组合来概括原有信息，并保证基本的信息量。第一层变量成为第一主成分，一般能够包括原有的信息。然而当第一层主成分还不足以反映的时候，进一步求第二主成分，并要求与第一主成分不相关，依此类推，得到原始信息的几个主成分变量，并且各个主成分在总体信息量中的比重递减，在分析问题的时候，只需要抓住前几个主成分，重点分析，简化结构, 抓住问题的本质。在评价和选择供应商的时候, 往往会涉及众多的有关变量。而复杂情况的大量变量会给计算带来一些困难。主成分分析法能够达到降维的效果, 就能很好地解决这个问题, 将供应商选择的指标分成几个主成分, 简化评价的过程, 具有很强的操作性和实用性: 首先, 确定指标体系, 计算各个评价指标的平均值和协方差; 然后评价指标的中心标准化和相关矩阵的特征向量等。最后计算主成分的贡献率和表达式, 供应商的排序就根据前几个重要主成分的值进行。

丁传勇等 (2007)[47] 使用主成分分析法为汽车零部件企业选择供应商; 李志梅等 (2007)[48] 提出了一种基于聚类分析、主成分分析 (PCA) 和支持向量机 (SVM) 改进的供应商选择方法, 并通过和模糊综合评价方法的对比, 表明这种方法更具有可行性和合理性, 为企业选择供应商提供更有价值的参考。另外, 主成分分析法还可以与其他方法结合, 如简化神经网络算法的输入单元。

(6) 粗糙集方法

粗糙集方法是 1982 年由波兰数学家提出的, 是一种处理不确定性问题的决策方法, 它的思想是对等价关系中的元素进行分类, 生成集合的某种划分, 与等价关系相对应。近年来, 粗糙集的理论与应用逐渐成为智能信息处理的热点问题。与其他数学方法比, 粗糙集从数据本身进行分析, 通过建立新型成员关系, 计算成员归属程度的不确定性, 无须任何先验知识 (是个很大的难点)。它可以表达和处理不完备信息, 并对数据进行简化, 保留关键信息, 能从经验数据中获得易于证实的规则。粗糙集和模糊集分别表达了不确定信息的两个方面: 粗糙集以等价 (不可分辨关系) 为基础, 由一对精确的集合——上近似与下近似集所界定, 信息的不确定性表现在分辨率上, 产生不确定性的原因是缺乏足够的论域知识。而对于模糊集则基于元素对集合隶属度的不同, 强调集合边界的含糊性 [49]。

粗糙集的应用包括: 对数据的预处理, 如缺失数据的填补和离散化, 属性的约简, 以及权重的设置等, 恰好是供应链尤其是电子供应链环境下供应商选择和评价的主要难点。因此, 将粗糙理论引入供应商选择问题中来 [50]。于昕 (2008)[50] 建立了基于粗糙集的综合评价方法, 这个方法组合了粗糙集的一系列基本理论和算法有效地解决了供应商选择的问题，它包括四个部分：建立决策信息表、属性约简、设置属性权重、综合计算。研究还进行实证，为大型食品连锁店选择供应商验证了方法的可行性。该方法强调评价必须依据客观数据分析，避免主观性，并对不完全信息进行处理，得出结果的可解释性很强。

（7）其他方法

其他还会用到的定量方法包括：1）数据挖掘，如于昕（2008）[50]研究了数据挖掘方法在供应商选择中的应用，综合了粗糙集、遗传算法、数据包络分析法等方法；Hong G.H.（2005）[51]建立了基于遗传算法改进的神经网络，利用遗传算法对神经网络的权值进行优化，并通过实例证明了该模型的优越性和可用性。2）聚类分析，如基于范例的推理（Case-based Reasoning，CBR）法，将相关备选供应商资料存储入案例库，搜索与目标相匹配的供应商作为选择结果，而代理学习模型则是采用增量学习型算法，在信息不完整的情况下通过一个复杂的奖励和惩罚的机制，不仅分离了供应商在超出本身能力的额外负担，还能持续地激励优秀的供应商提供最高质量的产品。3）博弈论，如侯方淼（2007）[52]应用博弈理论对绿色采购中的供应商激励机制进行了设计，指出应建立起与供应商合作的同盟关系，达到"一荣俱荣，一损俱损"；姚建明（2003）[53]针对供应链协作商选择过程中较为复杂的主、客观谈判环境和条件，从协作协商过程中的动态博弈角度出发，分析了反映协作双方趋利心理的多回合博弈过程。4）权变理论，如王琰（2005）[145]将权变理论解决供应商选择问题，主要是通过对随时间（连续）变化的权函数的讨论，建立最优权变组合分析模型，探讨供应商选择的新方法。解决的关键问题是供应商评价中权函数的确定以及权重的动态分配问题，该决策模型还可以应用到多供应商组合供货预测上，使决策更为科学、更为客观。

3. 定性与定量相结合的方法研究综述

（1）线性加权法

线性加权法（Linear Weighting Models）是一种广泛应用于解决单资源问题的方法，它的基本原理是给每个评价准则分配一个权重，权重大小表示它的相对重要程度。各项指标得分与指标权重的乘积就是最后的判断结果。线性加权法比较简单，操作起来相对容易些，很早就被应用于供应商选择问题的研究上。

Wind 和 Robinson(1968)[54]、Cooper(1977)[55] 和很多其他的学者都在供应商多指标决策中使用加权线性方法，Timmerman(1986)[5] 和 Gregory(1986)[56] 将这种方法用矩阵的形式进行表现，供应商的得分是各项选择指标的权重与指标得分的乘积，得分最高的就是最佳的供应商。

1）简单分类法。

Gregory 和 Timmerman 用一种分类法来评价供应商，给供应商的每个准则简单地判断为"满意（ + ）""可以（ 0 ）""不满意（ - ）"，然后计算供应商的总积分。这种方法人为判断因素过大且不同的准则权重相同，因在实际中很少发生而缺少实际的应用价值。目前使用较多的线性加权法的基本原理是给每个评价准则分配相应的权重，被选择供应商的最终定量结果，就是各项评价准则得分与相应权重乘积的加权。其中，指标和权重的确定可以采用德尔菲法、专家法、头脑风暴法等。

2）层次分析法。

层次分析法将与决策相关的要素划分为几个层次，一般情况下包括目标层、准则层、方案层等，它根据各个层次的评价指标和约束条件来进行评价，通过两两比较确定出评价判断矩阵，然后综合给出各方案的权重，以此判断方案的优劣程度。

优点：层次分析法的整个分析过程符合人的决策思维特征，对决策问题进行分解、判断和综合，将人的思维和语言表述系统化、数字化、模型化，同时考虑定性和定量的影响因素，它操作起来也比较简便实用，易于计算，并且需要少量的定量数据就可以分析问题本质及其影响因素的内在关系对于多目标、多层次的决策问题非常有效，也广泛地应用在很多行业，如经济管理规划、能源开发利用、城市产业规划、交通运输，等等。

局限性：在层次分析中一般要求判断矩阵阶数是九个，判断者可能存在个体和认知差异，仍然不能完全避免主观的因素；当整个层次综合一致性不通过的时候，就需要对某些判断作调整，甚至修改问题的框架，这个过程可能耗费大量的时间和精力；当该方法遇到判断因素众多、规模较大的问题时，容易出现问题，并且计算也较为复杂。

① 层次分析法在供应商选择问题中的应用。

1991 年 Weber 等首先提出将层次分析法用于供应商的选择问题 [57]，让决策者通过对照相对重要性函数表，给出影响因素两两比较的重要等级，可靠性高、误差小，目前的应用非常普遍。Ghodsypour 和 Ondsypou(1998)[58] 提出了一个 AHP 和线性规划结合的模型，考虑到了选择最佳供应商过程中的有形因素和无形因素；Dae - Ho Byun(2000)[59] 用 AHP 法分析了韩国汽车的采购过程，进行了供应商选择；Tam 和 Tummala(2001) 采用 AHP 法分析香港通信设备的供应商选择模型和决策过程，他们发现用 AHP 法可以使供应商选择过程系统化并缩短抉择时间 [60]；Chan 和 Kumar(2007)[61] 提出一个模糊扩展的基于 AHP 的方法来选择全球供应商；Xia 和 Wu(2007)[62] 结合粗糙集理论改进的 AHP 方法和多目标混合整数规划进行决策，用于多资源、多产品和多指标条件下，并考虑了供应商的生产能力限制的供应商的数量和这些供应商的订货量。

② 层次分析法在供应商选择问题上的发展。

由于 AHP 方法存在着受人为因素影响、对评分人员和决策人员要求高、可处理指标数量有限等局限性，因此，对层次分析法的改进主要集中在判断矩阵一致性的研究和权重确定的研究。

第一，判断矩阵和一致性问题。用统计检验的方法来判断一致性，但需要对"统计量"的分布做出假设，或用几何平均法求权重，得到新的一致性检验方法，给出临界值，但只适用于特定的权重求解方法；用 1 ~ 9 标度判断矩阵或（0，1）矩阵解决次序一致性问题，将灵敏度分析和一致性分析相结合解决基本一致性问题，通过确定灵敏度决策区域和满意一致性决策区域，给出既能保持决策者的原始偏好，又满足一致性要求的综合决策区域；模糊矩阵及模糊层次法可简化层次分析法中一致性检验和调整比较困难的问题，使得方法更加科学和准确，1983 年荷兰学者 Van Loargoven 首先提出了用三角模糊数表示模糊比较判断矩阵的方法，并对元素进行了排序；常大勇、诸克军等学者也先后对三角模糊数在 AHP 中的应用进行了较为深入的探讨，将 AHP 法在模糊环境下加以扩展 [64]。

第二，指标权重计算的改进。有两个方向：一个是将指标权重运用数学公式进行归一化处理，使其量化，主要包括定性指标权重的量化和定性指标无量纲化处理两种类型，如常大勇等（1994）[65] 在量纲处理中使用广泛的模糊数学中的隶属函数概念，提出了三套无量纲化模型，正指标类模糊量化模型用于处理正指标类指标权重，这种指标的得分越大越好；负指标类模糊量化模型主要用于那些得分越低对目标贡献越大的负指标；而适度指标类模糊量化模型则希望衡量的指标适中，过大或者过小都不好。第二个方向是将层次分析法这种主观确定权重的方法与客观确定权重的方法相结合，取长补短，一般有三种类型，AHP 方法与DEA 方法的组合赋权法、基于 AHP 和模糊线性规划的组合赋权方法，以及针对准则层和方案层使用不同的选择方法。张顾海（2006）[66] 和李振杰（2008）[67] 分别把模糊层次分析法应用于汽车零配件生产商和风能制造企业，在备选的四个供应商进行选择，得到了很好的实际应用效果；舒丽丽（2007）[64] 使用层次分析法和三角模糊综合评价方法，选择船舶设备供应商，证实了方法的可行性。

图 4-3 是层次分析法在供应商选择问题中的应用发展框架。

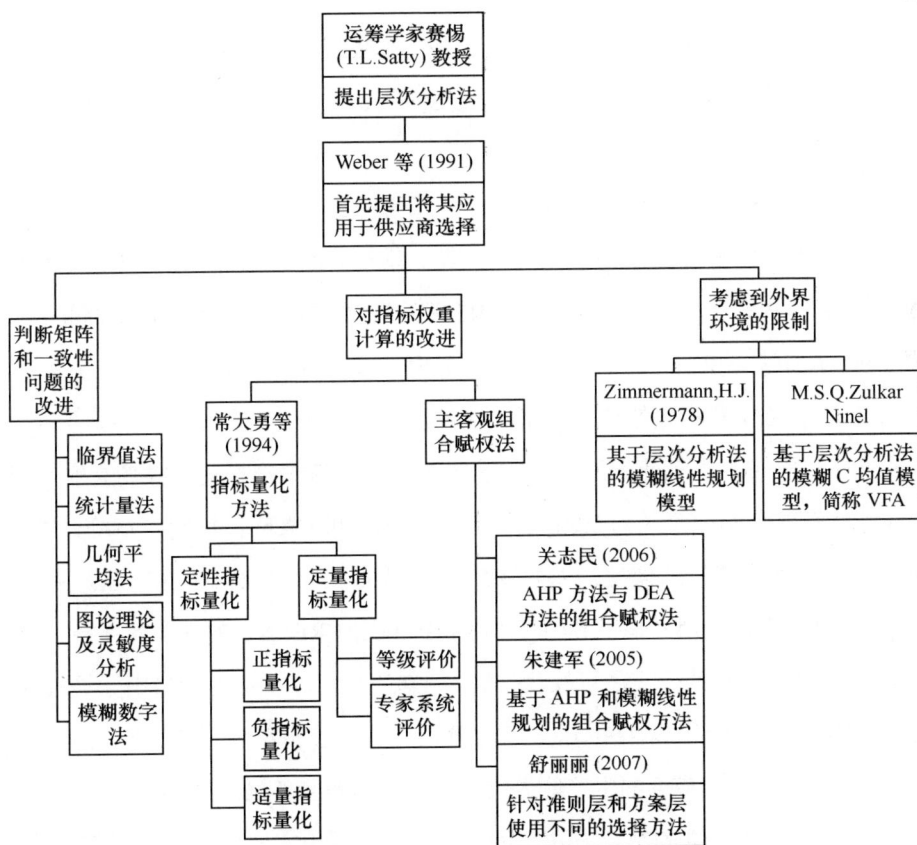

图 4-3　层次分析法在供应商选择问题中的应用发展框架

（2）人工神经网络算法

人工神经网络算法（Artificial Neural Network，ANN），是20世纪80年代后期迅速发展的一门新兴学科。目前人工神经网络的模型已达几十种，大体可分为三大类，即前向网络、反馈网络和自组织网络。其中BP(Error Back Propagation Method)网络是前向网络的核心，体现了神经网络中最精华、最完美的内容，传统的BP神经网络是一种简单的非线性系统模型。据统计，80%以上的神经网络模型采用的是BP神经网络或者它的变形。这种算法的精确度比较高，但是由于对一个简单的问题求解训练次数可能达到上千，导致学习算法的网络收敛速度比较慢。另外，由于非线性隐含层单元的存在，可能会使得性能函数存在多个极小点，这样在某些初始值条件下，算法只能求出局部最小，而不能达到整体最小。

针对BP神经网络算法的不足，理论界大致有两类常用的改进方法：一是学习改进法，包括动量法、自适应调整学习速率算法；二是采取有效的数值优化方法，来提高算法的可靠度和收敛的速度。

1）改进的BP神经网络。对BP神经网络算法的改进很多都集中在收敛速度上，高雪鹏（2001)[68]的改进大致可分为两大类：基于速率下降法的改进方法，包括附加动量的BP算法、学习速率可变的BP算法和弹性BP算法等；基于标准数值优化的改进方法。包括共轭梯度法、拟牛顿法与Levenberg-Marquardt(L-M)法等。

2）基于径向基函数的神经网络。张少华等（2006)[69]提出了一种基于径向基函数神经网络的供应商识别方法，该方法通过系统聚类在每一类中单独训练具有一定差异度的单个径向基函数神经网络，并加以集成，构成以系统聚类与RBF神经网络相结合的模型，以解决供应链的企业合作伙伴选择问题。另外，边利（2006)[70]也运用了基于径向基函数神经网络（RBFN）的供应商选择方法，并运用MATLAB语言建立了可视化模型，且首次定义了供应商评价指标灵敏度，进行了基于径向基函数网络的供应商评价指标灵敏度分析，理论分析与实际情况完全吻合，并对供应商的生产能力约束和最小订货量等进行了优化。

3）基于神经网络的组合方法。大多数是为了简化其输入单元的复杂性的，包括数量上的减少和输入指标质量上的增加。例如，对供应商的评价指标进行主成分分析，把多指标转化成少数几个综合指标，简化神经网络的输入单元，减少网络的复杂性和运算时间。柳青等（2007）[71] 将 AHP 方法和改进的 BP 神经网络相结合，建立了供应链合作伙伴选择模型，实现了多供应商的多标准评价。模型应用简单，而且减少了选择过程中人为因素的影响，具有一定的可行性。

（3）模糊评价法

模糊综合评价方法是一种基于模糊数学的综合评价方法，应用模糊关系合成的特性，从多个指标对被评价事物的等级状况进行评价，它把被评价事物的变化区间做出划分，又对事物属于各个等级的程度做出分析，这样就使得对事物的描述更加深入和客观，评价结果更加清晰和系统。在大多数方法中，一些不确定的因素没有考虑进去，比如说不完整的信息、附带的定性指标和不精确的参数选择等 [72][73]。

有些指标，像开发人员的素质、人员团队精神、全面质量管理情况等很难用一个准确的数字来进行评价，而模糊数学很好地克服了这些困难。Li，Fun，and Hung（1997）[74] 和 Holt（1998）[75] 将模糊集理论用在了供应商选择上；Chou and Chang（2008）[76] 提出一个基于战略联盟的模糊简单多属性评价方法 （SMART）来解决从供应链战略管理层面来选择供应商问题；战丽梅（2005）[77] 建立了基于模糊集理论的多指标决策方法；狄卫民等（2006）[78] 提出供应商评价选择的综合分析模型，该模型利用数据包络分析法对供应商的内在素质加以评价，运用模糊综合评价法对供应商的外部协作能力加以评价，再根据评价结果对候选供应商进行分析与比较；等等。

模糊方法在选择供应商时优势较为明显，它充分考虑了评价指标中存在的不确定和模糊情况，把定性指标转化成定量指标，适用于确定了待选供应商和评价指标的情况，因此，它多与其他方法共同使用，如模糊层次分析法、模糊网络层次法、模糊 TOPSIS 法、模糊 DEA 法，等等。此外，同很多评价方法一样，它没有关注到供应商评价过程中的动态变化情况；虽然对不确定的因素给予足够的重视，但在求各因素的隶属函数时，有时会将原本白化的数值变成一个区间的模糊值，从而丧失一些信息，给评价带来不可忽略的误差。

（4）灰色系统理论方法

灰色系统理论是 20 世纪 80 年代，由华中理工大学邓聚龙教授首先提出并创立的一门新兴学科，它是基于数学理论的系统工程学科。主要是研究少数据、信息贫乏、不确定性的小样本的一种方法，通过对部分已知信息的分析，提取有价值的信息。通常，系统中已知信息的部分成为白色的，未知信息部分是黑色，既含有未知信息又含有已知信息的部分则称为灰色的[79]。最常用的是灰色关联度分析方法，它通过分析系统中各元素之间的关联程度或相似程度系统进行排序，其实质就是比较若干数列所构成的曲线到理想（标准）数列所构成的曲线几何形状的接近程度，几何形状越接近，其关联度越大，而关联序则反映各评价对象对理想（标准）对象的接近次序，即评价对象的优劣次序，其中灰色关联度最大的评价对象为最佳[80]。关联度分析方法的最大优点是它对数据量没有太高要求，即数据多与少都可以分析。它是非统计方法，在系统数据资料较少和条件不满足统计要求的情况下，更具有实用性。

灰色关联理论在供应商管理中有两个方面的应用：一个是用来分析评价指标和权重；另一个是用来对已有的评价体系进行评价。供应链管理中合作伙伴的选择是一个复杂的多属性决策问题，一方面，很多评价指标都具有一定的层次结构，需要合理分配各个指标的权重；另一方面，对定性指标的评价是建立在评价者的知识水平、认识能力和个人偏好的基础之上的，这就很难排除人为因素所带来的偏差，所以评价者在评价中提供的评价信息不完全或不确切，或者说具有灰色性。因此可以使用灰色关联度对供应商进行排序，得到最优的选择方案[81]。

在评价指标及权重确定方面，建立灰色关联约束锥：以供应商企业的各项指标作为比较数列，各项指标对应的最佳值作为参考数列，求关联度；然后根据关联度来计算权重，将权重归一化之后得到约束锥，这样影响供应商评价的各指标之间的关联性大小是客观度量出来的，不受评判人主观影响，所以能客观反映各指标之间的内在结构关系[82]。

在评价方面，还可以与其他方法结合：需要建立在一定的指标体系和具有指标权重之后，才能对供应商评价这个"灰色"问题进行评价，因此前期的指标体系及各个指标权重的确定就需要通过其他的方法。一种是基于层次分析法的灰色关联法，它首先利用层次分析法确定供应商的评价指标体系并确定指标的权重，然后利用灰色关联分析法对各个供应商表现进行评价[83]，如毛忠军（2007）[99]以某机械类制造企业采购原材料为例，在经过初选的基础上，仅对剩下的五家供应商进行评价，在得到优劣排序的同时验证了基于层次分析法的灰色关联分析模型的可行性；袁亦男（2007）[84]构建的供应商选择评价模型，用可拓层次分析法来确定评价指标的权重，再用灰色关联分析法来对供应商进行优劣排序，确定合作对象。另一种是基于熵权的灰色关联分析法，根据信息量的大小来确定各个指标的权重，指标的熵越大，它的熵权越小，说明该指标越不重要，如袁亦男（2007）[84]联系企业实际，把对供应商的评价与选择的整个过程划分为两个阶段，即运用灰关联分析的定量方法阶段和运用现场认证的定性方法阶段，定量方法的数据都是供应商当前实际状况的真实反映，避免了出现主观性强、分析精度不高的缺陷。现场认证的定性方法是企业长期经验的总结，也有其不可忽视的优越性，两种方法取长补短，相辅相成，提高了对供应商进行正确评价与选择的保险系数。

4.1.3　基于应用场景的供应商选择方法

根据不同的使用场景，各种方法的关注点也不同。

1）不同采购环境下供应商的选择。在采购管理中，根据环境不同，可以分为推式与拉式采购环境。在采购管理中，使用最多的两种采购管理技术分别是起源于 MRP 模式（也称推式）的基于库存的采购方式和适应准时制生产模式（也称拉式）的基于需求的 JIT 采购，这两种分别对应了推式采购和拉式采购。由于采购环境的策略不同决定了采用的模型和方法也会有所不同，因此，我们将供应商选择模型和方法首先按采购环境分为推式和拉式。

2）不同类型的供应商选择。一般来说，对供应商进行分类是选择的前提工作，同时，供应商的分类也决定了选择过程中的重点评价指标和所花的时间和精力。一般来说，重要的供应商所使用的方法会复杂一些，考虑的方面也更多一些。而不重要的供应商相对来说只会考虑一些常规影响因素，并且一般不会

花费太多的时间和精力。另外，对于暂时落选的供应商，也需要进行重视，帮助它们提高，增强整个行业的竞争力，这样对企业本身也是非常有好处的。

3）不同数量的供应商选择。随着电子商务的发展和全球化供应链的发展，企业在选择过程中，备选的供应商数量与传统的本地选择会有很多不同。企业需要处理大量的信息，从数目庞大的供应商中选择出合适的合作伙伴，这就对选择方法的信息处理能力提出了很高的要求。因此，对于不同数量的供应商选择，所使用的方法也会有区别。

4）不同行业的供应商选择。在现有的研究中，有的包含了一些实证研究，研究的内容基于某一个行业或者具体到某一个具体的公司的供应商的选择，这类文献的特点是基于这个行业的具体研究，或者提出新的方法或者将已有的方法应用到实际情况解决问题。

本节针对以上四种不同的应用场景进行综述，期望能给研究者和企业应用者提供方便和借鉴。

1. 不同采购环境下的选择方法

在采购管理中，使用最多的两种采购管理技术，一种是 MRP 模式（也称推式），是基于库存的采购方式；另一种是适应准时制生产模式（也称拉式）的基于需求的 JIT（Just In Time）采购。由于采购策略不同，导致采购过程中选择供应商的方法也不同，因此，将供应商选择方法按照采购环境分为拉式和推式。

推式采购环境下的供应商选择模型与方法主要有线性加权法、成本法、数学规划法和一些其他方法。其中线性权重法有分类法、层次分析法。成本法有成本比率法、活动成本法和经济批量法。数学规划有单目标和多目标规划。另外，还有一些智能方法、系统方法、模糊理论等。

在拉式采购环境的文献比较少，可以分为概念与实践和数学规划两类方法：概念和经验方法，是通过大量的数据分析和采购实践进行的一种方法，从文献来看，大部分拉式采购环境的方法都是用这种方法进行的。JIT 采购环境下强调了供应商的生产能力、价格和时效性等方面的考核，这种方法可以节省成本、减少浪费。另外，在拉式采购环境下，数学规划方法也有一些使用。

提出的研究主要有：在 JIT 环境下的 EOQ 模型；分析 JIT 环境下的单资源

和多资源数学规划模型，将订单分解成多次发运、多供应批量，获得最有分解订单的批量；以产品成本、质量、交货可靠性和需求为目标，用可视化的多目标规划（Visual Interactive Goal Programming，VIG）方法来选择供应商；还有一些价格折扣的方法。

2. 不同类型供应商的选择方法

供应商的类型，在很大程度上决定了买卖双方的关系，以及选择评价过程中的特点。针对这个特点，企业在选择方法的使用上也会有一些差别。此处对文献中一些特殊类型供应商的选用方法进行了总结。

（1）核心供应商选择方法

核心供应商的选择更重要也复杂，需要考虑的因素也更加全面，一般都会使用一些综合方法。如（2004）对核心供应商的选择使用了模糊综合评判法和博弈分析分两个阶段来进行。模糊综合评价主要包括：建立供应商评价指标体系，确定相应的指标权重集，建立实际评价的评语集及其分值集，然后对供应商进行综合评价，得出评判矩阵，按照评判矩阵的结果来对供应商进行排序。然后用博弈分析发现若供应商之间的能力差距越大，所需要的考察期就越短；当所选的供应商之间差距不大时，就应该从更宏观的角度去选择，并且给供应商充分的改进机会。这样才能够形成良性的竞争，为企业提供更好的产品。

对于企业长期合作的供应商需要进行跟踪评价，可使用 BP 神经网络算法，再现评价专家的意见、知识和直觉，并且利用前期积累的数据进行很好的学习模拟，建立起供应商和企业双方的复杂定量关系。从而能够保供应商评价结果的客观性。

（2）一般供应商选择方法

一般供应商一般合作时间较短，或者购买的产品不是企业的重要原材料，也不是市场上的紧缺资源，企业对非战略供应商的要求相对较低。一般而言，常用的方法主要是定性方法，如直观判断法、招标法等；定量方法的使用通常都比较简单，操作性强，如成本法等。

（3）间接供应商选择方法

即上游的供应商选择。这方面的研究相对来说比较少，使用的方法还比较

单一。史学锋（2005）[86]采用多目标规划方法对供应商选择模型进行了改进，使模型考虑到两层供应商的选择。有两种情况，一种是从企业自身的利益出发，选择其直接供应商和配额，然后由供应商根据自己的利益选择他们的供应商；另一种是从整个供应链效益最大化考虑，选择供应商并决定他们各自的订货量。多目标决策模型本不存在最优解，因此模型以客户的不满意度最小为目标，并结合供应商的采购订单数量分配、产品价格质量，以及配送水平等情况。这种方法与传统的供应商选择模型的约束条件是一样的，只是目标函数不同。

（4）落选供应商协商法

为了保持供应商之间的竞争，企业会为那些落选的供应商提供再次进入的机会，与落选的供应商进行谈判，确定他们如何提高绩效，提高竞争力，同时对已入选的供应商也是一个督促和激励[16]。这就需要建立一个协商模型，即在其他供应商条件不变的情况下，如何确定这个想加入的供应商的业绩水平。这方面的研究也不是很多。Weber，Current 和 Desai 对如何进行协商，如何通过协商，如何给未被选中的供应商提供一些业务量等问题，给出了一个协商模型[85]，他们为买方与未被选中的供应商提供一种协商的机制[85]；史学锋（2005）[86]建立了两层供应商伙伴选择协商策略模型：首先计算出平均的客户不满意度，确定两层供应商参与的供应路径以及最小单位客户不满意度，然后计算第二层供应商参与的供应路径的最小单位客户不满意度与平均客户不满意度的差值，最后确定第二层供应商改善后的水平。研究还用案例说明了两层供应商选择模型比原先的研究模型更能带来供应链整体的优势，为未被选中的备选供应商提供了加入合作的机会，具有可行性。

（5）物流供应商的选择

物流供应商即可算直接供应商也算间接供应商，并且有自身专业特点，可以采集到很多精确的数据，对其评价能够较为准确。但为了考虑它在整个供应链系统中的协同作用、物流最佳路线和成本等，就需要用到运筹学等方法来选择最佳供应商。何新（2004）提出了基于欧式范数和（0-1）线性规划相结合的物流服务供应商的选择方法，若考虑到物流服务供应商的发展战略及物流技术等模糊标准的时候，可以引入模糊综合评价方法。相比较而言，欧式范数评价和模糊综合评价对于生产层面的供应商选择都适用，但是欧式范数更加适合来选择区域性的供应商，而模糊评价则适合全球的供应商选择。

3．不同行业的供应商选择方法研究

（1）国内研究相关文献的行业分布概况

国外文献涉及实例或实证研究时没有明确某特定行业或企业信息，因此重点整理了国内文献涉及的行业分布情况（见表 4-2）。

表 4-2　国内关于供应商选择实例或实证研究的行业分布情况汇总表

文献	实证研究	文献	实证研究	文献	实证研究
张瑞鹏（2009）[87]	军用物资	潘文昊（2008）[88]	投资公司	姚建明（2003）[53]	铁路机车制造集团
王琰（2005）[145]	军用物资	李维浩（2008）[89] Kirytopoulos（2008）[104]	制药公司	李壮阔等（2007）[90]	某有色金属加工企业
王慧颖（2007）[91]	啤酒经销商	李振杰（2008）[92]	歌美飒风能	黄绍服等（2004）[19]	某厂采购电机
王建峰（2007）[1]	制造型企业	许玲（2008）[93]	德国化工公司	袁亦男（2007）[84]	中兴公司
曾志强（2009）[3]	制造型企业	张建（2005）[94]	电子及通信产品综合制造商	侯彦斌（2005）[17]	山西省电建二公司
边利（2006）[70]	制造型企业	程铁（2005）[95]	上海通用汽车	陈亚欣（2005）[96]	武汉铁路局武昌车辆段
吕军（2006）[153]	制造型企业	王星（2008）[97]	五金公司	王紫辉（2008）[98]	某港口工程
毛忠军（2007）[99]	制造型企业	绍志缝（2008）[100]	电脑有限公司	寇飞（2006）[101]	荆门石化
刘伟（2008）[102]	制造型企业	杨路（2006）[103]	宁波宝新不锈钢有限公司	李志勇（2004）[104]	服装企业

（续表）

文献	实证研究	文献	实证研究	文献	实证研究
娄黎星 （2003）[105]		季晓芬等 （2008）[106]	服装公司	钟明明 （2006）[107]	服装企业
何新 （2004）[154]		赵志伟 （2008）[109]	煤电企业	盛娜 （2007）[109]	电气公司
李高扬等 （2005）[110]		李思志 （2004）[111]	食品公司	赵慧娟 （2003）[112]	电脑外设台企
战丽梅 （2005）[77]		孙志磊 （2005）[113]	中国石化齐鲁石油化工公司	刘长虹 （2007）[157]	通信运营商
张顾海 （2006）[66]		黄锦霞 （2007）[116]	家庭小电器生产商之一	陈蓉 （2008）[117]	江苏通用科技有限公司
姜建华等 （2006）[118]	汽车企业	余耀忠 （2008）[119]	零部件采购公司	侯方淼 （2007）[52]	农林产品绿色采购
杨玉中等 （2006）[42]		邹艺超 （2008）[120]	机电物资企业	索永旺 （2007）[121]	机械企业
陈漩漩 （2007）[122]		何平等 （2008）[155]	建筑企业	杨光明 （2004）[123]	烟草行业
丁传勇等 （2007）[47]		张滢等 （2007）[156]	手机生产厂商	梁昌勇等 （2008）[124]	电器连锁经营企业
郑玲玲 （2008）[125]		朱建军 （2005）[63]	钢铁企业	舒丽丽 （2007）[64]	船舶公司
徐洁 （2006）[126]		王志军 （2006）[127]	奶制品企业	罗晓光 （2005）[128]	汽轮机厂
匡志伟 （2007）[129]	食品企业	张龙江 （2006）[130]	核电公司	聂敏杰 （2005）[131]	汽车轴承公司
于昕（2008）[50]		汪红等 （2006）[132]	煤业集团		

　　比较有代表性的是传统制造行业，占到文献数的 1/3 左右，其中汽车企业最多，相对更复杂，涉及的供应商数量和种类最多，对方法的要求也比较高。

　　（2）汽车等装配行业的供应商选择方法

　　汽车产业在国民经济中占有很重要的地位，零部件是发展汽车产业的基础。

如果把汽车产业比作一棵树的话，汽车零部件产业就是根。整车企业面对市场要求和产品研发生产上的诸多新问题，为降低成本，提高产品在全球市场的竞争力，对所需的零部件按性能、质量、价格、供货条件在全球范围内进行比较，择优采购，改变了只局限于采用公司内部零部件产品的做法。而零部件企业也将其产品面向全球销售，不再局限于仅仅供给公司内部的整车企业。全球采购导致零部件制造从汽车企业中剥离出来，独立面对市场。整车企业需要为不同的采购项目设定不同的评价指标权重，并根据这些标准给不同的潜在零部件供应商评定等级。

战丽梅（2005）[77]用层次分析法和模糊综合评价法评价选择一汽的供应商。对一汽解放汽车有限公司供应商的选择与评价现状进行了实证分析，总结了其存在的问题，提出了先根据层次分析法确定评价指标的权重，再应用模糊综合评判法选择评价供应商的模型；杨玉中等（2006）[42]依据汽车制造企业的实际，提出了供应商选择的指标体系，建立了基于熵权的逼近理想解的排序方法（technique for order preference by similarity to ideal solution，TOPSIS）的多层次评价模型，由于在该模型中采用了熵权，从而避免了低层次多因素权重确定的主观性，通过将该模型在某汽车制造企业供应商选择中的应用，得出了其供应商的优劣排序，为该企业选择了理想的优秀供应商；丁传勇等（2007）[47]用主成分分析法选择汽车零部件的供应商，不过，实例中只用到了四个评价指标，在实际中指标应远远不止四个，那时，就更容易显示出主成分分析法的优势了；Fatih Emre Boran（2009）[45]针对汽车公司研究，提出了一个多指标群决策制定的方法来选择供应商，使用了直觉模糊 TOPSIS 方法。直觉模糊集非常适用于解决不确定性问题。在评价的过程中，每一个选择的每个评价指标和权重都是直觉模糊数字的方式来表现的。并且使用了直觉模糊平均值来综合决策者的意见。在基于欧几里得距离计算得到直觉模糊理想最优解决方案和直觉模糊最差解决方案之后，得到被选供应商的相对紧密系数，以此来对供应商进行排序。

（3）医药行业供应商选择方法

在制药行业中，为了从众多供应商中选择出合适的供应商，许多显性的（价格、折扣）和隐性的（质量、风险、偏好）指标都需要考虑在内。而且，这些

指标相互合并反馈并且相互依存。因此，必须评价不同决策指标之间的影响和对特定目标的可替代性。

Kirytopoulos（2008）提出了一个选择最合适的多指标决策问题（Multi-criteria Decision Making，MCDM）的方法的步骤，通过回答相应的问题来判断使用哪种方法最合适：1）是选择离散的还是连续的？2）决策的环境是确定的还是不确定的？3）决策指标之间允许相互权衡吗？4）问题的框架是分层次的吗？5）信息数据的形式是什么样的（定性、定量、混合）？6）方法容易理解和使用吗？7）问题的结果有可能用图形和数值相结合的方法表示吗？8）方法与人类思维一致吗？

针对制药行业中回答八个问题之后，发现使用 ANP 方法是最合适的：离散集、确定环境、可权衡指标、不包括分层等。所以多属性效用理论和模糊集方法在问题 1 和 2 就被剔除了，因为他们是解决连续集问题的方法，并且假设在一个不确定环境下。相应的，数学规划方法也被排除了，因为这种方法经常只考虑定量指标。另外，AHP 方法也不适合，因为它是分层次构架的。最后，剩下的两种主流的方法就是 ELECTRE 和 ANP 方法，这两种方法都能够允许图形和数字来展示结果。考虑到 ELECTRE 方法不能允许指标之间的权衡，而且 ANP 方法与人类的思维方式相一致，容易理解和使用。

这个模型的建立可以让决策者看到不同的指标在最终决策上的结果和记录相应的评价结果，这样就可以跟不同的利益相关者去沟通，从研究结果来看，质量相关的因素仍然是医药行业的主要决策因素。这一点，结合现实生活我们也是可以理解的。

模型的不足之处就在于：模型的输出结果高度依赖于决策者的输入。而且，ANP 方法的计算非常密集，需要使用适当的软件来解决这个问题。另外，这个方法也可以运用到与医药行业相近的类似主动集群的行业中，比如服装行业的供应商选择和评价中。

4. 多个供应商数目的选择方法研究

单个供应商的选择方法比较多，一般的方法都可以用，选择目标也比较明确。但多个供应商的选择就会复杂些。当供应商的数量较多时，必须要采用一些方法对他们进行快速的过滤，提出一些明显不满足给定条件的供应商，把候选供应商的数量维持在一个合适的范围内，确保供应商选择的分析工作量是在可接受的范围内。

（1）阈值法

采用阈值算法淘汰掉不能满足基本要求的供应商。阈值算法具体的就是，当供应商有一方面不符合企业的要求时，即使其他方面都很好，也不能入选。其中阈值的确定是由企业内部的评价小组根据最低要求和淘汰之后供应商的数目来确定的。

（2）聚类分析法

在实际应用中，当核心企业面临大量不同类型的候选企业时，如何快速地挑选出合适的合作伙伴是核心企业所必须考虑的，聚类法提供了一种可以筛选大量企业的有效方法，而且该方法可以通过最具权威的统计软件 SPSS 进行仿真实现，具有快速、简便、实用等特点。舒丽丽（2007）[64] 运用聚类分析法对潜在的供应链合作伙伴中不同类型的候选企业进行评估分类，从影响供应链效率的各种复杂因素中进行逐步筛选、分类、优化组合等，挑选出最优的合作伙伴进行合作，最后用 SPSS 进行数值仿真。这对核心企业提高供应链管理决策的质量有很大的帮助。

利用系统聚类选择合作伙伴的主要思路是：首先将每个候选企业看成一类，然后把多个候选企业在待评估指标体系中最相似的候选企业合并成一个新的子类，再将这些合并的新子类按相似性进一步聚合，如此下去，直到把所有的子类合并成一个大类或达到规定的合并界限。其聚类结果可以由一个谱系图表示。由于归为一类的企业之间情况相差不大，不论选择哪个，对联盟整体影响不大。这样以来，实际上就已经得到了所有候选成员基于某个评价指标体系的一个排序。如要选出多个成员，则可以按照顺序依次选取。

此外，前述基于层次分析法的模糊 C 均值模型和 VFA 方法等都是聚类分析方法，可以将待选供应商的数量控制在一个比较合理的范围内。

4.1.4　供应商选择评价方法特点与趋势小结

1. 多种方法相结合

2000 年之后国内外学者采用的方法都在两个或两个以上来应对供应商选择

问题越来越复杂的实情，这其中智能和统计方法使用越来越多。而复合方法中，层次分析法、模糊理论、目标规划法与其他方法的结合较为普遍。如层次分析法与数学规划法[86]、数据包络法[21]、线性规划[58]、模糊综合评价[133]、模糊理论[134][120][135]、德尔菲及熵值法、模糊聚类法[136]、神经网络法[71]、博弈论[52]、偏好顺序结构评估法[88]、灰色关联分析[95][108][129]等；模糊理论[94]（模糊TOPSIS[141]、直觉模糊集[45]、模糊ANP、模糊TOPSIS[41]等）与群决策[137]、模糊多目标规划[138]、粗糙集理论[139]、多目标决策[140]、数据包络分析[78]、博弈论[53]等；目标规划法与混合整数规划[1]、网络层次分析法、模糊理论、非线性规划[41]、遗传算法[142]、数据包络法[48][82][143]；灰色关联分析[84]、作业成本法[10]等。在选择数量较大的供应商的时候，主成分分析法经常与神经网络[46]和聚类分析[48]相结合。

2. 实证（例）研究越来越丰富

评价指标的科学性、有效性、针对性在提高，采用了更多方法保证数据的准确性和可衡量性，如模糊法、概率法等，对权重处理也是多种组合赋权方法，最常用的如层次分析法、熵权法、灰色关联度法等。因此，在实际运用中，充分考虑到外界模糊性和需求不确定性因素，以及资源有限等现实情况，通过建立信息系统等手段，获得更多的客观数据，使得研究的结果更有具有实用价值。

评价范围已经从单个企业的个别环节扩展到整个企业乃至供应链的绩效，更加重视全局性和战略性，并将供应商选择这个活动规范化和常态化。不仅如此，研究也更为深化细化，如单资源与多资源、单产品与多产品、价格折扣，等等。

3. 目标多元化、指标增加、赋权方法复杂化

有较长一段时间将供应商选择的目标定位在价格最低或者交货时间最短，随着场景多样、选择的复杂性、采购的随机性的增加，增加了很多目标及相应的指标，包括产品质量、客户满意度等，也使得多目标规划与决策方法得到更广泛的应用。同时学者们还必然要集中研究如何将主观、客观指标都能够实现准确量化，并进行归一化处理、组合赋权等。

4. 数据处理能力越来越强，从静态评价向动态评价发展

包括采用具有自学习能力的智能方法进行数据模拟，能够更好地帮助决策者；而大数据的发展使企业可以获取更多有关供应商的海量信息，聚类、挖掘等更复杂的数据处理技术将被越来越多地引入到供应商选择和评价过程。同样地，除传统静态分析方法外，动态评价方法也逐步活跃起来，以应对各种因素的快速变化发展。这些年，采用静态与动态数据相结合、对供应商进行动态跟踪评价并不断修正评价结果，更有助于对供应商的科学管理及发挥正确的激励作用，从而为供应链创造更大价值。

| 4.2　供应商选择分类的实例分析 |

4.2.1　供应商分类方法简述

供应商分类方法大致有如下几种：

1）按照合作时间长短，分为长期战略性合作、中期策略性合作、短期临时性合作[146]。

2）按照与供应商合作密切程度，分为短期目标型、长期目标型、渗透型、联盟型和纵向集成型供应商[146]。

3）按照供应商产品对企业的增值作用，分为①必需供应商，但不提供战略增值；②增值供应商。这部分供应商有助于提高企业的核心竞争力和提高企业的产品差异化战略[146]。

4）按照采购产品的战略重要性和采购难度，分为战略供应商、瓶颈供应商、杠杆供应商和一般供应商四个类别[147]。

5）按照采购份额的二八比例，分为重要供应商和普通供应商。

6）按照供应商在供应链中的增值作用和供应商竞争实力，分成四种类别：战略性供应商、有影响力的供应商、竞争性 / 技术性供应商和普通供应商[148]。

为了对供应商进行分类，还需要在分类指标基础上采用特定的方法或模型进行计算，目前国内外对供应商分类评价的模型方法多利用概率与统计方法、数学规划法、供应商概况分析法、多属性效用法、成本比例法、层次分析法、多目标决策法、模糊综合评价法等，整理见表 4-3。

表 4-3　用于供应商分类的计算或建模方法对比

方法名称	做法	特点	适用条件	缺点
概率统计[149]	利用决策树等方法求最佳方案解	利用概率统计已被认同的方法进行评价	供应商可能的表现及其概率已知时可用	无法涵盖多变的可能情况
数学规划[149]	变量须可量化，以限制式与目标函数求解	可求得整体最佳解	所有指标均是可量化的项目	不可量化的指标无法考虑
成本比率[149]	总采购成本与采购金额比率越低的供应商越好	以供应商采购成本比率为标准	无需考虑其他非成本指标时	非采购成本指标被忽略
顾客概括分析[149]	各指标给予不同权重，以模拟结果选择供应商	以蒙地卡罗模拟法进行评价作业	供应商表现转为可分配时	模拟方式较复杂且不易操作
多属性效用[150]	将评估问题简化成多属性效用函数，求取价值函数、权重及供应商表现	以函数关系计算供应商表现	指标、权重与表现绩效转化为简单函数关系	指标、权重和表现绩效间的关系呈简单函数关系
层次分析[151]	利用成对比较的方法进行评选，并以一致性检验鉴别问卷的有效性	借由简单成对比较方式将受访者感受转换成数字	评估指标或方案不多时	指标或方案太多时受访者会有感觉错误现象
多目标决策[151]	多个目标函数以限制式形成可行解区，求解各非劣解的可行方案	可解决多目标要求下的问题	评估指标均可量化时较容易实施	不可量化的指标须配合其他方法进行求解
模糊综合评判[151]	专家定出各指标下各等级表现范围及隶属函数，将供应商表现与模糊关系矩阵进行供应商表现计算	语意变量与可量化变量同时考虑	评估模式中同时具有量化与语意变量时可选用	无法表现同等级方案之间的优劣关系

根据本研究目标、研究对象及可获取数据情况，拟采用层次分析法。

4.2.2　电信运营企业的供应商分类

1. 电信运营企业为核心的产业供应链体系（见图 4-4）

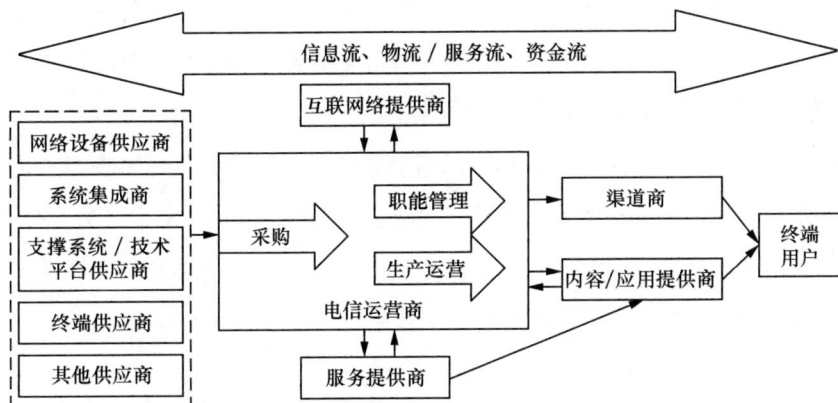

图 4-4　以电信运营企业为核心的产业供应链体系

可以看出电信运营企业的供应商数量较大、产品专业性差别大，非常有必要进行分类管理。

2. 电信运营商供应企业分类应遵循的原则

第一，要综合采购价格、产品技术含量、品质、服务，以及我国地域特性等诸多因素。

第二，应结合供应链理论内容，放眼长远，注重长期合作伙伴的培养和建立，采供双方应切实做到相互尊重、诚实、信任、能有效沟通、相互理解、分担风险、分享机遇及技术、共享信息，等等。

第三，电信运营企业分类模型应该具有较高的可靠性。虽然国内电信运营企业目前还没有较成熟完善的供应商分类模型，但是应该参考并借鉴在其他领域使用较广并得到较高认可供应商分类模型和方法。

第四，有较高的针对性，具体分类方法在考虑到电信运营行业背景的同时，也要充分结合我国电信运营企业的具体情况。

第五，电信运营企业供应商分类研究是一种基于供应商关系理论的供应商分类方法，尤其有利于企业对战略伙伴级别供应商的选取。

第六，方法力求具有便捷性、有效性与可执行性。分类方法应充分考虑到方法执行的难易程度，指标选取时考虑定性与定量的平衡。

3.电信运营企业的供应商分类方法的确定

按照供应商在供应链中的增值作用和供应商的竞争力的二维分类方法，因素较全面，也具有很好的可操作性，许多学者专家也都对这种二维度的分类方法进行较深入的探讨研究，是目前认可程度很高的一种方法。但是，这种方法也有两点不足，第一，分类结果较多，其中具有竞争力的供应商和具有影响力的供应商容易混淆；第二，对于分类结果采用区间衡量方法，不能很好考虑优势互补因素，可能出现有些供应商在某维度较强，但在另一个维度的得分略低而不能进入较强的供应商名单中，有些供应商两个方面的素质都居中反而进入较强名单中。

综上，也考虑到电信运营行业的某些通信设备因技术性高、垄断性强等方面的因素，而具有极强稀缺性的特点，拟基于增值性与竞争力属性进行划分，同时考虑分布特点分为三类（见图4-5）：战略性供应商、重要供应商和一般性供应商三类。

图中分类斜线（即线M与线N）

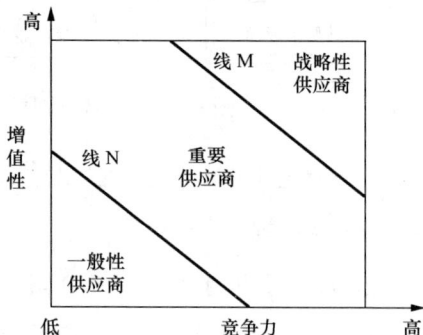

图4-5　基于增值性与竞争力属性的电信运营商供应商分类模型

与水平线角度均为45度；斜线可以平行移动，以根据实际管理需要来控制不同类别供应商的数量。总体上看，三类供应商应具备如下特点（见表4-4）。

表4-4　基于增值性与竞争力属性的电信运营企业供应商分类结果特点对比

类　别	特　点
战略性供应商	生产规模大、经验丰富、产品品种丰富且技术成熟，同时有良好的合作历史的供应商。供货能力、产品质量及服务质量都较优
重要供应商	生产规模大但经营产品不是很多，或者生产规模适中但是提供比较重要的设备的供应商。供货能力一般、产品质量和服务质量都比较好
一般性供应商	生产规模比较小，产品种类也比较少，一些非核心设备的供应商，一般而言。供货能力、产品质量和服务质量不一定能得到保证

4.2.3　电信运营商企业的供应商分类指标选取与构建

在前人对供应商分类指标选取研究的基础上，考虑到指标选取定量与定性的结合，对增值性与竞争力两个维度的指标进行如下细致划分（见图 4-6、图 4-7）。

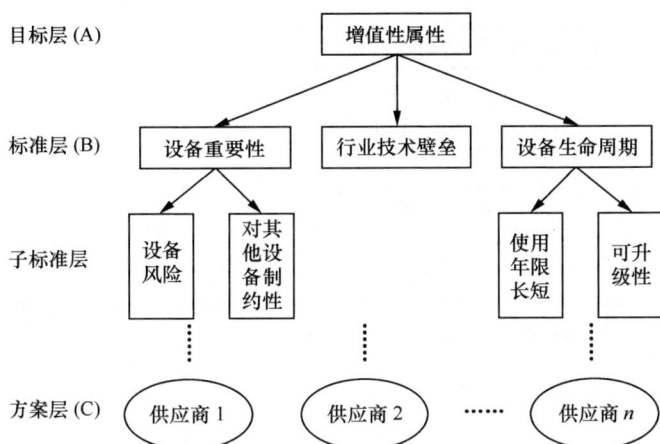

图 4-6　增值性属性指标层次结构

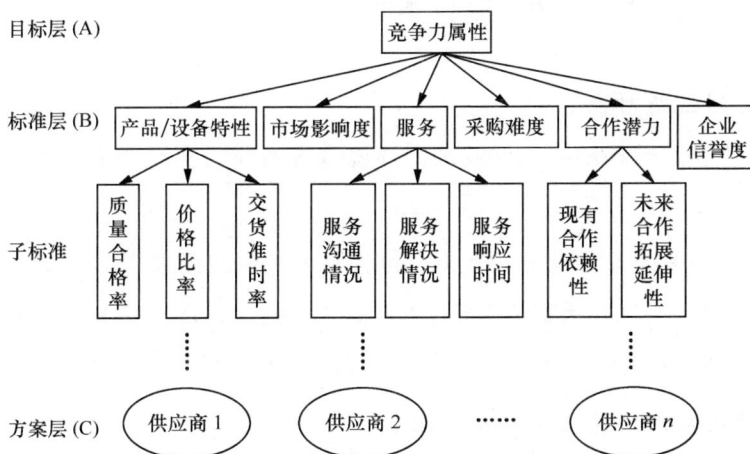

图 4-7　竞争性属性指标层次结构

确定指标之后，即可按如下流程（见图 4-8）进行实际的供应商分类与评价。

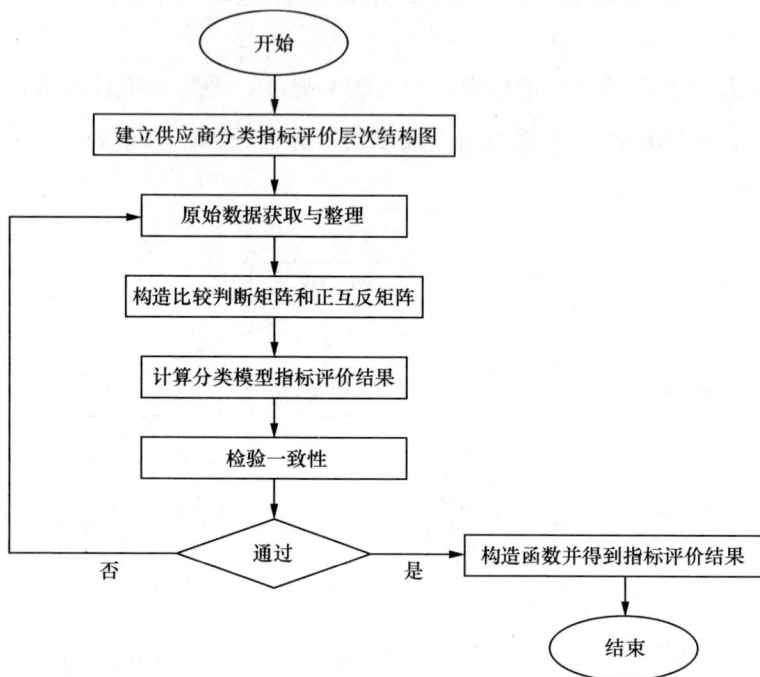

图 4-8   本研究采用的电信运营企业供应商分类与评价基本流程

4.2.4   电信运营企业供应商分类的实例分析

1. 实例分析对象

本文选取某省移动的电源及动力环境供应商作为实证研究的供应商分类目标。

截至 20×× 年，某省移动电源及动力环境的供应商共有 17 家，将这些供应商随机排序，依次用大写英文标注供应商 A、B、C、D、E、F、G、H、I、J、K、L、M、N、O、P、Q 共 17 家。

2. 确定实例研究的分类模型坐标

根据电源及动力环境类设备的重要性及采购部门管理能力，拟定战略供应商、重要供应商及一般供应商的比例为 20%、50% 和 30%（见图 4-9）。

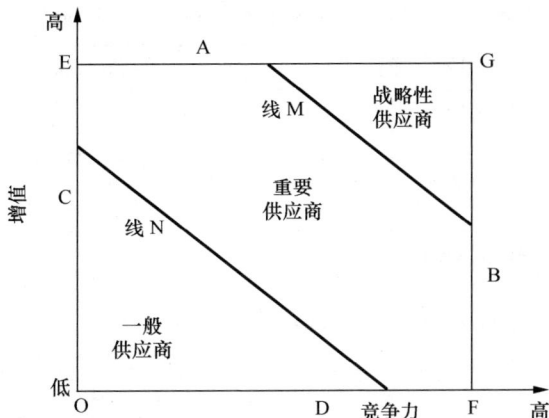

图 4-9 供应商分类实例

结合拟定的比例，通过面积进行计算，可得，$AG/EG=GB/GF=SQRT(20\%×2)=0.632$。

同理可得，$OC/OE=OD/OF=0.775$。

在本实证中，对供应商评价数据采用的是 1 ~ 5 标度法，采样数值在 [1, 5]，对数值进行减 1 转换，以方便坐标图画取。转换后的数值在 [0, 4] 区间中，因此确定坐标 $O(0, 0)$，$G(4, 4)$，$A(1.472, 4)$，$B(4, 1.472)$，$C(0, 3.1)$，$D(3.1, 0)$，

AB 所在直线为：$x+y=5.472(x \geqslant 1.472，y \leqslant 4)$，

CD 所在直线为：$x+y=3.1(x \geqslant 0，y \leqslant 3.1)$，

三角形 AGB 所在区域满足条件 $x+y \geqslant 5.472$，

三角形 COD 所在区域满足条件 $x+y \leqslant 3.1$，

六边形 $ABFDCE$ 所在区域满足 $3.1 \leqslant x+y \leqslant 5.472$。

3. 实际数据的获取与分析结果

对采购部门、工程规划设计单位及设备使用部门共 20 名人员进行问卷调查，确定两类指标的权重；对采购部门及设备使用部门共 19 名人员针对 17 个供应商的实际情况进行问卷式打分，得到供应商的各指标得分。然后进行数据标准化、标度转换、构造比较判断矩阵、计算结果并做一致性检验等处理，其中计算结果与一致性检验阶段主要用 Excel 工具 VBA 编程实现。

最后得到各指标权重的结果见表 4-5。

表 4-5 供应商分类评价指标权重的实例分析结果

指标属性 （目标层）	二级指标（准则层）		三级指标（子准则层）	
	指标名称	权重		权重
增值性属性 Y1	设备重要性A	a=0.707	设备风险A1	a1=0.807
			对其他设备的制约性A2	a2=0.193
	行业技术壁垒B	b=0.190		
	设备生命周期C	c=0.103	使用年限长短C1	c1=0.359
			可升级性C2	c2=0.641
竞争力属性 Y2	产品/设备特性A	a=0.358	质量合格率A1	a1=0.598
			价格比率A2	a2=0.278
			交货及时率A3	a3=0.124
	市场影响度B	b=0.101		
	服务C	c=0.207	服务沟通情况C1	c1=0.103
			服务解决情况C2	c2=0.681
			服务响应时间C3	c3=0.216
	采购难度D	d=0.053		
	合作潜力E	e=0.132	现有合作依赖性	e1=0.841
			未来合作拓展延伸性	e2=0.159
	企业信誉度F	f=149		

据此构造的指标权重函数为：

Y1=a*A+b*B+c*C==a*(a1*A1+a2*A2)+b*B+c*(c1*C1+c2*C2)

=0.707*(0.807*A1+0.193*A2)+0.190*B+0.103*(0.359*C1+0.641*C2)

Y2=a*A+b*B+c*C+d*D+e*E+f*F

=a*(a1*A1+a2*A2+a3*A3)+b*B+c*(c1*C1+c1*C2+c3*C3)+d*D+e*(e1*E1+e2*E2)+f*F

=0.358*(0.598*A1+0.278*A2+0.124*A3)+0.101*B+0.207*(0.103*C1+0.681*C2+0.216*C3)+ 0.053*D +0.132*(0.841*E1+0.159*E2)+0.149*F

将 17 个供应商的指标得分代入函数式中，所得评价分值结果（5 分为满分）见表 4-6。

表 4-6　17 个供应商分类评价实际得分

供应商	增值性属性得分	竞争力属性得分	供应商	增值性属性得分	竞争力属性得分
A	3.867	4.026	I	3.693	3.792
B	2.392	3.224	J	3.214	3.904
C	3.557	3.634	K	2.935	2.761
D	3.821	3.156	L	3.457	4.135
E	3.005	3.479	M	2.836	2.193
F	3.231	4.457	N	2.893	3.223
G	2.626	1.385	O	2.978	2.005
H	3.243	1.798	P	3.145	3.529
			Q	3.267	3.778

然后形成分类散点坐标图（见图 4-10）。

得到分类结果如下：战略性供应商有 4 家，为供应商 A、F、I、L；重要供应商有 9 家，为供应商 B、C、D、E、J、K、N、P、Q；一般供应商有 4 家，为供应商 G、H、M、O。

结合调研访谈与上述分析结果，得到如下结论。

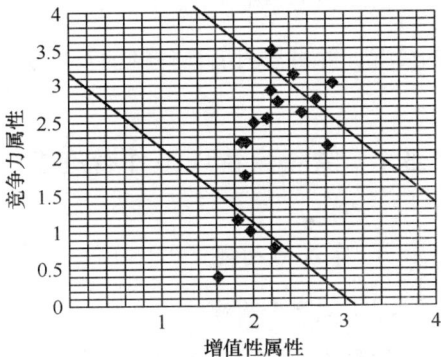

图 4-10　供应商分类散点图

1）四家战略性供应商的特点是：与该移动公司有较长的合作时间、愉快的合作经历，并预计未来的合作还会继续。

2）四家一般供应商的特点是：均为第一次与该移动公司合作，在合作过程中不同程度地出现了各种问题，产生负面印象。

3）增值性属性指标的结果分布相对比较集中（2.392 ~ 3.867），主要原因是增值性属性指标侧重考核设备在企业运营中的作用，而此次实证对象为动力及环境设备供应商，即配套设备，且这类设备基本与电池类产品关系很密切，因而这类供应商在企业运营中的增值作用普遍不太明显。

4）竞争力属性指标的分值结果排布分散（1.798 ~ 4.457），不同企业竞争

力的高低有明显区分。

|4.3　供应商选择与评价管理的应用分析|

　　供应商的管理对于很多国企的集中采购工作非常重要，它对于树立企业形象、节约费用、保证工程质量、扩大市场经营、提升客户满意度等方面起着不可忽视的作用，已经成为一种战略管理思维。在供应商的全生命周期过程中，供应商评价与管理工作贯穿始终，也需要不断对其进行优化，保证通过科学合理的供应商选择及评估基础工作，实现较优的供应商进入、退出及激励等管理，不断优化企业的供应网络，从而提高供应商管理的效益，提高企业核心竞争力。

　　以下以某省电信运营企业的采购管理工作环境为实际背景，分析当前存在的情况，并提出具有操作性的管理优化设计方案。

4.3.1　供应商管理工作存在的问题与解决思路

1. 存在的问题

（1）信息不对称

　　信息不对称造成该公司与上下游企业之间的脱节。如采购市场促销产品时，采购方式往往是通过委托/代理渠道进行购买，在开展一年一度的校园营销活动中，为抢占商机，各分公司提前制定采购方案，努力寻找并采购与竞争对手差异化的产品，提供更为新、奇、特的产品吸引潜在客户，而代理商提供的产品往往与历次提供的投标产品一致，给采购优质礼品带来困难，最终影响客户的满意程度。究其原因，有些代理商在进行产品供应商选择时，更关注产品质量、供应能力、送货能力以及供应商的技术保障能力等，事实上这类供应商所提供的技术往往是较成熟的、标准化的产品或服务，很难与竞争对手形成差异化优势。因此，供应商通常只根据该公司要求进行生产或提供服务，而不会有更多的产品方案。但公司并不能完全了解供应商及其下游企业的生产技术和服务能力，以为能够通过一般的采购活动获取有特色的产品，这就形成了信息不对称。在竞争的环境中，很多供应商还会想办法增加这种信息不对称，从而获取更大的收益。这种情况也会给下游企业在产品与服务的改进、革新等方面带来了诸多的难度和不确定性。

目前电信运营产业在信息共享方面普遍缺乏积极有效的合作行为。事实是，通过调查，发现可以共享的信息除了市场信息外，还包括参与者的相关生产信息，而运营商的部分生产信息合理共享非常有利于链条运作效率的提高，这是一个互动的过程。如运营商将销售计划、各渠道商的销售能力与渠道商共享，有利于提高渠道销售的效率、创造渠道竞争环境；而渠道商适时将销售信息、客户信息反馈给运营商有利于产品性能或服务的改进，有利于新业务开发。处于产业核心地位的电信运营企业，应将建立高效的信息共享平台与信息传递流程作为塑造新的竞争能力的战略方向之一。

（2）"牛鞭效应"

"牛鞭效应"是供应链上各环节普遍存在的高风险现象，包括销售商与供应商在需求预测修正、订货批量决策、价格波动、短缺博弈、库存责任失衡和应付环境变化等方面博弈的结果，增大了供应商的生产、供应、库存管理和市场营销的不稳定性。现实问题是，该公司供应商的供货对生产有可能产生严重影响时，不得不依靠庞大的库存保证物料的存放，造成库存成本的上升，使物流成本维持在一个较高的水平，当供应链中各环节都试图增加库存时，就造成了产品过量积压，资金被不合理地占用，导致整个供应链运作效率难以提升，不可避免地产生了较大的牛鞭效应。

（3）潜在供应商开发的不确定性

随着该公司用户规模的壮大，用户需求的多元化，也必然要求企业的网络建设、市场经营与时俱进，这样就对新技术、更有竞争力的上游产品与服务的采购需求增大，与具有这种优势的供应商开展业务有利于企业采用更合理的策略进行生产或服务的组织。但由于这部分供应商的发展具有相当大的不确定性，这就要求该公司能准确地开发这些潜在供应商，适时进行战略调整以适应新情况，同时在合作模式上进行一些创新，比如合作研发、经费支持、优先付款、先款后货等模式。比如中国移动在 TD 产品的生产商就采取这种策略，而且效果不错。

（4）实时动态管理的建立还存在挑战

日益激烈的市场竞争，要求我们必须对市场变化和客户需求做出快速灵活的响应。供应链发展对物流的响应要求提高，优化订单周期，进行系统优化、流程优化与穿越，采用信息技术以及加强运作管理等方法，目的是建立同步供应链体系。但目前还存在很多具体问题：例如目前各地单位都有自己的供应商名录，但供应商信息不全面，更新不到位；采购部门要求各需求部门对供应商进行年度评估，但评估的结果没有形成动态的信息，未形成供应商实时记录，没有真正起到管好供应商的作用；供应商的合同履约过程的评估，信息滞留在相应主管，且不够全面、客观；供应商评估表中各指标项在实际打分时的依据不充分，一线人员打分不专业；对供应商的奖惩，没有与以前的合作表现分数挂钩，目前是"一事一议式"；在物资的到货及管理方面，一线的班组等实际执行层的信息没有向上反映的渠道，等等。

2. 解决思路

总体思路：做好基于供应链的供应商评价，加强管理。企业的不断发展，包括研发新品、开拓新市场、压缩成本等，都需要有优秀的供应商给予有效的合作和支持，因此在供应商生命周期全过程进行全面客观评估具有十分重要的意义：更好地支持采购决策和支持买卖双方的沟通，可提供绩效反馈并对供应商进行有效的激励和指导。

（1）科学的供应商评价指标

供应商评价指标体系主要目的将供应商的合作情况、历史情况能够通过一种简洁、可操作的工具进行反映，并进行数据积累，能够为企业对合作伙伴的真实水平和能力作出客观评判。供应商的指标设计主要应遵循四项原则：

第一，简洁科学。评价体系的复杂程度应该适当，能满足企业发展实际需要，同时应该以科学作为基本前提。要有科学的理论作指导，使评价指标体系能够在基本概念和逻辑结构上严谨、合理，抓住评价对象的实质，科学反映供应商的实际情况。同时，必须是客观的抽象描述，对客观实际抽象描述得越清楚、越简练、越符合实际，科学性越强。指标体系要适中实用。如果指标体系层次过多、指标过细，就会导致评价的注意力不能体现整体层面；而指标体系过小、指标过粗又不能准确的反映实际情况。所选评价指标应呈现趋势化，即优化方向一致，以保证评价的科学性、合理性。

第二，可拓展性。不同行业的供应商，它们往往都有自己行业的特殊要求，因此一些特殊的指标可能需要加入，这就要求评价指标体系和相应的评价模型有扩展的空间。所以在设计系统模型时应具有适应环境变化和发展的能力，指标体系要具有发展性和前瞻性，要考虑各因素的发展趋势，适应决策的发展和决策环境的发展。

第三，可操作性。建立尽可能完备的评价体系，特别是对于供应商的主要因素既不要遗漏也不要重复，既要有针对合作伙伴关系的共性指标，又要有针对不同业务合作伙伴关系的个性指标，保证可以用来对供应商进行全方面、综合的评价。指标体系的设立应该有足够的灵活性，使企业能够根据自身特点和实际情况进行运用。评价指标体系的大小需适度，能够满足对供应商正确评价的需求即可。

第四，定性和定量相结合。对供应商的评价因子，有些是定性的，有些是定量的，且定性定量因素又是相互影响的。影响评价供应商优劣的因素大多是无法用定量指标描述的，因此用定性和定量相结合的方法来建立供应商选择的评价体系与评价方法是非常必要的。采用合理的分类标准，尽量减少各评价指标之间在概念上的重叠性和统计上的相关性，各指标应尽量避免呈现包容关系，对隐含的相关关系在处理上尽量弱化。综合考虑这些因素，建议利用系统的方法通过对研究对象的决策过程、影响因素进行深入分析，建立一个定性定量相结合的描述决策问题的系统化的模型，力求做到定性定量的协调、统一的客观评价体系。

最早对供应商评价指标做出系统研究的是美国学者 Dickson（1966），他提出以质量、交货期和历史绩效为最重要因素的供应商评价 23 条准则，并向美国经理协会的 273 位采购经理与采购代理进行了调查，对指标的重要性进行排序，使供应商的选择第一次有了清晰的评价指标体系，并成为影响以后研究者建立评价指标的框架。结合该公司实际，将此 23 条评价原则进行一定程度的简化优化；同时考虑到企业操作的便捷性和易用性，为广大一线采购管理人员生成可操作性的评估工具，参照马士华[152]等提出的平衡供应链计分法，从客户角度、供应链内部流程角度、未来发展性角度和财务价值角度，最后形成如下（见表4-7）指标及其标重要性判断。

表4-7　结合实例建立的供应商评价指标

排序	准则	评价
1	质量	EI
2	企业经营历史	CI
3	技术水平	CI
4	生产能力	EI
5	历史客户评价	EI
6	价格水平	CI
7	管理与组织能力	CI
8	财务状况	AI
9	地理位置	CI
10	物流仓储管理能力	EI
11	企业社会责任	AI

注：EI为很重要，CI为比较重要，AI为一般重要

该指标体系可以作为供应商选择及后期评估的主要依据，并根据实际应用进行调整细化。

（2）做好供应商认证与分类分级设计

供应商认证和分类分级管理工作对于提高采购的规范性和高效率具有重要意义，国际上知名电信运营企业的供应商认证和分类分级管理工作已经走向深入。以 Vodafone 为例，建立了一套完备、详细的认证体系，很多企业以通过 Vodafone 的认证作为自身资质能力的证明。建立认证系统的作用包括：从源头上确保采购产品/服务的质量，提升采购管理水平；以透明、公开的认证流程实现采购认证的科学性、公正性；彰显社会责任，督促供应商在节能减排、员工

关怀、社会责任上做出更多的努力。

供应商认证指标可分为创新水平、企业实力、社会责任和资质认可四大项。产品类供应商认证指标从研发设计能力、生产能力、质量保证能力和安全性几个方面，对产品生产全过程提出了控制要求，并要求对关键流程进行清晰的界定，对关键设备、生产设施与环境、检测设备等进行严格的控制。服务类供应商认证指标用于评价供应商的售后服务能力和售后服务水平，以确保采购产品满足使用要求，包括服务体系、服务响应速度和备件服务等主要内容。同时对供应商的认证还应有商务能力和交付能力两个重要方面，商务能力的评审对于规避与供应商进行商务活动所可能带来的法律风险至关重要，交付能力的审查则对于提高供货效率确保及时性具有重要意义。

供应商分类是供应商评估管理的基础，供应链后期所有管理过程将围绕这个逻辑关系进行研究，其分类方式可以存在多种，划为的目的是进行差别化的合作方式，对整个采购工作乃至整个企业的发展是有重要意义的。就通信行业而言，针对产品特点不同可以将供应商按产品分为五类：软件及服务类、网络基础设备、IT 设备、网络专用产品和大众通用型产品。同样，还可以对供应商进行分层、分级，如通过评估供应商"申报产品 / 服务"的重要性，综合采购金额指标，对供应商进行分层。通过分层来识别企业供应链的重要环节，按照供应商所提供产品对企业的"综合贡献度"来评价供应商的重要性。按照层级不同，对供应商采用不同的合作模式与合作紧密度，开展差异化的关系管理策略，强化企业供应链的稳定性和安全性。分级主要是立足于供应商整年度各方面的表现，按照供应商年度评估的结果进行等级划分，目的是体现针对特定供应商的选择决策，不断促进供应商提升自身能力，促进公司供应链的不断成长。

（3）重视供应商的选择

要通过对供应商的中长期评价机制，把那些与我们企业战略目标一致、企业利益共赢、长期合作良好、性能价格比优秀的供应商筛选出来，把它们的价值显性化，并且以量化的方式纳入到评标体系中，作为对供应商选择机制的有机组成部分，这样才能具备合理合法稳步推进战略采购的基础，同时也能把供应商分级管理的激励和惩罚措施落到实处。

要加强供应商在供应商链中的事前管理和控制，结合 IBM、Vodafone 和 BT 等标杆企业在供应商管理方面的经验，公司要加强对供应商选择的管理。这项工作是供应商管理的起点，选择的依据是供应商评价与审核的结果，选择的过程实际上也是供应商评价与审核的过程。

1）供应商选择的目标。按照现代采购管理要求，供应商选择的目标不是寻找价格最低的供应商，也不是最短交货期的供应商，而是从全面质量管理角度出发，对供应商生产能力、技术水平、物流仓储响应、配套服务、产品升级等方面进行全面综合考量，从而选择出各方面综合实力比较强的供应商来实现合作。

2）供应商选择的方法。供应商选择的方法在实践中比较多，但一般来讲，供应商选择是从入围供应商库中进行选择，如果没有合格供应商，则启动外部选择流程。供应商选择的数量和对象，一般坚持可供选择供应商数量、采购物资的数量、采购时间的紧迫程度结合来判断。在技术操作上，常用定量与定性相结合的方法选择供应商。

（4）供应商评估管理规范化

采购部门通常会在年底阶段向相关部门、分公司、相关岗位发出"供应商年度评价"的通知，各部门、分公司、相关岗位根据合作过程中的印象对供应商进行打分。年底评价已不能实时反映供应商的实际水平与表现，评分的方式单一主观，有效性差，对公司的后期工作的参考价值有限。所以，要用一套标准的供应商评估规范提高实际关于评估管理工作的科学有效性。

企业要建立供应商的质量记录档案，在供应商管理、评估办法的基础上，明确定义供应商管理各项工作，打造各级部门、岗位执行各项工作的作业指导书，明确定义各阶段的供应商考核评估的内容与流程，明确定义各类供应商应审核的哪些资质。对供应商进行资质审核过程时，各专业类供应商的资质审察包含哪些内容，如行业、法律的有哪些规定，并将以上要求工具化、模板化，在以上框架结构的基础上，对具体的考核指标设定评分标准，打造该公司实操性的供应商管理体系与管理工具。

供应商信息设专人维护，完善管理规范，增加供应商库及相关管理规范；

与合作过的供应商有持续的沟通，以及信息储备制度化，了解供应商所处行业的发展概况；采购人员也要建立供应商信息共享的数据统计分析平台，企业利用这些资料，为动态管理提供基础依据。供应商也可以及时看到自身的质量问题，变企业要求供应商改进为供应商主动及时改进。定期考核评价是对供应商实施动态管理的有效手段，它能将客户、企业、供应商有效地联系在一起，使问题在最短的时间内得到解决。

另外针对供应商考核评估标准分散在各部门，各部门对供应商的评估信息相互独立、不能共享缺乏统一的归口部门的问题，应在公司层面设定专门部门的统一管理，固化制度。

（5）建立一致的质量观念

此处质量观念是一个广义的概念，不管供应商是提供有形的产品还是无形的服务，都要强调质量观念。具体而言可以归纳为如下质量要求：第一，产品符合要求，甚至超出期望。强化服务质量意识，以保证供需双方接触界面的人员的共同满意。第二，交货准确及时，不出差错，在物流的各个环节比如运输、装卸、仓储、流通加工等必须维护或提升产品质量。第三，供应商要努力提升创新能力以满足需方不断增长的新需求，需方必须提供必要的帮助与合作。第四，供需双方都要向对方提供可靠的信用保证并持之以恒。

对于供应商要安排培训，使其改变观念，提高技能，认识到优良的产品质量不仅能够保障设备系统的无故障运行，而且供应商的后期回款也能得到保证，同时大大减轻供应商和服务商的服务压力，达到各个环节间良性循环。同时对质量过关、信誉度高的供应商可以邀请其参与公司采购定标的讨论，在项目标书编制、规范定制上体现供应商的作用。公司还应积极主动与供应商深入沟通，建立稳固合作关系，让有准入资格的供应商有自己的荣誉感，让有合作经历的供应商有成就感，增加彼此的尊重和责任。这种共同的质量观念对企业产品质量的保证有着极其重要的意义。

（6）建立合理的供应商的绩效评价体系

首先要有量化的供应商绩效指标评价系统。在现有供应商年度综合评定表格的基础上，对于具体评定指标进行量化、细化，如在质量能力的指标上通过

ISO系列的认证，应该由第三方对其进行年度评价从中衡量企业的运作是否规范，在用户抱怨指标方面，应该请需求部门的人员提供相关的依据，明确供应商在合作方面的量化表现。

对于供应商的设计开发能力的评价，和技术部门一起针对不同类型的供应商考察，选择合适的技术指标进行考核。财务方面则要请财务部门对供应商的各项财务指标进行综合评估。服务及售后服务方面要从服务响应的时间、服务的质量、服务人员的素质、服务满意率等方面着手，然后根据这些指标对该公司的重要性以及权重进行系统核算形成综合评价分值。对于供应商物流便利性的考核除了供货状况如供货准时化程度，还应该增加断货累计时间及断货可能带来的生产损失价值等内容。评价优秀供应商的各单项指标都应得到严格遵守，经过专业的评估并建立一套全面完整、客观的供应商绩效评价数据库系统。

4.3.2　供应商的开发管理设计

供应商的开发是整个供应商管理的前端工作，其表现不仅关系到企业的产品质量，也关系到整个采购部门的业绩。供应商的开发实质就是从一开始做好把关，为后期良好的合作奠定基础。供应商开发管理的主要工作包括供应商的寻源和新供应商的准入认证，其中准入认证包括准入评估和实地考察两个环节，目的是通过对拟采购产品潜在供应商的广泛寻源、对认证供应商的考察筛选，将传统采购过程中的供应商评价和采购后的质量管理的部分工作提前到采购前完成，这样能有效地降低采购成本，保障采购质量，控制采购风险，也可以稳定供应商关系。

1. 潜在供应商的寻源

潜在供应商寻源包括"信息公示"与"主动寻源"两种。信息公示：每年年初采购部门在公司的网站与相关媒介平台上发布"供应商招募信息"，将公司"年度采购计划"与"供应商名录扩展计划"向各行业厂商公开，招募潜在供应商参加准入评估。主动寻源：各业务部门在供应商名录无法满足本部门采购需求，或者认为需要增加供应商准入时，应通过各种途径主动寻找符合部门需求的潜在供应商，保证外部供应链的畅通。各业务部门要密切关注本行业国内外采购指南、产品发布会、产品展销会、行业协会（会员名录、产业公报）、企业协会、政府组织的各种商品订货会、国内外各种厂商联谊会和同业工会、国内外政府相关统计调查报告或刊物、其他出版物的厂商名录、同行其他运营商的采购信息以及供应商自荐、B2B 平台等渠道中的潜在供应商信息，找到符合部门需求的潜在供应商之后，主动与其进行商务接触并发出"准入评估"邀请。各部门在接触潜在供应商的过程中，应先对潜在供应商的基本资质进行审核，确保潜在供应商具备合法资质且无不良记录。

实际供应商寻源信息系统设计如图 4-11 所示。

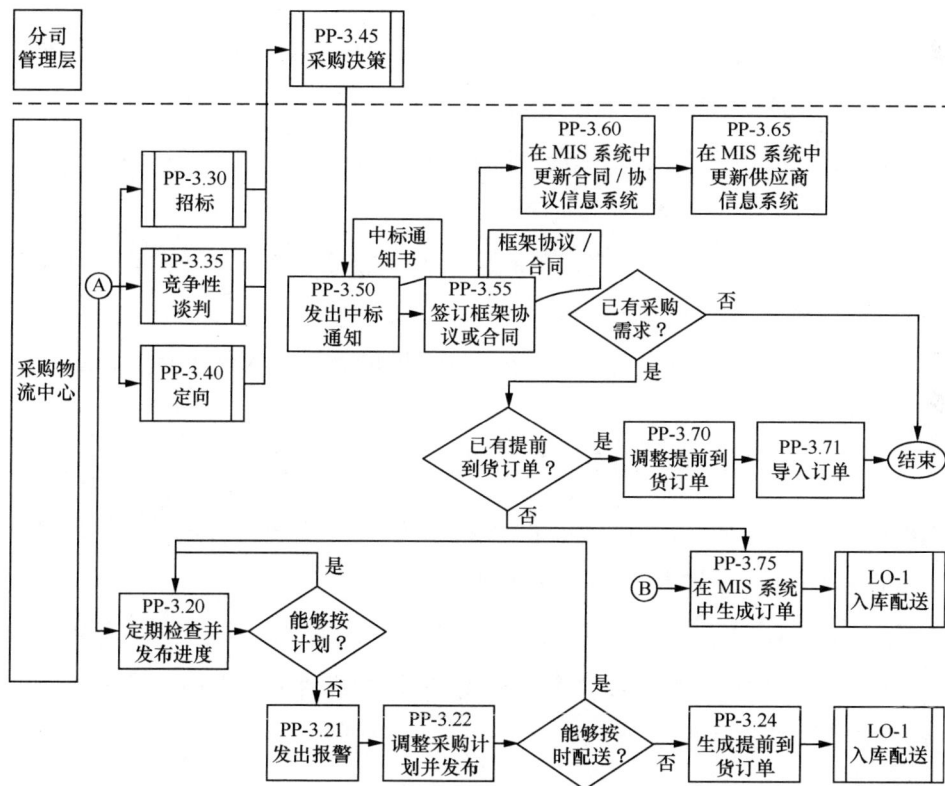

图 4-11　供应商寻源系统流程设计（截图）

2. 供应商的准入认证管理

准入认证主要包括准入评估和实地考察两项。采购部门对潜在供应商填报的企业信息与提供的证明材料进行审核，经过审核的潜在供应商的企业信息储存至供应商管理系统，同时根据准入评估机制组织业务部门填写"准入信息评估表"，表中的各指标项的设置可以根据供应商特征进行调整，由采购部门组织各业务部门评估更新，重新制定。通过信息评估的供应商，根据实际需要由采购部门组织业务部门、财务部门、法律事务部门以及外部相关专家进行实地考察。只有准入信息评估与实地考察两项考核都通过的供应商，才能进入"供应商名录"，该名录是公司招标、询议价、定向谈判时选取供应商的实际范围，进入名录的供应商具备与公司合作的资格。

（1）供应商准入审核流程及要求

供应商准入管理流程如下。

1）采购部门建立供应商准入评估机制，根据准入评估机制对潜在供应商实施准入管理，建立与完善公司供应商名录。

2）为建立和完善供应商管理机制，原则上所有"合作供应商"必须经过采购部门的准入评估，应当从供应商名录中产生。

3）各业务部门根据本部门历年采购情况，核定供应商名录中归属本部门的供应商的数量。一般每个小类的供应商数量应保持在 5 家以上。

4）潜在供应商准入评估必须严格按照标准进行，任何部门不得降低或者更改准入评估的标准。

5）潜在供应商准入评估分定期评估和邀请评估。定期评估在"信息公示"后进行，每年年初一次，由采购部门牵头组织，各业务部门配合进行。邀请评估由业务部门在"主动寻源"后向采购部门提出申请。

6）邀请评估原则：如遇供应商名录无法满足采购需求，需要从名录外选取供应商时，应进行"主动寻源"，业务部门填报"新供应商需求书"，启动潜在供应商"准入评估流程"。

准入管理流程见图 4-12。

相关具体规定如下。

1）新供应商为未在本年度合作供应商名录中的供应商或已经过资格审核，但审核时间已超过 6 个月的潜在供应商。

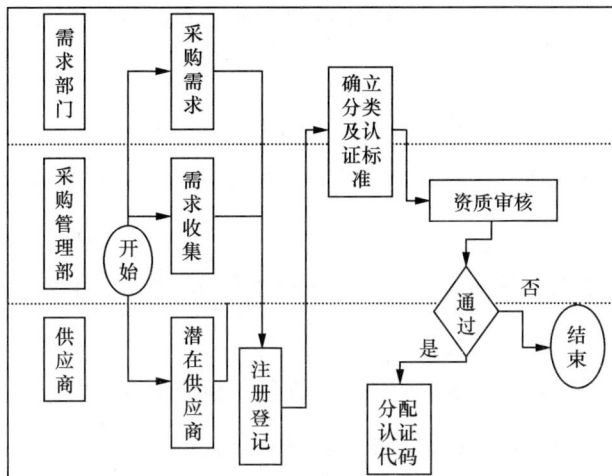

图 4-12　供应商准入管理流程

2）各类采购项目涉及的新供应商审查，如无特殊情况，必须进行实地考察。考察组由采购部门负责牵头组织，并邀请需求部门或技术主管部门人员参加，考察安排及邀请应以书面文件或邮件形式通知部门领导。

3）邀请招标项目，如涉及新供应商且通过准入资格审核的新供应商不足三家，应改为公开招标方式。

4）通过准入资格审核的新供应商，如属需求部门推荐，需其部门出据书面文件，经部门领导审核签字。

5）审核人员须核实确认新供应商提供产品/服务为自有，还是代理其他厂家，并在采购建议中明确。

6）供应商提供的联系人应不少于三个（按销售员—销售部门领导—公司主管销售领导分级提供，如有中间环节，可自行增加），并应分别提供移动电话及固定电话。对于上述信息，审核人员须进行核实确认。

7）供应商须分别提供注册地址、办公地址及实际生产所在地址，审核人员须进行实地核实确认。

8）首次合作供应商，须在付款条款加以约束：预留 10% ~ 20% 尾款，产品稳定运行 6 ~ 12 个月，由建设或使用部门出具产品稳定运行报告后支付。

9）根据采购项目实际情况，要求供应商提供样品，以及进行必要的产品检测。根据需要邀请需求部门参与相关检测过程，并对具体技术检测报告进行书面确认。

10）新供应商准入审核基本内容，包括但不限于的内容：

- 企业创立时间、注册资金、投资构成及上下级公司或关联公司；
- 企业印鉴预留；
- 企业组织机构构成（需列出组织结构图），生产、销售及售后服务体系构成；
- 企业注册地址、主要办公地址及面积、生产地址及面积；
- 企业法人、销售、售后联系人及联系方式；
- 企业经营模式（生产型、贸易型、服务型、其他）；
- 生产企业、贴牌生产企业或代理销售企业，如为生产企业明确销售渠道，或为代理销售企业明确代理级别及相关法律关系（连带责任划分）；
- 企业人员构成、经营范围、主要收入来源；
- 财务状况；
- 各种企业资质证明文件，如入网许可证、管理体系认证、环境认证、施工资质等；
- 企业主要固定资产、生产或经营设备；
- 企业生产能力、主要生产设备、试验测试设备情况，生产、测试设备包括设备名称、型号规格、数量、制造厂家、购置时间、性能及用途；
- 产品生产许可证及其他第三方检测报告；
- 产品主要技术数据和性能的详细描述；
- 关键元器件明细表（包括制造厂名和国别、产地）及销售渠道；
- 产品制造、安装、适用环境及验收标准等；
- 企业质量控制流程、生产流程、发货流程等管理流程；
- 产品运输为自运或委托运输，如是委托运输，具体合作方式。

（2）供应商准入审核表

新进入的潜在供应商应按公司要求提交"供应商准入审核调查表"，该表是形成准入评估表的基础信息来源。表4-8以物流类供应商为例，展示供应商准入审核调查表的相关内容。

表 4-8　供应商准入审核调查表（物流类）

企业基本情况					
注册名称（中英文）					
注册资本		注册日期		组织机构代码	
注册地点				税务登记证号	
法人代表		联系电话			
企业性质	□有限责任公司　□无限责任公司 □股份公司			其他 （请注明）	
总经理名称		联系电话			
营业执照日期 及有效期			营业执照 经营范围		
办公地址				办公面积	
质量主管姓名		职务		联系电话	
销售主管姓名		职务		联系电话	
售后服务 主管姓名		职务		联系电话	
银行的信用等 级及评定日期 （近三年）					
母公司或控制 或上级公司					
上级公司 管理模式	□任命总经理　□派人参与管理　□不参与日常管理 □仅通过资金管理				
下属公司			□全资　□控股参股　□合资　□合伙		
			□全资　□控股参股　□合资　□合伙		
			□全资　□控股参股　□合资　□合伙		
			□全资　□控股参股　□合资　□合伙		
			□全资　□控股参股　□合资　□合伙		
主要服务类型		□仓储　　□运输 □仓储和运输		企业固定产 规模	
公司正式员工 数量		销售人员 数量		大专学历数量 或比重	％人

（续表）

管理水平评估	
仓储作业流程	□完整书面　　□部分书面　　□散在各种规章制度中 □无书面制度
仓储安全规范	□完整书面　　□部分书面　　□散在各种规章制度中 □无书面制度
对仓库装卸台有无 数量统一要求	□完整书面　　□部分书面　　□散在各种规章制度中 □无书面制度
对仓库装卸台有无 尺寸统一要求	□完整书面　　□部分书面　　□散在各种规章制度中 □无书面制度
对仓库装卸设备配置 有无统一要求	□完整书面　　□部分书面　　□散在各种规章制度中 □无书面制度
对仓库安全设备配置 有无统一要求	□完整书面　　□部分书面　　□散在各种规章制度中 □无书面制度
运输作业流程	□完整书面　　□部分书面　　□散在各种规章制度中 □无书面制度
业务信息流转载体	□全电脑且联网　　　　□全电脑但无联网 □主要信息通过电脑网络 □主要依靠书面流转　□主要依靠口头传递　□其他

（3）供应商准入信息评估指标

以供应商评估指标形成的基本思路为基础，经过征求各部门意见后形成了如表4-9所示的供应商准入信息评估表。

表4-9　供应商准入信息评估表

一级指标	二级指标	三级指标	一级指标	二级指标	三级指标
综合能力	企业规模	员工人数	生产能力	生产设备状况	生产线状况
		经营年限			生产设备故障率
		注册资金			设备年产量
		总资产平均余额		原料供应	原材料供应质量
		主营业务收入			原材料环保达标状况
		主营业务利润			原材料供应稳定性
		企业资信证明		交货能力	产品一次性交验合格率
	行业内实力	行业综合实力排名			月交付能力
		同行市场份额占比			仓储安全控制
		获得荣誉奖项（近三年）			企业仓储管理情况

（续表）

一级指标	二级指标	三级指标	一级指标	二级指标	三级指标
技术能力	产品质量	质量指标	生产能力	质量管理水平	质量体系认证情况
		产品合格率			企业内部质量控制流程
	标识与包装	产品标识	市场能力	销售业绩	上年产品销售数量
		产品包装			产销比
	技术水平	产品的技术含量			上年产品销售金额
		技术支持		市场开拓	近3年市场份额变化趋势
	研发能力	研发机构			市场开拓计划
		近三年研发项目数量与业绩		市场效果	消费者满意度（中消协）
		研发资金投入			消费者投诉率（中消协）
		研发控制流程			三包期内返修率
		获得专利数量		客户合作	主要客户移动集采数量
服务能力	全国服务网络	全国自有渠道数量			其他运营商集采数量
		全国代理销售渠道情况			行业客户满意度
		平均每网点服务人员数量	财务能力	财务健康状况	是否有外部审计报告（Y/N）
	本地服务网络	本地渠道数量			经营性净资金流量
		本地仓储资源			资产负债率
		本地配送资源			现金比率
		本地服务人员		成长能力	利润增长率
	售后服务响应	服务内容			收入增长率
		服务时间	企业社会责任		年度社会责任报告
		服务响应流程			社会责任SA 8000认证
		售后服务响应速度		员工权益保护	企业员工福利状况
		问题解决能力			企业员工权益维护
		平均故障处理时间		环境保护	红色节能减排状况
		主动服务意识			污水、重金属处理状况
		监督与投诉机制			废旧原料、产品回收
	渠道能力	经销资质		社会慈善公益	参与社会捐助财务价值
		合作厂商情况			参与/赞助慈善公益行动数量
		本地服务人员技术水平			

实际应用上，该公司各专业部门按照选择企业的侧重点不同，对该准入评估表进行指标删减，并按照考核重点不同，赋予不同的权值，进行量化评估。

4.3.3　供应商评估管理设计

供应商评估主要是对供应商的实力和资历，以及合作情况进行客观估量，为今后是否继续合作，合作深入程度确定、供应商的激励、企业的风险防范提供参考依据。供应链的管理事后控制不如事中控制，事中控制不如事前控制，因此，对供应商评估包括了准入评估、过程评估和年度评估三部分。其中准入评估管理主要通过准入认证中的准入信息评估与实地考察来完成，已经在前述4.3.2节中介绍过，本小节主要介绍过程评估和年度评估两部分内容。

1. 过程评估

过程评估针对与供应商的整个合作过程进行评估，一般分为合作前期、合作期间、合作后期三个阶段。合作前期主要考察商务谈判阶段的沟通效率与效果，对供应商的商务文件规范性、商务沟通等进行评估；合作期间主要考察与供应商签订合同正式合作期间供应商的履约状况；合作后期评估指与供应商合同结束之后的期间，对供应商提供的增值服务进行评估。

过程评估由采购部门发起和组织，业务部门执行。在整个合作过程中一般都会执行一次合作前期评估、一次合作后期评估。原则上，合同周期小于3个月的，进行一次合作期间评估，大于3个月的，每季度进行一次合作期间评估。各业务部门可根据采购产品的重要程度及合同金额确定合作期间评估的频次进行评估。

过程评估分为设备类、用品类、工程类、服务类四种类别对供应商实施评估，各类别适用范围如下：

设备类：包括通信主设备及配套设备类、终端类、资产类，使用"设备类供应商过程评估表"；

用品类：包括业务用品类、其他类，使用"用品类供应商过程评估表"；

工程类：包括工程服务类，使用"工程类供应商过程评估表"；

服务类：包括技术支持及服务类、市场服务类、审计及咨询类、后勤服务类，使用"服务类供应商过程评估表"。

具体评估内容见表 4-10。

表 4-10　供应商合作过程评估表

一级指标	二级指标	三级指标	评分标准	实际得分
商务谈判	商务文件	商务文件完整性		
		商务文件规范性		
	商务沟通	沟通积极性		
		沟通效率		
交付	产品送达	时间控制		
		地点准确性		
		运输方式符合性		
		搬运状况满意度		
	外包装检查	包装材料合理性		
		包装方式合理性		
		物箱表面完好率		
		物箱表面标注清晰度		
	箱内检查	箱内检查符合性		
		产品排放整洁度		
		产品表面检查符合性		
	产品规格检查	品名型号一致性		
		数量一致性		
	文件检查	文件齐全度		
		填写规范性		
质量	产品配置	配件完整性		
		附件完整性		
		说明材料完整性		
	产品检验	技术参数检测一致性		
	使用评价	产品投诉率		
		产品返修率		
		使用满意度		

（续表）

一级指标	二级指标	三级指标	评分标准	实际得分
响应	主动沟通	沟通积极性		
		沟通有效性		
	项目配合	催货配合度		
		不合格品处理速度		
	紧急订单处理	紧急订单配合度		
		紧急订单响应及时性		
	紧急事件响应	紧急事件配合度		
		紧急事件响应及时性		
		紧急事件解决问题彻底性		
	改进能力	价格调整		
		质量改进		
服务	服务人员	人员数量满足程度		
		人员素质满足程度		
		服务人员稳定性		
	服务态度意识	服务态度		
		服务意识		
	售后服务	服务内容		
		服务时间		
		服务响应流程		
		服务响应速度		
		故障定位和处理能力		
		平均故障处理时间		
		监督与投诉机制		
	其他服务	付款情况		
		回访机制		
满意度	商务满意度			
	需求满意度			
成本	采购成本			
	库存管理成本			
	售后成本			
合作后期增值服务	产品升级			
	维保服务			

过程评估表是由该公司各专业部门按照选择企业的侧重点不同，对相应的准入评估表进行指标删减，并按照考核重点不同，赋予不同的权值，进行量化评估。供应商过程评估的奖惩依据公司制定的《过程评估奖惩建议》执行。

2. 供应商年度评估

年度评估是对供应商全年度的各方面表现进行综合评价，针对供应商名录中的所有供应商，以年度评估（见表 4-11）得分为标准，于次年年初由采购部门牵头组织，各业务部门共同参与完成。

表 4-11　供应商年度评估表

评估要点	合作表现	企业实力	综合满意度
考核对象	供应商名录中所有供应商		
考核频次	每年年初（1月中旬）对上一年度供应商各方面的综合表现进行评估		
考核内容	评价本年度内供应商合作过程中的表现	评价本年度内供应商具备的实力	评价对供应商的综合满意度
数据来源	年度内的各次过程评估得分的加权平均分，合作金额为权重	各业务部按供应商"准入评估表"评估供应商的底更新信息的评分结果	采购部门对供应商的综合满意度评分
责任部门	采购部门提取年内各次过程评估数据	采购部门牵头，各业务部门实际评分	采购部门、业务部门实际评分
计算方法	各次过程评估总得分为 $C = \sum_{i=1}^{n} \frac{c_i - m_i}{M}$，式中，$c_i$ 为第 i 次过程评估得分，M 为全年合作总的有效合同金额，m_i 为第 i 次合作的有效合同金额	根据更新后的信息得到评分E	满意度评估得分F
	总分 $T = C \times 50\% + E \times 40\% + F \times 10\%$（其中权重可根据实际重新设置）		
分级方法	金牌：90分及以上；银牌：80～89分；铜牌：70～79分；普通：60～69分		

年度评估从三个方面评价：合作表现、企业实力、综合满意度。合作表现的数据来源为年内的历次过程评估得分的加权平均分；企业实力的数据来源为供应商年底更新后的本企业信息后，各业务部门按照供应商"准入信息评估表"

评估的得分；综合满意度的数据来源于采购部门、业务部门按照"综合满意度评分表"对供应商的综合满意度评估的得分，具体参照公司制定的《年度评估操作指导书》。

年度评估的意义就在于激励年度优秀供应商，同时惩罚年度表现不佳的供应商，优化供应商名录，为下一年度供应商合作的重要参考，从而达到促进供应商不断提升本企业的供应能力，优化企业供应链的目的。年度评估的奖惩依据公司制定了《年度评估奖惩建议》执行。

4.3.4　供应商激励管理设计

加强与供应商在绩效评估方面的沟通，定期适度向供应商公开或公示，可以加强与供应商之间的绩效结果交流。供应商看到评价结果以后，能够进行自我调整，并按照该公司的生产、物流、管理质量和设计开发方面的标准进行整改以达到或接近该公司的目标要求。同时，绩效评估也是评价操作过程的一种监督，有利于给供应商创造一个较为透明和公正的环境。

该公司供应商的激励管理主要是从分层激励管理以及分级管理结合的角度，对供应商的评估结果以及未来风险作出判断，给予差异化的激励，通过激励来实现供应商的服务水平的提升，以及通过资金支持、订单倾斜等模式，推进战略供应商关系的建立。

1. 分层供应商激励

通过对供应商的分层，将供应商根据其重要程度的不同，建立科学的差异化的沟通机制，全面提升客户关系管理的质量，并为供应商资源的储备提供支撑。

对主导供应商：建立常态化的沟通机制，双方通过定期沟通，及时发现问题并进行解决，全面保障服务的稳定性和合作的延续性；提供更多的培训和技术支撑，邀请其共同参与新产品设计及技术开发。对重要供应商：定期沟通，通过重点供应商座谈会等方式维系良好的合作关系。如果发现供应商存在不能持续经营等倾向，构成对本公司合作效益的潜在风险，确认是否需要启动供应商寻源机制，进行新的供应商储备。

2.分级供应商激励

通过供应商的分级，对各级供应商进行差异化的沟通和激励机制，促进供应商提供更加优质的采购服务。

1）邀请金牌供应商、银牌供应商参加座谈会，双方建立固定的互通机制和部门级互访机制。在供应商年度会议上，对金牌供应商进行表彰，并颁发"金牌供应商奖励"。

2）在省公司自主采购项目中，优先邀请金牌供应商参与采购活动；在商务和技术条件相仿的情况下，优先推荐金牌供应商；对于增加采购的部分，优先邀请金牌供应商。若没有金牌供应商，则银牌供应商优先。

3）对于银牌供应商，连续三次考核符合金牌标准，可由银牌供应商晋升为金牌供应商，并适当增加其订购量。对于铜牌供应商，连续两次考核符合银牌标准，可由铜牌供应商晋升为银牌供应商，并适当增加其订购量。对于普通供应商连续两次考核符合铜牌标准，可由普通供应商晋升为铜牌供应商。

4）在符合公司制度的前提下，可提高金牌供应商到货款、验收款的支付比例；并可优先支付货款或缩短票期。此外，在金牌供应商外，优先支付银牌供应商的货款或缩短其支付周期。

5）如果可选择多家供应商，可适当增加金牌供应商的份额。按评分结果每种产品选择 2 ～ 3 家供应商，根据供应商的等级确认供货比例。若选择的供应商分别属于金、银、铜牌供应商，则供货比例可按：70% ～ 80%、20% ～ 30%、0%的差异化比例确定；若选择的供应商没有金牌供应商，则应调整比例结构（如：50%、30%、20%），并寻找新的供应商或培养有潜力的供应商。

6）在项目招投标过程中，分别对金牌、银牌、铜牌供应商进行加分，金、银、铜牌供应商最高加分分别不超过 5 分、3 分、1 分。

同时也要加强对不同级别供应商的管理。对金牌供应商，连续两次考核结果不满足金牌标准，则将其降为银牌，并减少其订单10% ～ 20%；对银牌供应商，连续两次考核结果不满足银牌标准，则将其降为铜牌，并减少其订单20% ～ 30%；对于铜牌供应商连续两次考核不符合铜牌标准，则将其降为普通供应商。普通供应商在连续两次考核结果未能达到 60 分以上供应商标准，视同黑名单供应商，予以停止合作。

供应商存在严重问题并经查实的，取消相关供应商的产品在公司的使用资格并通报全省。严重问题主要包括：在招投标过程中严重违规，有严重技术缺陷、严重的质量问题而无法满足功能需求，以次充好、弄虚作假、无法兑现承诺的售后服务导致系统运行不正常等。

3. 黑名单管理

被列入黑名单的供应商，根据其问题严重程度分为冻结级黑名单和警戒级黑名单。对冻结级黑名单供应商 3 年内停止与之的一切合作，对警戒级黑名单供应商则 1 年内拒绝该类产品的合作。

冻结级黑名单供应商主要有以下几种：

- 在招投标、合同履约等过程中根据招投标管理办法或合同要求进入黑名单的供应商；

- 在供应商分级评估中，连续两次同类供应商评估排名在最后 10%(同类供应商数量达到 10 个以上时适用)；

- 在供应商分级评估中，连续两次评估低于 60 分的供应商。

警戒级黑名单供应商主要有以下几种：

- 普通供应商连续两次考核结果未能达到铜牌供应商标准；

- 其他经相关部门认定短期内无法继续合作的供应商；

- 黑名单释放，对于黑名单管理周期结束的供应商，如其有合作意愿，按照新增供应商进行重新准入评审。

黑名单管理同时也实现了供应商的闭环管理，通过供应商的评估工作实现供应商的优胜劣汰，督促供应商不断提高自身服务水平，保证了供应商的质量。

| 参考文献 |

[1]   王建峰. 基于作业成本法的供应商选择方法[J]. 物流科技，2007, 9:142-144.

[2] 丁立言. 张铎. 物流系统工程[M]. 北京：清华大学出版社，2000.

[3] 曾志强. 基于熵权灰色关联分析法的供应商选择决策研究[D]. 武汉，武汉理工大学，2009.

[4] Weber, C.A.,J.R.. Current Theory and methodology:A multi-objective approach to vendor selection[J]. European Journal of Operational Research. 1993, 68:173-184.

[5] Timmerman, E.. An approach to vendor performance evaluation[J]. Journal of Purchasing and Supply Management. 1986, 1:27-32.

[6] Monczka, R.M., S.J. Trecha. Cost-based supplier performance evaluation[J]. Journal of Purchasing and Supply Management, 1988, 24:2-71.

[7] Smytka, D.L. and M.W. Clemens. Total cost supplier selection models:a case study. Journal of Purchasing and Supply Management. 1993, 29:42-491.

[8] Roodhooft, F., J. Konings. Vendor selection and evaluation an Activity Based Costing Approach[J]. European Journal of Operational Research, 1996, 96:97-102.

[9] 王刊良，苏秦. 利用作业成本法进行供应商的选择与评价[J]. 计算机集成制造系统，2001,7:53-57.

[10] 李楠. 基于DEA_AHP与作业成本法的供应商选择模型研究[D]. 大连：东北财经大学，2007.

[11] Li, X.B.,G.R. Reeva. A Multiple Criteria Approach to Data Envelopment Analysis[J]. European Journal of Operational Research, 1999, 115:507-517.

[12] Benton, W.C., S. Park.A classification of literature on determining the lot size under quantity discounts[J]. European Journal of Operational Search. 1996, 92:219-238.

[13] Tersine, R.J., Samir Barman. Economic purchasing strategies for temporary price discounts[J]. European Journal of Operational Research, 1995, 80:328-343.

[14] 袁东平，许祥鹏. 带有灰色关联约束锥的DEA模型探讨[J]. 企业家天地（理论版），2006, 10:36-137.

[15] Weber, C.A.,A. Desai. Determination of Paths to vendor market efficiency using Parallel co-ordinates representation:a negotiation tool for buyers[J]. European Journal of Operational Research. 1996, 90:142-155.

[16] Weber, C.A., J.R. Current , A. Desai.An optimization approach to determining the number of vendors to employ[J]. Supply Chain Management:An International Journal, 2000, 2(5):90-98.

[17] 侯彦斌. 基于多目标规划的供应商选择模型及其实证分析[D]. 成都：四川大学，2005.

[18] Doyle, J.,R. Green. Efficiency and Cross Efficiency in DEA：Derivations Meanings and Uses[J]. Journal of the Operational Research Society, 1994, 45:567-578.

[19] 黄绍服，赵韩. 供应商选择的AHP/随机DEA方法[J]. 重庆大学学报，2004(2):28-31.

[20] 徐琴，成爱武，许炳. 基于DEA/ AHP的核心企业供应商选择方法[J]. 西安工程科技学院学报，2006, 9(3):10-12.

[21] YANG, T. and C. KUO. A hierarchical AHP/DEA methodology for the facilities layout design problem. European Journal of Operational Research. 2003, 147(1):128-136.

[22] 刘伟. 基于全球采购的供应商选择研究[D]. 青岛：中国海洋大学，2008.

[23] 赵林度. 供应链与物流管理:理论与实务[M]. 北京：机械工业出版社，2003.

[24] J.D. Hang. C. Hayya. Just-in-Time Purchasing: Single or Multiple Sourcing?[J]. International Journal of Production Economics, 1992, 27(2):171-181.

[25] Kumar, M.,Vrat, R. Shankar.A fuzzy goal programming approach for vendor selection problcm in a supply chain[J]. Computers & Industrial Engineering, 2004, 46(1):69-85.

[26] Wu, D.D., et al.. Fuzzy multi-objective programming for supplier selection and risk modeling:A possibility approach[J]. European Journal of Operational

Research, 2010, 200:774-787.

[27]　Talluri, S., R. Narasimhan. Vendor evaluation with performance variability:A max–min approach[J]. International Journal of Production Economics, 2003, 146(3):543-552.

[28]　Ghodsypour, S.H., C.O. Brien. A decision support system for supplier selection using an integrated analytic hierarchy process and linear programming[J]. International Journal of Production Economics, 1998, 56&57:199-212.

[29]　Kull, T., S. Talluri.A supply-risk reduction model using integrated multi-criteria decision making[J]. IEEE Transactions on Engineering Management, 2008, 55.

[30]　Anthony, T.F. , F. Buffa. Strategic purchase scheduling[J]. Journal of Purchasing and Materials Management.1977:27-31.

[31]　Buffa, F., W.M. Jachson. A goal programming model for purchase planning[J]. Journal of Purchasing and Materials Management,1983:27-34.

[32]　Bendor, S., et al.. Improving purchasing productivity at IBM with a normative decision support system[J]. Interfaces, 1985, 15:106-115.

[33]　Pan, A.C.. Allocation of order quantity among suppliers[J]. Journal of Purchasing and Materials Management,1989:36-39.

[34]　Sharma, D., W.C. Benton, R. Srivastava. Competitive strategy and purchasing decisions[C]. Proceedings of the 1989 Annual Conference of the Decision Sciences Institute,1989:1088-1090.

[35]　Ghodsypour, S.H., C.O. Brien.The total cost of logistics in supplier selection, under conditions of multiple sourcing, multiple criteria and capacity constraint[J]. International Journal of Production Economics, 2001, 73:15-27.

[36]　Gao, Z., L. Tang. A multi-objective model for purchasing of bulk raw materials of a large-scale integrated steel plant[J]. International Journal of Production Economics, 2003, 83:325-334.

[37]　程海芳，张子刚. 多供应商条件下集成供应商订货模型研究[J]. 工业工程与管理，2004, 4:27-30.

[38]　Kawtiunmaehai, R. , N.V. Ho Order allocation in a multiple-supplier environment[J]. Int. J. Production Economics, 2005, 93-94:231-238.

[39]　Karsak, E.E.. Distance-based fuzzy MCDM approach for evaluating flexible manufacturing system alternatives[J]. International Journal of Production Research. 2002, 40(13):3167-3181.

[40]　周文坤，蒋文春. 基于改进TOPSIS法的供应商选择方法[J]. 运筹与管理，2005, 6:39-44.

[41]　Önüt, S., S.S. Kara , E. Isik.Long term supplier selection using a combined fuzzy MCDM approach:A case study for a telecommunication company[J]. Expert Systems with Applications, 2009, 36:3887-3895.

[42]　杨玉中，张强，吴立云. 基于熵权的TOPSIS供应商选择方法[J]. 北京理工大学学报，2006, 1:31-35.

[43]　Chen, C. T., C. T. Lin, S.F. Huang.A fuzzy approach for supplier evaluation and selection in supply chain management[J]. International Journal of Production Economics, 2006, 102:289-301.

[44]　Atanassov, K. T.. Intuitionistic fuzzy sets[J]. Fuzzy Sets and Systems, 1986, 20:87-96.

[45]　Boran, F.E. et al.. A multi-criteria intuitionistic fuzzy group decision making for supplier selection with TOPSIS method. Expert　Systems with Applications. 2009, 36:11363-11368.

[46]　郭先超，叶建中. 基于主成分分析与神经网络的供应商选择问题研究[J].物流技术，2008, 7:66-68.

[47]　丁传勇，张星臣. 基于主成分分析法的供应商评价与选择[J]. 现代物流，2007, 11:7-9.

[48]　李志梅，陈世权. 基于ＰＣＡ-ＳＶＭ模型的供应商战略选择研究[J].商业现代化，2007, 515:45-46.

[49]　胡可云，陆玉昌，石纯一. 粗糙集理论及其应用进展[J].清华大学学报，2001, 41(1):64-68.

[50]　于昕. 基于数据挖掘的供应商关系管理方法研究[D]. 北京：北京科技大学，2008.

[51]　Hong, G.H., et al.. An effective supplier selection method for constructing a competitive supply-relationship[J].Expert Systems with Applications, 2005, 28:629-639.

[52]　侯方淼. 绿色采购研究[D]. 北京，对外经济贸易大学，2007.

[53]　姚建明. 供应链协作商选择过程中的计算方法研究[D]. 重庆：西南交通大学，2003.

[54]　Wind, Y. , J. Robinson.The determinants of vendor selection:the evaluation function approach[J]. Journal of Purchasing and Materials Management,1968:29-41.

[55]　Cooper, S.D.. A total system for measuring of performance[J]. Journal of Purchasing and Materials Management, 1977:22-26.

[56]　Gregory, R.E.. Source selection:A matrix approach[J]. Journal of Purchasing and Materials Management,1986:24-29.

[57]　Charles, A., et al..Vendor selection criteria and methods[J]. European Journal of Operational Research, 1991, 50:2-18.

[58]　Ghodsypour, S. H. , C.O. Brien. A decision support system for supplier selection using an integrated analytic hierarchy process and linear programming[J]. International Journal of Production Economics,1998:199-212.

[59]　Dae, H.O.,B. Yun. The AHP approach for selecting an automobile purchase model. Information & Management, 2000, 38:289-297.

[60]　Tam, M. C. Y. , V. M. R. Tummala. An application of the AHP in vendor selection of a telecommunications system[J]. Omega-International Journal of Management Science, 2001, 29(2):171-182.

[61]　Chan, F.T.S., N. Kumar. Global supplier development considering risk factors using fuzzy extended AHP-based approach[J]. Omega-International Journal of Management Science, 2007, 35(4):417-431.

[62]   Xia, W.J., Z.M. Wu. Supplier selection with multiple criteria in volume discount environments[J]. Omega-International Journal of Management Science, 2007, 35(5):494-504.

[63]   朱建军. 层次分析法的若干问题研究及应用[D]. 沈阳：东北大学，2005.

[64]   舒丽丽. 船舶设备供应商的评价选择研究[D]. 哈尔滨：哈尔滨工业大学，2007.

[65]   常大勇，张丽丽. 经济管理中的模糊数学处理方法[M]. 北京：北京经济学院出版社，1994:132-154.

[66]   张顾海. 供应链管理下的供应商选择研究[D]. 上海：同济大学，2006.

[67]   李振杰. 供应链管理下的供应商选择分析[D]. 天津：天津大学，2008.

[68]   高雪鹏，丛爽. BP网络改进算法的性能对比研究[J]. 控制与决策，2001, 30(2):98-103.

[69]   张少华，范玉妹. 基于RBF神经网络集成的供应商评价方法[J]. 物流科技，2006, 29(134).

[70]   边利. 精益供应链的供应商评价选择及优化研究[D]. 长沙：中南大学，2006.

[71]   柳青，黄道.基于AHPBP算法的供应链合作伙伴选择建模及其应用[J]. 华东理工大学学报，2007, 1:108-114.

[72]   Chen, C. T., C. T. Lin , S.F. Huang. A fuzzy approach for supplier evaluation and selection in supply chain management[J]. International Journal of Production Economics, 2006, 102:289-301.

[73]   Zhang, D., J. Zhang, K.K. Lai, et al.. A novel approach to supplier selection based on vague sets group decision[J]. Expert Systems with Applications, 2009, 36(5):9557-9563.

[74]   Li, C. C., Y. Fun , J.S. Hung. A new measure for supplier performance evaluation[J]. IIE Transactions on Operations Engineering, 1997, 29:753-758.

[75]   Holt, G.D.. Which contractor selection methodology?[J] International Journal of Project Management, 1998, 16(3):153-164.

[76]   Chou, S.Y. , Y.H. Chang. A decision support system for supplier selection based on a strategy-aligned fuzzy SMART approach[J]. Expert System with Applications, 2008, 34:2241-2253.

[77]   战丽梅. 供应链管理环境下供应商的选择与评价[D]. 吉林：吉林大学，2005.

[78]   狄卫民，顾建庄，胡本勇. 战略供应商评价方法[J]. 统计与决策，2006, 22:169-170.

[79]   邓聚龙. 灰理论基础[M]. 武汉：华中科技大学出版社，2002.

[80]   刘浩. 基于供应链理论的供应商选择评价研究[D]. 西安：长安大学，2008.

[81]   李卫星. 基于灰色系统理论的企业顾客满意度评价[J]. 湖北商业高等专科学校学报，2001, 4:14-15.

[82]   雷孝平，王月红，刘玉琴.供应商选择的灰色关联约束锥DEA模型研究[J]. 商业现代化，2007, 495:30-31.

[83]   杨印生. 基于DEA的加权灰色关联分析法[J]. 吉林大学学报（工学版），2003, 23(1):98-101.

[84]   袁亦男. 基于EAHP_GRAP的供应商选择研究[D]. 昆明：昆明理工大学，2007.

[85]   Weber, C.A., J.R. Current, A. Desai.Non-cooperative negotiation strategies for vendor selection[J]. European Journal of Operational Research, 1998, 108:208-223.

[86]   史学锋. 供应链两层合作伙伴选择和协调机制研究[D]. 西安：西安电子科技大学，2005.

[87]   张瑞鹏. 推动型军事供应链优化研究[D]. 北京：北京交通大学，2007.

[88]   潘文昊. 基于战略采购的供应商选择研究[D]. 长沙：湖南大学，2008.

[89]   李维浩. 基于线性权重法的供应商选择和评价研究[D]. 天津：天津大学，2008.

[90]   李壮阔，刘星. 基于供应链管理的广西区有色金属供应商模糊综合评价[J]. 商业现代化，2007, 9:221-222.

[91] 王慧颖. 基于供应链视角的供应商选择问题研究[D]. 南京：南京师范大学，2007.

[92] 李振杰. 供应链管理下的供应商选择分析[D]. 天津：天津大学，2008.

[93] 许玲. 基于供应链管理思想的供应商选择研究[D]. 上海：同济大学，2008.

[94] 张建. 伙伴供应商选择与评价研究[D]. 大连：大连海事大学，2005.

[95] 程铁. 供应链中核心企业供应商选择研究[D]. 大连：大连海事，2005.

[96] 陈亚欣. 基于反应式供应链竞争的供应商选择研究[D]. 武汉：华中科技大学，2005.

[97] 王星. 供应链全球化趋势下供应商的选择研究[D]. 长沙：湖南大学，2008.

[98] 王紫辉. 基于工程项目的采购动态联盟供应商选择研究[D]. 天津：天津大学，2008.

[99] 毛忠军. 供应链管理下供应商的评价与选择[D]. 合肥：合肥工业大学，2007.

[100] 绍志缝. 供应链两层合作伙伴选择和协调机制研究[D]. 苏州：苏州大学，2008.

[101] 寇飞. 基于供应链的荆门石化供应商选择研究[D]. 武汉：华中科技大学，2006.

[102] 刘伟. 基于全球采购的供应商选择研究[D]. 青岛：中国海洋大学，2008.

[103] 杨路. 钢铁企业ERP采购管理系统实现及其供应商选择方法研究[D]. 沈阳：东北大学，2006.

[104] 李志勇，王顺洪. 基于模糊综合评判的供应商选择方法[D]. 北京工业大学学报，1, 2004.

[105] 娄黎星. 基于供应链管理的企业供应商战略合作伙伴选择研究[D]. 天津：河北工业大学，2003.

[106] 李晓芬，胡觉亮，章谛梦等. 服装企业供应商的选择方法[J]. 纺织学报，2008, 8:121-124.

[107] 钟明明. 供应链管理环境下供应商选择研究[D]. 南京：河海大学，2006.

[108] 赵志伟. 电力市场环境下火电企业供应商选择与评价研究[D]. 保定：华北

电力大学，2008.

[109] 盛娜. 供应链管理中供应商的选择研究[D]. 上海：同济大学，2007.

[110] 李高扬，吴育华，刘明广. 供应链中供应商选择问题的研究[J]. 工业工程，2005, 11:81-84.

[111] 李思志. 第三方物流供应商选择模型研究[D]. 阜新：辽宁工程技术大学，2004.

[112] 赵慧娟. 供应链管理中供应商选择的研究与应用[D]. 济南：山东科技大学，2003.

[113] 孙志磊. 面向供应链的供应商选择研究[D]. 天津：天津大学，2005.

[114] 罗晓光. 哈尔滨汽轮机厂供应商评价方法的研究[D]. 哈尔滨：哈尔滨理工大学，2005.

[115] 张顾海. 供应链管理下的供应商选择研究[D]. 上海：同济大学，2006.

[116] 黄锦霞. 外包供应商选择研究[D]. 广州：暨南大学，2007.

[117] 陈蓉. 供应链环境下战略性供应商选择和综合评价研究[D]. 合肥：合肥工业大学，2008.

[118] 姜建华，汪波. 基于企业中对供应商评价费那个发的研究[J]. 西安电子科技大学学报（社会科学版），2006, 7:25-31.

[119] 余耀忠. 需求不确定环境下供应商选择研究[D]. 成都：西南交通大学，2008.

[120] 邹艺超. QL公司供应商选择的研究[D]. 天津：天津大学，2008.

[121] 索永旺. 基于供应链管理的供应商选择的研究[D]. 天津：天津大学，2007.

[122] 陈漩漩. 基于供应链风险管理的战略性供应商选择研究[D]. 南京：河海大学，2007.

[123] 杨光明. 基于供应链的烟草企业资质认证采购模式研究[D]. 武汉：华中科技大学，2004.

[124] 梁昌勇，陈晓军. 基于群决策的供应商选择方法研究[J]. 价值工程，2008, 1:22-23.

[125] 郑玲玲. 基于绿色供应链管理的供应商选择策略的研究[D]. 合肥：安徽农

业大学，2008.

[126] 徐洁. 第三方物流供应商选择问题的研究[D]. 镇江：江苏大学，2006.

[127] 王志军. 企业物流供应商选择[D]. 上海：上海海事大学，2006.

[128] 罗晓光. 哈尔滨汽轮机厂供应商评价方法的研究[D]. 哈尔滨：哈尔滨理工大学，2005.

[129] 匡志伟. 第三方物流供应商的选择研究[D]. 武汉：武汉理工大学，2007.

[130] 张龙江. 大亚湾核电站维修服务供应商选择评价与关系管理[D]. 武汉：华中科技大学，2006.

[131] 聂敏杰. 层次分析法在FAG公司供应商选择决策中的应用[D]. 上海：上海海事大学，2005.

[132] 汪红，仲维清. 基于组合评价的煤业集团供应链合作伙伴选择[J]. 科技与经济，2006, 7:69-70.

[133] 刘国庆. 企业供应链管理中的供应商选择与评价[D]. 青岛：中国海洋大学，2008.

[134] 习小英. CALS环境下的采办决策中供应商选择的研究与实现[D]. 广州：广东工业大学，2005.

[135] 陈洪娟. 关于模糊综合评价方法下的供应链合作伙伴选择[J]. 中国科技博览，2009, 9:111.

[136] 施於人.价值网络形成过程中供应商的选择评价[D].重庆：重庆大学，2003.

[137] Zhang, D.F., J.L. Zhang, K.K. Lai , et al.. An novel approach to supplier selection based on vague sets group decision[J]. Expert Systems with Applications, 2009, 36:9557-9563.

[138] Lee, A.H.I., H.Y. Kang ,C.T. Chang. Fuzzy multiple goal programming applied to TFT-LCD supplier selection by downstream manufacturers[J]. Expert Systems with Applications, 2009, 36:6318-6325.

[139] 彭建灿. SCM中供应商选择及评价的数量分析与应用研究[D]. 厦门：厦门大学，2007.

[140]　Chan, F.T.S., N. Kumar. Global supplier development considering risk factors using fuzzy extended AHP-based approach[J]. Omega, 2007, 35:417-431.

[141]　Wang J.W, C.H. Cheng, , H.K. Cheng. Fuzzy hierarchical TOPSIS for supplier selection[J]. Applied Soft Computing, 2009, 9:377-386.

[142]　Keskin, G.A., S. Ilhan,　C.K. Özkan. The Fuzzy ART algorithm:A categorization method for supplier evaluation and selection[J]. Expert Systems with Applications, 2010, 37:1235-1240.

[143]　Weber, C.A., J. Current , A. Desai. An optimization approach to determining the number of vendors to employ[J]. Supply Chain Management:An International Journal, 2000, 5(2):90-98.

[144]　陈傲. 电子商务环境下供应商选择研究[D]. 大连：大连理工大学，2005.

[145]　王琰. 基于变权理论的供应商选择方法研究[D]. 西安：西安电子科技大学，2005.

[146]　道格拉斯. K. 麦克贝思，尼尔·弗格森. 开发供应商伙伴关系——供应链一体化方案[M]. 上海：上海远东出版社, 2000:245-310.

[147]　Smeltzer. The Relationship of Strategic Purehasing to Supply Chain Management[J].EuroPean Journal of Purehasing and SuPPly Management. 1999:43-51.

[148]　马士华，林勇，陈志祥. 供应链管理[M]. 北京：机械工业出版社，2000:65-334.

[149]　冯晖. 供应链系统中供应商的选择和评估[J]. 现代管理科学出版社, 2004, p42-44.

[150]　柯尼尔. 供应商管理新动向——构筑战略供应关系[J]. 中国乡镇企业, 2003, 12:56-58.

[151]　娄黎易. 给予供应链管理的企业供应商战略合作伙伴选择研究[D].河北工业大学, 4, 2003.

[152]　马士华，林勇，陈志祥.供应链管理[M]. 北京：机械工业出版社，2001:40-52.

[153] 吕军. 供应链环境下的供应商战略合作伙伴选择研究[D]. 昆明：昆明理工大学，2006.

[154] 何新. 供应链管理下供应商选择的研究[D]. 武汉：武汉理工大学，2004.

[155] 何平，符卓. 建筑施工企业物资供应商的选择问题研究[J]. 经济研究导刊，2008, 2:38-39.

[156] 刘长虹. 供应链管理条件下战略供应商的管理[D]. 北京：北京邮电大学，2007.

[157] 张滢，党耀国. 基于改进灰色关联分析的供应商评价方法[J]. 统计与决策，2007, 21:50-51.

第 5 章

针对供应链牛鞭效应风险的
信息共享研究

　　在供应链管理的过程中，尽管产品的顾客需求变动不大，但是上游企业的库存和订单波动却很大，这就是供应链中的牛鞭效应。牛鞭效应使得企业产品的库存水平提高、服务水平下降、供应链的总成本过高，从而降低供应链中企业的整体竞争力，使供应链的成员蒙受损失。早期研究发现，"信息共享"是消除牛鞭效应的主要手段。为进行更深层次的探讨，本研究提出问题：问题一，要共享什么样的信息？问题二，怎么去共享这些信息？问题三，与供应链哪些企业共享信息，共享的权限及范围？

　　对于供应链上不同层次的企业，它们对于信息的价值理解不完全一致，比如，零售商认为"需求预测信息"共享的价值是最大的；对于制造商而言，销售信息的价值比库存信息价值要大得多。本研究先利用"扎根理论"进行共享信息的筛选归纳，并通过库存信息、需求预测信息、销售信息这三个方面的信息共享价值的定量研究，证实信息共享能够减少牛鞭效应对供应链整体运营的负面影响、信息共享对解决牛鞭效应具有重要作用，然后结合某企业实际库存管理问题，分析了库存压力与上下游"信息共享"之间的关系。

| 5.1 牛鞭效应概述 |

在一个系统的某一端若发生了小幅变动，透过整个系统的加乘作用，很有可能会对另一端发生极大的影响，这就是一般人所熟知的"蝴蝶效应"。在一个产业中往往也有这样的现象，也就是在顾客端的需求有微小的变异时，对分销商会有较大的需求变异产生，而在制造商方面，则面临更大的需求变异。这种供应链中下游企业的需求信息波动沿着供应链向上游企业逐级放大的现象称为牛鞭效应（Bullwhip Effect），它使得需求信息在从供应链的一端向另一端传递的过程中发生了严重扭曲，如图 5-1 所示。

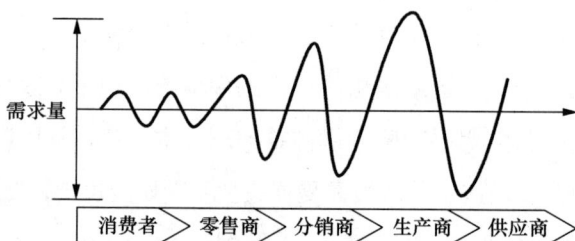

图 5-1　供应链中牛鞭效应示意图

对于牛鞭效应产生的原因，许多学者都作了深入的研究，主要从管理学角度和经济学角度来解释这一问题。归纳这些学者的研究结论，可将牛鞭效应产生的主要原因归纳为三个方面，分别为供应链的组织结构、信息结构和决策机制。

1. 供应链的组织结构——影响因素：供应链的长度、供应链的宽度（委托代理关系）[1]

不同的产品具有不同形式的供应链，同一个企业也可以是多个不同供应链的实体。在传统的供应链结构下，随着供应链水平层次和垂直规模的增多，委托代理关系的梯次也就增加，利益目标和博弈决策之间的二次选择也就被多次重复，而每一次重复都意味着一次优化选择的进一步优化，这是牛鞭效应随供应链长度、宽度增加而逐渐放大的主要原因之一。供应链中成员个数越多，信息被加工的次数越多，被扭曲的现象就可能越严重。

2. 供应链信息结构——影响因素：完全信息共享、部分信息共享、信息不共享（信息共享）[2]

供应链节点企业之间的合作关系一般有三种，完全合作、部分合作和独立决策，并相应地形成了三种不同的信息结构类型：完全信息共享、部分信息共享和信息不共享。不同信息结构对牛鞭效应的影响不尽相同。完全合作属于战略层次，对生产、计划、库存等均实行统一集中控制，便于识别加工过的信息，对牛鞭效应影响较小；部分合作是指跨越企业之间的某些流程进行的操作层次上的协作，在协作过程中共享部分信息。独立决策指各实体之间独立预测无合作意向，不存在信息共享，这在产品短缺、交货时间长、市场波动比较大的情况下，很容易增强牛鞭效应。

3. 供应链决策机制——影响因素：需求预测、批量订货、价格波动、分配与短缺博弈、订货提前期[3][4]

需求预测：在供应链中，上游企业总是将来自下游的需求信息作为自己需求预测的依据，并据此安排生产或计划供应。

批量订货：由于在供应链中存在频繁订单下的运输经济性问题，满负荷运输与低于最低起运量运输之间的经济差距巨大，大多数企业一般都会进行批量订货。如果所有消费者订货期均匀地分布在各周期，那么牛鞭效应达到最小，然而这种理想情况较少出现。

价格波动：据估计，零售业中制造商与代理商之间交易的 80% 是在需求预测的前提下预先成交的。这通常是因制造商给出了一个极具吸引力的价格，使零售业中的预先购买导致较多的存货，而预先购买则由价格波动产生。

分配与短缺博弈：将有限的生产按照零售商所要求的订货量比例进行分配的方式也会导致牛鞭效应的扩大。

订货提前期：若供应链中各阶段之间的订货提前期过长，牛鞭效应也会放大。

可以看出，牛鞭效应的产生，其主要原因还是在于信息的不对称或不完全所带来的需求变动的放大。共享信息是供应链中各个企业共同拥有一些知识或行动，如生产、销售、需求等信息。明显地，实现信息共享，可以减少由于信

息不对称或不完全带来的风险。

| 5.2   信息共享的内容 |

供应链中存在着多种信息，共享范围广泛，包括从 POS 至精确的预测信息，再到复杂细致的生产信息、技术信息，等等。虽然信息共享被认为是解决供应链成功运作的关键因素，但是它也由于存在实施成本、媒介安全、信任危机等问题，而且供应链各级追求的利益不同以及企业间动态合作的不稳定性，决定了企业之间不可能实现全部或大部分信息内容的共享，且链条上不同企业对于各种信息共享的价值认同也不会一致。因此，研究先用"扎根理论"提取出最有共享价值的信息内容。

5.2.1   信息共享内容

先通过对文献资料开放性译码分析，从资料中抽象出八个范畴，分别为：订单信息、销售信息、库存信息、预测信息、产品信息、物流信息、成本信息、生产配送计划信息 [5]。

1. 订单信息
企业之间的订单往来是最原始的信息共享形式，最初的供应链以订单信息的逆流而上为协作纽带。

2. 销售信息
销售数据一般是直接来源于销售点数据。供应链成员可以通过搜集的销售数据来研究销售趋势、顾客分布和顾客偏好等，从而决定自身库存水平、商品货架如何布置或者新产品研发。

3. 库存信息
库存信息是保持整个系统信息顺畅完整的关键，获得准确及时的库存信息有利于企业减少库存成本，合理安排生产和进行市场预测。

4. 需求预测信息

通常，越靠近市场的供应链成员越了解市场，越可以准确预测市场需求。如果供应链上的下游成员愿意与其上游合作伙伴共享预测信息，将会便于上游成员设计更准确的生产计划，从而提高客户服务水平。

5. 产品信息

共享产品信息是供应链存在的基础，是上下游企业建立供需关系的桥梁。只有建立顺畅的产品信息共享渠道和良好的信息共享机制，才能使供应链上的企业得到最大限度的满足并建立起密切的合作关系。

6. 物流信息

高效率物流是供应链运作的重要因素之一，因此将物流信息纳入供应链管理中，可以使物流环节的企业与供应商、销售商和客户等共同构建供应链的主体。

7. 增值服务成本信息

增值服务是指在原有产品的价值基础上，通过各种手段为其价值做加法，例如对已有产品做一些促销宣传活动，或者为该产品提供免费的赠品及周到的售后服务等，以此来提高产品对消费者的吸引力，带动整个供应链的利润提升。

8. 生产配送计划信息

是指供应链中供应商、制造商在生产产品之前制订的生产计划、产品制造之后的配送计划等，如计划何时生产哪种产品，生产产品的款式、尺寸、数量各为多少，将在何时运送到哪里的批发商或者零售商处等信息。

再选择文献关注度较高的范畴进行主轴性编码。选取的原则：支撑度较高的范畴（支撑度 ≥ 20），最终选取的结果为订单信息、销售信息、库存信息、需求预测信息、产品信息（见表 5-1）。

表 5-1　主轴编码筛选结果

名　称	支撑度
订单信息	27
销售信息	43
库存信息	151
需求预测信息	77

（续表）

名　　称	支撑度
产品信息	20
物流信息	4
成本信息	7
生产配送计划信息	5

支撑度：选取的待编码文献中支持该范畴/作用点的文献篇数

第三步，进行选择性编码，同时考虑到很多学者认为产品信息及订单信息是供应链运转的基础信息，不能成为减少牛鞭效应的有效信息，最终确定有价值的信息共享内容有三个：

1）销售信息：指的是来自零售商的销售数据信息，即 POS 信息；

2）需求预测信息：包括需求预测的方法和预测结果的共享；

3）库存信息：包括库存状态信息和库存决策模型信息。

5.2.2　不同信息共享方式下牛鞭效应值的比较分析

不论是管理学解释还是经济学解释，牛鞭效应产生的最根本原因是信息的不对称性。因此，信息共享不仅是供应链协调的转换器，而且更是抑制牛鞭效应的重要方法之一，对于提高整个供应链的绩效是非常重要的。

1. 订单信息共享模式 [6]

供应链中的各成员之间只有订单的沟通，没有其他信息的交流。各成员的生产预测只是依据其直接下游的订单来完成的。也就是说，各成员对市场的信息只来源于各自下游的需求信息。"啤酒游戏"所描述的传统供应链模式中的信息共享模式属于这种方式。

2. 需求信息共享模式 [7]

通常，供应链成员之间仅仅通过订单传递需求信息，事实上，供应商进行库存决策时，下游企业的订货是关键信息。因为买方一般是根据各种信息及其预测来对订货量进行确定，因此订货量通常会扭曲实际的市场需求信息，订货的波动通常是大于实际需求波动，沿供应链向上不断地传递，并逐级被放大，其后果是出现"牛鞭效应"。显然，这种现象将给企业带来严重的后果，比如出现产品库存严重积压、低质量的服务水平、过高的产品成本及低劣的产品质量问题等。

供应链成员之间如果实现需求信息的共享，便可避免多级预测，即供应链中的各成员对产品的最终市场的需求与直接面对市场需求的企业所拥有的信息一样多，也就是供应链每个成员对市场需求信息和实时变化都完全掌握。POS系统、直销模式、联合计划与优化都属于这种信息共享模式。

当共享信息为需求预测信息时，即成为需求预测信息共享模式。可以对需求预测信息共享与不共享的价值量化进行分析：

1）没有任何零售商共享其需求预测信息的情况；

2）有 n 个零售商共享需求预测信息的情况（ $1 \leqslant n \leqslant N$ ）。

3. 库存信息共享模式 [8]

共享库存信息是供应链成员间最常用的协作方式之一，在传统的库存管理中，各企业对自身库存的信息不共享，但同时为了满足顾客需求波动以及出现在生产、运输等过程中的不确定因素，为保证一定的服务水平，又都必须建立一定的安全库存，这些安全库存便是一种浪费。

| 5.3　三种信息共享模式下牛鞭效应的分析 |

5.3.1　基于订单信息共享模式下的牛鞭效应分析

零售商、分销商以及生产商的牛鞭效应值分别是 [9]：

$$M_1^2 = \frac{Var(q)}{Var(D)} = 1 + \left(\frac{2L_1}{P} + \frac{2L_1^2}{P^2} \right)(1 - \rho^P) \qquad （5\text{-}1）$$

$$M_2^2 = \frac{Var(q)}{Var(D)} = 1 + \left(\frac{2L_2}{P} + \frac{2L_2^2}{P^2} \right)(1 - \rho^P) \qquad （5\text{-}2）$$

$$M_3^2 = \frac{Var(q)}{Var(D)} = 1 + \left(\frac{2L_3}{P} + \frac{2L_3^2}{P^2}\right)(1 - \rho^P) \qquad (5\text{-}3)$$

通过对其牛鞭效应值的分析，可以得出 M^2 取决于观测期 P，订货提前期 L，关系数 ρ。

1）M^2 是 P 的减函数，当 P 很大时，M^2 接近 1，其牛鞭效应基本上可以忽略不计；而当 P 很小时，波动性便会很大。或者说，如果企业的需求预测越平滑，则波动性增加量也就越小，牛鞭效应对企业的影响也越弱。

2）M^2 是 L 的增函数，即企业订货量的波动较之顾客需求的波动会随着订货提前期的增加而增大。

3）P 对波动性的增加也有很重要的影响。

若 $0 \leqslant \rho < 1$ 即需求正相关，ρ 越大，波动的增加越小。

若 $-1 < \rho < 0$ 即需求负相关，ρ 奇数时，$(1-\rho^P) > 1$，所以 ρ 取奇数的波动性越大。

因此，在不考虑成本、市场反应等其他信息时，仅在订单信息共享模式下，观测期 P 和订货提前期 L 相比对于相关系数 ρ 而言，更容易操作与控制，后者往往是由市场而定。订单信息共享中信息共享的价值便体现在变动订货提前期或者观测期的值而带来的牛鞭效应值的变动，其差异便是其价值的体现。

例如，当零售商将订货提前期由 f，由 $L1$ 降低到 $L2$，观测期由 P，由 $P1$ 增加到 $P2$，其信息共享

$$V_S = \left\{1 + \left[\frac{2l_1}{p_1} + \frac{2l_1^2}{p_1^2}\right](1 - \rho^{p_1})\right\} - \left\{1 + \left[\frac{2l_2}{p_2} + \frac{2l_2^2}{p_2^2}\right](1 - \rho^{p_2})\right\}$$

5.3.2　基于需求信息共享模式下的牛鞭效应分析

同理可得，零售商、分销商以及生产商的牛鞭效应值分别是 [9]：

$$gM_1^2 = \frac{Var(q)}{Var(D)} = 1 + \left(\frac{2L_1}{P} + \frac{2L_1^2}{P^2}\right)(1 - \rho^P) \qquad (5\text{-}4)$$

$$gM_2^2 = \frac{Var(q)}{Var(D)} = 1 + \left(\frac{2(L_1 + L_2)}{P} + \frac{2(L_1 + L_2)^2}{P^2}\right)(1 - \rho^P) \qquad (5\text{-}5)$$

$$gM_2^2 = \frac{Var(q)}{Var(D)} = 1 + \left(\frac{2(L_1 + L_2 + L_3)}{P} + \frac{2(L_1 + L_2 + L_3)^2}{P^2} \right)(1 - \rho^P) \quad （5\text{-}6）$$

当需求信息不被共享时，其各点的牛鞭效应分别为：

$$M_1^2 = \frac{Var(q)}{Var(D)} = 1 + \left(\frac{2L_1}{P} + \frac{2L_1^2}{P^2} \right)(1 - \rho^P) \quad （5\text{-}7）$$

$$M_2^2 = \frac{Var(q)}{Var(D)} = \left[1 + \left(\frac{2L_1}{P} + \frac{2L_1^2}{P^2} \right)(1 - \rho^P) \right]\left[1 + \left(\frac{2L_2}{P} + \frac{2L_2^2}{P^2} \right)(1 - \rho^P) \right] \quad （5\text{-}8）$$

$$M_3^2 = \frac{Var(q)}{Var(D)} = \left[1 + \left(\frac{2L_1}{P} + \frac{2L_1^2}{P^2} \right)(1 - \rho^P) \right]\left[1 + \left(\frac{2L_2}{P} + \frac{2L_2^2}{P^2} \right)(1 - \rho^P) \right]$$

$$\left[1 + \left(\frac{2L_2}{P} + \frac{2L_2^2}{P^2} \right)(1 - \rho^P) \right] \quad （5\text{-}9）$$

示例说明：为方便研究且说明问题，摒弃订货提前期 L、观测期 P 对其牛鞭效应影响。p 为定值，假设为 0.2。

假设 $L_1 = L_2 = L_3 = 3$，4，5，6，7，8，9，10，代入公式中得到表 5-2 和图 5-2 的结果。

表 5-2　基于不同订货提前期下需求信息共享与不共享时的牛鞭效应研究

牛鞭效应值	订货提前期	3	4	5	6	7	8	9	10
需求信息共享	gM_1^2	2.22	2.80	3.45	4.18	5.00	5.90	6.88	7.94
	gM_2^2	4.18	5.90	7.94	10.31	13.00	16.02	19.37	23.04
	gM_3^2	6.88	10.31	14.47	19.37	25.00	31.37	38.47	46.31
需求信息不被共享	wM_1^2	2.22	2.80	3.45	4.18	5.00	5.90	6.88	7.94
	wM_2^2	4.95	7.82	11.90	17.50	25.00	34.79	47.30	63.02
	wM_3^2	11.01	21.86	41.03	73.23	125.00	205.16	325.30	500.32

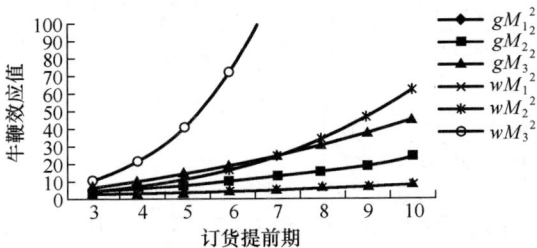

图 5-2　基于不同订货提前期下需求信息共享与不共享的牛鞭效应趋势图

可以看出，需求信息共享能使分销商及生产商的牛鞭效应值变小，但零售商无法改变，原因在于分销商及生产商共享了零售商的销售预测数据，而对于零售商而言，消费者的消费数据无法及时准确获取，只能以一定的原始数据进行分析，若要改善零售商的牛鞭效应值则还需要改善预测模型或方法。

结合表 5-2 和图 5-2 可以得出信息共享对于分销商及生产商的价值（见表 5-3）。此处函数 f 为牛鞭效应值函数，即 $f=wM^2-gM^2$。

表 5-3　分销商和生产商需求信息共享的价值

节点企业 ＼ 订货提前期		3	4	5	6	7	8	9	10
信息共享价值	分销商	0.76	1.92	3.96	7.20	12.00	18.76	27.93	39.98
	生产商	4.13	11.55	26.56	53.86	100.00	173.79	286.83	454.01

5.3.3　基于库存信息共享模式下的牛鞭效应分析

同推理得，当库存信息不共享时，其各阶段牛鞭效应的值与需求信息不共享时的值一致；当库存信息共享时，零售商的牛鞭效应值为[9]：

$$gM_1^2 = \frac{Var(q)}{Var(D)} = 1+\left(\frac{2L_1}{P}+\frac{2L_1^2}{P^2}\right)(1-\rho^P) \tag{5-10}$$

分销商的牛鞭效应值为：

$$gM_2^2 = \frac{Var(q)}{Var(D)} = 1+\left(\frac{2(L_1+L_2)}{P}+\frac{2(L_1+L_2)^2}{P^2}\right)(1-\rho^P) \tag{5-11}$$

生产商的牛鞭效应值为：

$$gM_2^2 = \frac{Var(q)}{Var(D)} = \left[1+\left(\frac{2(L_2+L_3)}{P}+\frac{2(L_2+L_3)^2}{P^2}\right)(1-\rho^P)\right]$$

$$\left[1+\left(\frac{2L_1}{P}+\frac{2L_1^2}{P^2}\right)(1-\rho^P)\right] \tag{5-12}$$

实例分析：假设 $L_1=L_2=L_3=3$，4，5，6，7，8，9，10，代入公式中得到表 5-4 和图 5-3 的结果。

可以看出，库存信息共享能使分销商及生产商处牛鞭效应值变小，但零售商处无法改变，原因在于分销商及生产商共享了零售商处销售预测数据以及库存信息。

表 5-4　基于不同订货提前期下库存信息共享与不共享时的牛鞭效应研究

牛鞭效应值 ＼ 订货提前期		3	4	5	6	7	8	9	10
库存信息共享	gM_1^2	2.22	2.80	3.45	4.18	5.00	5.90	6.88	7.94
	gM_2^2	4.18	5.90	7.94	10.31	13.00	16.02	19.37	23.04
	gM_3^2	9.31	16.49	27.38	43.12	65.00	94.49	133.20	182.91
库存信息不被共享	wM_1^2	2.22	2.80	3.45	4.18	5.00	5.90	6.88	7.94
	wM_2^2	4.95	7.82	11.90	17.50	25.00	34.79	47.30	63.02
	wM_3^2	11.01	21.86	41.03	73.23	125.00	205.16	325.30	500.32

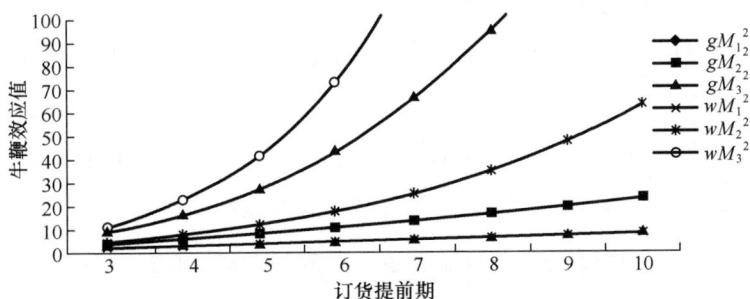

图 5-3　基于不同订货提前期下需求信息共享与不共享的牛鞭效应趋势图

结合表 5-4 和图 5-3 可得出信息共享对于分销商及生产商的价值（见表 5-5）。此处函数 f 为牛鞭效应值函数，即 $f=wM^2-gM^2$。

表 5-5　分销商和生产商库存信息共享的价值

节点企业 ＼ 订货提前期		3	4	5	6	7	8	9	10
信息共享价值	分销商	0.76	1.92	3.96	7.20	12.00	18.76	27.93	39.98
	生产商	1.70	5.37	13.65	30.11	60.00	110.67	192.11	317.41

5.3.4　牛鞭效应值分析小结

1）零售商的牛鞭效应值在三种信息共享模式下是不变的，即三种信息的

共享均不能减弱零售商的牛鞭效应值。原因在于零售商处于供应链的低端，直接面对消费市场，对市场的数据把握无需经过其他节点的信息过滤，也就是说，零售商克服牛鞭效应的唯一办法是准确预测市场消费信息、时刻把握消费动态、运用合理预测方法及库存安排，只有这样才能在一定程度上减弱牛鞭效应。而分销商及生产商可利用下游的零售商的需求信息来降低牛鞭效应值。

2）分销商的牛鞭效应值大于零售商。分销商处于供应链中间环节，库存水平及销售预测信息均来自零售商，当需求信息及库存信息共享时，相比与订单信息共享，其牛鞭效应值有明显降低，也就是说需求信息及库存信息共享能帮助分销商合理安排库存和需求预测。但不管是需求信息共享还是库存信息共享，这两种信息共享给分销商减弱牛鞭效应的价值是一样的。

3）生产商的牛鞭效应值最大。它处于供应链上游，其需求预测、库存水平有赖于分销商。

4）将整个供应链作为整体来看，订单信息共享能提示各企业注重订货提前期与预测期对其牛鞭效应的影响，而需求信息及库存信息共享均能在一定程度上减弱牛鞭效应；同时对于供应链上游企业来说，需求信息共享带来的牛鞭效应值的减弱程度高于库存信息共享价值。

综上所述，对于供应链上游企业而言，信息共享的价值：需求信息价值＞库存信息价值＞订单信息价值。

5.4 库存信息共享模式

供应链不同层次的企业信息的价值理解不完全一致，比如，零售商认为"需求预测信息"共享的价值是最大的，而对于制造商而言，销售信息的价值比库存信息价值要大得多。到底这些信息在实际共享运作过程中实现的可能性有多大需要对此进行研究。

5.4.1　库存信息共享是较为现实有效的一种手段

根据信息发布主体与信息共享主体之间的合作密切程度，将供应链上企业之间的合作关系定义为三个级别，即非合作，次要和重要合作伙伴。根据供应链的运作特征，供应链上的信息发布主体和信息共享主体类型有供应商、制造商、销售商、运输商和客户，而每一类型又有不同级别的合作伙伴。不同级别的合作伙伴所共享的信息内容会有不同，因而可将供应链上的共享信息按合作伙伴级别定义为 3 级：0 级共享信息，即无需授权，任何级别的合作伙伴均可共享的信息；1 级共享信息，即经授权，只允许次要合作伙伴和重要合作伙伴共享的信息；2 级共享信息，即经授权，只允许重要合作伙伴共享的信息 [10]。同样，根据信息共享的内容与目标、功能，又将信息共享划分为 3 个层级，即作业信息层、管理信息层、战略信息层 [11]，如表 5-6 所示。

表 5-6　信息共享重要程度

内容项	Ⅰ级：作业信息层	Ⅱ级：管理信息层	Ⅲ级：战略信息层
说明	一般交易与流程信息共享，以降低交易费用的目的	一般的企业运营信息共享，以减少牛鞭效应、提高运营效率为目的	需求预测、产品开发等战略信息共享，以快速反应、提高顾客满意度为目的
供应链一体化程度	最低	中等	最高
效益	缩短订单处理时间，降低订单处理成本	降低库存成本，更好的产品协调	降低需求的不确定性，增加对市场的快速反应能力，缩短新产品的开发、上市时间
信息种类	产品品种、价格以及其他有关订单处理的信息	生产能力、库存状态、供货提前期、送货时间等	促销计划、市场预测情况、新产品的设计信息、生产成本
信息系统举例	电子订货系统（EOS）、电子市场（EM）	供应商管理库存（VMI）、连续补货计划（CRP）	快速反应系统（QR）、有效顾客反应（ECR）、产品管理（PM）

订单信息是作业信息层信息，应当属于企业间共享的基础，是供应链中的 0 级共享信息；而需求信息及需求预测信息属于战略信息层信息，涉及企业机密、上下游企业的合作水平等，是 2 级共享信息，一般较难实现；库存作为管理信息层信息，可定义为 1 级信息，不仅能达到减少牛鞭效应、提高运营效率的目的，也是实际中应用比较多的一种信息共享方式。

5.4.2　库存信息共享的方式

万筱宁等学者（2003）[12] 将信息共享的模式分为：信息传递形式、第三方信息共享方式和信息中心。廖诺，徐学军（2007）[13] 根据影响牛鞭效应的三类信息（销售信息，库存信息以及需求预测信息），将信息共享的类型分为六类，分别是：EPOS、E-Shopping、VMI、CPFR、CF、CP 模式（见图 5-4）。

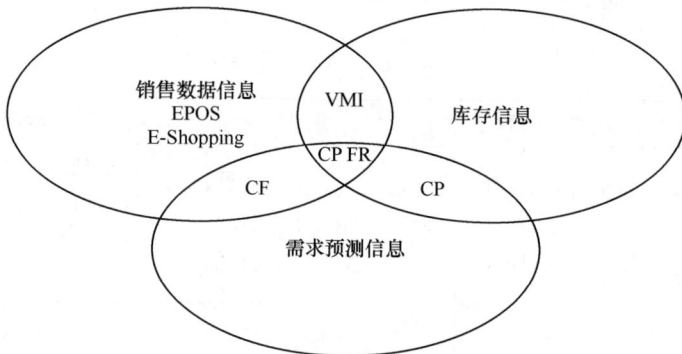

图 5-4　供应链信息共享模式

陈国庆，黄培清（2007）[14] 依据合作伙伴之间合作关系，即小额交易合作伙伴、大额交易合作伙伴以及战略性合作伙伴，分别采取不同的信息共享方式，见表 5-7。

综合上述对信息共享方式的几种典型分类可以看出，供应链上信息繁多，信息共享方式不仅与信息共享内容有关，还与其供应链不同节点企业需求，以及企业间的合作密切程度相关。适用于库存信息共享的方式包括：VMI（供应商管理库存）、CP（协同计划）、CRP（连续补货程序）、CPFR（协同、预测和补给系统），多数要依赖于信息系统手段，但更为重要的是信息共享管理模式的设计与执行策略。

表 5-7　基于合作关系的信息共享方式

合作类型	共享方式	好　处
小额交易 合作伙伴	EOS 系统	通过缩短从接到订单到发出订货的时间来缩短订货的交货期
大额交易 合作伙伴	POS系统（销售实时系统） CRP系统（连续补货程序） CRM（客户关系管理） JIT（即时生产制）	企业间通信网络和计算机系统共享销售信息； 可利用POS数据、库存信息和规定的库存补充程序确定发货补充数量和补充时间； 可以提升供应链上各企业之间的服务水平，提高客户满意度、维持较高的客户保留等； 共享企业间生产和需求信息
战略性 合作伙伴	QR系统（快速反应系统） CPFR（协同、预测和补给系统）	共享POS系统信息、自动补货系统以及EDI技术共享销售信息； 通过POS、EDI、EOS、数据采集技术以及JIT、ERP等信息技术和信息系统实现数据共享

| 5.5　信息共享的案例分析 |

本案例对象为中国移动某省公司，用入库数量和时间代表该公司向上游发出的订单数量和时间，用出库数量和时间来代表下游向本企业发出的订单的数量和时间 [9]。数据分析来自于该公司的实际数据及深度访谈，用以检验该公司目前的库存压力是否与上、下游的"信息共享"有关系。

5.5.1　案例背景

案例对象所在的电信运营行业的供应链可分为两大部分：第一部分，以物流为主，形成具备网络及业务功能的电信基础设施，称为"实物支撑链"；第二部分，提供信息服务，完成用户的信息生产，称为"信息产品链"[15]。实物支撑链是对信息产品链的支撑，它们之间以相互的生产信息为纽带，见图 5-5。

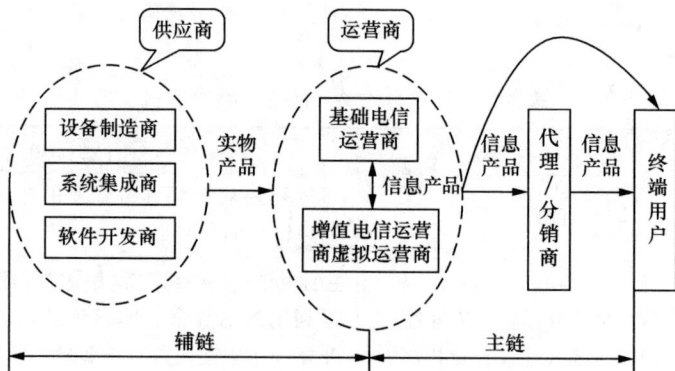

图 5-5　电信运营产品的供应链

由服务供应链及传统供应链的区别可知，其"实物支撑链"与传统意义的实物生产供应链比较类似，而 "信息产品链"是以服务产品为主的核心生产供应链。本案例以实物支撑链为研究对象。

5.5.2　案例研究过程

1. 深度访谈

涉及两类访谈对象，一类为该省公司仓储物流管理工作的负责人，另一类是为该公司供货的供应商相关负责人员，其当时信息共享的情况。

1）双方没有就信息共享这一理念建立专门的系统。对于大型项目，供应商可以参与前期可行性研究，信息的交流方式也比较成熟。

2）供应商的生产能力比较强，基本能够满足公司的订单需求，而供应商在应对突发需求和不稳定需求方面的能力也比较强，所以需求的变化基本对后端生产没有太多影响。

2. 库存数据分析

（1）提出假设

假设 1：入库目的是当月领进物资当月使用完；

假设 2：16 个分公司以及 1 个省公司的库存结构基本一致。

牛鞭效应值的公式为：$M = \dfrac{\text{理论库存金额方差} Y_1}{\text{实际库存金额方差} Y_2}$

说明：当 $M>1$ 时，表示存在库存逐渐积压，数值越大，表示库存压力越大；

当 $M=1$ 时，表示理论库存金额 = 实际库存金额，此时预测最合理，M 越接近 1，需求预测越合理；

当 $M<1$ 时，表示实际库存不能满足生产服务需求，应当适当增加现有库存。

（2）数据分析

数据取自 201× 年 1 月起连续 15 个月的工程物资出入库金额，包括该省 16 个分公司及其省公司本部的共 17 组数据，对其需求预测的准确性进行初步的判断。由于篇幅所限，以表 5-8、表 5-9 和表 5-10、表 5-11 共示例两组数据（Q 分公司和 B1 分公司）的预测计算结果。

表 5-8　Q 分公司工程物资出入库金额

时间（月）	1	2	3	4	5	6
入库金额（万）	1070	1679	2505	64	1280	2533
出库金额（万）	1076	9390	2621	539	921	654
时间（月）	7	8	9	10	11	12
入库金额（万）	4514	1069	1629	556	511	1426
出库金额（万）	4093	3066	2636	902	1230	328
时间（月）	13	14	15			
入库金额（万）	4786	214	703			
出库金额（万）	909	208	1345			

表 5-9　B1 分公司工程物资出入库金额

时间（月）	1	2	3	4	5	6
入库金额（万）	138	426	1745	107	615	685
出库金额（万）	23	365	1802	916	988	549
时间（月）	7	8	9	10	11	12
入库金额（万）	980	833	853	781	1651	451
出库金额（万）	909	794	1422	790	1556	763
时间（月）	13	14	15			
入库金额（万）	2823	112	601			
出库金额（万）	363	878	1758			

牛鞭效应值的计算：采用移动平均法预测，预测期为 3 个月，计算结果分别见表 5-10 和表 5-11。

表 5-10　Q 分公司工程物资理论库存金额

时间（月）	实际出库金额（万元）	预计使用金额（万）	理论库存金额（万）
1	1076	—	—
2	9390	—	—
3	2621	—	—
4	539	4362	—
5	921	4183	360
6	654	1360	−1902
7	4093	705	−1
8	3066	1889	5277
9	2636	2604	3781
10	902	3265	3297
11	1230	2210	−153
12	328	1589	609
13	909	820	−441
14	208	822	911
15	1345	482	−132

表 5-10 中，运用 VAR（x1:x2）函数求解实际库存方差 Y_1，及理论库存方差 Y_2，即得

Y_1=5450550.41，Y_2=4595083.491，此时牛鞭效应 $M_1 = \dfrac{Y_1}{Y_2} = 0.843$。

表 5-11　B1 分公司工程物资理论库存金额

时间（月）	实际出库金额（万元）	预计使用金额（万）	理论库存金额（万）
1	23	—	—
2	365	—	—
3	1802	—	—
4	916	730	—

（续表）

时间（月）	实际出库金额（万元）	预计使用金额（万）	理论库存金额（万）
5	988	1028	1214
6	549	1235	1195
7	909	818	132
8	794	815	906
9	1422	751	730
10	790	1042	1713
11	1556	1002	750
12	763	1256	1810
13	363	1036	543
14	878	894	221
15	1758	688	672

表 5-11 中，运用 VAR（x1:x2）函数求解实际库存方差 Y_1，及理论库存方差 Y_2，即得

Y_1=268625.4952，Y_2=295640.6182，此时牛鞭效应 $M_2 = \dfrac{Y_1}{Y_2} = 1.101$。

按此方法，预计使用金额计算公式为（预测期为 3），a 期预计使用金额 =[（a−1）期实际出库金额 +（a−2）期实际出库金额 +（a−3）期实际出库金额]/3

理论库存金额 =（本次预计使用金额 + 安全库存)-(上次预计使用金额 + 安全库存)+ 上次实际使用库存 = 本次预计使用金额 − 上次预计使用金额 + 上次实际使用库存量

代入数值可算得，分公司 B1 理论库存方差为 Y_1' =514999.428，实际库存方差 Y_2' =311700.829，此时牛鞭效应 $M_2 = \dfrac{Y_1'}{Y_2'} = 1.652$，$M_3 > M_2$，即信息共享后，能有效降低牛鞭效应百分比为28.9%。

按此方法分别计算其他 15 组数据，最终可得到全部 17 个单位的的牛鞭效应值，见表 5-12。

表 5-12　各分公司的库存金额预测准确值

分公司	牛鞭效应值（M）	与1的绝对值之差	合理预测值排名
L1	1.097	0.097	1
B1	1.101	0.101	2
Q	0.843	0.157	3
省公司	0.817	0.183	4
H	1.666	0.666	5
Y	1.883	0.883	6
P	1.891	0.891	7
K	1.909	0.909	8
D1	2.020	1.020	9
W	2.026	1.026	10
L2	2.030	1.030	11
C	2.221	1.221	12
N	2.222	1.222	13
D2	2.309	1.309	14
B2	2.518	1.518	15
D3	2.668	1.668	16
Z	2.684	1.684	17

说明：当M>1时，表示存在库存逐渐积压，数值越大，表示库存压力越大；当M=1时，即理论库存金额=实际库存金额，此时的预测最合理，其M越接近1，其需求预测越合理；当M<1时，表示实际库存不能满足生产服务需求，应当适当增加现有库存。

5.5.3　案例分析结论

1）牛鞭效应值是可以测量的，且信息共享能够明显使其减少。

2）在电信行业的"辅链"中，当前库存信息共享比较成熟，双方对信息共享状态基本上满意；供应商的综合实力上比较强，对于公司的紧急供货订单等情况基本能满足。

3）各分公司之间的库存运转能力上存在差距，原因之一是对需求预测的把握能力上有差别，其实也就是与分公司的整体管理能力有关。在调研访谈中了解到，分公司整体管理水平比较高的表现出来的库存管理水平要高，所以牛鞭效应值的估算结果也从侧面反映企业实际的管理水平。

| 本章附录：调研问题设计 |

采购员	问题1	对于贵公司，为了保证供应商的及时到货（或者让供应商能够准确了解需求备货），公司双方之间是否会进行一些数据信息的分享，比如订单信息，库存情况等？如果是，是以什么方式分享的呢（合同/系统/或者是邮件）？
	问题2	针对当前协同情况，您认为还有哪些信息有必要去分享（或者供应商应当再提供怎样的信息），能去很好地解决我们公司的比如库存周转率高、紧急供货等问题？
	问题3	针对协同问题，您觉得我应该去和哪些供应商去探讨比较有代表性（或比较典型）？ 【备注：对方是否方便提供"笔记本电脑"产品出入库数据——针对访谈设备商】
	其他	贵公司的需求预测方法？
供应商	问题1	① 公司在和买方公司合作时会共享一些信息（比如订单信息，库存信息等），您认为哪些信息对您更重要？ ② 还有哪些信息也非常有必要去共享，从而有效解决公司供货或者提前囤积产品这一现象？
	问题2	这个信息的共享，站在公司的角度，您认为它的优劣势分别是什么？
	问题3	公司的需求预测方法？ 【备注：对方是否方便提供"笔记本电脑"产品出入库数据——针对买方公司】
	问题4	公司发集采前，公司会怎么生产运作来保证满足买方集采要求的数量？（误差率5%，10%？）
	问题5	如果他们能够在月初前给你们提供库存数据资料（或预测的订单数据），你们会不会根据此来制定生产？

| 参考文献 |

[1] 王刚 . 供应链管理中的牛鞭效应研究 [D]. 武汉理工大学，2007.

[2] 晁孟华 . 供应链牛鞭效应的影响因素分析 [J]. 现代商业，2010, 2(3):2-3.

[3] 张新, 刘培德 . 信息共享减弱供应链中的牛鞭效应的机理分析 [J]. 物流技术，2006, (3)

[4] 吴丹，谭勇 . 供应链牛鞭效应成因与减弱方法研究 [J]. 武汉工业学院学报，2012, 2(3):2-3.

[5] 刘换花 . 基于信息共享的供应链协作问题研究 [D]. 五邑大学，2009.

[6] 许民利，许占 . 订单驱动模式下的供应链牛鞭效应分析 [J]. 价值工程，2008.

[7] 郎丰平 . 王瑛 . 供应链中信息共享价值量化分析 [J]. 都市区及区域交通现代化，2005.

[8] 万筱宁，孙新宁，孙林岩 . 供应链中的信息共享与合作 [J]. 工业工程管理，2003.

[9] 郁振清 . 基于信息共享角度的供应链牛鞭效应的研究 [D]. 苏州大学，2011.

[10] 陈国庆，黄培清 . 供应链中的信息共享与激励机制 [J]. 上海交通大学学报，2007, 41(12).

[11] 李娴 . 供应链中的信息共享及其实现 [D]. 东北财经大学，2006.

[12] 万筱宁，孙新宇，孙林岩 . 供应链中的信息共享与合作 [J]. 工业工程与管理，2003,(1).

[13] 廖诺，徐学军 . 降低牛鞭效应的供应链信息共享模式研究 [J]. 理论探讨，2007, 93(3):13-16.

[14] 陈国庆，黄培清 . 供应链中的信息共享与激励机制 [J]. 上海交通大学学报，2007, 41(12).

[15] 黄逸珺，舒华英 . 电信运营商的供应链管理 [J]. 中国管理科学，2002, 10:571-574.

第 6 章

供应链中的采购感知风险影响因素

供应链中的采购行为是建立上、下游链条关系的根本纽带，因此采购过程的合理性、采购决策结果的科学性准确性，会对供应链的稳健性产生直接影响，这也就使得采购过程中的执行者和决策者对采购行为有明显的感知风险。但感知风险的概念被提出后，主要用于个体消费者行为的研究，较少有针对企业采购执行及其决策上的研究，对于组织内的感知风险又如何影响购买决策的也不明确。因此，甄别影响采购感知风险的关键因素并研究采购感知风险与行为决策的关系具有重要的学术意义和现实意义。

本章围绕采购感知风险这个核心概念，厘清采购感知风险的含义，并从环境、个人、供应商、产品以及组织等五个方面探讨影响采购感知风险的各影响因素，探索各因素对影响关系的调节作用，从而建立相应的结构方程模型进行假设检验，分别从采购者及供应商的角度提出降低感知风险的策略建议。

| 6.1　采购感知风险研究综述 |

尚没有专门针对采购感知风险概念、构成及测量等方面的研究，需要从感知风险出发，基于感知风险研究基础建立采购感知风险的相关研究基础。

6.1.1 采购感知风险

感知风险的概念早在 1960 年已经由鲍尔（Bauer）提出，并应用于消费者行为学中研究。他提出的感知风险（perceived risk）是指消费者购物行为可能引起的不愉快后果[1]。感知风险概念一提出就引起了学者们极大的兴趣。学者们对感知风险也有不同的定义，Mitchell[2] 对此进行了总结，包括：Kogan 和 Wallach（1964）认为风险的概念包含两个因素，即"不确定性（uncertainty consequence）"和"后果（conseguence）"，Cunningham（1967）也有同样的观点。Slovic（1987）将感知风险定义为人们对有害的行为和可能带来危险的技术带来后果的一种（主观）判断和评估；Sitkin&Weingart（1995）认为感知风险就是个人评估各种情境的风险性，主要是评估各种情境不确定性的概率、不确定性的可控程度以及对上述评估的信心程度。国内学者马昆妹（2009）根据前人的研究对感知风险也进行了界定，认为感知风险是人们对风险的直觉判断以及态度，是决策者在进行相关决策过程中面对各种客观风险的主观的认知及心理感受[3]。在中文出版的学术文献中，研究者们有时也采用"认知风险"或"知觉风险"，本书采用"感知风险"这一表述。

综上所述，可以将采购感知风险定义为购买中心成员在制定购买决策时对所产生的不能确定的负面后果（客观风险）的主观的认知及判断。

1. 采购感知风险的构面

感知风险的构面是指感知风险包含哪些具体内容或者类型。Bauer 提出感知风险这个概念但是并没提出感知风险包括哪些具体内容，后来的学者对此进行了补充研究。

国外学者在感知风险构面方面的研究主要集中在消费者行为领域。Roselius（1971）认为消费者在购买时会面临四种损失：时间损失（time loss）、危险损失（hazard loss）、金钱损失（money loss）、自我损失（ego loss）[4]。而 Jacoby 和 Kaplan（1972）将消费者感知风险分为五种：经济风险（financial risk）、身体风险（physical risk）、功能风险（performance risk）、心理风险（psychological risk）以及社会风险（social risk）[5]。在 Jacoby 和 Kap1an 的五种感知风险理论的基础上，Peter 和 Tarpey（1975）又加入了第六项——时间风险，即在购买产品时，所可能发生的时间及努力的不确定损失。1993 年，Stone 和 Gronhaug 在 Jacoby 和 Kap1an 以及 Peter 和 Tarpey 的基础上通过研究验证了这六个风险构面的存在性。综上，关于国外学者在感知风险构面方面的研究总结见表 6-1。

表 6-1　感知风险构面国外文献总结

作　者	感知风险构面
Cox. D. F. (1967)	经济损失，社会心理
Cunningham Scott (1967)	社会后果，资金损失，身体伤害，时间损失，功能风险
Roselius, T. R. (1971)	时间损失，身体伤害，自我损换，金钱损失
Jacoby, Jan Kaplan (1972)	财务风险，功能风险，心理风险，身体风险，社会风险
Bettman, J. R. (1973)	固有风险：产品种类对消费者的潜在风险；处理风险：在其通常购买环境中，由产品种类中选出某一品牌时所产生的风险
Peter, J. P. Tarpey, L. X. (1975)	财务风险，功能风险，心理风险，身体风险，社会风险，时间风险
Murray. Keith B. Schlacter, John L. (1990)	财务风险，功能风险，心理风险，社会风险，时间风险
Mowen, John C. (1990)	财务风险，功能风险，心理风险，社会风险，时间风险，身体风险，机会成本风险
Jarvenpaa S. L. P. A. Todd (1997)	财务风险，功能风险，社会风险，个人网险，隐私风险
Anne-Sophie Cases (2002)	功能风险，时间风险，财务风险，运输风险，社会风险，隐私风险，支付风险，网站源风险
Sandra M. Forsythe和Bo Shi (2003)	财务风险，功能风险，心理风险，时间风险，方便损失的风险

国内专家学者的研究结论与国外基本一致，总结见表 6-2。

表 6-2　　感知风险构面国内文献总结

作　者	感知风险构面
高海霞（2003），井淼（2006）	财务风险、心理风险、社会风险、功能风险、身体风险、时间风险
孙祥，张硕阳等（2005）	绩效风险、时间风险、财务风险、心理风险、社会风险、隐私风险、身体风险
朱丽叶（2007）	财务风险，功能风险，身体风险，社会风险，心理风险，时间风险

上述学者所提出的感知风险的构面存在一定的差异，但基本类型一致。由 Jacoby 和 Kaplan 所提出的财务、身体、功能、心理、社会五种风险，再加上 Peter 和 Tarpey 所提出的时间风险，共六方面已经涵盖较广的范围，另外 Stone 和 Gronhaug（1993）也研究指出，这六个感知风险构面对总的感知风险的解释能力达 88.8%。

考虑到采购者一般并不是产品的使用者，不会有"身体"上的接触，不存在"身体感知风险"，故将采购感知风险构面分为五部分：财务风险（产品定价过高或产品有质量问题等招致经济上蒙受损失所产生的风险）、功能风险（产品不具备人们所期望的性能或产品性能比竞争品差所带来的风险）、心理风险（产品不能达到预期的水准时，造成对心理或自我感知产生伤害的风险）、社会风险（购买决策不被别人所认同的风险）以及时间风险（购买的产品需要调整、修理或退还造成的时间浪费而带来的风险）。

2. 采购感知风险的测量

感知风险的测量方式一般有两种：1）直接询问调查对象对风险的感知；2）使用感知风险不同构面，将各构面上损失的可能性与严重性相乘，来测量被调查者的感知风险。

感知风险的测量方法最早是由 Cunningham（1965）提出的，他以结果不确定性与危险性来衡量，通过直接询问调查对象关于危险性、不确定性的感知，然后将两者相乘得到感知风险值[6]。之后，Cunningham（1967）又提出双因素模型，即风险＝损失的不确定性 × 结果的危险性。Bettman 提出将感知风险分成固有风险（inherent risk）和操作风险（handled risk）两类。例如购买电脑，对购买者来说购买电脑这件事情本身是有风险的，这种风险便是固有风险，而购买者可以通过购买让他信赖的品牌从而控制了风险，这种风险就是操作风险。但是这种方式还没有得到有效的验证[7]。Peter 和 Ryan（1976）将"损失可能性"、"损失重要性"与品牌偏好联系起来，得到以下感知风险的测量模型：

$\mathrm{OPR}_j = \sum_{i=1}^{n}(PL_{ij} \times IL_{ij})$，其中，$\mathrm{OPR}_j$是对品牌$j$的感知风险，$PL_{ij}$是购买$j$品牌发生$i$损失的可能性，$IL_{ij}$是购买$j$品牌发生$i$损失的严重性，$n$是感知风险的构面数。Peter模型的可靠性和有效性被后来的许多学者证实并采纳。

综上所述，本书主要研究采购感知风险的影响因素及其调节关系，因此采用第一类方法，即直接询问采购者对各个方面风险的感知来测量采购感知风险。

3.采购感知风险对购买意愿的影响

感知风险与购买意向关系的研究主要集中在消费者购买或新应用接受等领域。Pavlou（2003）研究指出感知风险与网上交易意向呈负相关关系，Featherman（2003）将感知风险与 TAM（Technology Acceptance Model）相结合，通过结构方程（SEM）的应用，建立了电子服务系统的消费者接受行为模型，从而发现阻碍消费者接受电子服务系统的主要因素是感知风险，且感知风险是在 TAM 的标准变量上一个强大的约束变量，Dan J.Kim（2008）等证实在电子商务交易中消费者感知风险负向影响消费者的购买意向。Justin Beneke，Anne Greene，IngeLok，Kate Mallett（2012）通过实证研究感知风险对购买意图的影响，验证感知风险各个维度（功能、财务、社会、心理、时间）对购买意向的影响显著[8]。但是也有学者的研究表明，感知风险和购买意愿之间不存在显著的相关关系［林如莹（2000）］。

本研究基于企业购买行为中个人的采购感知风险，消费者领域的研究结论是否适用还需要做进一步探讨。

6.1.2　采购感知风险影响因素理论

Webster 和 Wind（1972）、希斯（1973）最早基于风险提出概念模型来研究影响组织购买影响因素，希斯的研究针对工业市场。韦—温和希斯模型都强调了决策参与者的感知风险对最后决策的重要影响，而且感知风险都可以细分成不同的维度。韦—温模型中指出影响组织购买过程的有 4 个因素，即环境、组织、集团及个人。通过文献总结，本研究将影响采购感知风险的因素分为环境因素、个人因素、供应商因素、产品因素以及组织因素等五个方面。

1. 环境因素

环境因素包括经济技术环境、文化环境、政治法律环境等。目前国内外文献对于环境因素的实证研究相对较少，主要的研究集中在不同文化背景下个体对风险的感知的差异。Choi 和 Geistfeld 认为人们在不同的社会及社会阶层中对风险会有不同的反应[9]；Neua 在实地访谈中发现被调查者中有很多人与朋友一起购物会感觉更好些。在众多研究中，个人主义及集体主义往往被用于感知风险的研究。

2. 个人因素

霍华德和塞斯在 20 世纪 60 年代末研究发现影响购买行为的四大因素分别为刺激因素（输入变量）、内在因素、外在因素以及产出因素。其中内在因素就是个体因素。Peters 和 Venkatesan（1973）在对电脑的技术接受研究中强调个人因素对感知风险的重要性，发现人口变量如年龄、教育经历、电脑使用经验等对感知风险的影响显著；管理者 Shapira（1986）的研究认为，由于个人内在激励、个性等因素作用，有些人比别人表现出更多的风险规避（Atkinson，1964；McClelland，1966；Deci，1975）[10]；张晓春（2010）认为由于采购成员或多或少要承担采购结果失败的责任，相比于风险偏好程度较低的个体，风险偏好较高的个体面对同样的决策时，其风险感知水平较低，因而会做出更为冒进的决策[11]。

3. 供应商因素

Neua 通过对 16 名有代表性的被调查者的访谈发现，大多数人觉得购买著名品牌公司的产品时感知风险会小些；买方和供应商之间沟通与合作的程度会影响到感知风险；Pyatt（1988）调查了三大电脑制造商，强调了关系管理的重要性；Scott C.Elli 等深入研究了因供应商中断合作所产生的风险的买方感知[12]。综上所述，影响采购感知风险的供应商因素主要包括供应商的品牌声誉因素、与供应商合作情况因素等。

4. 产品因素

消费者行为学中普遍认为消费者在购买不同产品时感知到的风险是有差异的。IndrajitSinha（1999）及 Nena Lim（2003）实证研究发现产品种类的不同会导致消费者不同程度的感知风险；Valla（1982）将产品分为战略产品、重要产品以及一般产品，并且研究发现不同类别的产品有不同的感知风险程度；杜美玲（2006）认为产品的标准化程度越高，消费者从产品的外包装、产品附件等各个方面做出判断，认为产品质量比较可靠，从而感知到的风险就较低；产品的重要性不同，个体也会有不同的感知风险，个体对战略产品的感知风险显著较高，对采购决策也尤其慎重。

5. 组织因素

Newall（1977）研究发现工业购买者的心理风险与购买者对其购买决策后果的承担程度有关，而且在规模较小公司的感知心理风险要明显低一些，因为购买者可以充分共享决策；Johnston（1981）经过实证研究认为组织规模是影响购买中心决策的一个重要因素；HawesScott（1987）认为如果公司具有高度结构化的采购程序，一般可以作为一种保护机制减少购买中心成员所感知到的风险水平 [13]。

6.1.3　采购感知风险降低策略

感知风险存在于任何需要选择的决策之中，它会使采购者感到焦虑。Roselius 认为风险降低策略是指买卖双方为了避免或减少风险而主动采取的某种行为，这种行为可以使感知风险降低到可以接受的程度，从而做出采购决策 [14]。感知风险的早期研究大多集中于消费者而不是组织购买者，但是与组织购买决策相关的感知风险的研究已经取得很大的进展。国内外学者普遍认为减少感知风险的策略一是降低不确定性，二是降低期望水平（Taylor，1974；Venkatesan，1968）。Peter 和 Tarper（1975）指出可以通过以下两个方法减少感知风险：1）降低感知上的不确定性，例如搜集更早的信息；2）减少可能的损失，例如减少购

买次数、减少购买的数量等；Newall（1977）最主要的一个观点就是认为与决策相关的信息量的多少直接决定了采购者或者公司感知风险；一些研究表明在降低感知风险的策略中至少有 1/3 是与信息收集相关的（Hawes 和 Barnhouse，1987；Sweeney 等，1973。因此降低感知风险的一个很通用的方法就是信息搜集。

在具体的减少企业采购感知风险策略的研究上，Vincent-Wayne Mitchell（1995）及 Jon M. HawesScott H. Barnhouse（1987）总结得出以下 8 种减少采购感知风险的方法 [15]。

1）信息搜索（Information gatering）：搜索更多潜在供应商的运营信息；询问供应商现在的客户关于他们与供应商合作的经验以及供应商的表现。

2）多面寻源和分拆采购（Multiple Sourcing and Split Procurements）：多源化订单，以保证供应具有备份源。

3）多个供应商（Approved Supplier Lists）：寻找多个供应商。

4）群体决策（Group Decision Making）：获得同事们关于潜在供应商的意见；获得大多数同事关于已选定供应商的满意程度的意见；确认你的上级管理部门的成员赞成使用该供应商。

5）伙伴与联盟（Partnering and Alliances）：在选择供应商时，倾向于那些过去与本公司有过业务来往的公司；培养战略合作伙伴。

6）领先品牌（A Leading Company in the Field）：供应商的搜索和最终选择只限于知名供应商之中。

7）奖惩制度（Performance Guarantees and Penalty Clauses）：对供应商制定相应的奖励机制与惩罚机制。

8）高结构化的流程（Highly Structured Purchasing Procedures）：制定标准的采购及决策流程。

本研究主要通过问卷调查来分析企业购买中心个人对各种减少风险策略的偏好。

6.1.4 企业采购行为决策相关文献综述

20 世纪 80 年代，国外开始进行采购行为的研究，并且提出了一些采购行为决策模型，其中最具价值且最典型的是希斯模型和韦—温（Webster 和 Wind）模型。希斯模型将心理因素引入模型，他指出组织购买者的心理特征、职务、风险感知等会影响采购个体对采购结果的期望。与希斯模型相比，韦—温模型更加全面，Webster 和 Wind 认为企业采购会成立一个购买中心，其成员包括使用者、购买者、影响者、决策者和把关者，在这个模型中绕着采购过程及决策行为，还综合考察了环境、组织、购买中心及购买人员因素的影响。

Kohli 和 Zaltman（1988）认为企业购买决策与企业相关购买参与人员的意见和行为有显著的相关关系。Webster（2004）强调企业购买决策最终不是由组织决定，而是在组织的相互影响基础上由个人决定，从而做出决策并且采取行动。国内学者李桂华，卢宏亮（2010）基于 Webster 和 Wind 的角色模型，探究在中国的管理情境下哪一种角色对于企业购买决策的影响最大，得到结论是：专家力量 > 信息力量 > 合法性力量。并且认为企业的购买决策本质上是个人决策相互影响下的结果，因此对企业购买中心的研究非常有必要转移到对购买中心成员的研究上来 [16]。

6.2　采购感知风险影响因素框架构建

6.2.1　采购感知风险的调节变量

同一个人对不同的产品可能会有不同的感知风险，产品技术、工艺等越复杂，采购时需要收集更多的资料。Dr. John Newall（2007）研究表示采购流程标准化程度会对采购感知风险起到一定的调节作用。通过对专家访谈及企业采购人员的访谈，发现上文的影响因素之间可能还有一定的关系，例如在同样的供应商决策下，采购流程标准化程度越高，由于个人因素很少影响到最后的决策，所以感知到的风险越低。由于在消费者行为领域及组织购买领域，对于采购感知风险的调节变量还没有相关的文献，本研究尝试探索采购感知风险的调节变量。

由于涉及变量较多，较难识别出调节变量，因此采用两阶段调研。第一阶段，初步选出具有调节作用的变量。具体问卷见本章附录 1。识别表见表 6-3。

表 6-3　企业购买中心个人采购感知风险与其影响因素关系的调节变量识别表

关系名称 变量名称	H1	H2	H3	H4	H5	H6	H7	H8	H9	H10	H11	H12
集体主义程度												
性别												
年龄												
风险态度												
采购经验												
品牌声誉												
供应商合作时间												
产品标准化程度												
产品价格												
产品重要性												
组织规模												
采购流程标准化程度												

第一阶段共调研 7 名专家及 1 名企业采购人员，发现只有产品标准化程度及采购流程标准化程度所有被调查者都认为有调节作用，因此第二阶段调研选择这两个变量，识别出对哪些关系具有调节作用。识别表见表 6-4。

表 6-4　企业购买中心个人采购感知风险与其影响因素关系的调节变量识别表

变量名称 关系名称	产品标准化程度	采购流程标准化程度
个体主义比集体主义表现出更高的感知风险		
女性比男性表现出更高的感知风险		
年龄负向影响采购感知风险		
风险态度负向影响采购感知风险		
采购经验负向影响采购感知风险		

（续表）

关系名称 ＼ 变量名称	产品标准化程度	采购流程标准化程度
品牌声誉负向影响采购感知风险		
供应商合作时间负向影响采购感知风险		
产品标准化程度负向影响采购感知风险		
产品价格正向影响采购感知风险		
产品重要性负向影响采购感知风险		
组织规模正向影响采购感知风险		
采购流程标准化负向影响采购感知风险		

第二阶段共调研 3 名专家及 1 名企业采购人员，结合第一阶段 8 份有效问卷，分析出所有专家及采购人员一致同意的调节关系，得出假设。

H13a：产品标准化程度对产品价格与采购感知风险的关系有负向的调节作用，即随着产品标准化程度增加，产品价格对采购感知风险的作用减弱。

H13b：产品标准化程度对产品重要性与采购感知风险的关系有负向的调节作用，即随着产品标准化程度增加，产品重要性对采购感知风险的作用减弱。

H14a：采购流程标准化程度对供应商合作时间与采购感知风险的关系有负向的调节作用，即随着采购流程标准化程度增加，供应商合作时间对采购感知风险的作用减弱。

6.2.2　采购感知风险影响因素

Webster 和 Wind（1972）提出的韦—温模型中指出了影响组织购买过程的有 4 个因素——环境、组织、集团及个人。希斯（1973）模型是修正后的消费者购买行为模型，该模型更强调个人的作用，他认为工业采购关键受三大因素的影响，即公司特定因素、采购中心的期望以及产品特定因素。Choffray 和 LiLien（1978）在研究新产品购买决策过程中，发现人际关系因素如共同的喜好、权利的运用等都会影响采购决策。国内学者张晓春，陈国华（2010）从感知风险角度构建

了采购决策的动态模型，将影响采购感知风险的因素归为个体因素、环境因素、原材料因素、组织因素及供应商因素[17]。

综上所述，将影响采购感知风险的因素分为：环境因素、个体因素、组织因素、供应商因素以及产品因素五个方面，从而提出假设并进行验证。

1. 环境因素

在众多跨文化的研究中，集体主义/个人主义经常被用于感知风险的研究。集体主义者认为个人要服从集体，集体利益重于或大于个人利益。

Javenpaa（1999）[18]研究发现个人主义者在购买时的感知风险要高于集体主义者；Weber和Hseer（1994）[19]通过在中国、美国、波兰及德国的实证研究发现，中国人作为集体主义的代表感知风险的得分在四个国家中是最低的，因为在集体主义社会中，家庭或其他组织成员会一起来承担风险决策所造成的不良后果，因此感知风险相对较低。而Yamagishi（1994）[20]却秉持不同的观点，他认为个人主义者更加愿意去发现声誉良好的人，而集体主义者更加愿意选择留在他们原有的关系中，当与外界发生关系时，除非有很强的保障体系，否则集体主义者更不容易相信对方，因此个人主义者购买东西时感知的风险会更小。

学者们观点不一致，本研究对象是企业购买中心的个人，购买中心作为一个集体会共同承担风险决策的不良后果，因此我们提出假设1：

H1：个体主义比集体主义表现出更高的感知风险。

2. 个人因素

每个采购者的个人特征不同也可能会对感知风险产生影响，本研究主要考察年龄、性别、采购经验以及风险态度四个方面。

年龄。如果采购者年龄大，他对各个决策方案失误的承受能力也稍大，从而感知风险较低；Okun（1978）等关于年龄对感知风险的影响研究中，认为年轻的管理者承受更多的感知风险[21]；Unni（1990）通过对法国和印度商人的调查发现31～40岁年龄组的感知风险显著高于41～50岁年龄组[22]。因此提出假设2：

H2：年龄与采购感知风险呈负相关关系。

性别。根据前人研究，大部分消费者行为学中的研究一致认为女性总体感知风险高于男性。例如，Ellen 和 Michal（2004）关于在线购买研究中发现女性的感知风险显著高于男性。因此提出假设 3：

H3：女性比男性表现出更高的感知风险。

采购经验，是通过个人从事采购相关工作的时间来衡量的。当采购者经验越丰富，对于某一产品技术或供应商认知就可能更多，当积累较丰富的专业知识时，采购者就能较有信心并有效率地做出正确的判断。他们知道不同供应商的规模与声誉，并且可以判断哪些是购买时要特别注意的，就可以很快剔除风险因素，因而降低决策失误的可能性，也减少感知风险的不确定性因素。Newall（1977）研究发现采购者的购买经验越多，感知风险越低[23]；Ellen 和 Michal（2004）关于在线购买研究中发现随着互联网使用经验和在线购买经验的增长，消费者对在线交易的感知风险会降低。因此提出假设 4：

H4：采购经验与采购感知风险呈负相关关系。

风险态度，指人对风险的偏好态度，经济学中把社会中的人分为风险偏好、风险中性以及风险规避三种类型。以往研究中风险态度被认为是影响感知风险最重要的因素，因为它反映了人们对不确定性风险的容忍度。Havlena 和 Desarbo（1991）研究指出对风险具有不同态度的个体对感知风险的感觉是具有差异的；Eckford，Stanton 和 Pires（2004）等人通过实证研究发现，风险态度与感知风险间呈正相关关系，即风险规避者的感知风险要比冒险者要高。因此提出假设 5：

H5：风险态度与采购感知风险呈正相关关系。

3. 供应商因素

主要考察品牌声誉及与供应商合作时间两个变量。

品牌声誉，是指社会公众及消费者对一个品牌信任度的认知和评价。如果供应商本身有好的声誉，购买者对公司的信任会显著增长，从而感知风险会降低。供应商要塑造良好的声誉是一项长期、困难而昂贵的过程，一旦有不良举动会对自身声誉造成不可挽回的破坏，因此，购买者一般认为供应商不会冒着破坏声誉的风险而进行投机行为，他们会将品牌声誉当作一个很可靠的变量。古典经济学 Heiman（1996）和消费者研究文献（Bolton 和 Drew，1991）均表明，顾

客通过外部特征，例如广告和品牌名字来推断产品质量并做出选择[24]；Weeney，Soutar 和 Johnson（1999）通过研究发现，高服务质量可以降低顾客感知的财务风险和绩效风险[25]；而 Dawar 和 Parker（1994）研究发现，品牌声誉可以帮助顾客对产品质量做出判断并最终做出选择。因此提出假设 6：

H6：品牌声誉与采购感知风险呈负相关关系。

供应商合作时间，用与供应商合作的年份数来衡量。采购者与供应商之间的关系状态将影响感知风险，如果购买已经有过合作的供应商的产品，至少对该供应商的供给能力、售后服务、市场能力等一些基本情况已经有所了解，对风险产生的可能及损失可以提前预见，因此感知风险会相应降低。Pyatt（1988）在调查三大电脑供应商的研究中，指出关系管理的重要性。因此提出假设 7：

H7：供应商合作时间与采购感知风险呈负相关关系。

4. 产品因素

产品因素主要考察产品重要性、产品价格以及产品标准化程度三个变量。

Valla（1978）依据产品重要性程度将产品分为三类，包括战略产品、重要产品以及普通产品，在之后的研究中指出不同类别产品对感知风险的影响不同，对项目越重要的产品采购者的感知风险越高。因此提出假设 8：

H8：产品重要性与采购感知风险呈正相关关系。

杜美玲（2006）在研究购买搜寻品、体验品和信任品时消费者的感知风险水平时选取的研究产品是：图书、手机、旅游、医疗服务和管理咨询，显然这五种产品标准化程度逐渐降低，研究发现产品标准化程度越高，消费者从产品外观、工艺、产品附件等各方面容易做出判断，相反，产品的标准化程度越低，消费者感知到的风险水平越高[26]。因此提出假设 9：

H9：产品标准化程度与采购感知风险呈负相关关系。

产品的价格水平会对采购者感知有直接影响，价格问题一直是营销学领域关注的话题，产品价格低，可以减少不利后果的严重性，减少对采购者决策失误的不利影响；Grewal（1994）研究发现产品价格是顾客感知财务风险的重要组成部分；Sweeney 和 Johnson（1999）发现，价格和客户感知服务质量存在正相关关系，高价格会导致高财务风险[27]；另外 Teas（2001）和 Agarwal 指出，高价格会导致高绩效风险。因此提出假设 10：

H10：产品价格与采购感知风险呈正相关关系。

5. 组织因素

组织因素主要考察组织规模以及采购流程标准化程度两个变量。

组织规模将以采购中心人数衡量。Johnston（1981）经过实证研究认为组织规模是影响购买中心决策的一个重要因素；Patton（1986）等认为组织规模也会影响组织中的个体决策。采购者的心理风险与决策人对决策后果要承担的责任十分相关，而且心理风险在小规模企业中很少发生，因为小公司会充分共享决策，但是绩效风险在小规模企业中显著较高，因为规模较小的企业无力承担决策失误造成的财政负担。因此，组织规模对采购感知风险的影响有待验证，基于此先提出假设 11：

H11：组织规模与采购感知风险呈负相关关系。

采购流程标准化程度是指企业的采购流程是否具有一套标准化的操作过程和制度体系。Newall（1977）研究发现高度心理风险经常发生在没有结构化采购程序的大公司中，高度结构化的采购程序可以作为一个防御机制，降低或排除高度心理风险。标准化的采购流程可以减少个人因素造成的决策失误，因此可以降低采购自身的感知风险，因此提出假设 12：

H12：采购流程标准化程度与采购感知风险呈负相关关系。

6.2.3 采购感知风险影响因素结构方程模型的提出

除了前两节已经确定的影响因素、调节变量外，还必须考虑采购感知风险与购买意愿的影响。Pavlou（2003）研究指出感知风险与网上交易意向呈负相关关系，Hsi-Peng Lu（2005）等人通过实证研究感知风险对在线使用意愿的影响，验证感知风险对使用意愿的影响显著，感知风险会通过感知有用性影响到使用意向，Justin Beneke，Anne Greene，IngeLok，Kate Mallett（2012）通过实证研究感知风险对购买意图的影响，验证感知风险各个维度（功能、财务、社会、心理、时间）对购买意向的影响显著 [28]。基于此提出假设 15：

H15：采购感知风险与购买意愿呈负相关关系。

综上可得采购感知风险影响因素结构方程模型的全部假设，见表 6-5。

表 6-5　采购感知风险影响因素结构方程模型假设汇总

假设分类	假设代码	假设详细内容
各个因素与采购感知风险的关系	H1	个体主义比集体主义表现出更高的感知风险
	H2	年龄与采购感知风险呈负相关关系
	H3	女性比男性表现出更高的感知风险
	H4	采购经验与采购感知风险呈负相关关系
	H5	风险态度与采购感知风险呈正相关关系
	H6	品牌声誉与采购感知风险呈负相关关系
	H7	供应商合作时间与采购感知风险呈负相关关系
	H8	产品重要性与采购感知风险呈正相关关系
	H9	产品标准化程度与采购感知风险呈负相关关系
	H10	产品价格与采购感知风险呈正相关关系
	H11	组织规模与采购感知风险呈负相关关系
	H12	采购流程标准化程度与采购感知风险呈负相关关系
产品标准化程度的调节作用	H13a	产品标准化程度对产品价格与采购感知风险的关系有负向的调节作用，即随着产品标准化程度增加，产品价格对采购感知风险的作用减弱
	H13b	产品标准化程度对产品重要性与采购感知风险的关系有负向的调节作用，即随着产品标准化程度增加，产品重要性对采购感知风险的作用减弱
采购流程标准化程度的调节作用	H14	采购流程标准化程度对供应商合作时间与采购感知风险的关系有负向的调节作用，即随着采购流程标准化程度增加，供应商合作时间对采购感知风险的作用减弱
采购感知风险与购买意愿的关系	H15	采购感知风险与购买意愿呈负相关关系

由此得到结构模型，见图 6-1。

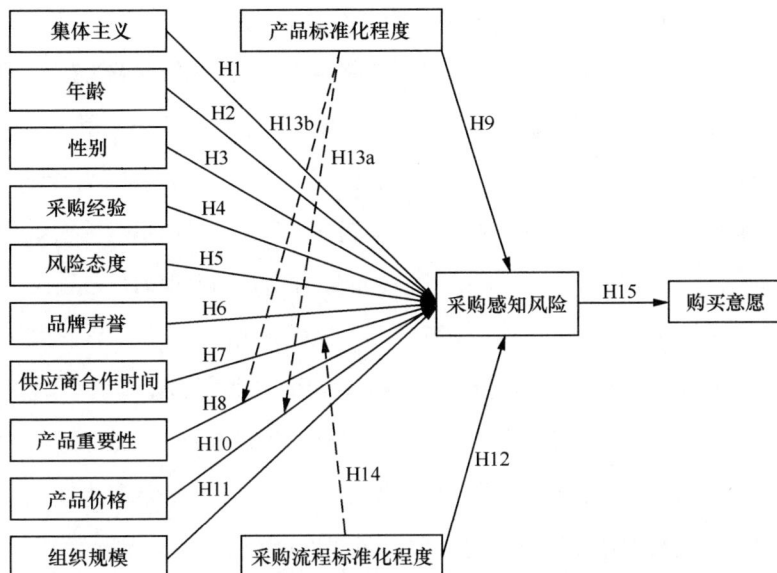

图 6-1　采购感知风险影响因素结构方程模型

|6.3　采购感知风险影响因素假设模型的实证检验|

6.3.1　假设模型的问卷及测量题项

Vincent（1976）认为问卷的开始应该安排简单易答的问题，这样能够提高受访者对问卷的兴趣。而人口统计变量等涉及个人问题的敏感项目应该尽量放在问卷最后。因此本研究依据 Vincent（1991）的提议将问卷分为六个部分：第一部分是了解本次采购的基本情况；第二部分是测试本次采购的感知风险；第三部分、第四部分了解被调查者的集体主义程度、风险态度以及对于本次采购供应商品牌声誉认知、购买意愿；第五部分了解各个风险降低策略的有效程度；第六部分是被调查者的人口统计特征以及所在组织特征，包括性别、年龄、企业规模等。

其中第一部分采购的基本情况包括采购方式、购买类型、购买的产品的价格、

标准程度以及重要性程度等；第六部分人口统计特征包括性别、年龄、采购经验，组织特征包括组织规模以及采购流程标准化程度，这两部分根据选项按照实际情况选择。第二部分、第三部分、第四部分以及第五部分都是采用 5 分制 Likert 量表进行测量。

关于测量题项，本研究首先对国内外消费者行为文献及组织购买感知风险等资料进行分析，获得了采购感知风险的感性认识，并拟定访谈提纲，通过在"中国采购经理人论坛"以及"效果社区 - 采购专区"远程访谈，引导采购者说出采购时的担心因素，访谈的主要目的是希望参与者在没有压力的情况下，自发性地说出内心真正感受，使得问卷设计更符合现实情况。本部分采用 5 分制 Likert 量表进行测量（ 1 表示完全不同意、2 表示基本不同意、3 表示不确定、4 表示基本同意、5 表示完全同意 ）。具体采购感知风险测量项目见表 6-6，采购感知风险影响因素及购买意愿测量项目表及来源见表 6-7，采购感知风险降低测量项见表 6-8。

表 6-6　采购感知风险测量项目

因子	测量项目	文献来源
财务风险	我担心采购的产品若出现问题需要支付额外费用	Mitchell和Greatorex（1993）；高海霞（2006）
	我担心采购的产品可能性价比较低	
	我担心采购的产品会因为价格浮动而出现经济损失	
功能风险	我担心采购的产品存在瑕疵	Mitchell和Greatorex（1993）；高海霞（2006）；井淼（2005）
	我担心采购的产品与预期效果有差距	
	我担心采购的产品可能有假货，存在安全隐患	
社会风险	我担心采购的产品不被同事或上司认可	Vincent-Wayne Mitchell（1995）JonM.Hawes Scott HBarnhouse（1987）
	我担心产品如果买得不好会有损我的形象	
	我担心同事或上司可能会对我采购的产品有负面评价	
心理风险	我担心采购的产品发生问题，自己心里会有压力	Jon M. Hawes Scott H. Barnhouse（1987）；井淼（2005）
	我担心采购的产品不合适或出现问题，与供应商沟通及退货、维修的过程会使自己心情烦躁	
时间风险	我担心产品可能没有在预定的时间送到，导致我等待的时间过长	井淼（2005）；高海霞（2006）
	我担心采购的产品不合适或出现问题，与供应商沟通及退货、维修等方面的时间过长	

表 6-7　采购感知风险影响因素及购买意愿测量项目

因子	测量项目	文献来源
集体主义	我的意见与大多数人不同时，我会服从多数人	Kelmal和Cohle（1959）；Jarvenpaa (1997)
	做决策时，我会犹豫，同事及朋友的建议对我很有影响	
风险态度	当有机会冒险时，我会非常注意安全	Forlani和Mullins（2000）；Wameryd (1996)
	我会在决定任何事情之前先仔细想想	
	我会避免做有风险的事情	
供应商品牌声誉	该供应商能够带来品质保证，让我放心	Dawar和Parker（1994）
	我倾向选择品牌供应商的产品	
	我感觉该供应商声誉在行业中居于前列	
购买意愿	如果需要我会计划购买这个供应商的产品	Dodds (1991)
	如果可以我会继续使用该品牌	
	总体地来说，我很愿意购买该供应商的这种产品	

表 6-8　降低采购感知风险测量项目

编号	测量项目	文献来源
1	搜索更多潜在供应商的运营信息	Vincent-Wayne Mitchell（1995）
2	询问供应商现在的客户关于他们与供应商合作的经验以及供应商的表现	
3	寻找多个供应商	
4	获得同事们关于潜在供应商的意见	
5	在选择供应商时，倾向于选择那些过去与本公司有过业务来往的公司	
6	确认你的上级管理部门的成员赞成使用该供应商	
7	供应商的搜索和最终选择只限于知名供应商之中	
8	获得大多数同事关于已选定供应商的满意程度的意见	
9	对供应商制定相应的奖励机制与惩罚机制的反应	
10	培养战略合作伙伴	
11	制定标准的采购及决策流程	

6.3.2　问卷对象及调研过程

调查对象：企业负责采购的采购部门（或采购中心）的员工，主要为采购员、采购经理或采购决策者等。

调研方法：问卷法，直接发放、网络调查以及电子邮件的方式进行发放。

为了提问卷的准确性和适用性，本研究先通过小规模访谈以及问卷前测试对问卷进行修正，最终形成正式问卷（见本章附录 2）。

1. 预调研

先进行了小规模访谈，包括高校专家及硕士生 6 名、企业采购管理人员 2 名，针对问卷测量问项的内容重复、模糊措辞等方面的问题提出了建议，进行了问卷修正，形成初步量表。

再进行问卷前测。Hau 和 Marsh（1999）通过一系列的模拟研究，并比较了多种小样本数据的处理策略。他建议当样本比较小时，研究者应通过预调研（pilot）来评估测量工具的适用性，来保证题目的高信度和高效度。通过网络问卷及发放 E-mail 电子问卷两种方式，收到企业采购人员有效问卷 36 份，用 SPSS 对前测数据进行信度和效度检验结果如下。

（1）信度检验

信度（Reliability）分析是一种测度量表是否具有一定的稳定性和可靠性的有效方法，量表的信度分析包括内在信度分析和外在信度分析，一般实证研究都只进行内在信度分析，内在信度分析是考察一组题项是否测量的是同一个特征，这些项目之间是否具有较高的内在一致性，如果内在信度高则意味着相应的量表有意义。不同的学者对于信度系数的评判标准有不同的意见，De vellies（1991）认为 Cronbach's α 值低于 0.65 不可取，在 0.65～0.70 之间是最小可接受值，若在 0.70～0.80 之间信度相当好，0.8～0.9 之间表示信度非常好。Peterson（1994）认为 Cronbach's α 值在 0.7 以上就属于高信度，0.35～0.70 之间表示信度尚可，低于 0.35 则不可接受。

本次前测结果通过了 SPSS 的内在信度分析，结果见表 6-9。

表 6-9　预调查信度检验结果

变量	α 系数
财务风险	0.855
功能风险	0.943
社会风险	0.796
心理风险	0.909
时间风险	0.836
集体主义	0.744
风险态度	0.860
品牌声誉	0.869
购买意愿	0.931

各个量表 Cronbach's α 都超过了 0.70 的最低要求，因此说明本调查问卷具有良好的信度，题项设计合理。

（2）效度检验

效度（Validity）是指量表确定能够测量出其所准备测量的事物的真实程度。效度检验比信度检验有更高的要求，信度是量表效度的必要条件，在进行信度分析后，还必须对效度进行分析。效度分析方法中常用的包括内容效度和结构效度。

1）内容效度分析（Face Validity）。

内容效度是一个主观评价指标，主要是为了评估所设计的题项是否能反映出所要测量的内容。本研究所选取的测量题项是在大量阅读消费者行为理论及组织购买理论基础上，参考了有关感知风险和消费者行为的成熟量表，并结合专家访谈形成的，可以测量题项具有较好的内容效度。

2）结构效度分析（Construct Validity）。

结构效度是指测量结果体现出来的某种结构与测量值之间的对应程度（Zikmund，1976）[29]，Campbell 和 Fiske（1959）[30] 指出，对量表结构效度的检验必须同时从会聚效度（Convergent Validity）和区分效度（Discriminant Validity）两个方面进行考验。本研究采用平均萃取变差（Average Variance Extracted，AVE）来对问卷预调查的效度进行检验。AVE 是用来衡量因子解释的方差与测

量误差解释的方差之间的比率关系的指标。一般认为所有因子的 AVE 大于 0.5（AVE 的平方根大于 0.707），并且所有因子的 AVE 平方根大于各因子间的相关系数，则认为问卷具有较好的效度[31]。预调查的结构效度检验结果见表 6-10。

表 6-10   预调查效度检验结果

	CO	Ri	Ag	Ex	RA	BR	T	Im	Si	Pr	PdS	PcS	Pi	Ge
CO	(0.880)													
Ri	0.051	(0.673)												
Ag	0.057	0.043	(1.000)											
Ex	0.047	−0.123	0.565	(1.000)										
RA	0.443	0.096	−0.012	−0.263	(0.902)									
BR	0.356	−0.154	0.118	0.053	0.566	(0.904)								
T	0.283	0.176	−0.081	0.300	0.003	0.275	(1.000)							
Im	0.364	0.106	−0.346	−0.189	0.090	−0.049	0.196	(1.000)						
Si	0.228	−0.236	0.039	0.113	−0.157	0.169	0.213	−0.019	(1.000)					
Pr	−0.045	0.024	−0.283	−0.299	−0.117	−0.099	−0.060	0.136	−0.158	(1.000)				
PdS	0.297	−0.308	−0.428	−0.200	−0.028	0.056	0.200	0.280	0.281	0.255	(1.000)			
PcS	0.433	−0.230	0.056	0.092	0.040	0.464	0.337	0.060	0.245	0.086	0.357	(1.000)		
Pi	0.274	−0.187	0.169	0.089	0.581	0.756	0.182	−0.073	−0.001	−0.185	0.049	0.382	(0.918)	
Ge	0.329	0.112	0.384	0.038	0.010	0.042	0.157	−0.020	0.260	−0.192	0.087	0.274	0.002	(1.000)

注：1. CO：集体主义   Ri：采购感知风险   Ag：年龄   Ex：采购经验   RA：风险态度   BR：品牌声誉   T：供应商合作时间   Im：产品重要性   Si：组织规模   Pr：产品价格 PdS：产品标准化程度   PcS：采购流程标准化程度   Pi：购买意愿   Ge：性别

2. i.对角线上的值（既括号中的数值）为各潜变量的平均方差抽取量的平方根；ii.对角线以下的值为各潜变量之间的相关系数。

"采购感知风险"变量的 AVE 值为 0.673，较 0.707 的标准偏低，但是 0.673 的值都大于其他因子之间的相关系数；其他所有变量效度检验都符合标准。为了保证问卷的严谨性，本研究并不赞成马上对问卷问项进行修改，因为也有可能是样本量及样本的特性导致前测数据发生问题。另外采购感知风险变量题项的设计是根据比较成熟的量表改写而成的，故此阶段并不进行调整，而是通过数据收集全面后再次进行信效度检验来验证这一阶段的问题是否依然存在。如果依然存在，则通过数理分析来对问卷构成进行修正。

2. 正式问卷

对于 SEM 而言，样本数越大越好，Kling（1998）研究发现，在 SEM 模型分析中，若样本数低于 100 份，则参数估计结果是不可靠的；Lomax（1989）及 Loehlin（1992）也认为在 SEM 模型分析中，最少应有 100 份样本。本研究调查对象为企业采购人员，资源相对有限，但为了保证模型的可靠，也应达到 100 以上。

正式问卷以网络问卷、纸质问卷以及电子邮件三种形式组成，先让被调查者回忆一次采购经历，根据真实感受填写问卷，经回收筛选后有效问卷为 108 份，达到模型验证的最低要求。

6.3.3　数据分析

数据分析主要运用 SPSS17.0 软件及 WarpPLS3.0 软件。其中 SPSS17.0 用于前期数据描述性统计分析，WarpPLS3.0 软件用于问卷信度效度分析并解释模型。WarpPLS3.0 软件适用于小样本情况下的分析（Chin 1998；Lee and Larsen 2009）[32]，不仅可以拟合线性条件下的结构方程模型，还可以解释非线性的结构方程。考虑到本研究样本量并不是很充足且可能存在非线性关系[33]，传统的结构方程软件（LISREL、AMOS 等）并不比 WarpPLS3.0 更适合本研究。数据分析先进行描述性统计分析，再做结构方程假设验证情况分析。

1. 人口统计特征

（1）性别

样本的性别分布情况见表 6-11。由中国国家统计局 2010 年第六次全国人口普查主要数据公报第一号的数据，大陆 31 个省、自治区、直辖市和现役军人的人口中，男性人口为 686852572 人，占 51.27%；女性人口为 652872280 人，占 48.73%。本研究样本中男女比例分布于全国统计人口比例非常接近，一方面说明采购这个职业并没有严重的性别的倾向，另一方面说明本研究的性别比例比较合理。

表 6-11　样本性别构成情况

性别	本研究		国家统计局
	频数	百分比（%）	百分比（%）
男	56	51.9	51.27
女	52	48.1	48.73
合计	108	100.0	100.00

（2）年龄

样本的年龄分布情况见表 6-12。本研究调查对象为企业中参与过采购工作的人员，样本中 25 ～ 30 岁的占 37%，40 岁以上的调查对象占 27.8%。从整体分布来看，年龄分布较为合理。

表 6-12　样本年龄构成情况

性别	本研究		
	频数	百分比（%）	累计百分比（%）
25岁以下	22	20.4	20.4
25～30岁	40	37.0	57.4
30～35岁	4	3.7	61.1
35～40岁	12	11.1	72.2
40岁以上	30	27.8	100.0
合计	108	100.0	100.0

（3）教育水平

教育水平分布情况见表 6-13。本研究样本大部分学历都在本科及以上，其中本科占 53.7%，硕士占 31.5%。由于采购的工作性质比较特殊，高学历的特征比较明显，采购及采购管理需要较高的工作技能，因此相对来说教育水平也普遍较高。

2. 采购统计特征

（1）采购方式

表 6-14 显示了所有调查样本中案例的采购方式情况。可以看出，招标与非招标方式的比例相差不大，采用招标采购方式的占 48.1%，采用非招标方式的

占 58.9%。

表 6-13　样本教育水平构成情况

性别	本研究		
	频数	百分比（%）	累计百分比（%）
高中及以下	2	1.9	1.9
大专	14	13.0	14.9
本科	58	53.7	68.6
硕士	34	31.4	100.0
博士及以上	0	0	100.0
合计	108	100.0	100.0

表 6-14　采购方式分布情况

采购方式	本研究	
	频数	百分比（%）
招标采购方式	52	48.1
非招标采购方式	56	58.9
合计	108	100.0

（2）购买类型

表 6-15 显示了所有调查样本中案例的购买类型情况。新任务购买占了一大部分，比例为 68.5%，修正再购买占 31.5%，没有直接再购买的案例。由于新任务购买及修正购买相对来说对感知风险更敏感，因此该分布情况有利于本研究。

表 6-15　购买类型分布情况

购买类型	本研究	
	频数	百分比（%）
新任务购买	74	68.5%
修正再购买	34	31.5%
直接再购买	0	0
合计	108	100.0

6.3.4 概念模型的结构方程假设检验分析

1. 问卷结果的检验

（1）信度分析

用 WarpPLS3.0 软件，通过 Cronbach α 和 CR（Composite Reliability）两个系数来考察问卷结果的信度。其中 Cronbach's α 系数的判断标准详见表 6-16。

表 6-16　Cronbach's α 系数的判断标准

Cronbach's α 值	标准
≤0.3	不可信
0.3＜Cronbach's α ≤0.4	初步研究，勉强可信
0.4＜Cronbach's α ≤0.5	稍微可信
0.5＜Cronbach's α ≤0.7	可信
0.7＜Cronbach's α ≤0.9	很可信
Cronbach's α ＞0.9	十分可信

而 CR 系数大于 0.7 时表示因子的指标信度较好。本研究问卷数据中具有潜变量的因子信度检验结果见表 6-17，问卷结果具有较好的信度。

表 6-17　问卷信度检验

变量名称	CR系数	Cronbach α 系数
集体主义	0.873	0.709
风险态度	0.929	0.886
品牌声誉	0.931	0.888
采购感知风险	0.802	0.693
购买意愿	0.941	0.906

（2）效度分析

问卷效度检验通过平均萃取变差（Average Variance Extracted，AVE）来对问卷预调查的效度进行检验，评判标准同 6.3.2 中所述。效度检验结果见表 6-18。

表 6-18　问卷效度检验

	CO	Ag	Ge	Ex	RA	BR	T	Im	Pr	Si	Ri	Pi	PdS	PcS
CO	(0.880)													
Ri	0.057	(1.000)												
Ag	0.239	0.161	(1.000)											
Ex	0.047	0.565	−0.106	(1.000)										
RA	0.443	−0.012	0.073	−0.263	(0.902)									
BR	0.356	0.118	0.111	0.053	0.566	(0.904)								
T	0.283	−0.081	0.177	0.300	0.003	0.275	(1.000)							
Im	0.364	−0.346	0.028	−0.189	0.090	−0.049	0.196	(1.000)						
Si	−0.045	−0.283	−0.107	−0.299	−0.117	−0.099	−0.060	0.136	(1.000)					
Pr	0.228	0.039	0.249	0.113	−0.157	0.169	0.213	−0.019	-0.158	(1.000)				
PdS	0.051	0.043	0.133	−0.123	0.096	−0.154	0.176	0.106	0.024	−0.236	(0.873)			
PcS	0.274	0.169	0.085	0.089	0.581	0.756	0.182	−0.073	−0.185	−0.001	−0.187	(0.918)		
Pi	0.297	−0.428	0.077	−0.200	-0.028	0.056	0.200	0.280	0.255	0.281	−0.308	0.049	(1.000)	
Ge	0.433	0.056	0.208	0.092	0.040	0.464	0.337	0.060	0.086	0.245	−0.230	0.382	0.357	(1.000)

注：CO：集体主义　Ge：性别　Ag：年龄　Ex：采购经验　RA：风险态度　BR：品牌声誉　T：供应商合作时间　Im：产品重要性　Si：组织规模　Ri：采购感知风险　Pr：产品价格　PdS：产品标准化程度　PcS：采购流程标准化程度　Pi：购买意愿

从表 6-18 数据可以看出，整体问卷通过效度检验，可以进行结构方程拟合。其中预调研数据中关于"采购感知风险"的效度检验不理想的结果已经得到修正，该变量的 AVE 平方根值为 0.873，已经符合大于 0.707 的标准，并且大于其与其他因子之间的相关系数的标准。

2. 模型拟合

采用结构方程模型（Structural Equation Model，SEM）分析方法对概念模型进行分析。结构方程模型是一种运用统计学中的假设检验方法对相关结构理论进行分析的一种方法。模型中既可能包含可观测的显在变量，也可能包含无法直接观测的潜在变量。由于结构方程模型可以同时考虑处理多个因变量，同时允许自变量及因变量含有一定测量误差，并且潜变量有多个指标测量。因此结构方程模型可以得到比传统的多元回归分析更为精准的结果。采用 WarpPLS 软件处理数据分为五个步骤：

1）新建一个文档；

2）读取数据，需要导入 Excel 文档（本研究先将数据在 SPSS 中做初步处理再存为 Excel 文档）；

3）初步处理数据，WarpPLS 软件内部自带 Matlab 数据分析自动对数据进行查缺、标准化等处理；

4）定义模型，确定各个变量及因果关系；

5）模型分析，系统自动处理。

整体的模型拟合效果如表 6-19 所示，WarpPLS 软件主要通过平均路径系数（APC）、平均解释度（ARS）和平均方差膨胀因子（AVIF）来对模型整体拟合效果进行判别。其中当 AVIF 的观测值小于 5 时说明符合评价标准。

表 6-19　模型适配度指标

指标名称	APC	ARS	AVIF
观测值	0.266*	0.531*	1.721

注：* 表示该值在显著性水平为 0.001 的水平上显著

表 6-19 中 APC（平均路径系数）、ARS（平均解释度）都在 $p<0.0001$ 的水平上显著，并且 AVIF（平均方差膨胀因子）的观测值为 1.721，符合小于 5 的评价标准。

3. 假设检验

由于模型中性别这个变量是定类变量，该变量的假设验证拟采用 SPSS 中比较均值分析的方法，其他变量都采用 WarpPLS 软件处理。

（1）性别的比较均值分析

利用 SPSS 的比较均值分析，并进行 T 检验。结果见表 6-20。

表 6-20　性别比较均值分析结果

附表 1　案例处理摘要

	案例					
	已包含		已排除		总计	
	N	百分比	N	百分比	N	百分比
采购感知风险　* 性别	108	100.0%	0	0.0%	108	100.0%

附表 2　报告——采购感知风险

性别	均值	N	标准差
男	2.7978	60	0.71289
女	2.9819	48	0.70268
总计	2.8796	108	0.71103

附表 3　ANOVA 表

			平方和	df	均方	F	显著性
采购感知风险 * 性别	组间	（组合）	0.904	1	0.904	1.802	0.182
	组内		53.191	106	0.502		
	总计		54.095	107			

附表 4　相关性度量

	Eta	Eta方
采购感知风险 * 性别	0.129	0.017

由上附表 3 单因素方差分析表中显示：组间的离差平方和为 0.904，自由度为 1；而组内的离差平方和为 53.191，自由度为 106；最后 F 值为 1.802，F 值的概率为 0.182>0.05，表示没有理由拒绝系统默认的原假设，也就是说不同性别的采购感知风险没有明显的差别。

（2）实证模型拟合结果

结合上述对性别的比较均值分析，WarpPLS 软件处理模型中各个假设的验证结果如图 6-2 所示，13 条相关性假设中有 6 条通过了显著性，另外 3 条调节关系的假设有 1 条通过了显著性检验。

环境因素及个体因素中大部分的相关变量未通过验证；供应商因素中品牌声誉与采购感知风险呈负相关关系得到证实，供应商合作时间与采购感知风险呈负相关关系得到证实；产品因素中产品标准化程度与采购感知风险呈负相关关系得到证实；组织因素中采购流程标准化程度与采购感知风险呈负相关关系获得支持；采购感知风险对购买意愿的负相关关系得到验证；调节变量中采购流程标准化程度对供应商合作时间与采购感知风险的关系有负向的调节作用通过验证。

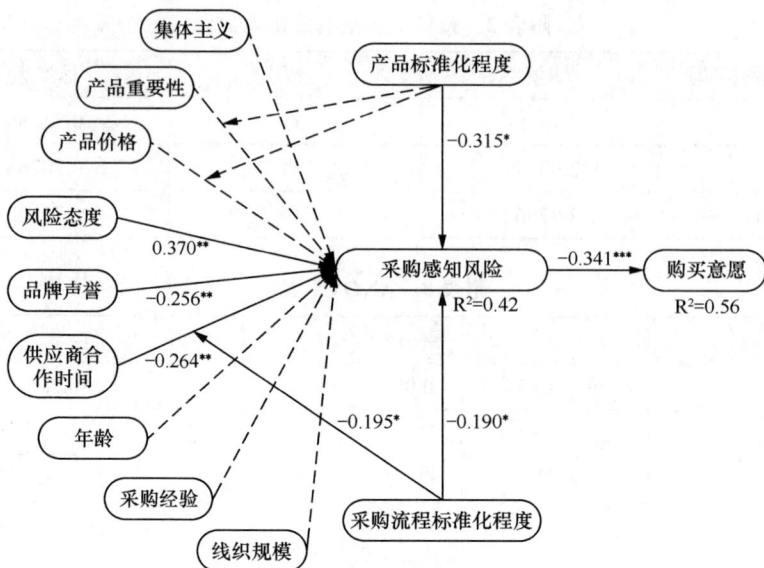

图 6-2　实证模型拟合结果

注：*表示在显著性水平为0.05的情况下显著，**表示在显著性水平为0.01的情况下显著，***表示在显著性水平为0.001的情况下显著，虚线表示不显著。

假设检验结果汇总见表 6-21 和表 6-22。

表 6-21　相关关系假设检验结果

假设代码	假设路径	路径系数	验证结果
H1	个体主义比集体主义表现出更高的感知风险	−0.018	不通过
H2	年龄→采购感知风险（−）	−0.106	不通过
H3	女性比男性表现出更高的感知风险	—	不通过
H4	采购经验→采购感知风险（−）	−0.115	不通过
H5	风险态度→采购感知风险（+）	0.370**	不通过
H6	品牌声誉→采购感知风险（−）	−0.256*	通过
H7	供应商合作时间→采购感知风险（−）	−0.264**	通过
H8	产品重要性→采购感知风险（+）	0.086	不通过
H9	产品标准化程度→采购感知风险（−）	−0.315*	通过
H10	产品价格→采购感知风险（+）	0.342	不通过
H11	组织规模→采购感知风险（−）	−0.020	不通过
H12	采购流程标准化程度→采购感知风险（−）	−0.190*	通过

（续表）

假设代码	假设路径	路径系数	验证结果
H15	采购感知风险→购买意愿（−）	−0.341***	通过

注：见表 6-20 相关处理分析，已用 SPSS 验证为不通过；* 表示在显著性水平为 0.05 的情况下显著，** 表示在显著性水平为 0.01 的情况下显著，*** 表示在显著性水平为 0.001 的情况下显著

表 6-22　调节关系假设检验结果

假设代码	假设路径	路径系数	验证结果
H13a	产品标准化程度→产品价格与采购感知风险的关系（−）	−0.037	不通过
H13b	产品标准化程度→产品重要性与采购感知风险的关系（−）	−0.088	不通过
H14a	采购流程标准化程度→供应商合作时间与采购感知风险的关系（−）	−0.195*	通过

4. 模型调整验证

　　模型的整体假设通过率不高，尤其是环境因素及个体因素中的变量，假设通过率不高的原因可能有以下几点：1）模型中涉及的变量较多，样本量有限，模型适配性较差；2）个体因素中的性别、年龄等在国内外文献中常用做控制变量，较少有做直接影响变量，因此对模型做微调整再次进行验证，删除个体因素中的性别、年龄，再次分析模型。调整后的模型见图 6-3（简称调整 2）。

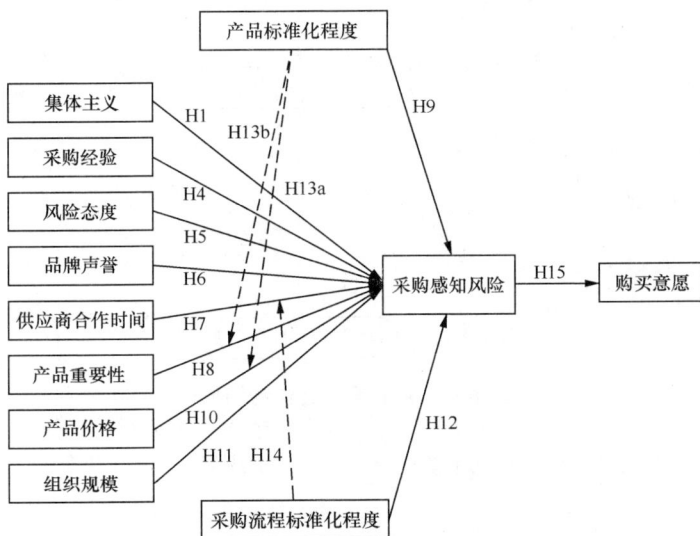

图 6-3　调整后模型 - 模型 2

（1）模型整体拟合

调整后的模型整体的拟合效果见表 6-23。

表 6-23　调整后模型适配度指标

指标名称	APC	ARS	AVIF
观测值	0.190*	0.431*	1.661

注：* 表示该值在显著性水平为 0.001 的水平上显著

上表 AVIF（平均方差膨胀因子）的观测值为 1.661，符合小于 5 的评价标准。说明调整后的模型也具有较好的适配性。

（2）假设检验

模型 2 中各假设的验证结果如图 6-3 所示，11 条相关假设中有 7 条通过了显著性，另外 3 条调节关系的假设有 1 条通过了显著性检验。具体实证模型拟合的结果如图 6-4 所示。

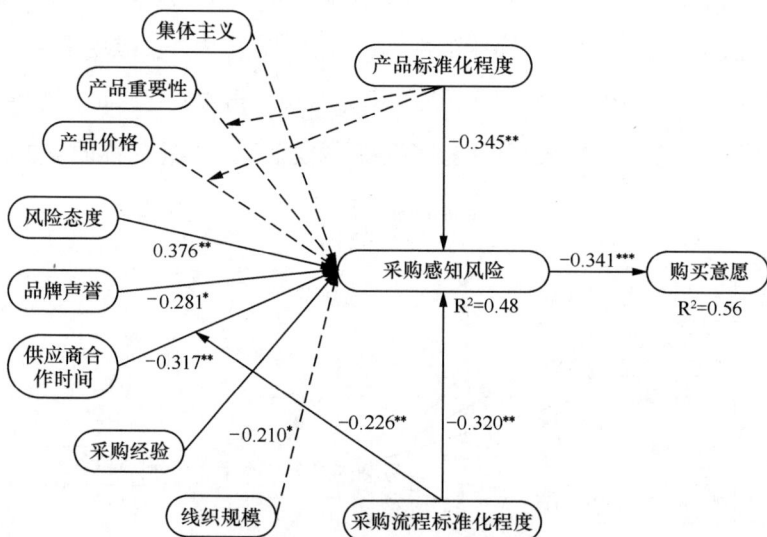

图 6-4　实证模型 2 拟合结果

注：*表示在显著性水平为0.05的情况下显著，**表示在显著性水平为0.01的情况下显著，***表示在显著性水平为0.001的情况下显著，虚线部分表示不显著。

假设的检验结果见表 6-24。

表 6-24　假设检验结果

假设代码	假设路径	路径系数	验证结果
H1	个体主义比集体主义表现出更高的感知风险	−0.023	不通过
H4	采购经验→采购感知风险（−）	−0.210*	通过
H5	风险态度→采购感知风险（+）	0.376**	通过
H6	品牌声誉→采购感知风险（−）	−0.281*	通过
H7	供应商合作时间→采购感知风险（−）	−0.317**	通过
H8	产品重要性→采购感知风险（+）	0.052	不通过
H9	产品标准化程度→采购感知风险（−）	−0.345**	通过
H10	产品价格→采购感知风险（+）	0.328	不通过
H11	组织规模→采购感知风险（−）	0.043	不通过
H12	采购流程标准化程度→采购感知风险（−）	−0.320*	通过
H15	采购感知风险→购买意愿（−）	−0.341***	通过
H13a	产品标准化程度→产品价格与采购感知风险的关系（−）	−0.125	不通过
H13b	产品标准化程度→产品重要性与采购感知风险的关系（−）	−0.126	不通过
H14a	采购流程标准化程度→供应商合作时间与采购感知风险的关系（−）	−0.226*	通过

注：* 表示在显著性水平为 0.05 的情况下显著，** 表示在显著性水平为 0.01 的情况下显著，*** 表示在显著性水平为 0.001 的情况下显著

其中设采购经验与采购感知风险呈负向相关关系通过验证。个人因素、供应商因素、产品因素以及组织因素均有相关影响变量与采购感知风险的关系获得支持。

5.路径分析

路径分析综合了初步模型验证及调整后的模型 2，分析各条路径结果如下。

H1：个体主义比集体主义表现出更高的感知风险。

综合模型验证结果显示，集体主义对采购感知风险的影响关系假设不成立，即假设 H1 不成立。因此个体主义或集体主义对采购感知风险没有显著影响。

H2：年龄与采购感知风险呈负相关关系。

综合模型验证结果显示，年龄与采购感知风险的影响关系假设不成立，因此不同年龄人的采购感知风险没有明显差异。

H3：女性比男性表现出更高的感知风险。

比较均值分析结果显示，性别与采购感知风险的影响关系假设不成立，因此男女采购员的采购感知风险没有明显差异。

H4：采购经验与采购感知风险呈负相关关系。

根据调整后的模型验证结果显示，采购经验与采购感知风险的影响路径系数为 −0.210*，假设 H4 成立，即采购经验对采购感知风险有显著的负向影响。

H5：风险态度与采购感知风险呈正相关关系。

根据调整后的模型验证结果显示，风险态度对采购感知风险的影响路径系数为 0.376**，因此假设 H5 成立，即风险态度对采购感知风险的有显著影响。

H6：品牌声誉与采购感知风险呈负相关关系。

根据调整后的模型验证结果显示，品牌声誉对采购感知风险的影响路径系数为 −0.281*，假设 H6 成立，即品牌声誉对采购感知风险有显著的负向影响。

H7：供应商合作时间与采购感知风险呈负相关关系。

根据调整后的模型验证结果显示，供应商合作时间对采购感知风险的影响路径系数为 −0.317**，假设 H7 成立，即供应商合作时间对采购感知风险有显著的负向影响。

H8：产品重要性与采购感知风险呈正相关关系。

综合模型验证结果显示，产品重要性对采购感知风险的影响关系假设不成立，因此假设 H8 不成立，即产品重要性对采购感知风险的影响不显著。

H9：产品标准化程度与采购感知风险呈负相关关系。

根据调整后模型验证结果显示，产品标准化程度对采购感知风险的影响路径系数为 −0.345**，因此假设 H9 成立，即产品标准化程度对采购感知风险的影响显著。

H10：产品价格与采购感知风险呈正相关关系。

综合模型验证结果显示，产品价格对采购感知风险的影响关系假设不成立，因此假设 H10 不成立，即产品价格对采购感知风险的影响不显著。

H11：组织规模与采购感知风险呈负相关关系。

综合模型验证结果显示，组织规模对采购感知风险的影响关系假设不成立，因此假设 H11 不成立，即组织对采购感知风险的影响不显著。

H12：采购流程标准化程度与采购感知风险呈负相关关系。

根据调整后模型验证结果显示，采购流程标准化程度对采购感知风险的影响路径系数为 −0.320*，因此假设 H12 成立，即采购流程标准化程度对采购感知风险的影响显著。

H15：采购感知风险与购买意愿呈负相关关系。

根据调整后模型验证结果显示，采购感知风险对购买意愿的影响路径系数为 −0.341***，因此假设 H15 成立，即采购感知风险对购买意愿的影响显著。

H13a：产品标准化程度对产品价格与采购感知风险的关系有负向的调节作用。

综合模型验证结果显示，产品标准化程度对产品价格与采购感知风险关系的调节作用不显著，因此假设 H13a 不成立。

H13b：产品标准化程度对产品重要性与采购感知风险的关系有负向的调节作用。

综合模型验证结果显示，产品标准化程度对产品重要性与采购感知风险关系的调节作用不显著，因此假设 H13b 不成立。

H14a：采购流程标准化程度对供应商合作时间与采购感知风险的关系有负向的调节作用。

综合模型验证结果显示，采购流程标准化程度对供应商合作时间与采购感知风险关系具有显著的调节作用，因此假设 H14a 成立，即随着采购流程标准化程度增加，供应商合作时间对采购感知风险的作用减弱。

| 6.4 实证结果的讨论 |

6.4.1 模型解释

1. 模型总体解释

模型的假设通过率仅 50%，分析原因如下：首先本研究的模型没有成熟的基础模型可以借鉴，主要参考国内外个人消费者行为学及组织购买领域的间接文献提出的假设，这些参考文献的一些结论与本研究对象的匹配度不高；第二，本研究部分假设只有国外参考文献，例如环境因素中集体主义对采购感知风险的影响假设只有少数国外文献中提及，而国内环境与国外相差较大，适用性受到一定限制；第三，本研究的调节变量完全属于探索性分析，提出假设也是为了验证调节作用是否真的存在；第四，相对于模型变量数量，样本量还不够大，可能一定程度上影响了验证结果。

实证结果表明，组织内的环境因素对采购感知风险的影响不显著，与消费者行为学中的一些结论有所不同，说明组织内的个体感知过程与消费者还是有一定差异；而个体因素、供应商因素、产品因素及组织因素中分别有采购经验、风险态度、供应商合作时间、品牌声誉、产品标准化程度、采购流程标准化程度等变量对采购感知风险的影响显著。以往在消费者行为学中的结论感知风险对购买意愿的显著影响在购买中心这样的组织内部依然成立，即采购者感知到较高的风险后就不太愿意选择该类产品。组织内的采购流程标准化具有一定的调节作用，其路径系数为 −0.226*，由此看出，当企业内具有高标准的采购流程，就能有效降低采购者的个人感知风险，使得做出更加客观的决策，正如 Newall 所认为的，高度结构化的采购程序可以作为一个防御机制，降低或排除高度心理风险。

2. 采购感知风险影响因素分析

综合模型验证结果，对采购感知风险有显著影响的有采购经验、供应商合作时间、品牌声誉、产品标准化程度、采购流程标准化程度五个变量，而集体主义、风险态度、产品重要性、产品价格、组织规模对采购感知风险的影响均不显著。

在跨文化研究中，集体主义／个人主义经常被用于感知风险的研究。对于集体主义对采购感知风险的影响在以往的文献中也存在争议，本文研究结果显示没有显著影响。其原因可能是以下几点：1）Weber 和 Hseer 研究发现中国是一个集体主义社会，在组织中每个人的集体主义程度差异不大，且本研究样本有限；2）在组织内部，还受到很多其他因素的影响，与消费者不同的是，采购者更加关注供应商、产品因素，并且受到组织因素的影响。

采购者的个人特征也可能会对感知风险产生影响，本研究主要考察了年龄、性别、采购经验以及风险态度四个方面，最终结果显示只有采购经验对采购感知风险有显著影响。在国内外文献中，一般将年龄、性别变量作为控制变量，本研究将年龄、性别当做自变量，并且验证并没有显著影响，而采购经验会显著影响采购感知风险，原因可能有：1）采购者经验越丰富，对于某一产品技术或供应商认知更多，采购者就能快速有效地做出正确判断并规避可能的风险因素；2）年龄和性别在个人消费的采购感知风险的差异可以表现得比较明显，但身处组织的采购环境中，受到流程、制度、责任等规范性因素的制约，这种差异被消除；3）风险态度在个人消费行为中是影响感知风险最重要的因素，它反映了人们对不确定性风险的容忍度，实证表明，企业中风险规避者的感知风险也一样比冒险者高。

古典经济学 Heiman（1996）和消费者研究文献（Bolton & Drew，1991）均表明，顾客通过外部特征，例如广告和品牌名字来推断产品质量并做出选择，另外 Pyatt（1988）在调查三大电脑供应商的研究中，指出关系管理的重要性。因此本研究考察了品牌声誉及供应商合作时间两个变量，实证表明两个关系都通过了验证。看来，供应商要建立一个好的声誉是一个长期而困难的过程，采购者当然对声誉好的公司有更多的信任，从而感知风险会降；通常企业与战略合作伙伴的关系十分密切，在公司未来发展规划上都有所联系，采购者对这类供应商的能力、服务等各方面基本都已了解，采购关系往往约定俗成，感知风险自然也会相应降低。

从产品层面上来看，产品标准化程度对采购感知风险有显著影响，因为标准化程度越高的产品，采购者可以很容易地对产品的工艺、功能、外观等各方面做出判断，另外也不用担心与自身产品的兼容问题，因此感知的风险较小；而产品价格及产品重要性两个变量并没有通过验证，另外从采购感知风险的各个构面的问项来看，采购者的功能风险感知最大，因此可能对于采购者来说，即使是很重要或者很昂贵的产品，也最看重的是产品的性能，这符合企业采购行为应追求的目标。

在组织因素方面考察了组织规模以及采购流程标准化程度两个变量，实证结果显示采购流程标准化程度对采购感知风险有显著影响，因为组织内部严格的流程机制可以减少个人主观决策的失误，即使是会出现决策失误，组织也要承担很大一部分责任，因此可以充分降低或排除采购者的心理风险，降低采购者自身的感知风险；但组织规模对感知风险负相关的假设未通过验证，该假设也是来自于国外文献，且不同作者也有不同的看法，解答了本假设在本研究中尚不能成立的疑惑。当然，后续可以更深入地从感知风险构面的财务、功能、心理、社会以及时间五个维度分别再进行组织规模影响情况的研究。

3. 调节作用的影响分析

实证结果显示，采购流程标准化程度对供应商合作时间与采购感知风险关系具有负向调节作用，而产品标准化程度对产品价格、产品重要性与采购感知风险关系的调节作用不显著。

由于公司具备标准化的采购流程，无论是在哪些供应商中决策，都有一套客观、科学的评估流程，因此无论是老供应商还是新供应商，只要评估结果认为是好的，就容易被接受。因此，采购流程标准化程度越高，供应商的合作时间的长短对采购感知风险影响越弱；已经验证产品标准化对采购感知风险有直接的影响作用，产品价格和产品重要性对采购感知风险的影响不显著，自然地，产品标准化不会通过产品价格与产品重要性对于在采购感知风险的影响而产生显著影响关系，即产品标准化对这两条路径的调节作用不显著。

4. 采购感知风险对购买意愿的影响分析

采购者的感知风险越高说明采购者主观上认为购买该产品的预期损失越大，相对应的，人们会避免选择购买。从模型验证结果看，采购感知风险与购买意愿的负相关系数为 -0.341（显著性水平位 0.001 的情况下显著）。相较而言，这条路径的显著性水平是最高的，说明每个受访者会有不同的原因产生感知风险，但是无论是从哪个方面产生的感知风险，受访者普遍都会直接减低其购买意愿。

6.4.2 风险降低策略比较分析

问卷第五部分是关于风险降低策略的有效性，采用 Likert 量表进行测量，其中 1 代表完全没用，2 代表不太有用，3 代表不能确定，4 代表有些帮助，5 代表很有帮助。11 个降低采购感知风险策略的综合平均得分排名见表 6-25。由表中看出所有的策略得分都在 3 分以上，接近 4 分，表示所有策略对于降低采购风险都有一定帮助。按有效性从大到小排名，前五位分别是策略 11（制定标准的采购及决策流程），策略 1（搜索更多潜在供应商的运营信息），策略 6（确认你的上级管理部门的成员赞成使用该供应商），策略 2（询问供应商现在的客户关于他们与供应商合作的经验以及供应商的表现）以及策略 10（培养战略合作伙伴）。由此可知，通过规范化、标准化的采购操作确实能够非常有效地降低采购感知风险，另外供应商关系管理工作也十分重要。

表 6-25 风险降低策略有效性得分

策　略	平均得分	得分排名
策略1：搜索更多潜在供应商的运营信息	4.4375	2
策略2：询问供应商现在的客户关于他们与供应商合作的经验以及供应商的表现	4.40625	4
策略3：寻找多个供应商	4.3125	7
策略4：获得同事们关于潜在供应商的意见	4.21875	8
策略5：在选择供应商时，倾向于选择那些过去与本公司有过业务来往的公司	4.34375	6
策略6：确认你的上级管理部门的成员赞成使用该供应商	4.4375	3
策略7：供应商的搜索和最终选择只限于知名供应商当中	3.90625	11
策略8：获得大多数同事关于已选定供应商的满意程度的意见	4.03125	9
策略9：对供应商制定相应的奖励机制与惩罚机制	3.9375	10
策略10：培养战略合作伙伴	4.375	5
策略11：制定标准的采购及决策流程	4.75	1

6.4.3 主要研究结论

1. 采购感知风险的关键影响因素

1）采购者的风险态度对采购感知风险高低产生显著影响。风险规避者往往比较关注决策可能产生的不良后果，他们行事比较保守，不愿意冒险，自然认为风险发生的概率较大，因此相比较风险中性及风险偏好者，他们的感知风险更高。

2）采购者从事采购工作的年限（采购经验）直接影响其采购感知风险，较有经验的采购者对相关的专业知识更为熟悉，比较了解产品特性及领域内各个供应商的基本情况，而且对公司内部流程较为熟悉，进而不会对自己的决策有过多担忧。

3）供应商的合作时间是采购感知风险的关键影响变量，因为与某一供应商合作的时间越长，越能更多地了解其内部情况，包括财务能力、生产能力等，并且对以往的产品也能做个评估，进而可以比较全面地评估这个供应商，因此感知到的风险就较低，同样地，现在企业都越来越注重战略合作伙伴的培养。

4）供应商的品牌声誉对采购感知风险会有显著影响。消费者非常看重好的口碑，采购者也是一样，他们也会搜集行业内其他采购商的评价，如果供应商在行业内已经建立了良好的声誉，那么更能获得上级管理部门成员的赞同，从而有效降低了自身的感知风险。

5）产品标准化程度往往对采购感知风险有显著负向影响。产品在工艺、功能等方面标准化程度越高，采购者即使缺乏相关的专业知识，也寻求更多的供应商进行对比，并且做出比较科学的评估，并且不用担心产品的兼容性，因此可以有效减少感知风险。

6）采购流程标准化程度是采购感知风险的关键影响变量。一个具备标准采购流程的企业，一般其采购人员自身需要承担的责任就更小，在采购过程中，会有很多客观的评估及决策程序，因此采购人员更少担心自己的主观决策失误，进而减少其感知风险。

2. 采购感知风险与购买意愿的关系

采购感知风险会对采购者的购买意愿有显著的影响关系。采购者非常看重采购决策存在的隐患，例如产品是否有功能缺陷、谈判价格是否高了、同事是否能正面评价本次决策，以往消费者行为学中的结论感知风险对购买意愿的负向影响在组织中也同样适用。

3. 采购流程标准化程度的调节作用

规范的采购流程可以有效减弱供应商合作时间与采购感知风险的影响关系，采购者自身往往具有不同的工作习惯，而如果企业有一套标准的采购流程，即使是新进入的供应商，也可以按照既定规则去评估从而做出决策，因此对供应商合作时间的长短也就不那么敏感。

6.4.4　管理建议

1. 对企业采购者的建议

采购者可以通过以下几种方法降低自身感知风险，从而公正客观地做出采购决策。

1）了解自身采购产品的相关专业知识，识别产品的各项性能及如何评价产品的优劣性，减少功能风险。

2）寻求更多供应商进行性价比较，并收集更多供应商的资料以供参考。

3）加强供应商管理工作，对合作供应商进行评估，为未来采购决策提供依据。

4）制定标准的采购流程或者采购经理手册，以供采购新手快速掌握企业采购工作，减少采购者自身采购感知风险。

5）采购新手要多向有经验的采购经理进行咨询，以更快熟悉整体流程，否则可能会顾此失彼，不能做出最优决策。

2. 对供应商的建议

降低采购者的感知风险会大大增加其购买意愿，可以从以下几种方法来增强自己的业务能力。

1）推广自身品牌。供应商的品牌声誉会直接影响采购感知风险，因此供应商在有能力的情况下要树立自己的品牌，诚信经营，在业内获得良好声誉，通过口碑传播，使采购商自然愿意与"好"企业进行合作。

2）建立长期合作伙伴关系。采购商更倾向于与自身有良好合作基础的供应商们合作，因此作为供应商，也要注重培养自身的合作伙伴。

3）主动提供多方面的资料。采购商在对产品及供应商不甚了解的情况下，会通过收集更多供应商的资料进行评估最终进行决策，因此供应商可以提供更加详细的产品性能说明信息以降低采购者对于功能隐患的担心。

4）产品尽量进行标准化。技术更新快、新产品不断涌现，往往与老产品出现兼容问题，采购者也很担心采购的产品是否能顺利使用，而标准化的产品采购者比较好识别，易做出判断。

| 本章附录：调研问卷 |

附录1-企业购买中心个人采购感知风险与其影响因素关系的调节变量识别

您好！

为了识别哪些因素企业购买中心个人采购感知风险与其影响因素关系有调节作用，我们开展了这项调查。

根据国内外文献阅读，我们将影响采购感知风险的因素分为五个部分：环境因素、个人因素、供应商因素、产品因素以及组织因素。各影响因素及其假设说明见表1，供您填写时参考。

我们需要了解各个变量是否对影响关系有调节作用，见表2，还希望得到您的宝贵意见。

衷心感谢您的支持与合作！整个问卷需要占用您10分钟左右的宝贵时间。

表1　采购感知风险影响因素说明表（仅供参考）

维度	影响变量	变量说明	对采购感知风险的影响 关系假设说明
环境 因素	集体主义	认为个人要服从集体，集体利益重于或大于个人	个体主义比集体主义表现出更高的感知风险
个人 因素	性别	性别分为男、女	女性比男性表现出更高的感知风险
	年龄	个人的实际年龄	年龄负向影响采购感知风险
	风险态度	指人对风险的偏好态度	风险态度负向影响采购感知风险
	采购经验	个人从事采购相关工作的时间	采购经验负向影响采购感知风险

（续表）

维度	影响变量	变量说明	对采购感知风险的影响 关系假设说明
供应商 因素	品牌声誉	社会公众及消费者对一个品牌信任度的认知和评价	品牌声誉负向影响采购感知风险
	供应商合作时间	与某一供应商的合作时间	供应商合作时间负向影响采购感知风险
产品 因素	产品标准化程度	指对产品的类型、性能、尺寸、质量等统一标准程度	产品标准化程度负向影响采购感知风险
	产品价格	相对其他采购产品的产品单价	产品价格正向影响采购感知风险
	产品重要性	采购产品对公司产成品或发展的重要程度	产品重要性负向影响采购感知风险
组织 因素	组织规模	公司规模，以公司员工数衡量	组织规模正向影响采购感知风险
	采购流程标准化程度	采购流程是否具有一套标准化的操作过程和制度体系	采购流程标准化负向影响采购感知风险

表2　企业购买中心个人采购感知风险与其影响因素关系的调节变量识别表

本研究中采购感知风险为企业购买中心个人的感知风险，定义为采购人员在制定购买决策时对所产生的不能确定的负面后果（客观风险）的主观的认知及判断。

填写说明：下表是14个影响因素对关系的调节作用，请选出对影响关系有调节作用的变量，并在相应的方格的分值上打√，或者进行颜色的标注。

例如：第一列"关系名称"表示该变量对采购感知风险的影响，在第三列第二行打√表示"性别"对"集体主义对采购感知风险的影响"有调节作用。

变量名称 关系名称	集体主义程度	性别	年龄	风险态度	采购经验	品牌声誉	供应商合作时间	产品标准化程度	产品价格	产品重要性	组织规模	采购流程标准化程度
集体主义程度												
性别												
年龄												
风险态度												
采购经验												

（续表）

变量名称／关系名称	集体主义程度	性别	年龄	风险态度	采购经验	品牌声誉	供应商合作时间	产品标准化程度	产品价格	产品重要性	组织规模	采购流程标准化程度
品牌声誉												
供应商合作时间												
产品标准化程度												
产品价格												
产品重要性												
组织规模												
采购流程标准化程度												

附录2-实证调查问卷

您好！

为了探索企业购买中心个人采购感知风险影响因素及其对购买决策的影响，我们开展了这项调查。我们将感知风险引入到采购行为研究中，重点研究采购感知风险的影响因素及其调节关系。

您的回答对我们很重要，盼望能得到您的支持和配合。衷心感谢您的支持与合作！整个问卷需要占用您15分钟左右的宝贵时间。

请回想您某一次采购的经历，对以下陈述做出选择，请在您同意的选项上打"√"。

第一部分：本次采购的基本情况

1．您这次采购的采购方式是？

① 招标采购模式（包括公开招标及邀请招标）

② 非招标采购模式（包括竞争性谈判、单一来源采购及询价）

2．您这次的购买类型？

① 新任务购买　　　② 修正再购买　③ 直接再购买

3．与该供应商的合作时间？

① 1 年以下　　② 1 ~ 3 年　　③ 3 ~ 5 年　　④ 5 ~ 10 年　　⑤ 10 年以上

4．本次采购的产品的价格相对以往采购的其他产品来说？

① 非常低　　② 较低　　③ 一般　　④ 较高　　⑤ 非常高（如杯子的价格相对电脑来说非常低）

5．本次采购产品对公司的重要性？

① 普通产品　　② 介于①③之间　　③ 重要产品　　④ 介于③⑤之间

⑤ 战略产品

6．本次采购产品的标准化程度？

① 非常低　　② 较低　　③ 一般　　④ 较高　　⑤ 非常高

第二部分：采购的感知风险调查

说明：（1=完全不同意；2=不太同意；3=不能确定；4=基本同意；5=完全同意）

1．采购的产品若出现问题需要支付额外费用。	1	2	3	4	5
2．采购的产品可能性价比较低。	1	2	3	4	5
3．采购的产品会因为价格浮动而出现经济损失。	1	2	3	4	5
4．采购的产品存在瑕疵。	1	2	3	4	5
5．采购的产品与预期效果有差距。	1	2	3	4	5
6．采购的产品可能有假货，存在安全隐患。	1	2	3	4	5
7．采购的产品不被同事或上司认可。	1	2	3	4	5
8．产品如果买得不好会有损我的形象。	1	2	3	4	5
9．同事或上司可能会对我采购的产品有负面评价。	1	2	3	4	5
10．采购的产品发生问题，自己心里会有压力。	1	2	3	4	5
11．采购的产品不合适或出现问题，与供应商沟通及退货、维修的过程会使自己心情烦躁。	1	2	3	4	5
12．产品可能没有在预定的时间送到，导致我等待的时间过长。	1	2	3	4	5
13．采购的产品不合适或出现问题，与供应商沟通及退货、维修等方面的时间过长。	1	2	3	4	5

第三部分：集体主义程度及风险态度调查

说明：（1=完全不同意；2=不太同意；3=不能确定；4=基本同意；5=完全同意）

1. 我的意见与大多数人不同时，我会服从多数人。	1	2	3	4	5
2. 做决策时，我会犹豫，同事及朋友的建议对我很有影响。	1	2	3	4	5
3. 当有机会冒险时，我会非常注意安全。	1	2	3	4	5
4. 我会在决定任何事情之前先仔细想想。	1	2	3	4	5
5. 我会避免做有风险的事情。	1	2	3	4	5

第四部分：品牌声誉及购买意愿调查

说明：（1=完全不同意；2=不太同意；3=不能确定；4=基本同意；5=完全同意）

1. 该供应商能够带来品质保证，让我放心。	1	2	3	4	5
2. 我倾向选择品牌供应商的产品。	1	2	3	4	5
3. 我感觉该供应商声誉在行业中居于前列。	1	2	3	4	5
4. 如果需要我会计划购买这个供应商的产品。	1	2	3	4	5
5. 如果可以我会继续使用该品牌。	1	2	3	4	5
6. 总体来说，我很愿意购买该供应商的这种产品。	1	2	3	4	5

第五部分：您对下列降低风险的策略的看法

说明：（1=完全没用；2=不太有用；3=不能确定；4=有些帮助；5=很有帮助）

1. 搜索更多潜在供应商的运营信息。	1	2	3	4	5
2. 询问供应商现在的客户关于他们与供应商合作的经验以及供应商的表现。	1	2	3	4	5
3. 寻找多个供应商。	1	2	3	4	5
4. 获得同事们关于潜在供应商的意见。	1	2	3	4	5
5. 在选择供应商时，倾向于选择那些过去与本公司有过业务来往的公司。	1	2	3	4	5
6. 确认你的上级管理部门的成员赞成使用该供应商。	1	2	3	4	5
7. 供应商的搜索和最终选择只限于知名供应商之中。	1	2	3	4	5
8. 获得大多数同事关于已选定供应商的满意程度的意见。	1	2	3	4	5
9. 对供应商制定相应的奖励机制与惩罚机制。	1	2	3	4	5
10. 培养战略合作伙伴。	1	2	3	4	5
11. 制定标准的采购及决策流程。	1	2	3	4	5

第六部分：基本资料。

1．您的性别：① 男　　② 女

2．您的年龄：

① 25 岁以下　　② 25 ~ 30 岁　　③ 30 ~ 35 岁　　④ 35 ~ 40 岁

⑤ 40 岁以上

3．您的学历：

① 高中及以下　　② 大专　　③ 本科　　④ 硕士　　⑤ 博士及以上

4．您从事采购工作的时间：

① 小于 1 年　　② 1 ~ 3 年　　③ 3 ~ 5 年　　④ 5 ~ 10 年　　⑤ 10 年以上

5．您所在企业采购流程标准化程度：

① 非常低　　② 较低　　③ 一般　　④ 较高　　⑤ 非常高

6．您所在企业采购中心人数：

① 1 人　　② 2 ~ 5 人　　③ 5 ~ 10 人　　④ 11 ~ 20 人　　⑤ 20 人以上

7．您所在企业员工数 _____ 。

| 参考文献 |

[1]　Bauer. Consumer behavior as risk taking[M].ProcAmer Amer Mark Assoc, 1960:389-398.

[2]　Mitchell VW.. Consumer perceived risk: conceptualizations and models[J]. European Journal ofMarketing, 1999, 33(1/2):163-195.

[3]　马昆姝，覃蓉芳，胡培. 文化环境视角下的创业研究框架探讨[J]. 软科学. 2009, 23(5):27-29.

[4]　Roselius, T.. Consumer rankings of risk-reduction methods[J]. Journal of Marketing, 1971, 35(1):56-61.

[5]　Jacoby, Jacob,Kaplan, Leon B.. The components of perceived risk[C]. Third Annual Proceedings: Conference Association for Consumer Research. Chicago:

University of Chicago, 1972.

[6] 井淼，周颖，吕巍. 互联网购物环境下的消费者感知风险维度[J]. 上海交通大学学报，2006, 40(4).

[7] Peter, J.P. and Ryan, M.J.. An investigation of perceived risk at the brand level[J]. Journal of Marketing Research, 1975, 13:184-188.

[8] Justin Beneke, Anne Greene, IngeLok, Kate Mallett. The influence of perceived risk on purchase intent-the case of premium grocery private label brands in South Africa[J]. Journal of Product &BrandManagement, 2012, 21:4-14.

[9] Jarvenpaa S.L., P.A. Todd. Consumer reactions to electronic shopping on the World Wide Web[J].Internet Journal of Electronic Commerce, 1997, 1(2):59-88.

[10] Shapira, Z.. Risk in Managerial Decision Making. Unpublished MS. 1986.

[11] Nena Lim. Consumers' perceived risk: sources versus consequences[J]. Electronic Commerce Research and Applications, 2003, 2:216-228.

[12] Scott C. Ellis, Raymond M. Henry, Jeff Shockley. Buyer perceptions of supply disruption risk: A behavioral view and empiricalassessment[J]. Journal of Operations Management, 2010, 28(1):34-46.

[13] Jon M. HawesScott,H. Barnhouse[J].Industrial Marketing Management, 1987, 16:287-293.

[14] Roselius, T.. Consumer rankings of risk-reduction methods[J]. Journal of Marketing, 1971, 35(1).

[15] Jon M. Hawes,Scott H. Barnhouse. How Purchasing Agents Handle Personal Risk[J]. Industrial Marketing Management, 1987, 16:287-293.

[16] 李桂华，卢宏亮，刘峰. 中国企业的购买决策"谁"说的算?——对Webster-wind 模型的修正及检验[J]. 中国软科学，2010, 7:125-133.

[17] 张晓春，陈国华. 基于风险感知的采购行为决策模型[J]. 物流科技，2010, 11.

[18] Jarvenpaa, S. L., &Tractinsky, N.. Consumer trust in an Internet store: A cross-culturalvalidation[J].Journal of Computer-Mediated Communication, 1999, 5(1):1-36.

[19] Weber E.U, Hseer C.. Cross-cultural differences in risk perception, but cross-cultural similaritiesin attitudes towards perceived risk[J]. Management Sciences, 1998, 44:1205-1217.

[20] Yamagishi, T. Yamagishi, M.. Trust and commitment in the United States and Japan[J].Motivationa and Emotion, 1994, 18:129-165.

[21] Okun, M. A,I. L. Seigler, L. K. George.Cautiousness and Verbal Learning in Adulthood[J]. 1978, 33(1):94-97.

[22] Unni, V. K.. Perceptions of Risk among Entrepreneursand Non-entrepreneurs in India and France:An Empirical Study[J]. International Journal of Munagement, 1990, 9(3):270-279.

[23] Newall, J.. Industrial Buyer Behaviour[J]. EuropeanJournalofMarketing, 1977, 11(3):166-211.

[24] Heiman, A., MullerE. Using demonstrations to increase new product acceptance: controlling demonstration time[J]. Journal of Marketing Research, 1996, 33(4):422-430.

[25] Johnston, R. and P. R. Lawrence. Beyond VerticalIntegration-The Rise of the Value-Adding Partnership[J]. Harvard Business Review, 1988, 66(7-8):94-101.

[26] 杜美玲. 产品类别、感知风险对口碑信息源选择影响的实证研究[D]. 长沙，中南大学，2006.

[27] Sweeny J, Soutar G, Johnson L.. The role of percived risk in the quality-value relationship: a study in a retail environment[J]. Journal of Retailing, 1999, 75(1):77-105.

[28] Justin Beneke, Anne Greene, IngeLok, Kate Mallett.The influence of perceived risk on purchase intent——the case of premium grocery private label brands in South Africa[J]. Journal of Product &BrandManagement, 2012, 21(1):4-14.

[29] Mark Vincent, WilliamG.Zikmund. An Experimental Investingation of Situational Effects on Risk Effects on Risk Perception[J]. Advances in Consumer Research, 1976, 3:125-129.

[30] Campbell D T&Fiske D W.. Convergent and discriminant validation by the multitraimultimethod matrix[J]. Psychol Bull, 1959, 56:81-105.

[31] Johnston, A. C., Warkentin, M.. Fear Appeals and Information Security Behaviors: AnEmpirical Study[J]. MIS Quarterly, 2010, 34:549-566.

[32] Chin, W. W.. The Partial Least Squares Approach to Structural Equation Modeling[A]. G.a. Marcoulides (ed.). Modern Methods for Business Research[R], Mahwah, New Jersey: Lawrence Erlbaum Associates, 1998:295-336.

[33] Guo, K. H., Yuan, Y., Archer, N. P., Connelly, C. E.. Understanding Nonmalicious SecurityViolations in the Workplace: A Composite Behavior Model[J]. Journal of Management InformationSystems, 2011, 28(2):203-236.

第 7 章

结合风险管理的电信运营企业
采购总拥有成本模型

　　采购作为企业成本控制的第一环，在很多企业已逐渐将成本中心视为利润中心，要求企业不能只关注采购价格、运输费用等眼前利益，更要站在长远的角度审视采购问题，并且考虑采购管理全过程中的各项间接成本，从总拥有成本的角度分析、优化采购决策，在降低采购成本的同时能够保障产品及服务的质量，满足业务需求。电信运营企业正处在战略转型阶段，利润的下降趋势使其对成本更加关注，结合风险管理对电信企业总拥有成本进行深入分析，有助于电信运营企业对采购成本管理有更深刻的认识，为其采购战略转型提供可行的方法支撑，从而提出有针对性的管理建议。

　　本书针对国内电信企业采购过程中的确定成本及不确定成本进行了深入研究，将供应链风险管理与采购总拥有成本相结合，利用风险因素的识别、评价来解决间接成本不好量化衡量等问题，并将决策者的风险偏好纳入研究范围，从管理角度进行产品成本的比较分析，更利于采购决策的制定及供应链关键管控点的把握。

|7.1 相关理论研究|

7.1.1 对总拥有成本的研究

1. 总拥有成本的概念

总拥有成本（Total Cost of Ownership，TCO）的理念始于 1987 年 Gartner 公司的研究，他们在研究购买、配置、使用一台 PC 到底要投入多少成本时将成本划分为"硬性成本"（Hard Costs，指从预算中能够直接体现或容易直接计算出的成本）和"软性成本"（Soft Costs，指在任何地方都没有清楚的规定、无法直接得到或者不经常发生的成本）[1][2]，这基本上成为之后总拥有成本原则性的组成部分。

TCO 的概念被提出之后，很多学者对总拥有成本概念进行了阐述，一致认为采购管理应该基于长期效应，而不是短期效益和最原始的价格因素。最具有代表性的概念由学者 Ellram 在 1993 年整理提出，将 TCO 概括为：TCO 是企业采购一个商品或一项服务时，与该商品或服务相关的获得、接收、拥有、使用及报废处置的成本[3]，本书采用此定义。

从总拥有成本的理念出发，采购的意义已经不再只是一次性的采购行为，需要考虑采购系统的整个生命周期；采购的标准也已不再只是价格或者"性能价格比"，需要综合考虑采购所构成的资源、技术、处理流程和人力方面的所有成本之后的总体财务衡量指标。

2. 国内外对总拥有成本的研究现状

（1）国外研究现状

总拥有成本代表了一种全新的理念，这一理念旨在深入理解购买商品与服务时的真实成本，主张从一个较长的视角对采购情景进行更加精确的评价，而不是从短期出发，仅考虑采购的初始成本。

1）Lisa M. Ellram 等学者的研究。

Ellram 是第一个系统性地研究、梳理总拥有成本的学者，她的许多研究成果仍指导着现在的研究，为"总拥有成本"概念的研究和发展做出了极大的贡献。她的早期研究主要以定性研究为主，1993 年，她和 Sue P. Siferd 的研究回顾了总拥有成本以及相关概念的发展历史，概括提炼了总拥有成本的概念。同年，在她发表的另一篇文章中，进一步详细地阐述了总拥有成本的构成要素 [3]。1994 年，Lisa M. Ellram 对九个使用总拥有成本模型的企业进行了案例研究及跟踪，认为数据获取、企业文化、培训教育、没有标准化的成本分析模型等问题成为总拥有成本应用的主要障碍 [4]，同时她认为总拥有成本模型具有多样化的特性，不同类型的企业以及不同类型环境问题的成本模型有较大差异，因此需要根据实际需要，研究开发适宜的成本计算模型，为此她对模型进行了系统的分类。

1995 年，Lisa M. Ellram 在 "Activity-based costing and total cost of ownership: a critical linkage" 一文中研究了总拥有成本与作业成本法的联系，开辟了总拥有成本的定量研究阶段。Ellram 通过分析作业成本与总拥有成本的关系，初步搭建了基于作业成本的总拥有成本计算数学模型，能够较准确地计算出企业的总拥有成本，为采购成本管理、供应商选择等提供合理的决策依据 [5]。同年，Lisa M. Ellram 对 11 家使用总拥有成本理念的企业做了深入调研，对其应用过程及效果分析，归纳总结了总拥有成本的应用范畴，并对比分析基于价格和基于价值的总拥有成本模型应用差异，对总拥有成本在供应商选择、沟通、持续管理、供应链管理提升方面的应用提出战略建议 [6]。1998 年，她和 Sue P. Siferd 基于 11 家企业的调研分析，进一步跟进其总拥有成本理念在采购决策中应用情况，得出计算和分析总拥有成本能够有效帮助企业实现战略成本管理的重要结论 [7]。

2）Zeger Degraeve 和 Filip Roodhooft 等学者的研究。

Zeger、Filip 等学者是欧洲研究总拥有成本的代表，他们基于作业成本法较系统地建立了总拥有成本的定量分析模型，并将其很好地应用在供应商评估、选择领域。

Filip Roodhooft 和 Jozef Konings（1997）年提出了用作业成本法计算总成本，并利用其进行供应商选择和评价的思想 [8]。他们计算比较企业生产过程中乙方

（供应商）管理相关的所有成本，对不同供应商提供的质量、价格、交付性能、付款条件、退款政策进行量化比较，对供应商选择做出了更加客观评价，并通过案例分析验证该思想的有效性。

1999 年，Z.Degraeve 和 F.Roodhooft 进一步完善该数学模型，针对一个企业实际的单项目多资源采购案例建立了计算总拥有成本的数学规划模型，实现基于多条件如价格、质量、可靠性、交货条款、服务、地理位置等多重指标的供应商选择问题，并且有效节约采购成本 10% 以上 [9]。同年，他们通过分析总结之前的采购案例，认为他们提出的总拥有成本计算模型不仅能够有效地节约采购成本，还能有效帮助供应商替换、供应商协商谈判过程中的决策制定，促进采购企业与供应商的共同发展 [10]。2000 年，他们从总拥有成本的角度出发，比较和评价了以往学术研究中的供应商选择模型后，认为规划模型要优于等级模型，多项目模型的计算结果要相对准确于单项目模型 [11]。2004 年，F.Roodhooft 等人利用其总拥有成本数学模型分析服务的采购问题，以航空公司选择为实例，分析供应商选择过程中相关的各项成本因素，并通过计算分析实现 19.5% 成本的节约 [12]。2005 年，Z.Degraeve 等学者从供应层、产品层、订单层、产品订单层、单元层及采购流程纵横两个角度对总拥有成本模型进行了更加详细的分类，同时考虑直接成本与间接成本，补充优化了数学模型，并分析了受采购策略影响的企业价值链和供应商选择 [13]。

3）其他学者的相关研究。

P. Bremen, J. Oehmen, R. Alard（2007）指出从采购流程角度考虑总拥有成本，应包括直接成本、间接成本、投资和资本的使用及供应链风险。文章提出了对于间接成本的量化的研究思路，确定其累积的相关采购流程，通过间接成本的成本动因的分析，进而确定每项间接成本 [1]。

Roel J. Ritsma，AndréTuyl，Bas Snijders 认为总拥有成本可以由资本性（CAPEX）、运营性成本（OPEX），以及生命周期末成本（EOLEX）构成，明确指出成本分为可控的和不可控的，而不可控的部分则可以被视为是一种风险，可以通过风险发生的概率及严重程度进行衡量；文中选用 Cable 和 MCC 两种设备进行 TCO 量化评价，且将风险因素考虑在 TCO 中，并且证明了高的初始成本可能会带来较低的总拥有成本 [14]。

Bruce G. Ferrin、Richard E. Plank（2002）对总拥有成本进行了探索性的深入研究，他们以调查问卷的形式就评估特定的采购行为以及将总拥有成本作为一种价值机制对 990 个供应链管理部门（收回有效问卷 146 份）进行调查，对总拥有成本模型的通用性进行了分析，指出适用于所有采购企业的总拥有成本通用模型是不存在的，但是基于部分核心成本驱动因素以及部分辅助成本因素进行总拥有成本模型的构建是可行的。另外，他们将调查企业提到的成本驱动因素进行归类，得到 13 类成本 237 个成本因素，对总拥有成本模型构建及实践应用做出重要的贡献 [15]。

（2）国内研究现状

国内学者对总拥有成本的研究尚处于起步阶段，现阶段的研究基本集中在基础理论的研究和应用研究方面，主要以定性研究为主，初步涉及算法模型的研究。

李步峰（2002）等学者基于 Filip、Zeger 提出的"供应商总成本"的计算模型，结合"总拥有成本"概念，提出与"总拥有成本"概念一致的计算模型。但模型相对较简单，成本因素考虑并不全面 [16]。龚光明，唐宾彬（2005）在分析传统采购管理以"价格"为导向的缺陷的基础上，梳理了总拥有成本的理念、构成因素、应用优势，并对总拥有成本在我国的应用实践应注意的问题提出管理意见 [17]。司德春（2005）从梳理采购工作流出发，提出采购总拥有成本的构成模型，包括显性成本（订单、采购管理、储存）、隐性成本（质量、缺货、其他隐形成本），并分析影响采购成本的因素 [18]。刘子先和司德春（2006）应用总拥有成本的概念分析联合库存原材料采购问题，通过对其成本构成和影响因素分析，提出联合库存原材料成本管理建议 [19]。陈笑稳（2007）总结梳理了总拥有成本的理论体系，结合我国实际问题，利用总拥有成本理念分析研究了备件联合库存管理模式的有效性 [20]。

赵纪省（2009）对如何最小化制造企业物资采购的总拥有成本问题进行了探讨，对采购成本形成过程中的不确定性、采购提前期、采购价格波动、供应商的选择评价等因素对采购成本的影响进行了分析和研究，并将 TCO 与供应

选择结合提出基于 TCO 的供应商选择、评价模型 [21]。曹健（2010）应用 TCO 的理念对通信运营企业投资项目成本管理进行研究，在识别与分析通信企业投资项目成本构成要素的的基础上，设计并提出基于总拥有成本的通信运营企业投资项目成本管理体系，并与传统成本管理方法比较分析其应有优势及局限性 [22]。刘方方（2011）将总拥有成本模型分析应用于造船企业这一特殊制造业的成本管理中，针对原材料、船用设备和其他设备从作业成本角度建立总拥有成本模型，对其供应商层面、订单层面以及产品层面的成本控制提出管理意见 [23]。

针对电信运营企业的采购总拥有成本的研究较少，个别学者对单个电信设备进行全生命周期成本分析，相关的研究主要涉及对运营商采购问题的研究。

潘丽（2008）对我国电信企业设备采购的总拥有成本进行了系统的研究，认为企业不能仅仅考虑采购价格、运费、仓储成本等直接成本，还要考虑采购动作发生后的隐性成本，从而探寻降低采购总拥有成本的途径。作者在分析电信企业供应链特点的基础上梳理、总结了电信企业总拥有成本的内涵及构成要素，在 Filip、Zeger 的数学模型上，建立适合我国电信企业的总拥有成本模型，对 7 类产品进行全成本实证分析，针对采购工作的三个阶段，提出成本管理优化策略。但是文章对成本计算的过程，尤其是间接成本的获取及计算并没有清晰的说明 [24]。孙炼（2008）指出新形势下的绩效管理要求企业从降低企业全生命周期成本的角度出发，需要用全生命周期成本的思想来指导供应链管理工作 [25]；孙炼、章建赛、朱小丽（2008）指出电信企业在设备采购中应关注设备的全生命周期成本，并总结全生命周期成本的计算方法，提出了基于全成本的电信设备采购策略分析 [26][30]。杨天剑、舒华英（2008）文章给出了无线网元全生命周期成本的概念，提出无线网元全成本的组成结构及网元全生命周期成本的计算模型。并选取某地区无线网络进行实证分析，得到了许多具有较高实践意义的结论 [27]。禄杰等人（2011）分析了广东移动全成本管理实施中存在的问题，指出成本数据搜集存在较大困难，并总结广东移动全成本实施的效果，并提出全成本管理的改进建议 [28]。

总体来说，国内针对电信企业采购全成本的研究还较少，大多数从定性、实践角度对电信运营企业应用总拥有成本的意义及管理策略等进行了分析，学术研究深度不够，站在总拥有成本的角度对电信运营企业采购成本的分析欠缺，并且系统的、定量的国内电信运营企业采购总拥有成本分析比较非常薄弱。

3. 总拥有成本与作业成本法、生命周期成本法

总拥有成本的理念是以作业为基础的，通过细分每一个环节的作业及资源消耗得到总的成本估计，而同时作业成本又是总成本理念的一部分。Lisa, M.Ellram（1993）的研究中认为与管理、交付、服务、沟通、价格以及质量这六方面有关的作业是与采购总拥有成本相关的关键作业[29]。Lisa, M.Ellram（1995）认为，利用作业成本法能够较准确地计算出 TCO，从而更好地开展采购环节的成本控制分析，以做出合理的采购决策，如供应商选择、供应商数量的确定、存货水平的确定等[6]。

作业成本法与总拥有成本结合进行总成本的量化计算是被许多学者认可且被证明是有效的。作业成本法是理解和分析成本的有效方法，总拥有成本的构成、数据分解和收集通常是采用作业成本体系进行的。而总拥有成本可以看成是作业成本法理念的拓展和深入，考虑企业采购过程相关的所有作业的成本，二者是相辅相成的。

生命周期成本（Life Cycle Cost，LCC），指产品在整个生命周期中所有支出费用的总和，包括原料的获取、产品的使用费用等，即指企业生产成本与用户使用成本之和[30]，它也是应用总成本理念进行成本分析的方法。与总拥有成本较类似，二者都是从全过程角度对成本进行分解及分析。

不同的是生命周期成本更强调产品，以产品从设计、生产、投入使用到使用寿命完结整个生命周期为对象进行分析和建模，是一种面向产品和用户的方法[20]，更加适合生产制造企业中产品成本的衡量。总拥有成本更加强调采购动作，认为采购时不应只考虑采购价格等直接成本，更要关注采购动作发生之后的各项相关活动中的间接成本。它的应用更加广泛，甚至可以上升到企业的战略层面，如帮助企业进行成本结构优化、供应链管控重点的把握、供应商评价选择等。而同时，两者的研究又经常出现交叉，例如在总拥有成本的研究中，以产品全生命周期成本维度来划分成本阶段已是学者较常使用的方法。

4. 对总拥有成本构成要素的研究

自 TCO 理念发展以来，很多学者从各个角度对总拥有成本的构成进行研究，其构成非常多样化，不同的研究环境下可能有不同的构成要素。

Ellram（1993, 1994, 1995）从管理、运输、服务、通信、价格、质量对总拥有成本进行分析，并对基于价格和基于价值的总成本模型进行比较 [4][5][31]；P. Bremen, J. Oehmen, R. Alard（2007）从采购流程角度考虑总拥有成本，包括直接成本、间接成本、投资和资本的使用及供应链风险 [32]；Roel J. Ritsma 等人（2009）认为总有成本可以由资本性（CAPEX）、运营性成本（OPEX），以及生命周期末成本（EOLEX）构成 [14]；司德春（2005）提出包括显性成本（订单、采购管理、储存）、隐性成本（质量、缺货、其他隐形成本），并分析影响采购成本的因素 [18]；龚光明，唐宾彬（2005）认为采购时支付的价款、与购买相关的基本作业成本、供应商过失而引起的额外作业成本这三部分是总拥有成本模型构成的基本内容 [33]；温香芹（2007）认为在采购专业领域，总拥有成本包括采购成本、运送成本，以及间接因操作工序如检验、质保、设备维护等造成的成本总和，她认为直接材料成本、直接劳动力成本、间接生产成本（可变管理费用、固定管理费用）是关键成本的组成部分 [34]；潘丽（2008）从采购阶段、工程建设阶段、设备使用阶段成对电信企业采购总拥有成本进行分析 [21]。

总结国内外学者的研究，可将总拥有成本的构成要素归纳为三个方面：第一，采购时支付的价款；第二，购买的产品在生命周期中涉及的各项直接支出（运输、服务、检查、入库等）；第三，购买的产品在使用期间的各项间接支出（管理、沟通、资金成本、时间成本、质量等）。

总拥有成本的实施有较多优点，能给企业带来巨大的利益，包括优化企业成本结构 [35]、有效支撑采购决策和供应商的选择评价、有利于产品质量管控，等等，但在实施过程中存在有一些障碍，如成本数据收集困难、企业文化壁垒 [20]、成本模型较复杂等，许多学者认为，总拥有成本应用的过程中模型的量化和数据收集是一个很大的瓶颈，尤其对于间接成本的量化，目前的研究是不充分的。

7.1.2 供应链风险相关理论

1. 供应链风险管理的概念

供应链风险是风险在供应链管理领域的应用，近年来引起越来越多供应链管理者和学术界人士的关注，但学术界尚没有对供应链风险有较明确的定义。

Deloftte 公司 2004 年发布的一项供应链研究报告提出，供应链风险是指对一个或多个供应链成员产生不利影响或破坏供应链运行环境，而使得供应链管理达不到预期目标甚至导致供应链失败的不确定性因素或意外事件。

众多学者们基于风险的一般定义对其进行界定[36]：供应链风险指由于供应链中活动或事件的不确定性而引发损失的可能性。也有学者把供应链风险与供应链的脆弱性联系起来，他们认为供应链风险能够导致供应链管理的成本增加、运行效率降低等问题，甚至造成供应链的中断[37][38]。有效的供应链风险管理能够提升供应链的运行安全，降低运行成本，提高供应链绩效。学者倪燕翎则认为供应链风险不同于一般企业风险，它存在范围广，管理较复杂，在物资经由供应链流经众多的生产流通企业到用户的众多环节中，任何一个环节出现问题都会造成供应链风险，影响供应链的正常运作[39]。

综上所述，本研究认为在供应链运行的各个过程中，所有潜在能够影响供应链正常运行、增加运营成本导致供应链绩效下降甚至导致供应链中断的各种不确定因素和事件都是供应链风险。

2. 供应链风险的管理

现阶段国内外学者对供应链风险管理的研究涉及了风险管理的基本过程：风险识别和分类（Risk Identification）、风险评价（Risk Assessment）、风险管理（Risk Management）。

（1）风险的识别和分类

易海燕（2007）指出，供应链风险识别是对供应链所面临的及潜在的风险加以判断、归类和鉴定性质的过程[40]；Gavin Souter (2000) 提出运用风险映射技术来进行风险识别[41]；Zolkos 等人 (2003) 指出识别风险的必要性，并强调了统计概率模型的应用[42]。

关于供应链风险的分类，国外学者：Mason- Jones 和 Towill 认为环境、需求、供应、程序和控制是供应链中应有五种风险[43]；Ernst 等人 (2003) 根据调查总结出供应链包含的八类风险因素，即计划风险、持续运营风险、数据完整性风险、供应链管理技术的安全风险、公司治理风险、合作伙伴风险、成本投资

风险、劳动风险和税率风险；Bailey（2004）将供应链风险划分为外部环境风险、事故风险及运营风险[44]；Sunil 等人（2004）认为供应链风险应当包括九个部分，即中断、延误、信息、预测、技术属性、购买、应收账款、库存、生产容量[45]；Jüttner 等（2005）认为风险源指的是和供应链相关的变数，而且这些变数并没有办法被准确预知，他们把供应链的风险源大致分成三类，即外部供应链风险、内部供应链风险和相关网络风险[46]。Johnson 则将供应链风险区分为供应风险及需求风险，供应风险包括产能限制、货币波动及供应中断等风险；需求风险则包含因周期性失衡、市场对于偏好的改变及新产品推出所产生的风险[47]。

国内学者：梁燕华（2006）将供应链风险分为战略风险、管理风险及运营风险三个层面[48]。高瑞甫（2009）对我国电信运营商的供应链风险预警进行了研究，他将电信运营商供应链风险分为外部环境风险（包括自然灾害、经济环境、政策环境）、供应链内部风险（包括经营决策风险、采购风险、销售风险、企业文化差异风险和人力资源风险）、供应链整体风险（包括合作风险、信息风险和技术风险）[49]。洪肯堂（2010）参考 Juttner 等研究者的框架和其他研究者的观点，将供应链风险归纳为外部供应链风险（政治风险、自然风险及市场风险）、内部供应链风险（组织风险、存货风险、采购风险、配销风险及财务风险）和相关网络风险（包括伙伴关系风险及信息风险）三类，并对风险的来源进行了识别[50]。朱慧琪（2011）构建供应链环境下制造企业采购风险因素评价体系，将风险归为供应风险、管理风险以及市场风险三大类[51]。

（2）风险评价

1）常用方法的比较。

吴军（2004）使用条件风险价值（CVAR）对供应链风险进行评价[52]；马林（2005）基于 SCOR 模型，对供应链风险进行了识别和评价[53]；王晗等（2006）对预期损失进行建模来识别供应链风险，并且利用遗传算法进行了很好的解决；Feller 利用 FMEA 失效模式分析方法对到岸总成本中的风险因素进行了评价和分析[54]；王新利（2010）利用 BP 神经网络方法进行了风险的识别[55]；XingBI 等（2011）利用神经网络（RBF）和优劣解距离法（TOPSIS）对 EPCM Project 的采购风险进行了评价[56]。梳理国内外学者的研究，常用的风险评价的定性及定量的研究方法主要包括主观评分法、模糊数学、遗传算法、人工神经网络、数据挖掘、供应链风险值法等，见表 7-1。

表 7-1　供应链风险评价方法

方　法	原　理	优　点	缺　点
模糊综合评判 [40,49][57]	通过运用模糊集合中隶属度和隶属度函数的理论，对系统中多因素的制约关系进行数学抽象，建立一个反映其本质特征的和动态过程的理想化的数学评价模型	解决了定性描述主观性过强的问题，能较详细地反映各因素的风险程度，也有利于考察其对最终风险的影响	指标体系构建比较复杂
主成分分析法 [49]	将原来指标重新组合成一组新的互相无关的几个综合指标来代替原来指标，同时根据实际需要，从中选取几个比较少的综合指标尽可能多地反映原来指标的信息	操作简单	要求指标之间应有一定的相关性，数据足够庞大
BP人工神经网络[49]	模仿或者模拟生物神经系统工作过程，一组由大量简单神经元互联而构成的一种计算结构，并形成或建立起来为一种数据处理技术	具有很强的学习性	运算量大，构建复杂
层次分析法 [49][58]	通过构建层次结构模型，利用较少的定量信息，把决策思维过程数学化，为多目标的复杂问题提供决策的方法	定性与定量相结合分析	指标体系构建比较复杂
风险值评价法 [40]	在一定的持有期Δt内，一定的置信水平a下投资组合是可能的最大损失。用数学公式表示为：Prob(ΔP<VaR)=a，对每一种产品建立产品价格函数，确定价格影响因素，确定目标期间和置信水平，计算产品/产品组合价值变化ΔP（Δt，ΔF的概率分布）	用一个数字能明确地表示面临的全部市场风险	主适用衡量市场风险，而对于自然灾害风险、知识产权风险、操作风险、法律风险等却难以反映；对数据依赖性强
FMEA失效模式及效果分析法[44]	通过分析风险因素的发生可能性、发生严重性程度以及检测难易程度，综合评价风险因素的风险值大小及重要性程度	操作性强、操作相对简单，评价指标较全面，对数据的要求相对较低	评价人员需对供应链管理实际情况有较深入的理解；有一定主观性

由此，本研究中将借鉴使用层次分析法、FMEA 风险评价方法等主观分析法对我国电信企业供应链风险管理进行分析。

2）层次分析法。

层次分析法 AHP 是评价重要性程度较常用且有效的方法之一，适宜分析解决较难以用定量指标分析的复杂问题[59]。20 世纪 70 年代中期美国运筹学家托马斯·塞蒂（T.L.Saaty）正式提出该方法。它是一种定性和定量相结合的、系统化、层次化的分析方法，其一般过程如下：

第一步，确定评价目标及评价因素，P 个评价指标，$u = \{u_1, u_2, \cdots, u_p\}$。

第二步，构造评价判断矩阵。

由评价因素构成判断矩阵，比较各元素的相对重要性。分别比较第 i 个元素与第 j 个元素相对重要性程度，使用数量化的相对权重 a_{ij} 来描述。设共有 n 个元素参与比较，则称为成对比较矩阵。成对矩阵 a_{ij} 在 1 ~ 9 及其倒数中间取值，其取值按下述标度进行赋值[60]，即得到判断矩阵 $S = \left(u_{ij} \right)_{p \times p}$：

a_{ij}=1，元素 i 与元素 j 同样重要；

a_{ij}=3，元素 i 比元素 j 稍微重要；

a_{ij}=5，元素 i 比元素 j 重要；

a_{ij}=7，元素 i 比元素 j 重要得多；

a_{ij}=9，元素 i 比元素 j 非常重要；

a_{ij}=2n，n=1, 2, 3, 4，元素 i 与 j 的重要性介于 a_{ij}=2n-1 与 a_{ij}=2n+1 之间；

$a_{ij} = \dfrac{1}{n}$，n=1, 2, $\cdots$, 9，当且仅当 a_{ij}=n。

第三步，计算最大特征值：利用和法或者方根法计算判断矩阵的最大特征根 λ_{max}，以及其对应的特征向量 A，该特征向量即反映各评价因素的重要性排序。

第四步，一致性检验。

计算一致性指标 $CI=(\lambda_{max}-n)/(n-1)$ 的值，当随机一致性比率 $CR=CI/RI<0.1$ 时，一致性检验通过，即认为此时的权系数分配是合理的；否则，需要调整判断矩阵各元素的值。

3）FMEA 失效模式和效果分析法。

失效模式影响分析（Failure Mode and Effect Analysis，FMEA）是一种分析系统可靠性的方法，在指出设计及制造上的潜在故障模式的基础上，分析故障对于系统的影响 [61][62][63]。通过的 FMEA 实施，能够在产品工序的早期及时发现潜在的故障因素，从而采取积极的预防措施，降低供应链成本，提升产品质量，其应用流程如图 7-1 所示。

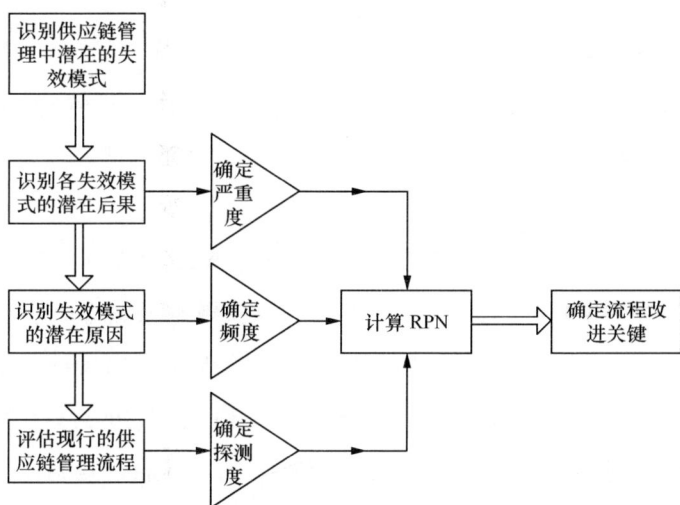

图 7-1　运用 FMEA 进行供应链风险管理的流程 [64]

第一步，识别供应链管理中的关键步骤：应包括从设计到产品使用结束全过程中的所有活动步骤，一经确认不要轻易变动。

第二步，列出所有可能的风险因素发生原因及后果：对于管理过程中的每一项流程，应确定可能发生的失效模式及其失效影响及失效原因 [65]。例如，安装不合格可能影响产品使用的可靠性，同时造成安装不合格的可能因素包括人员素质较低、产品质量不合格等。

第三步，分析严重度 S、频度 O 和探测度 D，计算风险顺序数 RPN：对风险因素发生可能频率、严重性程度以及现阶段条件下可检测出来的难易程度进行评价，计算每个风险因素的风险优先度以及权重，从而对风险因素进行排序 [64]。风险优先度（Risk Priority Number，RPN）为风险发生的频率、严重程度和检测难易程度三者乘积：

$$风险优先度：RPN = O \times D \times S \tag{7-1}$$

$$风险权重：W_i = RPN_i / \sum_i^n RPN_i \tag{7-2}$$

第四步，实施改进措施：从 RPN 值最高的风险因素开始，制定风险控制计划。风险优先度值越大、权重越高说明风险的影响程度越大，重要性越高，应进行重点管控。对于流程管理、矫正首先应集中在那些最受关注和风险程度最高的环节。

第五步，实施效果评估：再某项措施实施结束后，需重新进行 FMEA 评价，计算新的 RPN 与实施前进行比较，观察实施效果。同时，在控制了 RPN 最大的风险因素后，还可以对其他较大的 RPN 进行改进，从而达到持续的流程优化提升。

（3）风险管理

国内外对风险管理的研究非常充分，国内学者 Yu Z.D. 等人（2011）从运营、成本、弹性、选择、合作几个方面对供应链风险管理研究情况进行了总结[66]。另外，Stauffer[67] 指出不少学者将风险与成本联系起来进行研究，如 Smelzer (1998) 对利用交易成本理论供应链采购风险进行了研究；Red Lodge (2003) 认为处理成本和风险之间的关系是非常有必要的；Sheffi (2005)、Christopher (2004)、Neureuther (2009) 研究了导致供应链低效率、高成本、高风险的供应链脆弱性[38][68]。

本研究更关注风险管理与成本分析相结合的内容，这部分内容已做单独阐述。

7.1.3　供应链风险管理与总拥有成本相结合的研究

成本与风险都是企业管理过程中需要考量的重要因素，在管理过程中企业需要综合权衡成本与风险的大小，以获取利益的最大化。从目前国内外学者对于成本与风险各个方面的研究来看，二者有着非常紧密的联系。

1. 成本与风险的内涵

中国成本协会对成本的定义是：为过程增值和结果有效已付出或应付出的资源代价，其中应付出的资源代价是指应该付出，但目前还未付出，而且迟早要付出的资源代价[69]，也有学者将成本定义为可用货币计量的为达到一定的目的而付出的或者应当付出的资源代价。学者石新武在《论现代成本管理》一书提出成本的主要构成包括原材料费用、折旧费用以及人员的人工成本[70]。从成本定义的角度分析，成本具有确定性，即为了达到一种目的，需要完成的一项工作已经付出的代价以及确定迟早要发生的代价总和。

对于风险的含义，学者们有各种不同的观点，但总体来看，风险可以被描述为一种不确定性，而这种不确定性包括两个方面，一是风险发生的不确定性，二是风险发生对结果产生影响的不确定性。而本研究对风险的研究将采用其狭义的定义，即关注这种不确定性带来损失的大小。

风险成本是指因风险发生的支出以及管理风险所发生的费用，其概念最早由美国著名的保险业组织 RIMS 的前任主席道格拉斯·巴娄（Douglas Barlow）于 1962 年提出。RIMS 及 Ernst&Young 公司在其发布的报告中将风险成本界定为与风险相关的保险费、置留损失、内部管理费用，对外服务费用以及税费用[71]。20 世纪 80 年代末，美国的哈林顿和尼豪斯在其所著的《风险管理与保险》一书中将风险成本定义为由于风险存在而导致的公司价值的减少，认为风险成本是一个对所有类型风险都适用的概念，其包括风险的期望损失成本、损失控制成本、融资成本、内部风险控制成本、残值不确定性带来的损失成本等，深化了风险成本概念[72]。

风险成本的思想很好地将风险因素大小成本化，从风险成本的角度出发，可以将风险所带来的影响大小当作一种成本考量，不同的是，这种成本的大小是不确定的。这为风险因素的量化及风险与成本的结合提供了契合的依据。

2. 成本与风险的联系

从结果的角度来分析，两者颇具相似性，发生的结果都是带来企业耗费资源的增加，只是成本是确定的而风险具有不确定性。确定要付出的资源代价被视为成本，这种代价的大小可能会随着环境的不同有大小差异，并且这种代价往往是常规的、计划内要发生的。而风险是否发生以及发生造成影响的大小都是不确定的，且通常来讲，这部分成本的发生通常是非常规性的。

由此，若以成本是否发生以及发生大小是否稳定为两维度将坐标轴分为四

部分，其中不确定是否发生的部分即可视为一种风险，见图 7-2。

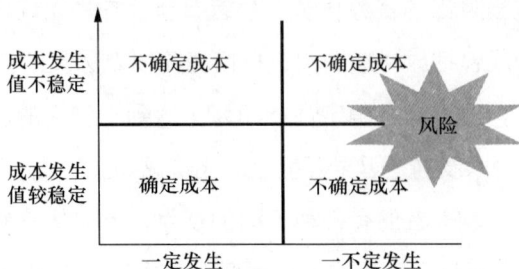

图 7-2　成本与风险的联系

　　企业在经营管理中存在着各种风险，如经营风险、授权风险、信息风险、忠诚风险、财务风险等，而这些风险的产生是企业成本管理不善的结果，又反过来影响到企业的成本管理。在企业的成本核算、成本分析、成本决策与成本控制等任何一个过程出现问题，都可能给企业带来风险。从企业内部来看，风险来自于成本结构，从企业外部来看，风险与销售量密切相关，企业应根据销售量的变化合理地安排成本结构[73]。

　　成本管理不善会增加企业的风险，例如一味强调控制采购成本，引发采购产品质量降低、供货及服务能力不足等问题日益突出，供应链运营风险的发生概率随之增加。而如果企业能站在长远的角度考虑成本及风险，关注长远利益，就能有效化解风险，能加强和改善企业的成本管理，降低企业总拥有成本，提高企业的经济效益。因此，成本管理与企业风险息息相关。

　　3. 国内外结合风险因素的总成本研究方法

　　从国内来看，目前尚没有学者将风险因素与总成本相结合定量研究。国外学者虽尚没有明确地将风险管理与总拥有成本研究相结合的研究，但不少学者已在风险与总成本相结合进行定量研究中进行了探索。

　　（1）REBass 基于风险效能供应商评价模型

　　2008 年，Guido J.L Micheli 从 TCO 出发，提出基于风险效能的供应商选择模型（A Risk Efficiency-based Supplier Selection，REBass）[74]。该模型包括两个方面，一是对潜在的供应商进行逐一评价，二是对评价的结果进行比较，从而选出最优的供应商。评价过程的核心是将采购成本分为确定成本及风险相关的成本，将风险相关的成本继续分解为风险造成的影响及其可能的概率分布，并通过研究风险防范措施的实施成本及期望效用，比较选择最优并可行的风险防范措施，最终风险防范措施成本与风险影响成本之和即为风险相关的成本，见图 7-3。

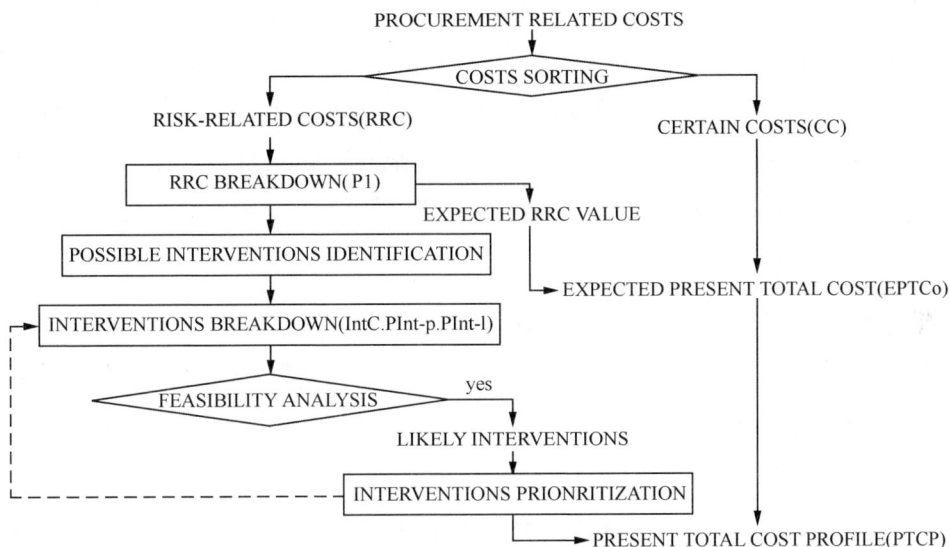

资料来源：Micheli, 2008

图 7-3　REBass 模型评价过程

整个评价过程包括 6 个主要步骤。

步骤一，成本梳理。将采购过程中相关的成本分解为确定成本（Certain Costs）以及风险相关成本（Risk-Related Costs）。

步骤二，风险相关成本分解。将每个风险相关的成本分解为该风险造成的消极或积极的影响结果（I），以及这种影响可能的概率分布（p），两者之和即为每个 RRC 的期望风险效用，总的期望风险效用即为

$$E(RV)_i = \sum_j p(I_{ij}) \times I_{ij} \qquad (7\text{-}3)$$

此时的总期望风险效用与确定成本之和即为初始期望总成本（Expected Present Total Cost，EPTC）。

步骤三，可行风险防范措施识别。对于现阶段可能采取的措施进行识别并予以描述。

步骤四，风险防范措施分解。将每个防范措施分解为它实施成本（IntC）、实施后对每个风险因素的影响（PInt-I），以及这种影响可能的概率分布（PInt-p）。

通过这种分解，对于每个风险因素都可以得到一个基于风险防范措施的期望风险效用 $PInt_kE(RV)_i$，等于每个防范措施的实施影响（PInt-I）与其概率分布（PInt-p）乘积的加总。此时，每个措施的期望价值可以用公式 $\Delta E(RV)_{i,k}=E(RV)_i-PInt_kE(RV)_1$ 来表示。

步骤五，可行性分析。通过以下两个方面的检查，对每个防范措施进行可行性分析，从而挑选出较优的实施措施。措施的成本（IntC）要小于实施的预算阈值；实施措施的净收益（G_{net}）要为正值，即实施措施的期望价值要大于其实施成本：$G_{net}=\Delta E(RV)_{i,k}-IntC>0$。

步骤六，措施优先度排序，计算总成本。通过步骤二到步骤五的分析，对可能采取的措施进行优先排序，最终筛选出可以采纳执行的实施措施。而在初始期望总成本 EPTC 的基础上加上每个实施措施的净收益 G_{net} 即为最后的总成本。

对于实施措施的结果，Micheli 从消极和积极两个方面进行分析[75]。如果实施了措施而风险并未发生，则为消极的情况，此时的总成本会高于 EPTC。若实施了措施并且相应的风险发生则为积极的情况，由于实施措施带来净收益，此时的总成本低于 EPTC，如图 7-4 所示。

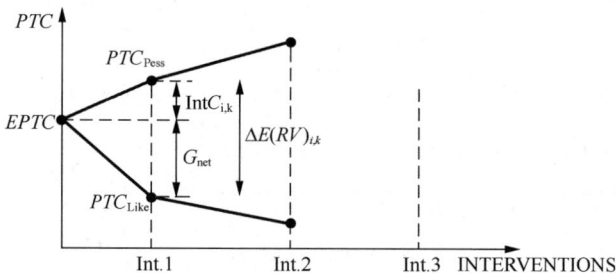

图 7-4　REBass 模型实施措施分析

Micheli 的 REBass 模型在成本的计算中考虑供应链风险因素的影响，并创新性地将其防范措施的实施成本及效果与总成本的计算相结合，为总拥有成本的研究及供应商的选择评价与管理过程的研究开拓了思路。遗憾的是，对与风险因素的影响及其概率分布的计算作者并没有详细阐述，给模型的实践及推广带来了一定的困难。

（2）Feller 的到岸成本及风险分析模型

Feller 和 Brian 于 2008 年在对 PKI 公司采购现状、发展环境等进行长达 28 周的研究后，针对其逐步扩大的采购规模，提出由到岸成本模型及供应链风险模型两部分构成的战略采购决策工具，包括成本模型及风险模型两部分 [54]。

1）成本模型：通过调研及对流程的跟进，45 个主要的成本因素被识别出来，并分解为直接成本（Hard Cost) 以及隐性成本（Soft Cost）。直接成本包括物流、贸易、仓储、采购、金融等方面的各项成本因素，隐性成本则被看为是一种风险因素，是风险模型构建的基础。作者使用到岸成本分析模型对成本因素进行分解及量化，在此不再赘述。

2）风险模型：风险因素的识别要求识别出那些对采购决策、供应商选择产生影响并且在成本模型的计算中不产生重复的风险因素。风险可以被描述为战术型（产生的影响是短期的）和战略型（产生的影响是长期的）。作者采取了专家组讨论以及供应商单独访谈的方式对风险因素进行了初步的识别得到 33 个风险因素，再通过筛选及与隐形成本对比归类，最终得到 19 个风险因素，涉及采购、组织、库存、质量管理、金融、物流、贸易、研发等多个方面。

对于风险的评价，作者采取失效模式与影响分析模型（FMEA）的方法，通过风险因素发生可能性、造成后果的严重程度以及现阶段条件下对风险检测的难易程度对每个风险因素进行评价，得到每个风险因素的重要性程度（Weight）。使用效用权重（Utility-Weight）算法对风险因素进行分析，而每个风险因素效用的决定是基于决策者对每个供应商风险因素的忍受程度。作者提出了标准化的风险效用评价量表，通过专家讨论等方法明确每个风险因素不同表现程度对应的分值，从而对每个风险因素不同供应商的表现进行 0 ~ 100 分的打分，得到每个风险因素的效用。再采用效用值（Utility）与权重值（Weight）的乘积（称为风险指数（Risk Index））来进行不同供应商潜在风险大小的比较。

3）总成本的计算：成本模型将输出各类别成本的成本值 $C\text{-}cost_i$，风险模型输出其相对应的风险指数 RI_i，用两者的积来表示风险因素的成本值，即 $C\text{-}risk_i = C\text{-}cost_i \times RI_i$，而总成本即为两者的和，用 $\sum (C\text{-}cost_i + C\text{-}risk_i)$ 来表示。

Feller 的研究系统地阐述了风险评价与成本相结合的思路及方式，并实证其有效性。虽然它解决的是企业到岸成本的管理问题，但是其对风险与成本的结合方式、风险评价方法及过程的研究具有很好的借鉴参考意义。

（3）其他相关研究

1）Matthias Holweg 的全球采购风险与成本研究。

Matthias Holweg 等学者（2010）将全球采购的基本成本要素分为静态成本、动态成本以及隐藏成本。并使用这样的研究框架从概念、分析及经验三个角度对全球采购方案的风险及成本进行深入的评价，建立全球采购成本模型 [76]。

静态成本指那些最明显的成本要素，包括采购价格、仓储运输、客户关系维护等肯定会发生的费用。动态成本一般发生在销售份额下降、原材料供应不足等非常规事件发生时需要采取额外的措施时。隐藏成本是指那些不直接与供应链运营过程相联系，但是会受到外界商业、经济等环境影响的成本因素，例如货币汇率、油价、劳动力市场竞争情况、政局不稳定，等等。

作者采用数学模型的方法计算采购成本，并对三个采购案例的预期成本和实际发生成本进行了调研分析。结果表明，企业对于静态成本的初始预期是相对较为准确的，但是对于动态成本及隐藏成本，企业的预期值和实际值相差甚大，甚至在初始的计算过程中没有考虑动态成本和隐藏成本，这直接导致了采购过程的总成本远高于采购前的期望值。因此，作者提出基于感知的决策工具，将风险因素考虑在成本评估的过程中，从而为管理者提供更有力的理论支持和分析向导，以帮助全球采购的决策制定。

2）J. Reilly 的 CEVP 成本有效评估过程。

针对隧道、复杂基础建设项目成本复杂计算难度较大的现象，J. Reilly 等学者（2000，2004）提出一个基于风险管理方法的成本评估过程，能够更有效地评估这些项目的成本。这个过程被称作成本有效评估过程（Cost Estimate Validation Process, or CEVP ）[77][78]。作者将风险及不确定性方法论运用到项目成本的评估过程，使之变为一个可能的成本范围。该模型评价过程有以下几步骤。

第一，风险识别。对于复杂大型项目，作者认为主要有以下几类风险：损伤及灾难性故障风险，包括人身伤害甚至具有潜在的生命危险；材料及经济损失，以及涉及的名誉损失；未达到功能设计、运营、维修以及质量标准的风险；项目启动而项目设计有明显延误的风险；项目及支持成本大幅增加的风险。

第二，成本评价过程。包括：成本梳理，对项目进行评估，确定其"基本"成本，即正常运转情况下那些都会发生的成本；将所有可变的因素及风险（突发事件带来的成本）拿出来由项目专家们进行集中讨论；风险识别，识别潜在风险的发生概率以及他们可能会带来的影响；成本综合，将所有基本成本、风险因素以及可能会发生的事件成本全部结合起来，输出项目可能的成本范围，及可能的成本区间。

第三，风险的控制。作者指出应当首先识别高成本及高风险驱动因素，识别风险缓和战略，制定风险管理计划；其次将其应用在项目管理过程中来减少潜在的风险影响，消除残余风险；最后应当考虑如何管理残余风险，是接受、分摊或者进行保险。

3）Ökmen 的 CCRAM 相关成本风险分析模型。

传统的建筑工程项目的成本核算只是将建筑成本进行简单的计算、加总，是一种静态的以及非常不充分的计算方式，往往实际成本与预期成本有很大的偏差。Ökmen 等学者于 2010 年发表的 "Construction Cost Analysis Under Uncertainty with Correlated Cost Risk Analysis Mmodel" 一文中对成本评估方法进行创新和改进，提出一种基于数学模拟的新的成本评估模型，即相关成本风险分析模型（Correlated Cost Risk Analysis Model，CCRAM），实现对不确定性情况下成本及相关风险的评估，并考虑了成本及风险因素之间的影响 [54]。

模型的输入需要以下过程：识别风险因素；梳理成本信息，明确成本项及其最可能的发生值、最低发生值和最高可能的发生值；评价风险因素对成本因素的影响程度，包括高、中、低等以及没有影响；评价风险因素对项目的影响程度，作者使用 0 ~ 100 的标尺来衡量这种影响的大小，不同数字可以表示这种影响程度；评价风险因素发生的可能范围，使用定量或者主观数据表明风险发生可能性比预期要好、等于预期或者比预期更糟；数学模拟：采取蒙特卡洛

模拟的方法，并考虑成本与风险因素影响的相关性，对项目成本曲线进行数学模拟。

通过实际案例分析表明，这种模型的运行结果是良好的，并且对项目成本中不确定性成本因素模拟的结果可信。

（4）供应链风险管理与总拥有成本相结合的研究方法小结

从风险与成本的结合点、风险评价方式、模型作用目的等方面对相关研究成果进行梳理，见表7-2。

表7-2　供应链风险与总拥有成本相结合的研究方法总结

方法模型	成本分类	风险与成本结合点	风险评价方法	作用目的
ReBASS基于风险效能供应商评价模型	确定成本及不确定成本	不确定成本进入风险评价过程	风险造成的影响极其概率分布，并考虑风险改善措施实施的期望值	供应商评价
到岸成本及风险分析模型	直接成本及隐性成本	针对隐性成本建立风险评价模型	风险发生可能性、严重性及可检测性分析；风险现状效用评价	企业到岸总成本分析
全球采购风险与成本研究模型	静态成本、动态成本以及隐藏成本	对隐藏成本引入风险因素评价	利用概率分布数学模拟	全球采购决策制定
CEVP成本有效评估过程	无	考虑风险因素，罗列每项成本最小发生值、最可能发生值及最大可能值，使其由确定值转变的可能的发生区间	计算概率分布，数学模拟成本曲线	施工项目总成本计算
CCRAM相关成本风险分析模型	无	同上，并考虑风险与成本的相互影响系数	计算概率分布，数学模拟成本曲线	施工项目总成本计算

利用风险因素评价的方法来研究不确定成本或隐性成本是较多学者采取的方式。对于风险因素的评价，主要有两种方式：1）基于概率分布数学模拟，利用经验数据模拟风险发生的可能概率分布，进而通过数学建模来模拟可能的成

本曲线，计算得到的成本结果较为精确，且能够提供不同风险偏好下的成本可能值，但是要求充分且较为准确的原始数据，如果选取的样本不具代表性，就会影响结论的可靠性。2）基于期望值的风险大小评价，通过各种风险发生可能性和其影响结果的大小的积表示风险严重性程度。Feller 的研究中采取的 FMEA 方法将风险检测难易程度一并考虑到风险大小的评价过程中，对这种相对主观的评价过程做了进一步完善。

7.1.4　小结

　　风险管理与总拥有成本管理息息相关，不少学者提出应将供应链风险作为总成本的一部分纳入考虑；对比全成本和风险的构成因素，可以清晰地发现许多因素是重复的，而这些因素恰恰主要为不确定成本；结合风险管理的成本研究近些年有较为突出的成果，很多学者已将风险管理与成本管理相结合来研究企业供应商选择、工程总成本等问题。

　　因此，本研究基于风险管理来研究电信企业采购总拥有成本，通过风险因素对总拥有成本中不好量化及落地的因素进行衡量，从而得到改进的全成本分析模型，一方面有一定的应用创新，另一方面也是可行的。

| 7.2　结合风险管理的电信运营企业采购TCO模型 |

7.2.1　电信运营企业采购总拥有成本的内涵及构成要素

1. 电信企业总拥有成本（TCO）的内涵

　　电信企业供应链管理有别于传统制造业企业，其从设计、采购到产品的运输、安装运行都服务于其网络建设，采购的产品直接服务于企业的生产运营。因此，不同于传统制造企业采购成本主要由采购原材料构成，电信企业采购除了设备的采购单价外，产品在建设安装过程以及投入使用后的运营维护成本都必须考虑在总拥有成本的范围内。

电信运营企业从采购需求的产生到采购任务的完成直至供应商的管理是一个持续循环的过程，采购的产品也就从供应单位到达使用单位，并参与到生产运营的全生命周期过程中，采购的成本以直接或间接的方式渗透在其中，构成总拥有成本。因此本研究所针对的电信运营企业总拥有成本，包括采购过程及采购设备参与企业生产运营全生命周期过程所产生的所有成本的总和。

电信运营企业为了获得更低的采购成本，大力推行集中采购模式，在这种采购模式下更需要管理者不仅仅关注产品的采购价格，更能看到其隐性成本，否则只能与初衷背道而驰。应充分平衡企业内部和外部优势，考虑不同产品、不同供应商的特点进行综合决策，以降低所采购总拥有成本[21]。因而，要树立总拥有成本管理的理念，对整个采购流程中所涉及的关键成本和其他相关的长期潜在成本进行评估。

2. 电信运营企业采购 TCO 的构成要素

借鉴 Zeger Degraeve 和 Fillip Roodhooft 成本分析模型，本研究将从采购设备参与企业生产运营全生命周期以及作业成本层次两个维度对电信企业采购总拥有成本中的确定成本因素及不确定成本因素进行分析。

（1）全生命周期维度成本构成

按照采购设备参与企业生产运营全生命周期过程各个阶段发生的时间顺序，可将采购总拥有成本分为计划设计阶段、采购商务阶段、仓储物流阶段、工程建设阶段、运营使用阶段以及报废处置阶段。

计划设计阶段成本：指与计划设计活动相关的成本。具体包括设备相关的设计费用、组织设计耗费的相关管理费用、设计不及时或者不准确造成的损失等。

采购商务阶段：指与采购部门相关的，因产品采购活动发生的所有商务活动的成本。具体包括采购前对供应市场及采购需求的调查、设备选型及供应商选择发生的成本，采购中商务谈判、采购设备的价格、采购管理发生的相关成本等。

仓储物流阶段：指产品采购订单发出到建设使用之前的阶段成本。具体包括产品运输成本、工程建设前存放在仓库中消耗的各项成本、将设备由仓库发往安装现场发生的运费和保险费以及产品到货不及时不准确造成的运营损失成本。

工程建设阶段：指工程建设过程中发生的相关成本。包括设备安装材料成本、人工成本、巡检成本、初验及终验成本以及由于设备安装延迟或服务延迟或者设备质量等问题造成的运营损失成本。

运营使用阶段：指发生在工程建设完成后产品的运营使用成本。具体包括设备正常使用消耗的资源成本、设备软硬件升级成本、维保代维成本、故障维修成本、设备更换报废成本以及由于产品质量问题、盗窃、操作失误等造成的运营损失成本。

报废处置阶段：指发生在产品报废处置阶段的相关成本。具体包括产品的拆卸费用、处置运输费用、处置收益等成本。

（2）作业成本维度成本构成

Zeger Degraeve 和 **Fillip Roodhooft** 的总成本分析模型从作业层次将采购相关的所有作业分为单位、批量、产品和供应商层作业。借鉴 Zeger 和 Fillip 的成本分析思想，结合电信企业采购的特点，从作业成本角度分析电信运营企业采购总拥有成本构成，也可从单位层、批量层、产品层和供应商层对其进行分析。

1）单位层成本（Unit Level Cost）：与采购数量成正比的作业成本，包括产品的采购单价、仓储成本、处置拆卸成本以及由产品安装质量、运行质量等出现问题引起的运营损失成本。

2）批量层成本（Batch Level Cost）：与采购订单及批次成正比的成本，包括采购订单处理、运输成本、到货接收、质量验收等相关的成本，以及到货延误以及产品批量出现质量问题造成的运营损失成本。

3）产品层成本（Product Level Cost）：与采购的范围及其复杂程度相关的成本，包括产品设计成本、产品调整升级成本、正常使用成本、设备维护和维修成本，以及由于设计不准确、不及时或者产品出现故障、操作失误等造成不能正常使用所产生的运营损失成本。

4）供应商层成本（Supplier Level Cost）：从供应商管理的视角，重点涵盖采购过程中的管理成本，具体指与乙方（供应商）管理相关而与订购货物的数量和种类无关的成本。包括采购管理相关人员的人工成本，供应商选型、认证、评估、谈判以及合同签订等一系列商务沟通成本，对供应商进行定期评估分析成本，供应商关系维护成本以及临时更换供应商造成的机会成本等。

（3）采购TCO构成要素构成

综合上述生命周期及作业成本两个维度的分析，电信运营企业采购TCO可以由以下因素构成（见表7-3）。

表 7-3　电信企业采购总拥有成本的构成

	计划设计阶段	采购商务阶段	仓储物流阶段	工程建设阶段	运营使用阶段	处置阶段
供应商层		采购管理成本、商务沟通成本、供应商更换成本				
产品层	设计费用，设计管理费用，设计不及时、设计不准确损失			运行环境维持成本、场地费用	设备升级成本、维保成本、资源消耗成本、人员培训成本、设备故障损失	
批量层			运输成本、运输延误			
单位层		采购单价	库存成本、存货损坏成本	安装成本、监理成本、验收成本、安装延误/损坏成本		拆卸费用、处置运输费用、处置收益

7.2.2　RMB-TCO模型研究思路

借鉴7.1节文献综述关于风险与成本相结合的研究基础，引入风险识别、评价以及管理的方法来衡量不确定成本因素，并考虑决策者风险偏好、不同供应商在相同条件下风险表现水平等因素对总拥有成本的影响，本研究提出"结合风险管理方法的电信运营企业采购总拥有成本研究模型"，为采购决策的制定提供更理性、合理的依据。

结合风险管理的电信运营企业采购 TCO 模型（Risk Management Based TCO Model，RMB-TCO 模型）包括两个主要部分：成本衡量模型及风险衡量模型，因此每个供应商的每个产品通过 RMB-TCO 的输出结果也包括成本值和风险值两个部分，对两者进行标准化处理的结果即可表示该产品所包含的所有成本风险值的大小，可以比较不同产品之间的差异。RMB-TCO 模型评价过程见图 7-5。

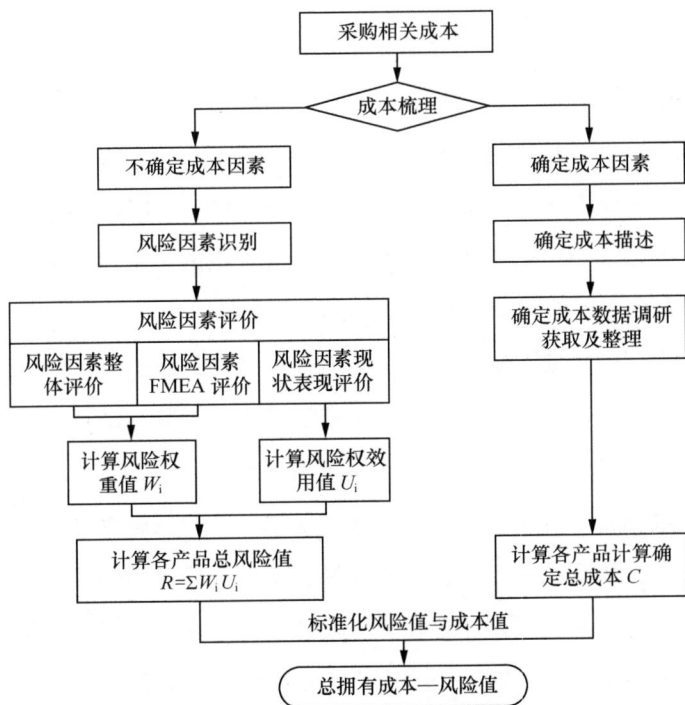

图 7-5　RMB-TCO 模型评价过程

具体说明如下。

1）电信运营企业 TCO 成本因素的细分、梳理：在电信企业 TCO 构成要素梳理的基础上，进一步按照生命周期阶段对确定成本以及不确定成本因素进行分析。

2）确定成本因素衡量：进入成本计算模型，包括成本因素描述、成本因素量化数据分解、数据调研以及整理。

3）不确定成本因素衡量：进入风险计算模型，包括风险因素的进一步识别和描述、风险重要性评价、风险现状评价等。

4）成本—风险值计算：根据分析要求，可对成本值和风险值进行标准化处理，得到表示综合成本与风险大小的成本—风险值，进行产品间差异比较。

1. RMB-TCO 成本因素梳理

（1）电信运营企业采购资源与作业流程分析

电信运营企业采购生命周期过程消耗的成本可以分为三类：资金成本、作业成本、运营损失成本[25]。资金成本指的是其他的非工资性的货币支出，包括采购部门的价格、运输费、保险费、税费，库管部门的库存费，工程中心的安装费、调试费，网络部门的设备调整升级费、测试费、代维费、维修费等；作业成本则是有关人员的工资及他们相关的办公费用，办公费用包括传真费用、网络费用、办公设备折旧费用等。运营损失成本指的是由于采购设备质量问题或者设备服务延迟时间问题，造成损失的机会成本。

采购管理部门需要在采购工作开始前根据计划建设的要求对采购需求进行调查，完成对供应市场考察、选择供应商等工作；采购活动开始后，采购部门需与供应商进行进一步交易，包括与供应商之间的商务谈判，与供应商交易的合同制作、填制和下达采购订单、付款等工作；采购订单发出以后需要进行产品的运输，到货物资的验收，仓库管理等工作；待项目启动后，产品从仓库被运输到工地进行安装、调试、验收；验收合格的产品投入正常的使用，而这并不代表成本消耗的结束，在这个阶段产品正常运行消耗的资源如水电等、定期的维护保修费用，产品突发故障、盗窃等应急处理费用可能会占到产品总拥有成本的很大比例；而到产品运行生命周期结束后，它的拆卸、运输也会带来成本。

（2）电信运营企业采购 RMB-TCO 成本构成

采购总拥有成本包括确定成本（显性成本）以及不确定成本（隐形成本）。确定成本指那些发生大小及可能性能够提前预计到、属于正常发生范围内的成本因素，不确定成本指那些发生可能性及造成的影响结果较难估计、且属于非正常范围内的成本因素。对于采购全生命周期的每一阶段来说，两者是同时存在又相互联系的。一般来说，电信运营企业采购 RMB-TCO 构成包括以下内容（见表 7-4）。

表 7-4　电信运营企业采购 RMB-TCO 成本构成

成本阶段	确定成本	不确定成本
计划设计阶段成本	设计费用、设计管理费用	设计不及时、不准确损失
采购商务阶段成本	采购价格、采购管理成本、商务沟通成本	决策失误、合同不规范、供应商不合格等造成损失
仓储物流阶段成本	运输成本、仓储成本	供货时间、质量未达到要求的损失
工程建设阶段成本	安装成本、监理成本、验收成本	安装不及时、安装质量不合格、验收不规范等造成的损失
运营使用阶段成本	人员培训费、运行维护设备成本、正常使用成本、维保成本、巡检费、场地费等	产品故障、操作故障、产品被盗窃等造成的损失
处置阶段成本	拆卸费用、处置收益、拆卸运输费等	

TCO 要求供应链上每个采购企业在采购过程中考虑导致成本发生的所有活动，通过分析每个过程中的采购流程及活动成本，提出改进措施。总拥有成本需要考虑采购活动相关的各项成本，更倡导企业在供应链上的节点采用一种长期购买价格的观点，而非短期的、基于原始购买价格的观点，以便更准确地进行采购评估[79][80]。因此采购乃至供应链上的所有活动仅关注初始购买成本是远远不够的，需要对采购设备在整个使用生命周期内涉及的确定成本因素以及隐藏的不确定成本因素进行全面分析评价。

本书中将对电信运营企业采购总拥有成本中的确定成本因素及不确定成本因素分别进行梳理、评价，通过确定成本计算模型以及风险因素计算模型两大部分，分别对两类成本因素进行分析。

2. RMB-TCO 确定成本计算模型建立

（1）确定成本因素定义

电信运营企业采购总拥有成本中的相关确定成本因素定义见表 7-5。

表 7-5　确定成本因素定义

成本结构	确定成本要素	成本要素定义
计划设计阶段	设计费用	支付给设计公司与传输设备有关的设计费用
	设计管理费用	组织设计耗费的相关管理成本
采购商务阶段	合同总价	合同总价包括使合同设备及技术文件送达买方现场前之前的所有费用
	采购管理成本	采购部门因为该项设备而发生的管理成本,包括采购部门的经费支出和员工工资
	商务沟通成本	供应商寻找、谈判、确认、采购活动的审批和监督管理等采购交易费用以及供应商厂验费用
仓储物流阶段	仓储成本	设备在安装之前存放在仓库中的仓储成本
	运输成本	将传输设备由仓库发往安装现场发生的运费和保险费
工程建设阶段	安装成本	产品设备安装时需要的安装材料和专用工具以及人工的费用
	监理费用	支付给第三方,为实施承包合同,由业主组建或选择监理工程师单位依据合同对承包商的生产(进度、质量和投资)进行监督和管理工作的费用
	验收费用	设备安装及系统测试完成后进行初验以及试运行期结束后进行终验的费用
运营维护阶段	人员培训费	为使员工掌握设备的维护技能而发生的人员培训费
	运行维护设备购置成本	运行维护设备成本是为维持稳定、高效的设备运行环境对机房做出的特别护理支出相关设备成本
	正常使用成本	产品设备日常运行所消耗的能耗
	维保、代维成本	设备保修期过后的第三方维保、代维费用
	场地费	场地费是摆放设备的机房应分摊的租金或机会成本
	巡检费用	对设备巡逻、检测发生的人工资费
处置阶段	拆卸成本	设备报废时发生的拆卸费用
	处置收益	采购部门因处置废弃设备而产生的收益
	处置运输费用	产品设备报废时发生的运输费用
	弃置费用	如设备无法实现销售,弃置报废设备所发生的环境保护费、掩埋费等

　　每一种成本因素都有其不同的成本动因,得到较准确的成本值需要深入分

析其成本动因。根据作业类别的不同，可以分为以下几种。

单位层成本因素与采购数量及单个产品关系密切，其成本动因可为采购产品数量、单价、体积、残值率、折旧等指标；批量层成本因素主要发生在仓储物流阶段，可以由出入库、运输次数、费用等指标作为成本动因；产品层成本因素由产品的升级、使用、维护成本构成，可以通过维护、升级、故障处理次数作为成本动因，也可以采取相关工作人员的人工成本进行衡量；供应商层成本因素主要由与乙方（供应商）管理相关的各项成本构成，一方面跟作业次数相关的成本如供应商谈判、供应商考察等成本可由其发生次数作为成本动因，另一方面对于长期发生的与次数无关的管理成本如供应商关系维护、评估等，可以选择供应商的个数或者管理者的人工成本作为成本动因。

对于实际评价过程中较难准确获取的成本因素，如采购管理相关部门员工的在采购某类产品上的工时统计，而每个员工日常工作的范围不仅仅局限在该一类产品上，工作内容较复杂，所以相关工时可能由员工自行大致估计。同时，可寻找近似的统计方法，如根据员工的电话费用和该员工联系供应商的数量近似计算供应商的联系成本，采购某产品占总工作量的百分比计算应分摊的管理成本等。

（2）RMB-TCO 确定成本计算模型

对于每种采购产品，其采购总拥有成本包括直接计入的资源成本、分配计入的资源成本和分配计入的作业成本。因此，采购某个产品在其使用期间内的确定成本因素的大小 = 发生在该产品本身的可以直接计入的资源成本 + 需要分摊计入的资源成本 + 需要分摊计入的作业成本。因此可以按照这样的思路将相关资源、作业成本逐一分解，最终归结到采购某一产品的总拥有成本。电信运营企业采购产品有较明确的供应链流程特点，因此，将基于供应链流程对确定成本因素进行量化分析。

从整个供应链运营流程的维度来分析，电信运营企业采购总拥有成本中的确定成本的计算模型为：

$$TCO=PPC+PBC+PDC+PEC+PUC+Q \tag{7-4}$$

其中：PPC 为计划设计阶段成本，PBC 为采购商务阶段成本，PDC 为仓储物流阶段成本，PEC 为工程建设阶段成本，PUC 为设备运营使用阶段成本，Q 为处置阶段成本。

$$PPC = c_p \cdot k + \sum_{i=1, j=1}^{n} s_i t_{ij} \tag{7-5}$$

其中：c_p 为该项目设计费用，k 为该产品设计费用占比，s_i 为第 i 类员工的每小时工资率，t_{ij} 为第 i 类员工从事第 j 项作业所花费的时间。

$$PBC = q \cdot c + \sum_{i=1, j=1}^{n} s_i t_{ij} \tag{7-6}$$

其中：q 为采购数量，c 为采购单价，$s_i t_{ij}$ 为第 i 类员工从事第 j 项作业所耗费的成本。

$$PDC = c_v \cdot v \cdot t_v + q \cdot c \cdot h + c_d + \sum_{i=1, j=1}^{n} s_i t_{ij} \tag{7-7}$$

其中：c_v 为单位体积单位时间储存费，v 为储存物品体积，t_v 为储存时间，h 为运输保险费占采购单价的比例，c_d 为需要甲方承担的单位产品运输费用（包括二次运输费用），$s_i t_{ij}$ 为第 i 类员工从事第 j 项作业所耗费的成本。

$$PEC = c_u + c_q \cdot 1 + \sum_{i=1, j=1}^{n} s_i t_{ij} \tag{7-8}$$

其中：c_u 为设备安装调试费，c_q 为项目监理及验收费用，l 为该产品占总监理验收费用的比率，$s_i t_{ij}$ 为第 i 类员工从事第 j 项作业所耗费的成本。

$$PUC = (c_e \cdot f + c_w \cdot m)T + c_s \cdot n \cdot (T - t_e) + c_o + \sum_{i=1, j=1}^{n} s_i t_{ij} \tag{7-9}$$

其中：c_e 为总维保费用，f 为维保分摊比例，c_w 年平均电费，m 为电费分摊比例，T 为设备使用寿命，c_s 为年技术支持与其他费用，n 为技术支持及其他比例，t_e 为保修年数，c_o 为运营维护过程中需要支出的其他费用（如专业设备人员培训费、大型设备场地费用等），$s_i t_{ij}$ 为第 i 类员工从事第 j 项作业所耗费的成本。

$$Q = c_b - g + \sum_{i=1, j=1}^{n} s_i t_{ij} \tag{7-10}$$

其中：c_b 为设备拆卸及运输费用，g 为处置收益，$s_i t_{ij}$ 为第 i 类员工从事第 j 项作业所耗费的成本。

3. RMB–TCO 风险因素计算模型建立

（1）风险因素的识别

电信运营企业供应链有着规模经济性、外部经济性和范围经济性等独特性，因此需要从电信企业实际出发，通过其固有特点，从供应链内外部及全流程的角度全面梳理可能存在的风险，得到风险集。同时，应考虑企业自身风险管理的现状，将风险集中明确、发生概率较高、管控难度较大并且目前管理尚薄弱的部分风险作为重点管理对象，结合企业人力、物力、财力条件有针对性地提出管理策略及防范途径[81]。

供应链中每个环节皆环环相扣，其中涵盖了物流、资金流和信息流，一旦其中一个环节出现风险事件，所有供应链成员皆有可能受到影响，所衍生的危机势必迅速扩散并造成整体供应链成员的损失。近几年，电信企业集中采购力度不断加大，与此同时，采购、物流工作的横向及纵向协同难度随之增加，供应链中潜在的风险也随之增加。企业如能够学会主动把控风险，未雨绸缪，制定策略，有效管控供应链风险，可有效保障供应链高效运转。

近几年来供应链风险分类的理论研究更加丰富和宽泛，众多学者对供应链风险进行了分类，见表 7-6。大体上看，可从操作层面和供应链结构两个角度对供应链风险因素进行分类：从操作层面来看，包含战略层、操作层以及合作伙伴关系维护层的各个风险因素；从供应链结构来看，包含供应链外部（自然、经济等）、供应链内部以及相关的整体风险因素（网络风险、合作伙伴风险等）。

表 7-6　供应链风险分类

学者（年份）	供应链风险类型
Harland等 (2003)[82]	战略风险、作业风险、供应风险、客户风险、资产损伤风险、竞争风险、信誉风险、税收风险、制度风险、法律风险
Sinha et al. (2004)[83]	标准风险、供应商风险、技术风险和实践风险
Christopher (2004)[38]	供应风险、需求风险、运营风险、安全风险
Bailey (2004) (引自 Christopher)[44]	外部环境风险、事故风险、运营风险
Jüttner (2005)[46]	外部供应链风险（政治、自然、社会及产业/市场风险）、内部供应链风险（员工罢工、产品故障及对信息技术的不确定性）、相关网络风险（供应链内组织间互动）
梁艳华(2006)[48]	战略风险、管理风险、运营风险
D.Bogataj等 (2007)[84]	供应风险、流程风险、需求风险、控制风险和环境风险
易海燕(2007)[30]	中断风险、延误风险、系统风险、预测风险、知识产权风险、采购风险、应收账款风险、库存风险、生产能力风险
Gaonkar (2007)[85]	战略层风险、策略层风险、技术层风险

（续表）

学者（年份）	供应链风险类型
Vanany等 (2009)[86]	运营风险、突发风险、战略风险
Rao&Goldsby (2009)[87]	环境风险、行业风险、组织风险、问题特定性风险、决策者相关风险
高瑞甫（2009）[49]	外部环境风险（自然、经济、政策）、供应链内部风险（经营决策风险、采购风险、销售风险、企业文化差异、人力资源）、供应链整体风险（包括合作风险、信息风险和技术风险）
洪肯堂（2010）[50]	外部供应链风险（政治风险、自然风险及市场风险）、内部供应链风险（组织风险、存货风险、采购风险、配销风险及财务风险）和相关网络风险（包括伙伴关系风险及信息风险）
朱慧琪（2011）[51]	供应风险、管理风险、市场风险

　　结合国内外学者对供应链风险的研究成果，针对我国电信运营企业的实情，本研究从供应链结构角度出发，将电信企业供应链风险概括为供应链外部风险、供应链整体风险及供应链运营风险三个方面。供应链外部风险包括市场经济环境风险及自然灾害风险；从供应链整体来看，管理决策、供应商选择及关系维护、信息技术的获取更新等时刻影响这电信企也供应链运营质量；从供应链全流程角度来看，供应链的运营从规划、计划到采购物流再到工程的实施，每个环节都环环相扣，将每个环节中的风险控制到最低才能有效低整个供应链的风险。因此，将电信企业供应链中风险因素归纳，见表 7-7。

表 7-7　我国电信运营企业供应链风险因素识别表

风险分类	一级风险	二级风险
供应链外部风险	市场、经济风险	市场风险
		经济风险
	自然风险	自然灾害风险
供应链整体风险	管控风险	采购决策风险
		招投标管控风险
		质量管控风险
		合同管理风险

（续表）

风险分类	一级风险	二级风险
供应链整体风险	供应商风险	供应商资格
		供应商关系维护
		供应商选择风险
	信息技术风险	技术升级
		信息的传递、共享
供应链运营风险	设计风险	设计不准确
		设计不及时
	采购风险	订单处理延误
		订单处理不合规
	供应风险	供货时间风险
		供货质量风险
	建设安装风险	安装时间风险
		安装质量风险
	产品运行风险	故障风险
		盗窃风险
		操作风险

风险因素的定义如下。

1）供应链外部风险。

市场风险：指市场环境发生变化（如市场需求改变、电信行业进入壁垒降低、三网融合等现象）引起的风险。

政治经济风险：指经济等环境变化（如经济不景气等），新政策出台，国际关系发生变化等现象引起的风险。

自然灾害风险：指发生地震、泥石流、暴雨等自然灾害引起的风险。

2）供应链整体风险。

采购决策风险：指由于采购决策失误引发的风险，包括采购模式的制定、供应商选择、采购数量的预期等。

招投标管控风险：指招投标管理流程不规范以及招投标过程管理松懈引起的风险。

质量管控风险：指到货验收、常规质量检测操作不规范，检测不严格等引起的风险。

合同管理风险：指合同欺诈、违规操作等不符合管理要求行为所引起的风险。

供应商资格：指供应商规模较小、资质较低存在的风险。

供应商关系维护：指供应商关系维护不良造成的风险。

供应商选择风险：指备选供应商不足造成供应商选择余地较小而带来的风险。

技术升级：指技术升级、更新换代，引起采购产品无法正常使用，采购价格偏高、采购产品劣质等风险。

信息的传递、共享：指部门间、部门内部供应链信息传递较慢、信息不对称引起的风险。

3）供应链运营风险。

设计不准确：指项目设计不准确引起的后续工作无法正常运行的风险。

设计不及时：指项目设计不及时引起的后续工作无法正常运行的风险。

订单处理延误：指采购管理部门订单处理延误引起的后续工作无法正常运行的风险。

订单处理不合规：指采购管理部门订单处理不符合要求引起的后续工作无法正常运转的风险。

供货时间风险：指供应产品无法按时按要求到达仓库、施工现场引起的后续工作无法正常运行风险。

供货质量风险：指供货产品由于出现残次、仓储运输过程中损坏等原因造成不能正常使用的风险。

安装时间风险：指工程建设阶段产品安装不及时引起的后续工作无法正常运行风险。

安装质量风险：指工程建设阶段产品安装不规范引起的后续工作无法正常运行、产品无法使用等风险。

故障风险：指设备运行期间发生故障造成运营中断带来的损失风险。

盗窃风险：指设备运行期间被盗窃、丢失引起的风险。

操作风险：指设备运行期间由于设备操作人员操作不规范引起设备无法正

常运行的风险。

　　根据各风险因素的定义，从电信运营企业管理角度及风险因素发生的主体出发，将电信企业采购及供应链运营过程中的风险因素分为外部风险因素、甲方（运营商）管理相关的风险因素以及乙方（供应商）管理相关的风险因素。甲方（运营商）管理相关的风险因素指那些发生与电信企业甲方（运营商）管理水平、自身员工工作规范相关的风险因素。而乙方（供应商）管理相关的风险因素指那些由于供应商管理水平不佳、提供产品质量不合格、操作未达到合同标准等现象引发的风险，见表 7-8。

表 7-8　电信运营企业甲方（运营商）管理相关风险及乙方（供应商）管理相关风险

外部风险因素	市场风险、经济风险、自然灾害风险
甲方（运营商）管理相关风险因素	采购决策风险、招投标管控风险、质量管控风险、合同管理风险、技术升级风险、信息的传递共享风险、设计不准确风险、设计不及时风险、订单处理延误风险、订单处理不合规风险、盗窃风险、操作风险
乙方（供应商）管理相关风险因素	供应商资格风险、供应商关系维护风险、供货时间风险、供货质量风险、安装时间风险、安装质量风险、故障风险

　　由于每个供应商各方面都有差别，表现出来的风险大小会有差别。因此，在采购某产品时，可以将各供应商风险因素的大小作为供应商选择评价的标准之一。

　　（2）风险因素的重要性评价

　　在供应链的运营过程中，管理层与实际作业的员工对于风险因素可能存在不同的认识，管理层的人员对整个供应链有较为深入的认识，能够更深入地看待问题，并且考虑到公司发展的战略，但是对于设备的操作、运营、质量等实际问题往往没有一线员工看到的全面。同时，不同的产品在采购过程中所暴露出来的风险也会有较大差异。因此，先从供应链管理角度出发对风险因素进行整体评价，然后再针对供应链的实际操作按 FMEA 模型进行风险评价。

　　1）风险因素重要性整体评价。

　　利用层次分析法，对十个一级风险因素构成的评价矩阵，选取企业供应链相关部门管理人员以及供应链研究领域专家进行重要性评判，从而计算得到从管理角度认识出发的一级风险因素重要性评价。

2）基于采购环境的风险因素 FMEA 评价。

利用 FMEA 方法，针对供应链管理过程中的操作人员进行调研分析，对风险因素发生可能性大小、严重性大小以及现阶段条件下可检测出来的难易程度进行评价，计算每个风险因素的风险优先度以及权重，从而对风险因素进行排序。

严重程度是评估风险发生对于供应链的影响（S）：7 为最严重，1 为没有影响。

事件发生的频率要记录风险发生的原因和多长时间发生一次（O）：7 表示几乎肯定要发生，1 则表示基本不发生。

风险发生概率大小（O）：7 表示几乎肯定要发生，1 则表示基本不发生。

检测等级是评估所提出的风险发生的概率在现阶段条件下检测难易程度（D）：7 表示无法检测，1 表示已经通过目前工艺控制的缺陷检测。

计算风险优先数（Risk Priority Number，RPN）：RPN 是风险发生的频率、严重程度和检测等级三者乘积，用来衡量可能的风险因素大小，以便采取可能的预防措施针对关键风险因素进行管理，降低损失。

风险优先度值越大、权重越高说明风险的影响程度越大，重要性越高；依据二八原理，个别风险因素的权重和就可能占到总风险权重的多半以上，找到那些关键风险因素进行重点关注，能够有效控制及降低整个供应链风险水平。而对于流程管理，矫正首先应集中在那些最受关注和风险程度最高的环节。

（3）风险因素现状评价

供应链运营流程中各个环节的管理水平及作业水平高低直接导致了风险发生的可能性及其影响结果，由于直接对风险因素大小进行评判在实际的操作中是较为抽象也比较有难度的，因此可以通过供应链流程中管理者、操作者以及供应商的表现得好坏来反映供应链中各风险因素的大小。本研究将这种表现得好坏称为风险的效用值。

1）风险效用值评价指标。

比较不同产品采购或者同一产品不同供应商采购时的总拥有成本风险因素需要通过一个相对标准化评价模板评价，而目前国内外的研究成果中很少有类似规范的量表，Feller 等学者在到岸成本及风险计算模型的研究中对供应商表现评价的方法，为我们提供一个很好的借鉴。但是相较于传统制造行业，国内电信运营企业采购过程以及供应链管理都有其自身的特点，需要针对电信运营企业采购实际情况进行风险效用评价指标的细化。因此，本文将借鉴 Feller 风险效用评价方法并结合电信企业采购过程的特点梳理风险效用评价指标。

2）风险效用值与风险大小。

风险效用值的大小与风险因素的大小有着正向、负向或者更复杂的关系，Feller 等学者对供应商表现评价的研究中将这种风险效用值与风险大小的关系归纳为五种关系[54]。

正向线性比例型：风险效用值越大，风险越高。如企业动荡、产品故障次数等。

反向线性比例型：风险效用值越大，风险越低。如供应商财务健康程度、直接对外投资大小、产品的研发等。

复杂非线性比例型：风险效用值越小，风险可能越低也可能越高，风险效用值达到较合适的水平时风险最小。如假设供应商能力使用效率在 75% 水平时，既有应付突发需求的能力也不至于产能浪费，此时风险最小。若使用效率越高或者越低，风险都会随之增加。

二元比例型：风险大小决定于输入的变量；供应商的战略与自身是否匹配、供应链管理水平、先进性等。

能力累积型：相关能力积累越小，风险越大；供应商技术、产品质量、流程质量、组织架构、供应链流转效率等。

3）电信运营企业风险因素效用评价指标。

外部风险因素：市场风险、经济风险以及自然灾害风险等外部风险因素，考虑外部环境的现状以及外部环境发生变化时对三类产品采购影响的大小程度，见表 7-9。

表 7-9　外部风险效用评价指标

风险因素	风险效用评价指标	指标类型
市场风险	通信行业市场整体情况	反向线性比例
	市场环境变化对该类产品采购影响	正向线性比例
经济风险	经济形式整体情况	反向线性比例
	经济环境变化对该类产品采购影响	正向线性比例
自然灾害风险	发生自然灾害的频率	反向线性比例
	自然灾害对该类产品采购影响	正向线性比例

甲方（运营商）管理相关风险因素风险效用评价指标：甲方（运营商）管理相关的风险因素包括供应链整体及供应链内部与甲方（运营商）管理流程及制度关系较密切的风险因素，这些风险因素可控性相对较强。对这类风险因素效用的衡量，主要对相关管理人员的资质、日常管理作业流程的规范性、操作不合规现象发生的频率以及产品故障次数和弥补措施的实施情况等，见表 7-10。

表 7-10　甲方（运营商）管理相关风险因素效用评价指标

风险因素	风险效用评价指标	指标类型
采购决策风险	采购决策错误（产品被淘汰仍进行采购、采购产品不符合需求部门要求等）导致采购产品不合规、无法正常使用的次数	正向线性比例
	参与采购决策的采购人员素质水平	反向线性比例
招投标管控风险	采购产品时采取招投标的方式	二元比例型
质量管控风险	产品到货时进行产品质量检验方式、次数	反向线性比例
	产品工程建设结束后进行质量检验的方式	二元比例型
	由于质检不规范，未及时、准确发现产品及工程质量问题的次数	正向线性比例
合同管理风险	该类产品采购时合同文本出现问题的次数	正向线性比例
	该类产品采购合同管理不规范的现象发生次数	正向线性比例
技术升级	新技术的产生、技术的更新换代对该类产品采购的影响	正向线性比例
信息的传递、共享	横纵向信息传递不及时性、不准确性等引起该产品无法正常采购、工程无法正常进行的情况	正向线性比例

（续表）

风险因素	风险效用评价指标	指标类型
设计不准确	设计不准确导致产品采购、安装进度受影响的次数	正向线性比例
	参与设计的单位资质、评价、口碑	反向线性比例
设计不及时	设计方案未及时提交导致产品采购、安装进度受影响的次数	正向线性比例
订单处理延误	订单处理操作不及时造成后续工作延误、产品无法及时采购的次数	正向线性比例
订单处理不合规	订单操作不符合要求造成后续工作无法正常运转、采购产品不能正常使用等情况	正向线性比例
盗窃风险	该类产品被盗窃的次数	正向线性比例
	该类产品被盗窃后及时发现难易程度	正向线性比例
操作风险	该类产品的使用难易程度	正向线性比例
	该类产品由于使用不规范导致产品无法正常使用的现象	正向线性比例

　　乙方（供应商）管理相关风险因素风险效用评价指标：乙方（供应商）管理相关的风险因素包括供应链管理过程中由供应商流程操作不规范、产品质量不合格以及供货、安装能力不足等方面造成的风险，主要针对供应商资质、供应商关系维护、产品质量及供货安装质量等方面进行评价，见表 7-11。

表 7-11　乙方（供应商）管理相关风险因素效用评价指标

风险因素	风险效用评价指标	指标类型
供应商资格	该产品的主要供应商数量及规模	复杂非线性比例型
	该产品的供应商资质	能力累积型
供应商关系维护	该产品供应商与甲方合作关系	反向线性比例
供货时间风险	供应商的该类产品的供货周期合同约定周期的次数	正向线性比例
	该供应商的该类产品发生供货产品规格、数量与要求不符的次数	正向线性比例
	该供应商的该类产品发生供货地点与要求不符的次数	正向线性比例

（续表）

风险因素	风险效用评价指标	指标类型
供货质量风险	该供应商的该类产品出现到货质量不合格现象的次数	正向线性比例
	该供应商该类产品在运输过程中造成损坏现象的次数	正向线性比例
安装时间风险	该供应商的该类产品的工程建设安装及时率	反向线性比例
安装质量风险	该供应商的该类产品由于安装不合规导致无法正常使用的次数	正向线性比例
故障风险	该供应商的该类产品的产品质量	能力累积型
	该供应商该类产品在使用过程中发生故障现象的次数	正向线性比例
	该供应商的该类产品在发生故障后在规定要求时间内完成维修工作的难度	正向线性比例

实际调研过程中，根据各类风险因素的效用指标进行问卷设计，通过对每项指标表现情况进行打分，得到该风险因素效用值，反映风险因素的现状大小，如果一个风险因素有多个效用指标，则风险因素现状大小为多个指标评分结果的均值。打分范围为 1 ~ 7 分，分数越高代表潜在的风险越大，由于不同指标类型风险因素与效用指标的关系也不同，因此在问卷设计中每个指标类型的不同分值代表的意义也有所不同。

（4）风险值的计算

如前文分析，风险值的计算过程如下。

1）计算各二级风险因素权重 W_i

$$W_i = (C_r + F_r)\frac{p_i}{2} \tag{7-11}$$

其中，C_r 为利用层次分析法计算出的第 r 个一级风险因素的权重，F_r 为利用 FMEA 评价计算得到的第 r 个一级风险因素的权重，p_i 为 FMEA 评价过程中，第 i 个二级风险因素占其对应一级风险因素的比例。

2）计算各二级风险因素效用值 U_i

$$U_i = \frac{1}{m}\sum_{k=1}^{m} u_k \tag{7-12}$$

其中：m 为该风险因素效用指标的个数，u_k 为第 k 个风险因素的效用打分值。

3）计算该产品总风险值 R

$$R = \sum_{i=1}^{n} W_i \cdot U_i \qquad (7\text{-}13)$$

其中，n 为二级风险因素的个数，W_i 为第 i 个二级风险因素权重，U_i 为第 i 个二级风险因素效用值。

7.2.3　RMB-TCO模型的评价方法及应用

通过 RMB-TCO 成本模型的计算与评价结果，可得到各产品不同供应商采购条件下的确定成本、风险因素以及整体成本—风险的分布等情况，能够直观地看到采购各阶段确定成本的大小、不同供应商在不同环节表现的风险大小程度，以及按照产品及供应商数量关系，从单种产品单一供应商、单种产品多供应商以及多产品多供应商等不同类型角度进行评价分析。

1. 确定成本分析

同种产品单一供应商：分析该产品确定成本的组成结构，探究成本占比较高的环节的成本动因，针对占比较高的成本环节重点管控，进一步寻求成本降低空间。

同种产品多供应商：RMB-TCO 模型不仅可以直观分析各产品成本大小分布情况，同时通过对比不同供应商采购环境下的成本可为供应商选择及评价提供良好的依据。还可分析该类产品不同供应商采购条件下的确定成本的组成结构，比较不同供应商的确定成本分布，分析不同供应商成本占比较高的环节的成本动因，针对确定成本较高的供应商进一步寻求成本降低空间。

单一供应商提供多种产品：除了对产品成本结构和分布的分析外，可对比供应商提供的不同产品的成本结构，优先考虑该供应商成本结构较优的产品进行采购。

2. 风险因素分析

同种产品单一供应商：分析该产品各环节风险因素的大小，重点关注风险值较高的流程环节，自身相关的风险因素需规范相应管理流程，加强自身管控

合法合规性，乙方（供应商）管理相关的风险因素需针对不同风险加大对供应商管理力度。

同种产品多供应商：除了对该产品不同供应商的风险因素大小及分布进行分析外，可通过比较不同供应商风险值分布差异，对风险值较高的供应商进行重点管控，同时可将分析结果运用到供应商选择及后评估的考虑范围内。

单一供应商提供多种产品：对比供应商提供的不同产品的风险大小和分布情况，优先考虑该供应商风险较低的产品进行采购。

3. 成本—风险整体风险

对于单一供应商的产品来说，通过分析产品成本分布与风险分布的整体情况，可迅速圈定高成本高风险的环节进行重点管控。对于有多供应商的产品，通过整体分布，可更加直观分析各供应商的成本、风险的差异，利用标准化算法同时考虑管理者对风险的偏好可迅速得到最优采购选择，为采购决策提供智能化支撑。

| 7.3　电信运营企业采购总拥有成本分析案例研究 |

7.3.1　案例背景分析

Y 公司为某省级移动运营企业，拥有独立的采购管理部门，已具备较成熟的供应链管理能力，对采购成本的管理正在从对采购价格的关注转向对采购设备参与企业全生命周期过程成本的关注。

1. 企业采购全成本各阶段存在的问题

从采购总拥有成本的各个阶段看，尚存在如下问题是采购隐性成本或供应链风险的主要来源。

计划设计阶段。采购需求准确性有待提升，需求协同有待加强：一方面，设备使用部门需要在工程科研、设计结束后才能提出较精确的产品配置清单，而另一方面，采购部门需要在工程开工前准备好所需的各个产品，而采购订单发出到产品到货的周期往往耗费几个月的时间，这就极易导致需求准确性和产品按时供货的矛盾，产生需求不准确、产品无法按时供货、产品任意挪用等一系列问题。计划设计的及时性、准确性有待提升：项目计划设计延迟甚至临时变动，导致采购产品资源浪费、无法使用等问题产生。

采购商务阶段。集采流程冗长，针对性较弱：一方面集采的结果下达较晚，采购设备的数量和种类不确定，需要需求单位不断修改设计方案，增加管理成本；集采流程较为复杂，存在与其他流程匹配不顺利的现象，增加了工作量与工作难度以及沟通和管理成本。另一方面，部分集采产品需求个性化突出、突发性需求较强，集中采购存在无法满足需求部门需求和供货时间要求的问题。招投标规范性有待加强：集中采购对招投标公开、公正的要求不断增加，招投标流程增加，相应的管理成本不断增加，供应商协调难度也增加；招投标操作规范性不足导致选择供应商内部问题突出、产品质量不过关等问题。

仓储物流阶段。高库存、低库存周转率问题较突出：产品在仓库闲置几个月到一年多的现象屡见不鲜，有的产品还未使用就面临因产品更新被淘汰，各分公司库存周转率偏低，直接导致高额库存管理成本和仓储物流效率低下等问题。到货及时性有待加强：部分产品到货不及时就可能造成整个工期的延误，采购产品与以前的设备标准不统一，需要和供应商二次谈判甚至修改设计，延误工期。

工程建设阶段。安装不及时现象较为突出：未按照合同规定期限完成产品的安装调试影响产品的正常使用。二次运输成本资源浪费问题较突出：一些大型产品（如空调等）的二次搬运成本及安装成本非常高。

运营维护阶段。设备维护协同性不足，维保、代维模式效率较低：集采之后供应商售后服务质量下降，反应不够迅速，与供应商的协调问题增多；多品牌设备维护需要更为专业和庞大的维护队伍，维护费用增加，甚至出现有的产品的续保费用等于大于产品重新购置的成本。运营成本关注不足，未能考虑长期成本：有些设备例如空调，其采购价格只占全部成本的一小部分，而维护、使用年限、耗电量等因素贡献了成本的较大部分。

2. 企业采购产品分析

Y 运营商采购设备总类繁多，包括通信网络、IT 支撑网络、市场业务、综合业务类等产品及服务。

按照供应商定位模型可将现有的采购产品分成关键型、瓶颈型、杠杆型、日常型 4 个类别（见图 7-6），供应定位模型是采购方根据采购产品的支出大小、*IOR* 等级程度的主观定位。纵轴是采购项目 *IOR* 值，是指采购项目对企业的影响（influence）、机会（opportunity）与风险（risk），这个指标综合衡量了采购项目对企业的重要性；横轴是支出大小定位，代表产品价值大小。

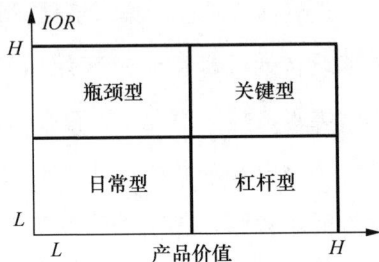

图 7-6 　电信运营企业采购产品分类

关键型：高风险高价值型设备，该类设备直接影响网络的性能与稳定，网络建设过程中质量要求高，一致性强，要求进行严格技术选型。主要指网络主设备：含交换、基站、传输设备、小型机、电源、蓄电池等。

瓶颈型设备：高风险低价值型设备，属于网络配套类，会影响工程建设进度；该类设备有成熟的供应商，需求量少，价格变动不大。主要有：机房空调、动力环境监控设备等。

杠杆型设备：低风险高价值类设备，设备的需求总量很大，总采购金额高；该类设备的采购量与采购价格有杠杆效应。这类产品有基站馈线、传输光纤光缆、电力线缆等。

日常型设备：低风险低价值类设备，为常规型设备，需求比较频繁，供货单位一般有足够的货源，供货周期短。主要有室内分布系统、传输 PCM 线、机房配套走线槽架、天线与馈线配套安装材料、传输配套 ODF 架、DDF 架、综合机柜等。

通过调研访谈，综合考虑 Y 公司供应链（包括采购）活动中问题较突出的产品、不同类型采购产品的特点、成本和风险数据获取的难易程度等，案例将选择动力环境监控设备、室内分布系统和多功能自助终端三类产品进行数据采集分析。

7.3.2　数据来源及获取

1. 确定性成本的数据获取

电信企业采购总拥有成本的确定主要包括直接和间接分配作业成本以及相关的资源分配成本。直接计入的作业成本一般在企业相关采购合同中都有较详细的记录，分摊的作业成本主要包括省公司、分公司乃至现场作业人员的人工成本。相关的资源成本可通过对产品功率、耗水量的核算以及对企业供应链管理中仓储、运输、场地等成本的调研、分摊得到。

通过对 Y 公司的实地调研访谈以及对相关资料的查询分析，获取的主要数据见表 7-12。

表 7-12　确定性成本数据来源说明

项目	项目明细	数据来源部门	数据说明	获取方法
1 基本信息	设备体积	分公司	设备体积	访谈获取
	折旧方法	财务部	设备具体的折旧方法	查询相关财务准则
	折旧年限	财务部	该类设备的折旧年限（年）	查询相关财务准则
	保修年限	采购管理中心	该设备的保修年限	合同文本
2 设计成本	设计费用	计划部	该项目的设计费中该产品平均分摊成本	访谈获取
3 采购成本	采购单价	采购管理中心	采购产品单价（每套/台）	合同文本
	采购管理成本	采购管理中心	采购单位设备需要的时间（天）	访谈获取
		采购管理中心	采购单位设备需要的人数（人）	访谈获取
		采购管理中心	采购管理中心平均每人每天工资（元）	访谈获取
		采购管理中心	年采购次数（次）	访谈获取
	商务沟通成本	采购管理中心	招标费用总额（元）	访谈获取
		采购管理中心	各厂商招标分摊比例（%）	访谈获取

（续表）

项目	项目明细	数据来源部门	数据说明	获取方法
4仓储物流成本	仓储成本	分公司	每台设备平均占地面积（平方米/台）	访谈获取
		分公司	设备放在仓库的平均时间（天）	访谈获取
		分公司	单位面积的仓库每天租赁费用（元）	访谈获取
	仓储保险费	采购管理中心、分公司	仓储保险费率（%）	合同文本
	运输费用	采购管理中心、分公司	平均每台设备运输费用	合同文本
	运输保险费	采购管理中心、分公司	运保费率	合同文本
5建设成本	安装成本	工程建设部	每台设备的平均安装成本（元）	合同文本
	安装协调成本		安装该设备需要付出的协调费用	访谈获取
	工程材料费用		安装该设备耗费的材料费用	合同文本
	初验成本		每台平均预验费用（元）	访谈获取
	终验成本		每台平均预验费用（元）	访谈获取
6维护成本	正常运行成本	网络部	消耗量（耗能kW）/单位小时	访谈获取
			年度使用小时（h）	访谈获取
	日常维护费用	网络部	每套设备平均年维保费用	查询相关维保合同
7处置成本	处置收益	采购管理中心、分公司	每台设备处置单价（元/台）	访谈获取

（1）动力环境监控设备确定性成本数据

动力环境监控设备（简称动环设备）种类较多，选取使用最为广泛的室内开关电源站为研究对象。Y 公司的动环设备共有两家供应商，比较集中且供应规模较大，故分别调研获取 A1、A2 两个供应商的室内开关电源站的成本数据进行分析、比较，得到表 7-13 的数据。

表 7-13　动力环境监控设备成本数据信息

成本数据	单位	动力环境监控设备	
		供应商A1	供应商A2
新购该设备数量	套	1500	1500
设备重量	kg	5	5
设备体积	m³	0.5	0.5
设备折旧方法	无量纲	直线法	直线法
设备折旧年限	年	5	5
设备保修年限	年	1	1
设计费用	元	0	0
采购平均单价	元（每套）	9589	9268
采购单位设备需要周期	天	10	10
采购单位设备需要的人数	人	1	1
采购管理中心平均人天工资	元	400	400
年采购次数	次	10	10
招标费用总额	元	0	0
各厂商分摊比例	%	0	0
设备放在仓库的平均时间	天	14	14
单位面积每天仓库租赁费用	元	0.8	0.8
仓储保险费率	%	0	0
平均每台设备运输费用	元	500	93
运保费率	%	0	0
每台设备的平均安装费用	元	391	741
每台设备的平均工程材料费	元	192	278
每台平均初验费用	元	100	100
每台平均终验费用	元	0	0
消耗量	kW·h	30	30
年度使用小时	h	8760	8760
年每基站代维维保费用	元/每站	6120	6120
该产品代维维保成本占比	%	5	5
每台设备处置成本	元/每站	0	0
每台设备处置收益	元/每站	0	0

（2）室内分布系统与多功能自助终端

由于该两类产品涉及供应商较多，本研究相关成本数据取主要供应商的均值。其中室内分布系统常见的有小区及楼宇两种类型，此处选择采购成本较高的小区室内分布系统，供应商为 B1、B2、B3 三家；多功能自助终端为比较标准化的产品，供应商为 C1、C2、C3 三家。两类产品的成本数据见表 7-14。

表 7-14　室内分布系统及多功能自助终端成本数据信息

成本数据	单位	室内分布系统	多功能自助终端
设备折旧方法	无量纲	直线法	直线法
设备折旧年限	年	5	5
设备保修年限	年	1	1
设计费用	元	3267	0
采购平均单价	元（每套）	290991	15000
采购该设备平均需要周期	天	10	5
采购单位设备需要的人数	人	1	1
采购管理中心平均人天工资	元	400	400
年采购次数	次	10	20
招标费用总额	元	0	0
分摊比例	%	0	0
仓储费用	元	1800	0
保险费（包括运保费）	元	1455	6
平均每台设备运输费用	元	70468	665
该设备的平均集成安装成本	元	155692	0
物业协调费	元	4167	—
物业协调费占集成费用比例	%	2.61	—
每台平均初验费用	元	0	—
每台平均终验费用	元	0	—
正常使用费用	元	7928	894
每套设备平均每年维护费用	元/每套	10340	996
每台设备处置成本	元/每站	3500	0
每台设备处置收益	元/每站	0	0

2. 风险数据的来源

风险因素的分析需要三方面数据：风险因素整体评价、风险因素 FMEA 评价以及对风险因素现状的评价，这三部分都需要通过访谈及问卷的形式进行，且调研对象的重点需有所差别。风险因素的整体评价即对一级风险因素进行重要性评价，需要从管理者的角度出发，较宏观地考虑各风险因素的重要性，因此调研对象主要为供应链管理部门的管理层以及供应链管理领域的相关专家。风险因素的 FMEA 评价以及现状评价需要对不同产品的采购情况进行差别考虑，需要对产品在实际情况下运行情况进行考量，因此调研主要面向 Y 公司的采购经理以及实际产品使用单位相关人员。

（1）风险因素调研问卷设计说明

问卷设计包括四个部分。

1）供应链一级风险因素重要性判断矩阵：该部分采取层次分析的方法，对 10 个一级风险因素构成的矩阵进行打分评价，计算获得其重要性权重，详见本章附录表 1。

2）供应链风险因素发生可能性、严重性、识别难易程度判断矩阵：构建具体风险因素的故障模式与风险分析评价矩阵，分别针对动力环境监控设备、多功能自助终端以及室内分布系统的采购环境依次对风险发生的严重性程度、风险发生的可能性大小以及该风险因素在现有管理水平下能够识别出来的难易程度进行打分，详见本章附录表 2。

3）供应链管理中供应链外部风险因素与甲方（运营商）管理相关的供应链风险现状评价矩阵：根据公司的实际情况，细化风险效用评价指标，对三类产品采购及供应链管理情况与指标相符程度进行评价，详见附录表 3。

4）供应链管理中与乙方（供应商）管理相关的供应链风险现状评价矩阵：根据每类产品的供应商情况，对供应商资质、供货情况、产品质量等情况进行评价，详见附录表 4。

（2）风险因素数据获取

共涉及 Y 公司管理人员、采购经理及近 10 个分公司的相关工作人员、电信企业供应链管理的专家。三部分问卷共发放问卷 47 份，回收有效问卷 47 份，具体情况见表 7-15。

表 7-15　供应链风险因素数据调研问卷获取情况

类别	调研对象	发出问卷	有效问卷	备注
供应链风险因素整体重要性判断矩阵	A供应链管理人员 B采购经理 C电信企业供应链管理专家	19份	19份	
供应链风险因素FMEA评价矩阵	B采购经理 C电信企业供应链管理专家 D分公司相关产品负责人	14份	14份	其中动力环境监控设备5份，室内分布系统5份，多功能自助终端4份
甲方（运营商）相关供应链风险因素现状评价矩阵	B采购经理 D分公司相关产品负责人	14份	14份	
乙方（供应商）管理相关供应链风险因素现状评价矩阵				

7.3.3　确定成本分析

1. 三类设备确定成本构成

将收集的数据代入采购设备 TCO 的计算模型当中，得到采购各阶段成本以及总成本（见表 7-16）。

表7-16　　　　　三类设备各阶段确定成本计算结果　　　　（单位：元）

成本阶段	动力环境监控设备		室内分布系统	多功能自助终端
	供应商A1	供应商A2		
计划设计阶段	0.00	0.00	3267.00	0.00
采购商务阶段	9615.67	9294.67	290991.00	15000.00
仓储物流阶段	505.00	97.68	73723.00	665.00
工程建设阶段	683.01	1119.48	159859.00	0.00
运营维护阶段	1636.20	1636.20	91347.00	5874.00

（续表）

成本阶段	动力环境监控设备		室内分布系统	多功能自助终端
	供应商A1	供应商A2		
处置阶段	0.00	0.00	3500.00	0.00
总确定成本	12439.88	12148.02	622687.00	21539.00
年均成本	2487.98	2429.60	24537.40	4307.80

2. 三类产品采购各阶段确定成本分析

（1）动力环境监控设备

从两供应商成本构成均值平均来看：采购商务阶段、仓储物流阶段、工程建设阶段、运营维护阶段占比分别为 76.91%、2.45%、7.33% 和 13.31%。采购商务阶段占比最高，其次为运营维护阶段成本，两者占到总成本的 90%。

从两供应商各阶段成本对比情况看，总确定成本差异非常小，这是由于动环设备的使用、维护情况全省相对较统一，运营维护阶段成本相同，仅在产品单价、运输费用及建设安装成本上略有差别。

（2）室内分布系统

室内分布系统计划建设阶段、采购商务阶段、仓储物流阶段、工程建设阶段、运营维护阶段以及处置阶段占比分别为 0.52%、46.73%、11.84%、25.57%、14.67% 和 0.56%。室内分布系统是一种大型集成类产品，其安装、维护工作难度较大，采购商务阶段成本仅占到总成本的不到 50%，工程建设和运营维护成本比重相对较大。

（3）多功能自助终端

多功能自助终端计划建设阶段、工程建设阶段及处置阶段无成本发生（或极小可以忽略不计），采购商务阶段、仓储物流阶段、工程建设阶段、运营维护阶段占比分别为 69.64%、3.09% 和 27.27%。

多功能自助终端属于市场营销类产品，其成本构成相对简单，主要由采购单价及运营维护成本构成；一般不需要太复杂安装就可以直接使用，因此不产生工程建设相关的成本。

7.3.4　风险因素分析

1. 风险整体评价结果

对 19 位专家的评价结果进行权向量计算，并对其进行一致性检验，结果见表 7-17。

表 7-17　供应链风险因素整体权重评价过程

专编号	权向量										检验指标		是否满意
	市场经济风险	自然风险	管控风险	供应商风险	信息技术风险	设计风险	采购风险	供应风险	建设安装风险	产品运行风险	CI	CR	
1	7.33%	9.22%	5.49%	14.76%	6.71%	10.19%	13.21%	12.69%	9.03%	11.37%	0.1401	0.0940	√
2	9.62%	4.89%	16.30%	13.38%	4.11%	7.12%	9.90%	12.85%	11.51%	10.31%	0.0950	0.0638	√
3	5.66%	4.78%	5.07%	9.17%	16.01%	11.51%	9.24%	12.85%	12.85%	12.85%	0.2049	0.1375	×
4	3.74%	3.52%	13.20%	14.00%	9.30%	17.26%	8.00%	12.41%	7.46%	11.12%	0.1441	0.0967	√
5	3.95%	6.46%	8.04%	17.41%	8.03%	7.21%	20.62%	9.91%	7.19%	11.17%	0.0999	0.0671	√
6	7.74%	6.93%	6.93%	7.74%	8.64%	9.64%	14.96%	12.01%	12.01%	13.40%	0.1281	0.0860	√
7	6.34%	3.57%	21.15%	9.91%	5.44%	17.90%	7.01%	10.37%	7.38%	10.93%	0.3893	0.2613	×
8	5.34%	2.05%	7.06%	16.87%	19.67%	16.74%	8.72%	4.55%	9.25%	9.74%	0.1293	0.0868	√
9	4.66%	3.64%	22.96%	17.31%	4.38%	7.66%	11.10%	9.83%	8.91%	9.55%	0.0608	0.0408	√
10	4.52%	5.04%	12.06%	6.23%	6.55%	3.80%	17.48%	14.14%	13.44%	16.74%	0.1073	0.0720	√
11	4.96%	3.41%	10.70%	6.17%	6.95%	4.43%	16.45%	16.45%	15.63%	14.86%	0.0935	0.0627	√
12	4.59%	2.98%	13.70%	6.02%	4.86%	5.12%	15.14%	16.06%	17.03%	14.50%	0.0527	0.0354	√
13	6.57%	6.57%	11.40%	14.19%	5.00%	6.56%	17.84%	9.51%	8.18%	14.17%	0.1216	0.0816	√
14	3.47%	2.39%	15.15%	9.27%	12.15%	9.27%	24.34%	12.79%	4.11%	7.07%	0.2721	0.1826	×
15	4.44%	3.82%	13.81%	24.59%	5.77%	16.82%	13.68%	8.31%	4.01%	4.74%	0.1426	0.0957	√
16	12.51%	3.17%	26.89%	12.02%	3.23%	10.85%	4.14%	13.41%	9.72%	4.05%	0.0777	0.0521	√
17	2.39%	1.60%	22.73%	22.50%	3.89%	14.03%	9.74%	9.57%	6.69%	6.85%	0.1252	0.0840	√
18	3.41%	4.01%	19.75%	16.14%	6.40%	7.66%	12.59%	12.09%	8.11%	9.82%	0.0517	0.0347	√
19	2.39%	1.60%	22.73%	22.50%	3.89%	14.03%	9.74%	9.57%	6.69%	6.85%	0.1252	0.0840	√

注：10阶矩阵平均随机一致性指标 RI 值为1.49。

由表 7-17 可见，19 个专家的评价结果中一致性较满意的有 16 个，3 个专家评价一致性检验不通过。剔除三个不良评价结果，对剩余 16 个专家评价结果计算出的权向量求均值即为各风险因素的权重大小，见表 7-18。

表 7-18　供应链风险因素整体权重计算结果

	市场经济风险	自然风险	管控风险	供应商风险	信息技术风险	设计风险	采购风险	供应风险	建设安装风险	产品运行风险	合计
权重	5.51%	4.31%	14.61%	14.49%	6.71%	9.95%	12.71%	11.46%	9.68%	10.58%	100.00%

各一级风险因素权重大小依次为管控风险、供应商风险、采购风险、供应风险、产品运行风险、设计风险、建设安装风险、信息技术风险、市场经济风险及自然风险。

2. 三类设备的风险因素 FMEA 评价矩阵分析

（1）动力环境监控设备（见表 7-19）

表 7-19　动力环境监控设备 FMEA 评价总体结果

风险因素	发生严重性	发生可能性	检测难易性	优先度	权重	累计
故障风险	4.8000	4.0000	3.6000	69.1200	11.48%	11.48%
采购决策风险	5.2000	3.0000	3.0000	46.8000	7.77%	19.25%
招投标管控风险	5.4000	2.8000	3.0000	45.3600	7.53%	26.79%
安装质量风险	4.4000	3.0000	3.4000	44.8800	7.45%	34.24%
供货质量风险	5.0000	2.8000	3.2000	44.8000	7.44%	41.68%
盗窃风险	5.0000	3.2000	2.6000	41.6000	6.91%	48.59%
操作风险	4.6000	3.0000	2.8000	38.6400	6.42%	55.01%
供货时间风险	4.0000	3.2000	2.4000	30.7200	5.10%	60.12%
安装时间风险	3.6000	3.0000	2.8000	30.2400	5.02%	65.14%
订单处理延误	3.8000	2.4000	3.0000	27.3600	4.54%	69.68%
质量管控风险	5.0000	2.4000	2.2000	26.4000	4.39%	74.07%
订单处理不合规	4.0000	2.0000	3.0000	24.0000	3.99%	78.05%

（续表）

风险因素	发生严重性	发生可能性	检测难易性	优先度	权重	累计
市场风险	4.0000	2.4000	2.0000	19.2000	3.19%	81.24%
设计不准确	3.8000	2.8000	1.6000	17.0240	2.83%	84.07%
信息的传递、共享	2.6000	2.6000	2.4000	16.2240	2.69%	86.77%
经济风险	3.6000	2.2000	2.0000	15.8400	2.63%	89.40%
自然灾害风险	4.4000	2.2000	1.4000	13.5520	2.25%	91.65%
技术升级	2.2000	2.2000	2.4000	11.6160	1.93%	93.58%
设计不及时	3.0000	2.0000	1.8000	10.8000	1.79%	95.37%
供应商选择风险	2.6000	1.8000	2.0000	9.3600	1.55%	96.93%
供应商资格	2.0000	2.2000	1.8000	7.9200	1.32%	98.24%
合同管理风险	2.6000	1.4000	1.8000	6.5520	1.09%	99.33%
供应商关系维护	1.8000	1.4000	1.6000	4.0320	0.67%	100.00%

占总权重 50% 以上的风险因素依次为故障风险、采购决策风险、安装质量风险、供货质量风险、盗窃风险及操作风险；前 50% 的风险中，运营相关风险占到 45%。

发生严重性程度、发生可能性以及检测难易程度都处在第一象限的风险因素为故障风险。另外，安装质量、供货质量、供货时间、操作、采购决策、盗窃等风险的发生严重性程度较高，发生频率及探测难易程度处于水平轴附近，应加强关注如图 7-7 所示。

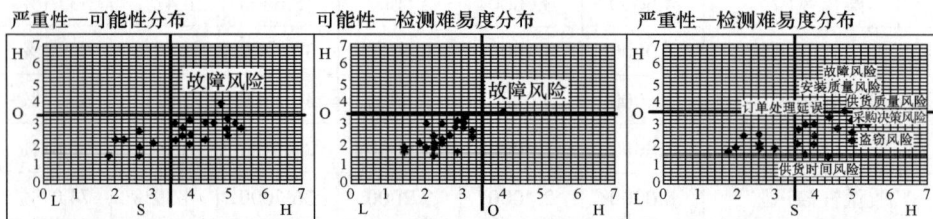

图 7-7　动力环境监控设备（FMEA）评价分布

（2）室内分布系统（见图 7-20）

表 7-20　室内分布系统 FMEA 评价总体结果

风险因素	发生严重性	发生可能性	检测难易性	优先度	权重	累积
质量管控风险	6.3333	3.6667	3.3333	77.4074	7.91%	7.91%
供货时间风险	5.6667	4.0000	3.3333	75.5556	7.72%	15.64%
供货质量风险	5.0000	3.3333	4.0000	66.6667	6.82%	22.46%
市场风险	4.0000	3.6667	4.0000	58.6667	6.00%	28.45%
自然灾害风险	3.3333	3.6667	4.0000	48.8889	5.00%	33.45%
经济风险	4.0000	3.6667	3.3333	48.8889	5.00%	38.45%
供应商资格	5.6667	2.3333	3.6667	48.4815	4.96%	43.41%
供应商选择风险	5.3333	3.0000	2.6667	42.6667	4.36%	47.77%
安装时间风险	5.3333	2.6667	3.0000	42.6667	4.36%	52.13%
招投标管控风险	4.6667	2.6667	3.3333	41.4815	4.24%	56.37%
供应商关系维护	3.6667	3.0000	3.6667	40.3333	4.12%	60.50%
盗窃风险	3.6667	3.6667	3.0000	40.3333	4.12%	64.62%
安装质量风险	5.0000	3.3333	2.3333	38.8889	3.98%	68.60%
采购决策风险	4.6667	2.6667	3.0000	37.3333	3.82%	72.41%
技术升级	6.0000	2.6667	2.3333	37.3333	3.82%	76.23%
信息的传递、共享	4.3333	3.0000	2.6667	34.6667	3.54%	79.78%
合同管理风险	5.3333	2.3333	2.6667	33.1852	3.39%	83.17%
设计不准确	4.0000	2.3333	3.3333	31.1111	3.18%	86.35%
故障风险	3.3333	3.0000	3.0000	30.0000	3.07%	89.42%
设计不及时	4.3333	3.3333	2.0000	28.8889	2.95%	92.37%
订单处理延误	4.0000	2.3333	3.0000	28.0000	2.86%	95.23%
操作风险	3.0000	2.6667	3.3333	26.6667	2.73%	97.96%
订单处理不合规	3.6667	2.3333	2.3333	19.9630	2.04%	100.00%

室内分布系统的供应链风险中：占总权重 50% 以上的风险因素依次为质量管控风险、供货时间、供货质量、市场、经济风险、自然灾害风险等；前 50%的风险中与乙方（供应商）管理相关的风险占到了近 54%。

发生严重性程度、发生可能性以及检测难易程度都处在较高水平的风险因素为供货时间风险、质量管控风险。另外，合同管控风险、市场风险、采购决策风险、技术升级风险等风险的发生严重性程度较高，发生频率及探测难易程度处于水平轴附近，应加强关注（见图 7-8）。

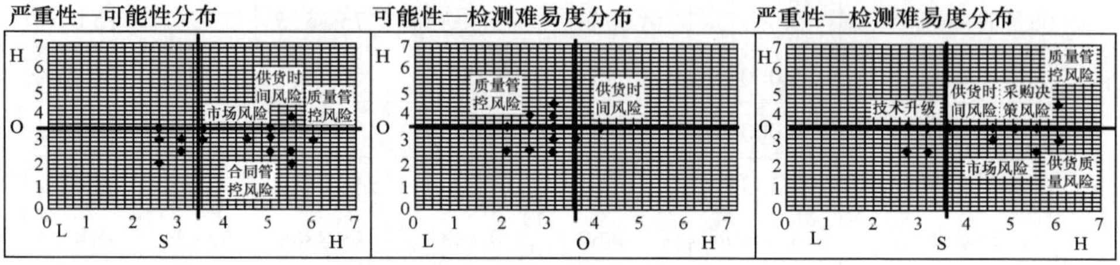

图 7-8　室内分布系统 FMEA 评价分布

（3）多功能自助终端（见表 7-21）

表 7-21　多功能自助终端 FMEA 评价总体结果

风险因素	发生严重性	发生可能性	检测难易性	优先度	权重	累积
技术升级	5.3333	3.6667	2.6667	52.1481	7.23%	7.23%
供货质量风险	5.6667	3.6667	2.3333	48.4815	6.72%	13.95%
质量管控风险	4.6667	3.0000	3.0000	42.0000	5.82%	19.78%
故障风险	5.3333	3.3333	2.3333	41.4815	5.75%	25.53%
供应商关系维护	4.0000	3.3333	3.0000	40.0000	5.55%	31.07%
供应商资格	4.6667	3.0000	2.6667	37.3333	5.18%	36.25%
信息的传递、共享	4.0000	3.0000	3.0000	36.0000	4.99%	41.24%
采购决策风险	4.0000	2.6667	3.3333	35.5556	4.93%	46.17%
设计不及时	4.0000	3.3333	2.6667	35.5556	4.93%	51.10%
招投标管控风险	3.6667	3.0000	3.0000	33.0000	4.58%	55.67%
设计不准确	4.6667	2.3333	3.0000	32.6667	4.53%	60.20%
供货时间风险	4.6667	3.3333	2.0000	31.1111	4.31%	64.52%
市场风险	4.3333	2.6667	2.6667	30.8148	4.27%	68.79%
经济风险	4.0000	2.3333	3.0000	28.0000	3.88%	72.67%
供应商选择风险	4.0000	3.0000	2.3333	28.0000	3.88%	76.55%
安装质量风险	5.0000	2.3333	2.3333	27.2222	3.77%	80.33%

（续表）

风险因素	发生严重性	发生可能性	检测难易性	优先度	权重	累积
订单处理延误	4.3333	3.0000	2.0000	26.0000	3.60%	83.93%
操作风险	4.3333	2.3333	2.3333	23.5926	3.27%	87.20%
盗窃风险	5.0000	1.6667	2.6667	22.2222	3.08%	90.28%
订单处理不合规	4.0000	2.6667	2.0000	21.3333	2.96%	93.24%
安装时间风险	4.0000	2.6667	2.0000	21.3333	2.96%	96.20%
合同管理风险	3.6667	1.6667	2.6667	16.2963	2.26%	98.46%
自然灾害风险	3.3333	2.0000	1.6667	11.1111	1.54%	100.00%

　　多功能自助终端供应链风险中：占总权重 50% 以上的风险因素依次为技术升级、供货质量、质量管控、故障风险、供应商维护、采购决策风险等。

　　多功能自助终端产品中有 22 个（共 23 个）风险因素处在严重性程度高的区域，但发生的可能性及探测难易度相对较低，总体风险 FMEA 值较其他两个产品略低；供货质量、技术升级、采购决策、质量管控、故障风险等风险处在严重性程度、发生频率及探测难易程度都较高的水平，应加强关注（见图 7-9）。

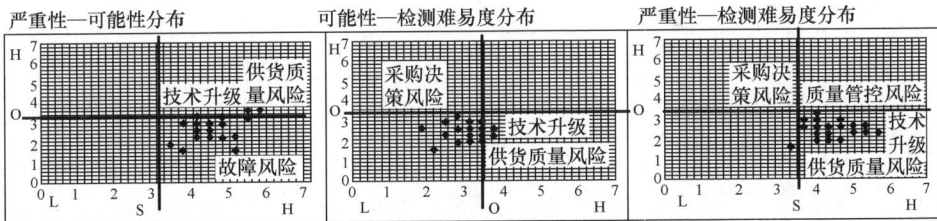

图 7-9　多功能自助终端 FMEA 评价分布

3. 风险因素权重综合分析

（1）三类产品风险结构因素权重综合分析

　　通过层次分析以及 FMEA 评价过程分别计算出一级风险因素的整体权重和三类产品采购环境下的二级风险因素权重，代入风险因素计算模型中综合权重计算公式，得到经过调整后的三类产品采购环境下的一级及二级风险因素权重，见表 7-22。

表 7-22　调整后的三类产品综合风险因素权重

风险因素		动力环境监控设备		室内分布系统		多功能自助终端	
		一级指标权重	二级指标权重	一级指标权重	二级指标权重	一级指标权重	二级指标权重
市场经济风险	市场风险	5.67%	3.10%	6.84%	3.65%	6.83%	3.58%
	经济风险		2.56%		3.19%		3.25%
自然风险	自然灾害风险	3.28%	3.28%	3.59%	3.59%	2.92%	2.92%
管控风险	采购决策风险	17.70%	6.62%	15.91%	3.14%	16.10%	4.51%
	招投标管控风险		6.42%		2.94%		4.19%
	质量管控风险		3.73%		6.30%		5.33%
	合同管理风险		0.93%		3.53%		2.07%
供应商风险	供应商资格	9.01%	3.35%	14.02%	4.51%	14.55%	5.16%
	供应商关系维护		1.71%		4.39%		5.52%
	供应商选择风险		3.96%		5.13%		3.87%
信息技术风险	技术升级	5.67%	2.36%	6.25%	2.94%	9.47%	5.60%
	信息的传递、共享		3.30%		3.31%		3.87%
设计风险	设计不准确	7.28%	4.46%	10.03%	5.95%	9.70%	4.65%
	设计不及时		2.83%		4.09%		5.06%
采购风险	订单处理延误	10.62%	5.66%	8.85%	5.23%	9.64%	5.29%
	订单处理不合规		4.96%		3.62%		4.34%
供应风险	供货时间风险	12.00%	4.88%	13.55%	6.69%	11.25%	4.40%
	供货质量风险		7.12%		6.86%		6.85%
建设安装风险	安装时间风险	11.08%	4.46%	8.60%	4.55%	8.21%	3.61%
	安装质量风险		6.62%		4.05%		4.60%
产品运行风险	故障风险	17.69%	8.19%	12.35%	4.37%	11.34%	5.39%
	盗窃风险		4.93%		4.37%		2.89%
	操作风险		4.58%		3.61%		3.06%
合计		100.00%	100.00%	100.00%	100.00%	100.00%	100.00%

（2）三类产品风险现状评价分析

将三类产品各专家的风险现状打分值与计算出的各风险因素的权重值代入风险计算模型中风险值计算公式，得到三类产品不同供应商采购环境下各风险因素的风险值大小，见表 7-23。

表 7-23　三类产品风险值计算结果

风险因素	动力环境监控设备			室内分系统				多功能自助终端			
	A1	A2	均值	B1	B2	B3	均值	C1	C2	C3	均值
市场风险			0.1552				0.1460				0.1790
经济风险			0.1537				0.1118				0.1952
自然灾害风险			0.0984				0.0538				0.0292
采购决策风险			0.1721				0.0680				0.1354
招投标管控风险			0.2951				0.0784				0.0838
质量管控风险			0.1319				0.1680				0.2428
合同管理风险			0.0185				0.0882				0.0241
技术升级			0.0568				0.0981				0.2427
信息的传递共享			0.1123				0.0662				0.1418
设计不准确			0.1471				0.1883				0.1626
设计不及时			0.0679				0.1499				0.0843
订单处理延误			0.1697				0.1396				0.1059
订单处理不合规			0.1191				0.1085				0.0869
盗窃风险			0.1281				0.1166				0.0866
操作风险			0.1556				0.0841				0.0613
供应商资格	0.0536	0.0536	0.0536	0.0902	0.1128	0.0902	0.0978	0.1805	0.1289	0.1547	0.1547
供应商关系维护	0.0307	0.0307	0.0307	0.1170	0.1316	0.1097	0.1194	0.1657	0.1105	0.1105	0.1289
供应商数量	0.0396	0.0396	0.0396	0.0513	0.0513	0.0513	0.0513	0.0387	0.0387	0.0387	0.0387
供货时间风险	0.1221	0.0976	0.1098	0.2119	0.1004	0.1004	0.1376	0.0550	0.0550	0.0550	0.0550
供货质量风险	0.1661	0.1709	0.1685	0.1828	0.1371	0.1200	0.1467	0.1199	0.1713	0.1199	0.1370
安装时间风险	0.0981	0.1249	0.1115	0.1819	0.1591	0.1364	0.1591	0.0901	0.0901	0.0901	0.0901
安装质量风险	0.1489	0.1456	0.1473	0.1756	0.1216	0.1216	0.1396	0.0460	0.0460	0.0460	0.0460
故障风险	0.2456	0.2047	0.2252	0.1894	0.1421	0.1530	0.1615	0.1617	0.2021	0.1617	0.1751
合计	2.8862	2.8491	2.8677	2.8657	2.6215	2.5481	2.6784	2.7189	2.7039	2.6379	2.6869

以下基于风险主体分别评价分析三类产品的风险。

1）供应链外部风险。

动力环境监控设备、室内分布系统及多功能自助终端的供应链外部因素总风险值大小差异较小，其大小依次为 0.4073、0.3116 和 0.4034，如图 7-10 所示。外部风险中，市场经济风险对三类产品的影响相对较大，自然灾害风险大小都相对较小，如图 7-11 所示。由于外部风险的可控性非常小，需从长远角度做好风险防范工作。

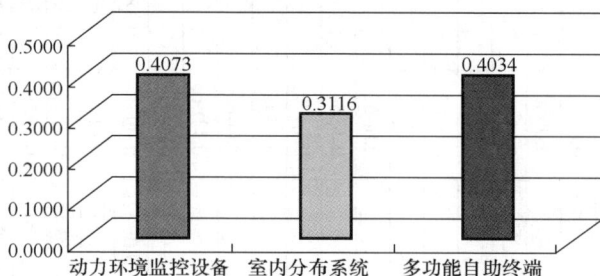

图 7-10　三类产品外部风险因素大小比较 -1

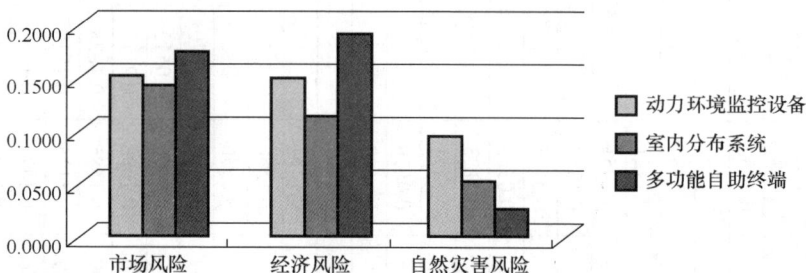

图 7-11　三类产品外部风险因素大小比较 -2

2）甲方（运营商）管理相关风险因素评价。

甲方（运营商）管理相关风险因素包括采购决策风险、招投标管控风险、质量管控风险等 12 个二级风险因素，三类产品采购时各个风险因素大小比较见图 7-12。

三类产品的所有风险因素大小都在 0.3 以下。合同管理风险、设计风险、采购风险以及盗窃风险的大小较为接近，风险值大小较为突出的有动环设备的采购决策风险、招投标风险和操作风险，多功能自助终端的采购决策风险、质量管控风险和技术升级风险，室分系统的合同管理风险，在管理过程中应重点关注。

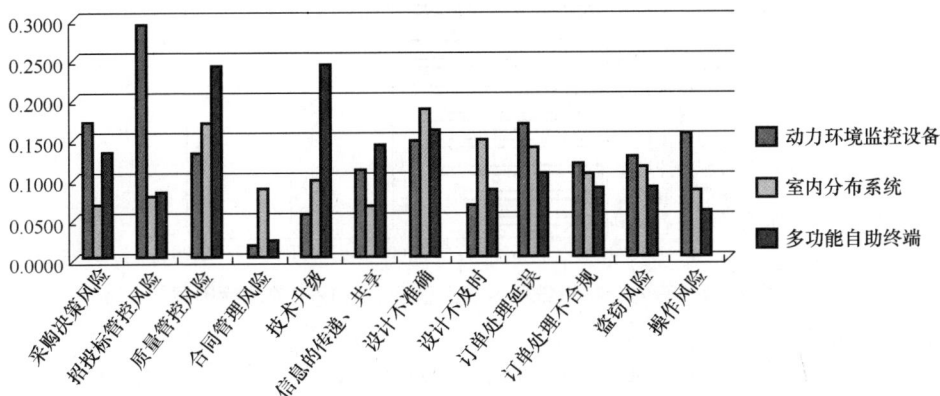

图 7-12　三类产品自身相关风险因素大小比较

从动力环境监控设备来看，风险值排在前五位的风险因素依次为招投标管控风险、采购决策风险、订单处理延误、操作风险以及设计不准确风险。动环设备采购时尤其应加强其招投标管理、订单管理及操作的规范性（见图 7-13 ）。

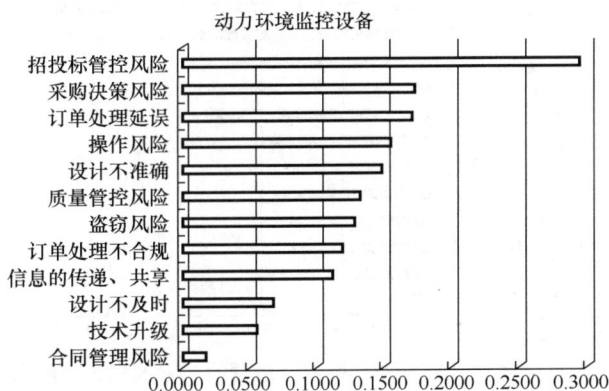

图 7-13　动力环境设备甲方（运营商）管理相关风险因素

从室内分布系统来看，风险值排在前五位的风险因素依次为设计不准确、质量管控风险、设计不及时、订单处理延误及盗窃风险。室分系统是集成性产品，涉及零部件产品及供应商都较其他产品多很多，尤其应加强采购前的设计准备工作，同时加强质量管理及采购订单管理的规范性（见图 7-14 ）。

室内分布系统

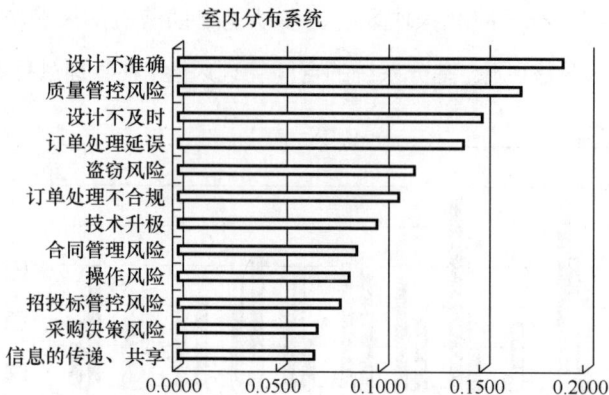

图 7-14　室内分布系统甲方（运营商）管理相关风险因素

从多功能自助终端来看，风险值排在前五位的风险因素依次为质量管控风险、技术升级、设计不准确、信息传递共享及采购决策风险，且前两个风险因素尤为突出。多功能自助终端是面向客户直接使用产品，其采购应加强质量管控工作，同时采购决策时要充分考虑该类产品的更新换代（见图 7-15）。

多功能自助终端

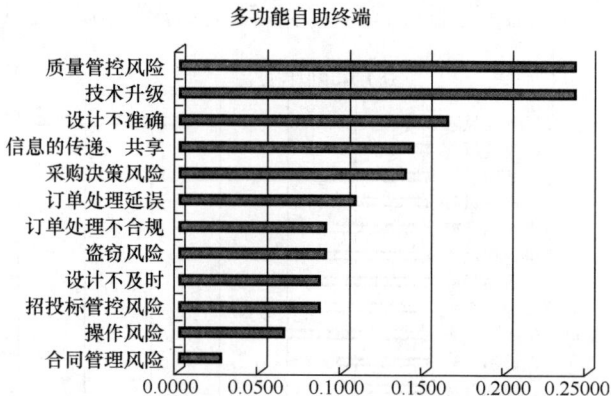

图 7-15　多功能自助终端甲方（运营商）管理相关风险因素

3）乙方（供应商）管理相关风险因素评价。

动力环境监控设备：两乙方（供应商）管理相关风险因素分别为 0.9048 及 0.8676，供应商 A1 风险值略大于供应商 A2，各风险因素大小如图 7-16 所示。总体来说，动力环境监控设备有充足的供应商选择余地，供应商选择风险较小，两个主要供应商资质与关系维护也较好。供应商 A2 的供货及时率及产品运营故障情况要好于供应商 A1，而供应商 A1 的安装及时率要略优于供应商 A2，在供应商选择时，不同的风险因素偏好的管理者的决策会略有差异。

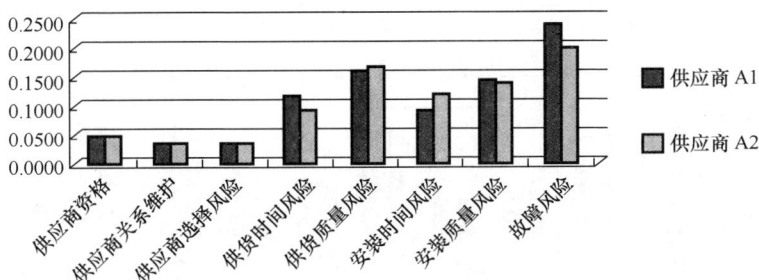

图 7-16 动力环境监控设备乙方（供应商）管理相关风险因素

室内分布系统：三个乙方（供应商）管理相关风险因素分别为 1.2002、0.9560 及 0.8826，供应商 B1 风险值要明显高于供应商 B2 和 B3，各风险因素大小如图 7-17 所示。总体来说，室分系统的供应商选择余地比较充足，供应商选择风险较小，同时三个供应商的资质与关系维护较好。从各风险因素大小分布来看，供应商 B1 的供应风险、安装风险及产品运营故障率都明显高于另外两个供应商，尤其是供应及时率情况较差。供应商 B2 的各风险因素风险值与 B3 总体差异较小，供应商 B2 的产品故障情况要略优于供应商 B3。

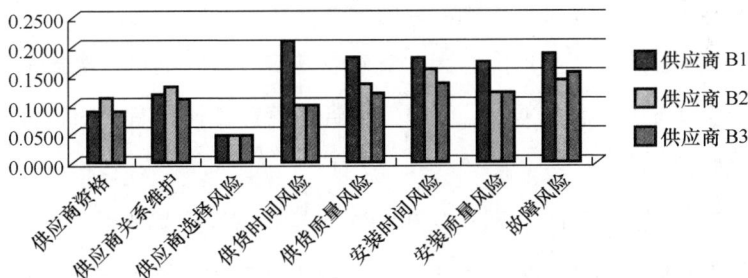

图 7-17 室内分布系统乙方（供应商）管理相关风险因素

多功能自助终端：三个乙方（供应商）管理相关风险因素差异较小，分别为 0.8575、0.8425 及 0.7765，供应商 C3 风险值略低于供应商 C1 和 C2，各风险因素大小如图 7-18 所示。总体来说，多功能自助终端有充足的供应商选择余地，供应商选择风险较小，同时三个供应商的供货时间、安装时间、安装质量

情况都较好。从各风险因素大小分布来看，供应商 C1 的供应商资质以及关系维护情况略差于另两个供应商，供应商 C2 的产品供货质量及运行故障情况明显略差。

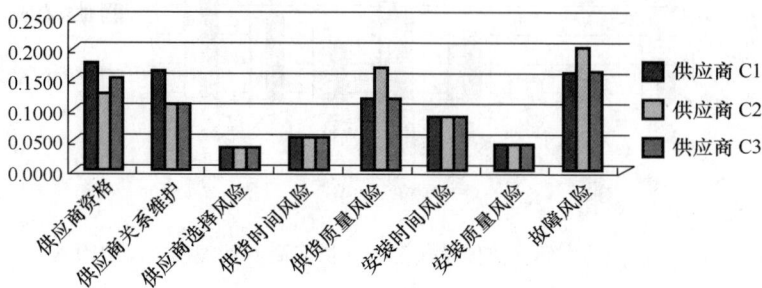

图 7-18　多功能自助终端乙方（供应商）管理相关风险因素

4）总体风险因素评价。

从产品的角度分析供应链总体风险，不考虑不同供应商之间的差异，三类产品平均风险值分别为 2.8677、2.6784 及 2.6869。

从风险因素发生的主体来看（见图 7-19），甲方（运营商）管理相关风险占到了三类产品总风险因素的 50% 以上。这部分风险因素相对管控性较强，可以通过加强管理及操作的规范性有效降低相关风险因素发生的可能性及造成后果的严重性程度，因此应重点关注。室内分布系统的乙方（供应商）管理相关风险因素要略高于其他两类产品，因此针对供应商较复杂的这一类产品，采购管理过程中应加强供应商的准入、评价及后评估管理工作，有针对性地建立供应商全流程管控机制。

从供应链的结构来看（见图 7-20），供应链运营风险都占到三类产品供应链总体风险值的 50% 以上，其中室内分布系统的供应链运营风险达到总风险值的 67.2%，该部分风险因素主要来源于供应链从设计、采购、安装到运营各个环节的操作流程，其可控性相对较强，在供应链管理过程中加强各环节操作的规范性对该类风险因素能起到有效的管控作用。另外，供应链整体风险占到总风险值的 20% ~ 30%，应加强关注。该类风险因素与公司战略、管理决策制定、供应商培养机制等供应链整体管理方式关系密切，对这类风险因素的管控要求企业拥有发展且完善的供应链战略，能够从长远的角度考虑供应链成本，把握并跟进市场及相关技术的发展，建立可持续发展的供应商培养、维护战略。

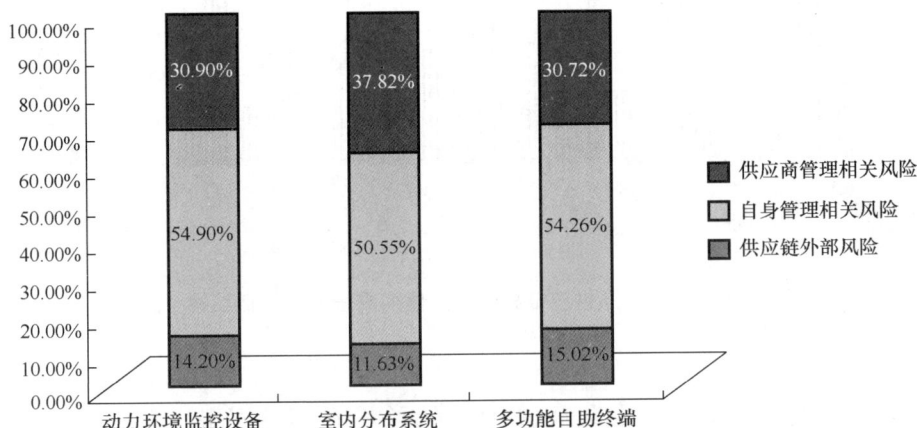

图 7-19　三类产品供应链总体风险值构成——风险因素发生主体

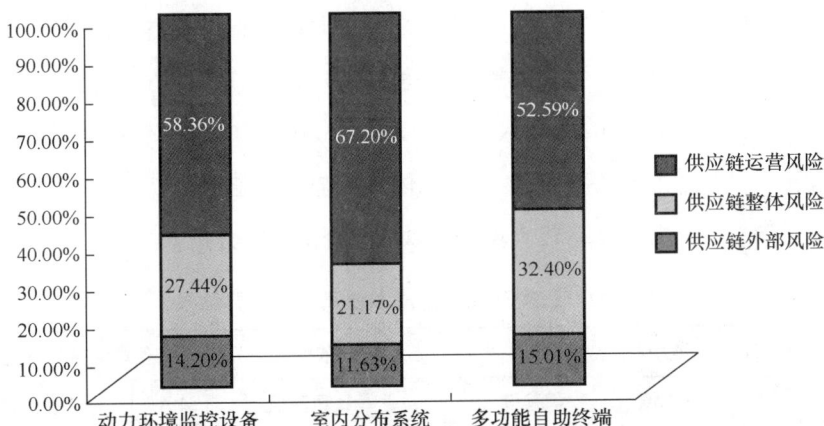

图 7-20　三类产品供应链总体风险值构成——供应链结构（1）

　　考虑不同供应商风险因素的差异，三类产品的八个主要供应商各风险因素分布如图 7-21 所示。多功能自助终端供应商 C1 的供应商风险要明显高于其余供应商，室内分布系统供应商 B1 的供应风险及建设安装风险明显高于其余供应商。在供应商的管理过程中，应加大对各供应商高风险点的管控力度，针对薄弱环节重点评估。

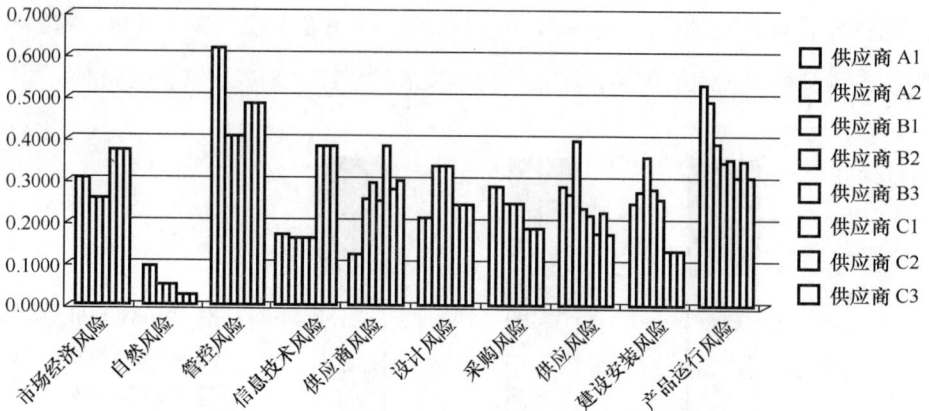

图 7-21　三类产品供应链总体风险值构成——供应链结构（2）

7.3.5　结合确定性成本和风险因素的总拥有成本分析

将三类产品的确定成本及各个风险因素相结合即为每类产品结合风险因素的总拥有成本，可以整体反映出各产品采购各阶段过程中成本及风险大小的分布，对供应链管理尤其是供应商的选择提供决策依据。

供应链运营风险中的各二级风险因素可视为确定成本分析中的五个阶段，将两者进行对应、梳理后的三类产品总体成本与风险值见表 7-24，三类产品的属性、采购单价等方面都有较大差异，以下将分别进行分析。

表 7-24　三类产品确定成本及风险值计算结果

成本及风险阶段	动力环境监控设备				室内分布系统				多功能自助终端			
	成本值		风险值		成本值	风险值			成本值	风险值		
	A1	A2	A1	A2		B1	B2	B3		C1	C2	C3
外部风险			0.4073	0.4073		0.3116	0.3116	0.3116		0.4034	0.4034	0.4034
管控风险			0.6177	0.6177		0.4027	0.4027	0.4027		0.4861	0.4861	0.4861
信息技术风险			0.1691	0.1691		0.1643	0.1643	0.1643		0.3844	0.3844	0.3844
供应商风险			0.1239	0.1239		0.2585	0.2957	0.2512		0.3848	0.2780	0.3038
计划建设阶段	0.00	0.00	0.2149	0.2149	3267.00	0.3382	0.3382	0.3382	0.00	0.2469	0.2469	0.2469

（续表）

成本及风险阶段	动力环境监控设备				室内分布系统				多功能自助终端			
	成本值		风险值		成本值	风险值			成本值	风险值		
	A1	A2	A1	A2		B1	B2	B3		C1	C2	C3
采购商务阶段	9615.67	9294.67	0.2888	0.2888	290991.00	0.2481	0.2481	0.2481	15000.00	0.1927	0.1927	0.1927
仓储物流阶段	505.00	97.68	0.2882	0.2685	73723.00	0.3948	0.2375	0.2204	665.00	0.1749	0.2262	0.1749
工程建设阶段	683.01	1119.48	0.2470	0.2705	159859.00	0.3575	0.2807	0.2580	0.00	0.1361	0.1361	0.1361
运营维护阶段	1636.20	1636.20	0.5294	0.4884	91347.00	0.3901	0.3428	0.3537	5874.00	0.3096	0.3500	0.3096
处置阶段	0.00	0.00	0.0000	0.0000	3500.00	0.0000	0.0000	0.0000	0.00	0.0000	0.00	0.0000
合计	12439.88	12148.02	2.8862	2.8491	622687	2.8657	2.6215	2.5481	21539	2.7189	2.7039	2.6379

1. 动力环境监控设备总拥有成本分析

动力环境监控设备两供应商的总拥有成本的确定成本分别为 12439.88 和 12148.02，对应的其风险值大小分别为 2.8862 和 2.8491，各阶段的成本值及风险值分布见图 7-22。

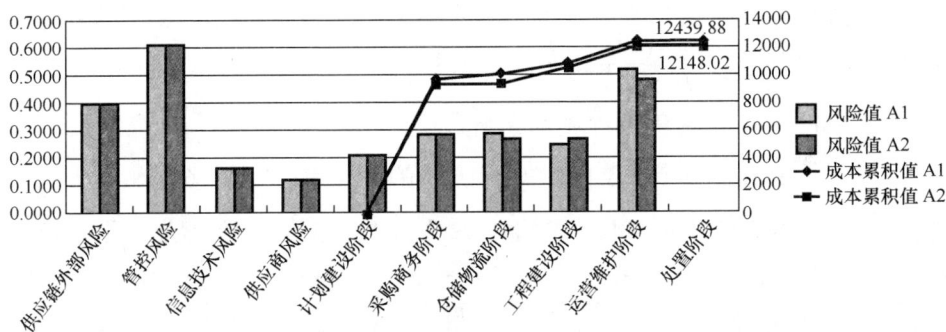

图 7-22　动力环境监控设备总拥有成本整体分布

成本方面，动环设备除采购单价外，运营维护阶段的成本也占到了总成本的较大份额；在风险方面，管控风险、产品运营风险的风险值相对较高。总体来看，该类产品的采购需加强对产品质量的管控，同时加强各阶段运营流程的规范性，提升产品运营阶段产品故障的响应、处理能力。

对比两供应商的成本及风险大小，从各阶段成本与风险大小来看，两供应商

的各阶段风险大小表现略有差异，仓储物流阶段成本值 A1 略高于 A2，同时风险也略低于 A2。工程建设阶段成本值 A1 低于 A2，同时风险值略高于 A2。供应商 A1 的运营维护风险明显较高。总体来看，供应商 A1 的成本值与风险值均大于供应商 A2。因此，不考虑其他因素的影响，选择供应商时，A2 要相对优于 A1。

由于成本值与风险值的量纲不同，为更精确地进行两个供应商的总体评价，可以对两指标进行标准化后进行最优解的选择。以动环设备为例，以成本值和风险值为评价指标，则两供应商的决策矩阵为：

$$R = \begin{bmatrix} 12439.88 & 2.8862 \\ 12141.02 & 2.8491 \end{bmatrix}$$

线性比例变化对决策矩阵进行标准化处理得到矩阵：

$$\begin{bmatrix} 0.9765 & 0.9871 \\ 1 & 1 \end{bmatrix}$$

假设管理者对成本与风险的偏好相等，即两指标权重都为 0.5，采用线性加权方法计算最优解为 $U(A_1)$=（ 0.9818, 1 ），则 A2=1，即为最优解。即，在风险偏好为 0.5 的情况下，供应商 A2 要优于供应商 A1。

在备选供应商较多，且其成本值与风险值大小差异不明显时采取这种方法可以较迅速准确地选择优质供应商。

2. 室内分布系统总拥有成本分析

室内分布系统的三个供应商的总拥有成本的平均确定成本为 622687.00，其风险值大小分别为 2.8657、2.6215 和 2.5481，各阶段的成本值及风险值分布见图 7-23。

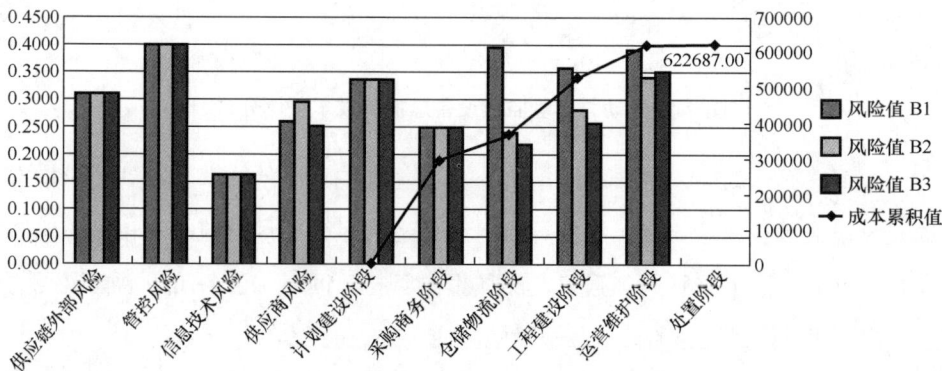

图 7-23　室内分布系统总拥有成本整体分布

成本方面，室分系统每套设备的采购单价及工程建设阶段成本较高，除此之外运输成本、运维成本也占到总成本的较高比例；在风险方面，管控风险、计划设计风险、产品运营风险的风险值相对较高。该类产品的采购工作相对较复杂，产品设计、运输、建设安装耗费的资源较其他两类产品多，因此更需从整体加强对产品采购过程的管理，如在计划阶段提前规划，根据业务预测预留新技术接口，避免重复建设、二次进场造成的成本损失，加强计划、施工进度及供货时间安排的管理，保证各环节信息能够有效衔接，杜绝室内分布系统各设备到货及安装延误所产生的机会成本损失。在工程建设阶段加强系统工程建设质量，特别注意线缆等设备的地下防水施工，以能足够抵御积水潮湿引起的损坏，加强线缆等器件的防盗建设，减少被盗造成的机会成本损失。在运营维护阶段与物业沟通设备使用年限内的装修计划，以避免装修拆除造成的成本损失，加强与物业及业主的沟通，建立长期关系及沟通机制，以提高进场维修的工作效率，减少维修延误带来的机会损失，同时对易损坏设备如线缆等进行备货，防止设备损坏不能及时更换引起的机会成本损失。

从供应商角度来看，供应商 B1 的仓储物流阶段的供应风险、安装建设风险以及运营阶段的产品故障风险均明显高于其余两供应商，在供应商管理、评估过程中应考虑对供应商 B1 实施相应的奖惩措施，督促其提升服务质量，或寻找其他更优质供应商进行替换。

3. 多功能自助终端总拥有成本分析

多功能自助终端的三个供应商的总拥有成本的平均确定成本为 21 539.00，其风险值大小分别为 2.718 9、2.703 9 和 2.637 9，各阶段的成本值及风险值分布见图 7-24。

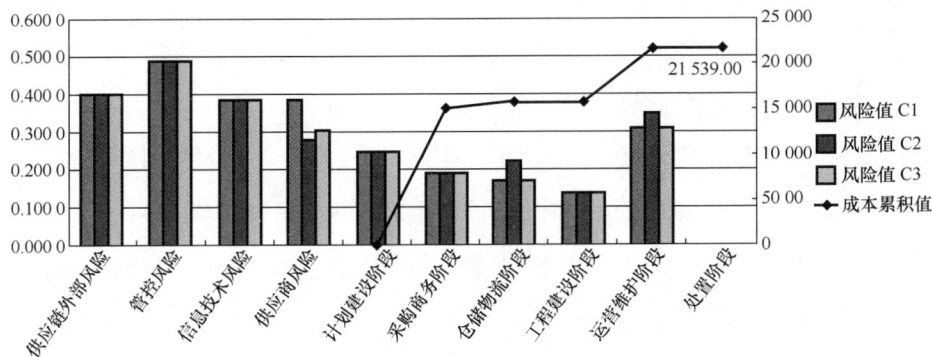

图 7-24　多功能自助终端总拥有成本整体分布

成本方面，多功能自助终端的采购单价相对较低，运营维护成本占到总成本的较高比例；在风险方面，管控风险、信息技术风险、供应商风险、产品运营风险的风险值相对较高。总体来看，多功能自助终端的采购工作相对较简单，产品几乎不涉及设计、运输及建设安装成本，成本构成相对简单。该类设备采购时需要重点考虑需求设计及产品质量等问题，在采购阶段需结合营业厅的整体布局规划及营业厅日均业务办理量，确定合理的设备摆放位置及设备数量，同时加强关注产品设计，以避免因设计问题导致的打印口卡纸等机器故障及相关损失。另外，在运营维护阶段加强对代维供应商的维护响应速度管理，减少维修延误带来的收入损失。

从供应商角度来看，供应商 C1 的供应商风险相对较高，供应商 C2 的供应风险明显高于其余两供应商，在供应商考核中可加大对两供应商薄弱环节的打分权重，或实施相应的奖惩措施，督促其改进提升服务质量。

|7.4 模型应用分析及管理建议|

7.4.1 不同类型产品总拥有成本分析及建议

通过三类产品的 RMB-TCO 模型分析，其成本和风险的构成和大小均有较大区别，在运营企业采购工作中具有一定的代表性。动力环境监控设备属于基站的附属设备，采购单价不是很高，产品具有一定的独立性，安装建设工序较简单，需要消耗较高的运营成本；室内分布系统属于集成性产品，由众多部件产品组成，体积较大，其需要较高的设计准确性，同时运输、建设安装成本较高，并且也会消耗产生运营成本；多功能自助终端属于面向市场的产品，具有较高的产品独立性，除了采购价格外几乎不涉及运输、安装成本，但也会消耗产生运营成本。

通过三类产品的分析，将产品的属性进行分解，分析其对采购成本及风险的影响情况，见表 7-25。

表 7-25　不同产品属性对成本及风险的影响

产品属性	对采购确定成本的影响	对供应链风险的影响
产品需求数量及金额	数量越高、单位金额越大采购的初始成本越大	金额高、需求数量多的产品设计准确、需求准确性方面易产生风险
产品的质量和体积	质量、体积大的产品运输、仓储成本会相对较高	运输仓储损坏风险相对较高
产品的用途	不同用途的产品金额差别较大，一般来说工程类产品金额高于市场综合类产品	基站主设备或附属设备发生故障有导致基站停止工作的风险；面向客户的产品发生故障会直接引起客户满意度降低、运营损失风险
产品的独立性	集成类的供应商管理、产品设计、安装建设、运输成本相对较高。独立性较高的产品采购单价占总成本的绝大部分，几乎不涉及设计及安装建设成本	集成类的产品设计不准确、供货延误、供货不准确、安装延误或不合格风险较高，同时需要与多供应商、多配送商进行协调，信息协同风险较高
产品安装建设难度	安装难度高的产品建设安装成本较高，同时在处置阶段仍涉及拆卸成本	安装不合格风险较高，同时需要提前做好安装相关的协调工作，否则重复安装会造成更高的风险

针对不同产品属性对成本及风险的影响，从采购管理过程中的成本、风险及供应商管理方面对 Y 公司的采购管理提出以下建议。

1. 采购成本管理

对于独立性较低、设计难度较高、建设安装较复杂的产品，采购初始单价往往占总成本的比重与一般产品相比较低，此时应重点关注其运输成本、建设安装成本及运营成本，探究成本动因，最大限度地发掘成本降低空间。同时，对于设计较复杂的产品应加强与计划设计部门的协同，提高设计准确性及及时性，如室内分布设备。

针对产品独立性较高、安装建设及使用较简单的产品，采购价格占总成本的绝大部分，如多功能自助终端，对于该类产品需要重点关注产品质量、供应商的维护服务能力因素，提高产品的可靠性。

另外，针对不同产品成本结构表现出来的特点，应针对性地加强成本管控措施。如室内分布系统需要加强与物业的协同管理，避免重复施工等问题的发生；多功能自助终端需要配合营业厅的设计需求，采购过程需要加强与市场部门的协同，避免产品无法满足需求等问题的发生。

2. 供应链风险管理

Y公司三类产品的供应链管控风险、运营维护风险都处在较高水平。一方面，Y公司应从自身角度出发，规范相应管理流程，加强规章制度的建设和人员培训，提升作业的规范合规性，同时建立风险应急处理流程，针对现阶段高风险的环节设置风险管控点，进行实时监控，一旦发现风险立即进行应急处理，将其影响降到最低。另一方面，针对乙方（供应商）管理相关的风险因素，由于室内分布系统和多功能自助终端的供应市场较复杂，其风险值相对较高，Y运营商可通过优化供应商选择、建立供应商风险信息库等方式对乙方（供应商）管理相关风险实时监控，及时处理。

3. 供应商管理

根据不同供应商成本—风险的分析结果，对表现较优和较差的供应商实施差异化奖惩措施；对风险值较高的供应商针对其具体环节提出详细的整改要求，降低相关产品的采购风险。同时，可将对供应商成本—风险评价常态化，将其作为供应商后评估的组成部分，通过周期性的评价和分析优化供应商组成结构，提升供应商产品和服务质量，从而不断优化供应链总拥有成本，降低供应链总体风险。

7.4.2 RMB-TCO模型应用建议

通过对Y企业采购总拥有成本与风险的计算分析，很好地验证了本研究中的RMB-TCO模型在解决分析总拥有成本中的确定成本及风险因素方面是具有可实践性的，方法也可以扩展到其他行业的企业中去。

对于单产品单供应商的情况，重点分析其成本及风险的结构及分布情况，迅速圈定高成本高风险环节进行重点管控。同时探究高成本环节成本动因，寻求成本降低路径。对于单产品多供应商，不仅可针对不同供应商的采购环境进行上述分析，同时能够对比不同供应商的成本、风险大小及分布情况，计算出不同供应商采购时的总成本值与总风险值，利用标准化处理等方法能够迅速确定最优供应商，为供应商选择提供智能化的决策依据。另外，通过分析对成本、风险有问题的供应商及环节能够一目了然，利于供应链管控点的确定，不同供应商间的比较也利于供应商结构优化以及产品服务质量的提升。

模型同样适用于同种产品多供应商的情况，了解成本及风险的大小分布情况，对供应商的选择、评估也有重要的参考意义。

7.4.3　供应链管理建议

1. 完善采购全过程管理

（1）依据产品特性选择不同采购模式，实现低成本高效率采购

集中采购是采购管理发展的主要趋势之一，但并不意味着集中度越高带来的效益越高，应根据产品的不同特性，选取合适的采购方式，在集中与非集中间寻求效益最大化的平衡点，才能在充分满足业务部门需求的前提下最大化降低采购总成本。如根据产品属性、需求属性、价格波动情况、供应属性、客户需求特征等方面采取完全集中采购、部分集中采购及分散采购等方式。

（2）优化产品招投标评标体系

对于不同的产品类别，应采取合适的采购方式以有效降低成本。如对于金额较大，风险值较高的产品应选择公开招标的方式；对于金额较小、产品差异性较小的产品可选择询价等相对简易快捷的方式。同时，招投标评标体系应能够直接反映产品在不同成本费用方面的重要程度，产品采购时不仅要关注前期采购价格，还要重视后期建设、运行、维护等费用。在招投标评标体系中，可将各产品总拥有成本的分析结果作为依据调整其相关技术、性能指标的评分权重，如在室内分布系统招投标时，该类设备各组成设备技术较成熟，对其技术性能的要求相比新技术要低一些，可适当降低权重，相应加强对其工程建设、运营维护指标的评分权重。

此外，需完善合同模板，规范合同管理流程。完善的合同模板可以有效规范买卖双方的责任和义务，还可以防止双方在一些细节方面出现纠纷，如产品备件价格、供应时限、维保范围、维保时限、意外损失等，从而降低双方的风

险与成本。公司可根据产品类别、采购方式、谈判方式等维度将相关采购合同模板化，一方面有效提升合同管理的规范性，降低合同管理过程中的风险，另一方面可以减少招投标过程中的重复工作量，大幅提升采购管理工作的效率。

（3）建立常态化的质量管理监督工作机制

加强产品质量检测及验收，全面开展到货检测及运行质量检测，建立并逐渐完善常态化的质量监督管理机制，包括四方面的工作。

第一，建立产品质量制度规范体系。建立基于采购产品的相关质量监督管理办法，明确全公司各部门的质量管理要求，明确质量监管责任、检测工具、检测方法、检测机制及检测流程的标准，实现标准化管理。

第二，明确横纵向职责分工。运营商省公司与分公司、采购管理部门与其他协作部门应明确质量监管分工。省公司作为连接集团公司和地州分公司质量管理的纽带，需承担质量管理方面的重要的管理职责，需对全生命周期质量监督管理起到领导作用。而采购部门是产品质量管理的责任单位，应当与其他归口责任部门一起负责包括建立管控体系，制定产品质量标准和检测规范，完成全程质量检测及监督管控在内的质量管理工作。

第三，执行产品全生命周期的质量控制流程。从采购前预防、采购中控制、采购后监督的方式建立健全质量监控机制。采购前包括设计和采购阶段，设计阶段应提供准确的产品质量标准和技术规范，明确产品质量要求，采购阶段应进行供应商资格审查和质量体系认证。采购中包括供应商生产和物流阶段，是产品的质量控制环节。应加强对供应商产品设计、原材料使用、生产制造、出厂全过程的质量监督；在物流阶段各收货单位应对产品装箱外观、产品重量、到货件数等进行严格检查，并对产品进行到货质量检测，确保产品规格相符、质量合格。采购后做好产品的质量监督，在工程建设阶段加强施工过程进行监理和工程质量检测，使用阶段需进行产品质量验收，维护阶段对产品进行定期质量检测，并对入网设备性能指标变化趋势和产品故障率进行监测。评估阶段应定期开展后评估工作，并将评估结果与供应商认证相结合，实现产品质量闭环管理，除后评估工作外，还要评估各环节的质量管理工作，并不断加以改善。

第四，健全投诉反馈和监督检测机制。建立多种投诉与反馈方式，明确投诉反馈流程，实现质量问题的实时跟踪和快速处理；加强内部对产品质量情况的沟通，消除对产品质量认知的差异性，形成产品质量管理的观念统一；在供应商大会中通报质量监测情况，引起供应商重视。同时，将发现产品质量问题直接反馈供应商，供应商及时制定解决方案并实施完成，以及定期与供应商召开后评估结果通报会议，沟通、解决产品质量问题。

2. 完善供应链风险管理体系

（1）针对重点工作，完善风险管控措施

识别关键风险、重大风险及风险可能带来的后果，重点梳理现有的风险控制点，找出目前尚未进行管理及管理薄弱的风险；明确每个潜在风险的控制点，针对重大风险建立相应的风险管理机制，明确责任归口；采取适当的定性、定量风险识别、评价、控制及监控方法，不断完善、优化相应管理机制、常态化风险管理。建设完成供应链各环节风险监控指标体系，形成以过程监控、指标预警为主的风险管控模式。

（2）加强供应链横向及纵向协同

加强各部门、分公司的配合，建立计划、工程、采购部门及与分公司的供应链内部定期沟通交流机制，促进供应链内部信息流的高效流转及解决问题的效率。同时以供应后评估为切入点加强供应商战略合作管理，促进供应链外部横向一体化发展。

（3）仓储物流风险管理管控

第一，建立运输配送风险管控体系。

首先建立定量及定性的运输配送监测指标体系和标准，其次确定运输配送需要控制的风险事件，对可能发生的风险事件注意分析，找出应对的办法，再确定运输配送风险控制责任分工，对每一类风险控制设置责任对象，明确责任和义务，形成专人专管的风险管控责任制度，并纳入绩效考核范围，最后对比运输配送风险指标值与标准值，根据风险管控指标体系所允许偏离度以及结合自身专业管理经验，对风险进行识别和衡量。

第二，提升基础管理水平降低运输配送风险发生概率。

强化物流配送人员风险防范意识，提升工作人员风险管理水平；全面提升物流人员操作水平与专业素质；进行物流配送的信息化、网络化管理；推行现代化物流建设，实现对第三方物流的有效监控，督促第三方物流形成有效的风险管理机制。

3. 建立健全供应商全流程管理机制

（1）加强寻源管理

主动寻源：根据企业发展战略及采购计划，加强供应商市场分析，跟踪市场态势，把握技术发展趋势，提前进入供应商寻源阶段；通过供应商协同平台开放供应商网上注册功能，加强供应商的信息获取能力，推动主动寻源。

按产品类别组织差异化寻源：根据工程类、市场类、办公用品等产品的不同类型，选择不同寻源方式，所关注的供应商能力也应有所侧重，如工程物资需要全面关注企业综合实力、质量、交付、成本、服务等各方面的情况，市场物资关注价格及交付能力。

（2）建立认证体系

建立供应商认证体系，有利于客观、系统、科学地评价供应商，保证供应商供货能力及产品质量，同时能够规范采购业务，简化采购商务流程，降低采购风险和采购成本。

基于不同类别产品的供应商规定不同的认证方式方法，规范认证标准和业务流程，建立覆盖不同合作阶段的认证管理体系，完善认证管理机制；合理设置准入门槛，筛选优质潜在供应商；培养专业的认证评审及认证管理人员；完善认证体系，在选择供应商时考虑长期合作的可能性，与重要供应商建立牢固的供求合作关系，保证物资供应和工程进度。

（3）完善选择机制

与采购方式相结合，灵活选用招投标、竞争性谈判、单一来源采购等多种方式进行供应商选择；明确影响供应商选择的基本评价标准及各项指标，指标体系的设计须与供应商体系结合，结合综合实力、技术、质量、商务等多因素进行系统性的考虑；根据产品选择指标的重要性，确立供应商选择指标权重；建立科学的定量与定性相结合的选择方法。可以选择的方法有：直观判断法（根据调查所得资料并结合个人分析来判断）、定性评定方法（常用于选择非主要产品的供应商）、招标法（多用于采购数量大、供应商竞争激烈的产品，企业能在更广泛的范围内选择合适的供应商）、线性权重法（给每个选择标准分配一个权重，再按照权重计算总分来评定供应商）、总成本及风险比较法（用于分析比较质量、交货期等都能满足要求的供应商），等等。

（4）全流程评估机制

建立供应商绩效指标：如合同履约率、准时交货率、质量合格率、让步接受率、拒收率、交货期缩短、成本降低、质量保证能力提升等，将供应商成本、风险数据结构纳入供应商考核，利用各产品的总成本数据结构，确定相关供应商的绩效考核指标及权重，并结合后评估结果，进行供应商考核，保证供应商的供货质量及服务质量。

鼓励供应商早期参与：早期参与到产品研发过程中，实现对口部门的直接沟通，提高产品开发效率，缩短开发周期，减少研发过程中因为配套设备不当而带来的设计变更等，从而降低研发成本；早期参与到日常业务需求的确认中，更早地了解业务需求，从而更早备货生产，有利于缩短采购周期，降低双方库存。

实施供应商改善项目：树立供应商改善的意识，可成立常设机构，长期致力于供应商的优化与扶持。如日本丰田汽车，将其"精益生产方式"推广到旗下工厂，实现整条供应链的精益化，从而形成其核心竞争力。

（5）加强供应商协同

信息化协同：通过建立供应商协同平台，打造企业与供应商间快捷、高效的沟通渠道，实现信息数据实时共享，在采购、物流、供应商全生命周期管理方面进行高效协同，提高作业效率，降低沟通成本，提高供应商的供货质量及服务水平。

战略协同：企业与供应商基于共同目标和有效的协同机制，可在更短的时间内对客户需求作出响应，并达到成本减少、风险降低、客户服务水平提升、供应链竞争优势增强的目的。可以有多种形式：总体战略协同，即签订框架协议、共同制定产品标准和规范、共同研发等；采购管理协同，即与供应商传达企业中长期预测信息，通过供应商预培养，协作生产符合公司需求的产品；采购计划与供应商原料准备、生产计划进行协同，控制库存，提高交货速度；采购规模与供应商的供货能力协同，确保供货及时；动态补货，即供应商实时跟踪企业库存情况；物流管理协同，即采用 VMI/VOI 模式，在订单、库存、结算等方面形成严密

高效的协同流程；服务管理协同，即企业提供产品信息反馈和教育培训，促进供应商质量改善和保证，并参与供应商产品设计和质量控制过程，保证高质量的售后及维修服务，及时报告所发现的产品隐患问题，不断发展上游供应商等。

4. 加强信息化建设，提升供应链全方位支撑能力

建立产品基础数据库，提升信息系统的完整性及协同能力，实现产品数据的保存及基本分析功能，最终达到智能化决策的目标。包括以下几个方面。

1）建立产品基础数据库：主要包括产品的价格水平、使用情况、性能、技术参数、型号、规格、技术水平等基础信息。

2）供应商信息库：包括供应商的基本信息以及供应商准入、选择、评价、奖惩等各管理环节表现数据信息。

3）交易信息管理：提取并保存采购管理流程中的每一笔订单的关键数据，实现汇总及基本分析功能。

4）产品质量管理：包括产品性能、出入库检验情况、到货质量检测情况、建设施工情况、运行使用情况、损坏情况以及维保服务情况等信息，完善产品质量管控体系。

| 本章附录：调研问卷 |

您好！

我们正在进行电信运营企业全成本分析的研究，我们拟将供应链风险管理引入全成本研究之中，重点解决机会成本部分的衡量问题。对于电信运营企业供应链风险，我们借鉴了相关研究成果，结合电信运营企业的特点将供应链风险分为供应链外部风险、供应链整体风险及供应链内部风险。

我们需要从较宏观角度衡量各风险因素在企业内部的重视程度，如表 1 所示；从不同产品的采购环境评价各风险因素，如表 2 所示；我们尚需要深入地了解和研究各风险因素所表现出来的现状、不同供应商所隐含的风险是否有差异，如表 3、

表 4 所示，还希望得到您的宝贵意见。本次调研初步选择室内分布系统、多功能自助终端和动力环境监控设备三类产品进行研究，需要请这三类产品的采购经理进行完整填写。非常感谢您给予的大力支持！整个问卷需要占用您 15 分钟左右的宝贵时间。

表 1　电信运营企业总拥有成本分析——供应链风险因素重要性判断矩阵

填写说明：下表是10个一级风险因素的相对重要性的判断矩阵，请比较纵向风险因素对于横向风险因素的重要性程度，并在相应的方格进行打分。分值为1～9分：1-同样重要、3-稍微重要、5-明显重要、7-非常重要、9-绝对重要，2、4、6、8表示上述相邻判断的中间值；若重要性相反，则填写倒数。

举例：若您在横向第三个、纵向第二个方格里填"3"，则表示您认为稍微重要，填"1/5"则表示"自然风险"比"市场经济风险"明显重要。

	市场经济风险	自然风险	管控风险	供应商风险	信息技术风险	设计风险	采购风险	供应风险	建设安装风险	产品运行风险
市场经济风险	1									
自然风险		1								
管控风险			1							
供应商风险				1						
信息技术风险					1					
设计风险						1				
采购风险							1			
供应风险								1		
建设安装风险									1	
产品运行风险										1

表2　电信运营企业总拥有成本分析——供应链风险因素发生可能性、严重性、识别难易程度判断矩阵

请选择您熟悉的产品类别（画√或者用颜色标注）：1. 室内分布系统　2. 动力环境监控设备　3. 多功能自助终端

风险因素		发生的严重性程度（1～7）1几乎没有影响——4一般——7非常严重	发生的可能性（1～5）1低——3中——5高	识别难易程度（1～5）1容易——3一般——5非常困难
一级风险	二级风险			
市场、经济风险	市场风险	1 2 3 4 5 6 7	1 2 3 4 5	1 2 3 4 5
	经济风险	1 2 3 4 5 6 7	1 2 3 4 5	1 2 3 4 5
自然风险	自然灾害风险	1 2 3 4 5 6 7	1 2 3 4 5	1 2 3 4 5
管控风险	采购决策风险	1 2 3 4 5 6 7	1 2 3 4 5	1 2 3 4 5
	招投标管控风险	1 2 3 4 5 6 7	1 2 3 4 5	1 2 3 4 5
	质量管控风险	1 2 3 4 5 6 7	1 2 3 4 5	1 2 3 4 5
	合同管理风险	1 2 3 4 5 6 7	1 2 3 4 5	1 2 3 4 5
供应商风险	供应商资格	1 2 3 4 5 6 7	1 2 3 4 5	1 2 3 4 5
	供应商关系维护	1 2 3 4 5 6 7	1 2 3 4 5	1 2 3 4 5
	供应商选择风险	1 2 3 4 5 6 7	1 2 3 4 5	1 2 3 4 5
信息技术风险	技术升级	1 2 3 4 5 6 7	1 2 3 4 5	1 2 3 4 5
	信息的传递、共享	1 2 3 4 5 6 7	1 2 3 4 5	1 2 3 4 5
设计风险	设计不准确	1 2 3 4 5 6 7	1 2 3 4 5	1 2 3 4 5
	设计不及时	1 2 3 4 5 6 7	1 2 3 4 5	1 2 3 4 5
采购风险	订单处理延误	1 2 3 4 5 6 7	1 2 3 4 5	1 2 3 4 5
	订单处理不合规	1 2 3 4 5 6 7	1 2 3 4 5	1 2 3 4 5
供应风险	供货延误风险	1 2 3 4 5 6 7	1 2 3 4 5	1 2 3 4 5
	供货质量风险	1 2 3 4 5 6 7	1 2 3 4 5	1 2 3 4 5
建设安装风险	安装延误风险	1 2 3 4 5 6 7	1 2 3 4 5	1 2 3 4 5
	安装质量风险	1 2 3 4 5 6 7	1 2 3 4 5	1 2 3 4 5
产品运行风险	故障风险	1 2 3 4 5 6 7	1 2 3 4 5	1 2 3 4 5
	盗窃风险	1 2 3 4 5 6 7	1 2 3 4 5	1 2 3 4 5
	操作风险	1 2 3 4 5 6 7	1 2 3 4 5	1 2 3 4 5

　　填写说明：表 2 是对具体风险因素的故障模式与风险分析评价矩阵，依次代表风险发生的严重性程度、风险发生的可能性大小以及该风险因素在现有管理水平下能够识别出来的难易程度，请在每个风险因素后面进行打分（画√或者用颜色标注），分值分别为 1 ～ 7 分及 1 ～ 5 分。

表 3　电信运营企业总拥有成本分析
——供应链管理中与甲方（运营商）管理相关的供应链风险评价矩阵

　　填写说明：下表是针对供应链管理中与甲方（运营商）管理相关的一些风险因素的评价矩阵，请您根据公司的实际情况，对下列描述的现象在相应的方格内进行打分（画√或者用颜色标注）。

请根据实际情况，对以下情况进行评价	填写说明	选　项
1　采购决策错误（产品被淘汰仍进行采购、采购产品不符合需求部门要求等）导致采购产品不合规、无法正常使用的次数	1从来没有——7经常发生	1　2　3　4　5　6　7
2　参与采购决策的采购人员素质水平	1非常好——7非常差	1　2　3　4　5　6　7
3　采购产品时采取公开招投标的方式	1几乎全部都是 ——7从来没有	1　2　3　4　5　6　7
4　产品到货时进行产品质量的检验	1每次都是 ——7从来没有	1　2　3　4　5　6　7
5　产品工程建设结束后进行全面的质量检验	1每次都是 ——7从来没有	1　2　3　4　5　6　7
6　由于验收、质检不规范，未及时、准确发现产品、工程质量问题	1从来没有——7经常发生	1　2　3　4　5　6　7
7　该类产品采购时合同文本出现问题的次数	1从来没有——7经常发生	1　2　3　4　5　6　7
8　该类产品采购合同管理不规范的现象	1从来没有——7经常发生	1　2　3　4　5　6　7
9　新技术的产生、技术的更新换代对该类产品采购的影响	1非常小——7非常大	1　2　3　4　5　6　7
10　横纵向信息传递不时性、不准确性等引起该产品无法正常采购、工程无法正常进行的情况	1从来没有——7经常发生	1　2　3　4　5　6　7

（续表）

请根据实际情况，对以下情况进行评价	填写说明	选项
11 由于设计不准确导致产品采购、安装进度受影响的次数	1从来没有——7经常发生	1 2 3 4 5 6 7
12 参与设计的单位资质、评价、口碑	1非常好——7非常差	1 2 3 4 5 6 7
13 由于设计方案未及时提交导致产品采购、安装进度受影响的次数	1从来没有——7经常发生	1 2 3 4 5 6 7
14 由于订单处理操作不及时造成后续工作延误、产品无法及时采购的情况	1从来没有——7经常发生	1 2 3 4 5 6 7
15 由于订单操作不符合要求造成后续工作无法正常运转、采购产品不能正常使用等情况	1从来没有——7经常发生	1 2 3 4 5 6 7
16 该类产品被盗窃的现象	1从来没有——7经常发生	1 2 3 4 5 6 7
17 该类产品被盗窃后是否可以及时发现	1比较容易——7很难发现	1 2 3 4 5 6 7
18 该类产品的使用难易程度	1非常容易——7非常难	1 2 3 4 5 6 7
19 该类产品由于使用不规范导致产品无法正常使用的现象	1从来没有——7经常发生	1 2 3 4 5 6 7

表4　电信运营企业总拥有成本分析

——供应链管理中乙方（供应商）管理相关风险评价矩阵

填写说明：下表是针对供应链管理中与乙方（供应商）管理相关的一些风险因素的评价矩阵，请您根据与公司合作的供应商的实际情况，对下列描述的现象在相应的方格内进行打分（画√或者用颜色标注），若有多个供应商，请尽量差别打分。

本调研仅作为研究之用，不涉及供应商后评估等公司行为，且您填写的信息会一律进行保密，请放心填写。

请根据实际情况对以下情况进行评价	打分说明	供应商一	供应商二	供应商三
1 与我公司合作的该产品的主要三大供应商有	请填写供应商名称			
2 该产品的供应商资质分别为	1非常好——7非常差	1 2 3 4 5 6 7	1 2 3 4 5 6 7	1 2 3 4 5 6 7

（续表）

请根据实际情况对以下情况进行评价	打分说明	供应商一	供应商二	供应商三
3 该产品的供应商与甲方合作关系	1非常好——7非常差	1 2 3 4 5 6 7	1 2 3 4 5 6 7	1 2 3 4 5 6 7
4 该供应商供应的该类产品的供货周期经常大于合同约定周期	1非常不符合——7非常符合	1 2 3 4 5 6 7	1 2 3 4 5 6 7	1 2 3 4 5 6 7
5 该供应商供应的该类产品经常发生供货产品规格、数量与要求不符的情况	1非常不符合——7非常符合	1 2 3 4 5 6 7	1 2 3 4 5 6 7	1 2 3 4 5 6 7
6 该供应商供应的该类产品经常发生供货地点与要求不符的情况	1非常不符合——7非常符合	1 2 3 4 5 6 7	1 2 3 4 5 6 7	1 2 3 4 5 6 7
7 该供应商供应的该类产品经常出现到货质量不合格的现象	1非常不符合——7非常符合	1 2 3 4 5 6 7	1 2 3 4 5 6 7	1 2 3 4 5 6 7
8 该供应商供应的该类产品由于经常发生运输造成损坏的现象	1非常不符合——7非常符合	1 2 3 4 5 6 7	1 2 3 4 5 6 7	1 2 3 4 5 6 7
9 该供应商供应的该类产品的工程建设安装及时率	1非常好——7非常差	1 2 3 4 5 6 7	1 2 3 4 5 6 7	1 2 3 4 5 6 7
10 该供应商供应的该类产品由于安装不合规导致无法正常使用的现象	1非常不符合——7非常符合	1 2 3 4 5 6 7	1 2 3 4 5 6 7	1 2 3 4 5 6 7
11 该供应商供应的该类产品在使用过程中经常发生故障现象	1非常不符合——7非常符合	1 2 3 4 5 6 7	1 2 3 4 5 6 7	1 2 3 4 5 6 7
12 该供应商供应的该类产品在发生故障后经常在规定要求时间内无法完成维修工作	1非常不符合——7非常符合	1 2 3 4 5 6 7	1 2 3 4 5 6 7	1 2 3 4 5 6 7

| 参考文献 |

[1]   P. Bremen, J. Oehmen, R. Alard. Cost-transparent sourcing in China applying total cost of ownership[A]. IEEE, 2007:262-266.

[2]   S. Castellani, A. Grasso, J. O'Neillet al. Total cost of ownership:issues around reducing cost of support in a manufacturing organization case[A]:IEEE, 2005:122-130.

[3]   L. Ellram. Total cost of ownership:elements and implementation[J]. Journal of Supply Chain Management, 1993, 29(4):2-11.

[4]   L. M. Ellram. A taxonomy of total cost of ownership models[J]. Journal of Business Logistics, 1994, 15(1):171-191.

[5]   L. M. Ellram. Activity-based costing and total cost of ownership:a critical linkage[J]. Cost Management, 1995, 8(4).

[6]   L. M. Ellram. Total cost of ownership:an analysis approach for purchasing[J]. International Journal of Physical Distribution & Logistics Management, 1995, 25(8):4-23.

[7]   L. M. Ellram, S. P. Siferd. Total cost of ownership:a key concept in strategic cost management decisions[J]. Journal of Business Logistics, 1998, 19:55-84.

[8]   F. Roodhooft, J. Konings. Vendor selection and evaluation an activity based costing approach[J]. European Journal of Operational Research, 1997, 96(1):97-102.

[9]   Z. Degraeve, F. Roodhooft. Improving the efficiency of the purchasing process using total cost of ownership information:The case of heating electrodes at Cockerill Sambre SA[J]. European Journal of Operational Research, 1999, 112(1):42-53.

[10] Z. Degraeve, F. Roodhooft. Effectively selecting suppliers using total cost of ownership[J]. Journal of Supply Chain Management, 1999, 35(1):5-10.

[11] Z. Degraeve, E. Labro, F. Roodhooft. An evaluation of vendor selection models from a total cost of ownership perspective[J]. European Journal of Operational Research, 2000, 125(1):34-58.

[12] Z. Degraeve, E. Labro, F. Roodhooft. Total cost of ownership purchasing of a service:The case of airline selection at Alcatel Bell[J]. European Journal of Operational Research, 2004, 156(1):23-40.

[13] Z. Degraeve, E. Labro, F. Roodhooft. Constructing a total cost of ownership supplier selection methodology based on activity-based costing and mathematical programming[J]. Accounting and business research, 2005, 35(1).

[14] R. J. Ritsma, A. Tuyl, B. Snijders. Buying the lowest Total Cost of Ownership (TCO)[A]:IEEE, 2009:199-206.

[15] B. G. Ferrin, R. E. Plank. Total cost of ownership models:An exploratory study[J]. Journal of Supply chain management, 2002, 38(3):18-29.

[16] 李步峰，江勇. 作业成本法在评价供应商中的应用研究[J]. 工业工程与管理，2002, 7(001):49-52.

[17] 龚光明，唐宾彬. 采购成本管理：TCO模型及其应用[J]. 财会月刊，2008(22).

[18] 司德春. 基于TCO采购成本管理研究[D]. 天津大学，2006.

[19] 刘子先，司德春. 基于TCO联合库存原材料采购成本管理[J]. 科技管理研究，2006, 26(2):172-174.

[20] 陈笑稳. 基于TCO的备件联合库存研究[D]. 天津大学，2007.

[21] 赵纪省. 基于TCO的制造业采购成本控制研究[D]，暨南大学，2009.

[22] 曹健. TCO在通信运营企业投资项目管理中的应用研究[D]. 北京邮电大学，2010.

[23] 刘方方. 基于TCO的造船企业采购成本管理[D]. 江苏科技大学，2011.

[24] 潘丽. 电信设备采购的TCO管理研究[D]. 北京邮电大学，2008.

[25] 孙炼. 全成本理念提升企业绩效[J]. 中国电信业，2008(8):66-68.

[26] 孙炼，章建赛，朱小丽. 基于全生命周期成本的电信设备采购策略[J]. 通信世界，2008, 18:37-38.

[27] 杨天剑，舒华英. 无线网元全生命周期成本模型研究与应用[J]. 北京邮电大学学报，2008, 5:74-77.

[28] 禄杰，刘正利，王伟. 全成本管理探索与实践——基于中国移动广东公司的案例分析[J]. 财会通讯:综合版，2011, 7:9-11.

[29] L. M. Ellram, S. Perrott Siferd. Purchasing:the cornerstone of the total cost of ownership concept[J]. Journal of Business Logistics, 1993, 14:163.

[30] http://wiki.mbalib.com/wiki/LCC[OL].

[31] L. M. Ellram. A framework for total cost of ownership[J]. International Journal of Logistics Management, 1993, 4(2):49-60.

[32] P. Bremen, J. Oehmen, R. Alard. Cost-transparent sourcing in China applying total cost of ownership[A], 2007:262-266

[33] 龚光明，唐宾彬. 采购成本管理:TCO 模型及其应用[J]. 财会月刊，2008, (22).

[34] 温香芹. 结合企业实际 降低采购成本[J]. 河北企业，2007, (1):18-19.

[35] 唐宾彬. 战略采购成本管理研究[J]. 湖南大学，2007.

[36] G. A. Zsidisin. A grounded definition of supply risk[J]. Journal of Purchasing and Supply Management, 2003, 9(5-6):217-224

[37] B. D. Neureuther, G. Kenyon. Mitigating supply chain vulnerability[J]. Journal of Marketing Channels, 2009, 16(3):245-263

[38] M. Christopher, H. Peck. Building the resilient supply chain[J]. International Journal of Logistics Management, 2004, 15(2):1-14

[39] 倪燕翎，李海婴，燕翔. 供应链风险管理与企业风险管理之比较[J]. 物流技术，2005, 14:40-42.

[40] 易海燕. 供应链风险的管理与控制研究[D]. 西南交通大学，2007.

[41] G. Souter. Risks from supply chain also demand attention[J]. Business Insurance,

2000, 34(20):26-28.

[42] R. Zolkos. Attention to supply-chain risks grows[J]. Business Insurance, 2003, 37(30):4-5.

[43] R. Mason-Jones, D. R. Towill. Shrinking the supply chain uncertainty circle[J]. IOM Control, 1998, 24(7):17-22.

[44] M. Christopher. Managing risk in the supply chain[J]. Supply Chain Practice, 2005, 7(2):4-21.

[45] S. Chopra, M. M. S. Sodhi. Supply-Chain Breakdown[J]. MIT Sloan management review, 2004.

[46] U. Jüttner. Supply chain risk management:Understanding the business requirements from a practitioner perspective[J]. International Journal of Logistics Management, 2005, 16(1):120-141.

[47] M. E. Johnson. Learning from toys:Lessons in managing supply chain risk from the toy industry[J]. California Management Review, 2001, 43(3):106-124.

[48] 梁燕华，王京芳，葛晓梅. 供应链危机预警指标体系的研究[J]. 情报杂志，2006, 25(5):24-25.

[49] 高瑞甫. 我国电信运营商供应链风险预警研究[D]. 中国地质大学（北京），2009.

[50] 洪肯堂. 供应链风险的分类与风险来源研究——基于文献回顾的方法[J]. 物流技术，2010, 29(008):97-100.

[51] 朱慧琪. 供应链环境下的制造企业采购风险管理研究[D].北京交通大学，2011.

[52] 吴军，汪寿阳. CVaR 与供应链的风险管理[J].中国运筹学会第七届学术交流会论文集 (中卷)，2004.

[53] 马林. 基于SCOR模型的供应链一体化风险管理研究[J]. 商业研究，2008, 6:1-5.

[54] B. Feller. Development of a total landed cost and risk analysis model for global strategic sourcing[J],2008.

[55] 王新利. 基于 BP 神经网络专家系统的供应链风险评价研究[J]. 中国流通经济，2010, 006:27-30.

[56] X. Bi, L. Xie, C. Mao. Research on EPCM project procurement risk based on TOPSIS and RBF method[A]:IEEE, 2011:177-180.

[57] 石艳东. 企业市场营销风险评估预警系统研究[D]. 西安建筑科技大学,2005.

[58] 丁伟东，刘凯，贺国先. 供应链风险研究[J]. 中国安全科学学报，2003, 13(4):64-66.

[59] 时晓，张毕西. 基于模糊评价的供应链风险评估[J]. 科技咨询导报，2006, 9:6-7.

[60] http://wiki.mbalib.com/wiki/AHP[OL].

[61] 黄文华. 气门产品失效模式与故障影响分析技术及应用 [D].武汉理工大学，2006.

[62] 陈春梅，朱秀文，刘江南. FMEA 在项目风险管理中的应用研究[J]. 河北建筑科技学院学报，2004, 21(003):83-87.

[63] 李红兵. 湖南电信数据通信项目管理之FMEA策略研究[D].湖南大学，2005.

[64] 奚立峰，徐刚. FMEA 在过程管理中的应用[J]. 工业工程与管理，2002, 7(1): 37-39.

[65] Y. Wang, Y. Jia, W. Jiang. Early failure analysis of machining centers:a case study[J]. Reliability Engineering & System Safety, 2001, 72(1):91-97.

[66] Z. D. Yu, H. Y. Li. Review on Supply Chain Risk and Its Management Methods [A]: IEEE, 2011:1-4.

[67] D. Stauffer. Risk:The weak link in your supply chain[J]. Harvard Management Update, 2003, 8(3):3-5.

[68] B. D. Neureuther, G. Kenyon. Mitigating supply chain vulnerability[J]. Journal of Marketing Channels, 2009, 16(3):245-263.

[69] http://wiki.mbalib.com/wiki/Cost[OL]

[70] 石新武. 论现代成本管理模式[M]. 北京：经济科学出版社，2001.

[71] http://wiki.mbalib.com/wiki/AC[OL].

[72] [美]哈林顿，尼豪斯. 风险管理与保险[M]. 北京：清华大学出版社，2001

[73] 章旭. 浅议成本管理与企业风险的关系[J]. 中国乡镇企业会计，2011，8:99-100.

[74] G. J. L. Micheli. A decision-maker-centred supplier selection approach for critical supplies[J]. Management Decision, 2008, 46(6):918-932.

[75] G. J. L. Micheli, E. Cagno, A. Di Giulio. Reducing the total cost of supply through risk-efficiency-based supplier selection in the EPC industry[J]. Journal of Purchasing and Supply Management, 2009, 15(3):166-177.

[76] M. Holweg, A. Reichhart, E. Hong. On risk and cost in global sourcing[J]. International Journal of Production Economics, 2011, 131(1):333-341.

[77] J. Reilly, J. Brown. Management and control of cost and risk for tunneling and infrastructure projects[J]. Tunnelling and Underground Space Technology, 2004, 19(4):330.

[78] J. J. Reilly. The management process for complex underground and tunneling projects[J]. Tunnelling and Underground Space Technology, 2000, 15(1):31-44.

[79] P. K. Humphreys, VHY Lo, R. T. McIvor. A decision support framework for strategic purchasing[J]. Journal of Materials Processing Technology, 2000, 107(1):353-362.

[80] M. Wouters, J. C. Anderson, F. Wynstra. The adoption of total cost of ownership for sourcing decisions a structural equations analysis[J]. Accounting, Organizations and Society, 2005, 30(2):167-191.

[81] 李锋，姜群，张黎明等. 未雨绸缪自从容——看电信企业供应链风险管理[J]. 人民邮电报，2012:3.

[82] C. Harland, R. Brenchley, H. Walker. Risk in supply networks[J]. Journal of Purchasing and Supply Management, 2003, 9(2):51-62.

[83 P. R. Sinha, L. E. Whitman, D. Malzahn. Methodology to mitigate supplier risk in an aerospace supply chain[J]. Supply Chain Management:An International Journal, 2004, 9(2):154-168.

[84] D. Bogataj, M. Bogataj. Measuring the supply chain risk and vulnerability in frequency space[J]. International Journal of Production Economics, 2007, 108(1):291-301.

[85] R. S. Gaonkar, N. Viswanadham. Analytical framework for the management of risk in supply chains[J]. Automation Science and Engineering, IEEE Transactions on, 2007, 4(2):265-273.

[86] I. Vanany, S. Zailani, N. Pujawan. Supply chain risk management:literature review and future research[J]. International Journal of Information Systems and Supply Chain Management (IJISSCM), 2009, 2(1):16-33.

[87] S. Rao, T. J. Goldsby. Supply chain risks:a review and typology[J]. International Journal of Logistics Management, 2009, 20(1):97-123.